国家出版基金项目
NATIONAL PUBLICATION FOUNDATION
重庆市出版专项资金资助

第二卷

马克思主义在中国早期传播

张远航 路军 主编

重庆出版集团 重庆出版社

图书在版编目(CIP)数据

马克思主义在中国早期传播.第二卷/张远航,路军主编.—重庆:重庆出版社,2023.10(2024.12重印)
ISBN 978-7-229-18071-3

Ⅰ.①马… Ⅱ.①张… ②路… Ⅲ.①马克思主义—传播—资料—汇编—中国 Ⅳ.①D61

中国国家版本馆CIP数据核字(2023)第190751号

马克思主义在中国早期传播(第二卷)
MAKESI ZHUYI ZAI ZHONGGUO ZAOQI CHUANBO(DI-ER JUAN)
张远航　路　军　主编

责任编辑:李　茜　李欣雨
特约审校:王江鹏
责任校对:刘　艳
装帧设计:李南江

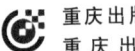
重庆出版集团
重庆出版社　出版

重庆市南岸区南滨路162号1幢　邮编:400061　http://www.cqph.com
重庆出版社艺术设计有限公司制版
重庆市国丰印务有限责任公司印刷
重庆出版集团图书发行有限公司发行
E-MAIL:fxchu@cqph.com　邮购电话:023-61520646
全国新华书店经销

开本:787mm×1092mm　1/16　印张:29.5　字数:450千
2023年10月第1版　2024年12月第2次印刷
ISBN 978-7-229-18071-3
定价:177.00元

如有印装质量问题,请向本集团图书发行有限公司调换:023-61520678

版权所有　侵权必究

总序

1840年，英国发动鸦片战争，用坚船利炮轰开了中国的大门。从此，中国人民为谋求民族解放、民族独立和民族复兴，进行了可歌可泣的斗争。而身处欧洲的马克思对发生在遥远东方的战争深感同情，撰写了十几篇关于中国的通讯，揭露西方列强侵略中国的真相，为中国人民伸张正义。到19世纪末20世纪初，中国社会矛盾进一步加剧，在各种运动相继失败，各种思潮、主张无力解决中国问题的背景下，流行于欧美、日本的马克思主义和社会主义思想被译介到中国。

孙中山是第一位系统接触马克思主义的中国人。1895年广州起义失败后，孙中山流亡欧美，他考察了欧美资本主义国家的社会经济政治状况。1896年居留伦敦期间，孙中山在大英博物馆研究欧洲社会主义运动时，接触了包括《共产党宣言》《资本论》在内的马克思、恩格斯著作，并深受马克思主义的影响。

1899年，马克思的名字第一次出现在中国的报纸上。这年，英国传教士李提摩太在上海广学会创办的《万国公报》第一二一期至第一二四期译介《大同学》一文，其中提到马克思的名字。不仅如此，《大同学》还译介了《共产党宣言》《资本论》的部分内容。

第一个在著述中提及马克思主义的中国人是梁启超。梁启超是中国近代著名的政治活动家、启蒙思想家、教育家、史学家、文学家，戊戌变法领袖之一。1902年，梁启超在《新民丛报》第十八号上发表《进化论革命者颉德之学说》，对马克思作了简要介绍，称之为"社会主义之泰斗"。1904年2月，梁启超在《新民丛报》第四十六号至第四十八号上发表的《中国之社会主义》一文，又对马克思的社会主义作了简要介绍。

甲午中日战争后，一大批进步学生东渡扶桑，走上曲折的救国救民之路。他们通过开办报馆，举行讲习会等形式宣传革命进步思想。其中，《译书汇编》是留日学生最早创办的译书杂志，译介了大量马克思主义文献。《译书汇编》于1900年在日本东京创办，主要译载欧美、日本等地资产阶级政治、经济、法律、社会新思潮等方面的著作，受到国内外青年和学生的青睐。1901年《译书汇编》连载了日本学者有贺长雄的《近世政治史》一文，文中将西方反对资本主义压制、倡导贫富均衡的学说称为"社会主义"。1903年，中国近代学者、教育家、政治活动家，广西大学创建人马君武在《译书汇编》第二卷第十一期上发表的《社会主义与进化论比较》一文指出："马克司者，以唯物论解历史学之人也。"第一本系统介绍社会主义学说的译著是《近世社会主义》，该书1903年3月由赵必振翻译，广智书局出版，介绍了马克思的生平、著作、学说，以及欧美诸国社会党的现状，它称《共产党宣言》为"一大雄篇"。此外，无政府主义者创办的机关刊物《天义》和《新世界》也是早期传播社会主义思想和马克思主义学说的重要载体。《天义》是刘师培等留日学生创办的无政府主义机关刊物，在宣传无政府主义的过程中，间接介绍了马克思主义。尽管他们站在无政府主义的立场，但在客观上扩大了马克思主义的影响。1912年《新世界》连载的《理想社会主义与实行社会主义》（即恩格斯的《社会主义从空想到科学的发展》），是早期社会主义流传过程中在中国出现的一部较为完整的著作。

在孙中山的影响下，宋教仁、胡汉民、廖仲恺等资产阶级革命派都曾译介过《共产党宣言》及马克思的其他著作。胡汉民在《民报》上发表的《告非难民生主义者》一文，宋教仁于1906年6月在《民报》上发表译自日本《社会主义研究》上的《万国社会党大会略史》，廖仲恺在《民报》第七、九两期上发表的《社会主义史大纲》和《无政府主义与社会主义》，等等，都在一定程度上宣传了马克思主义和社会主义。在介马克思及其学说方面，朱执信是资产阶级革命派中对马克思主义在中国传播贡献最大的人物之一。朱执信是中国近代资产阶级革命家、思想家，被毛泽东称为"马克思主义在中国的传播和拓荒者"。1906年，朱执信撰写《德意志社会革命家小（列）传》，在《民报》上连续介绍马克思、恩格斯，翻译《共产党宣言》和《资本论》部分内容。1911年，孙中山领导辛亥革命推翻了中国两千多年的封建帝制。资产阶级革命派坚持以革命方式解决社会问题，热心地介绍与宣传马克思主义。辛亥革命至五四时期，孙中山一再高度评价马克思主义，称马克思是社会主义的"圣人"，认为"马克思所著的书和所发明的学说，可说是集几千年来人类思想的大成"。

新文化运动时期，中国先进知识分子的思想发生着激烈碰撞与转变。经过新文化运动洗礼，在十月革命和五四运动影响下，通过学习、宣传马克思主义以及"与劳工为伍"的实践，马克思主义思想的阵地得以扩大，一批进步青年转变为马克思主义者，并迅速投入到宣传马克思主义和创建中国共产党早期组织的行动中去。这批进步青年中的代表有陈独秀。陈独秀是中国新文化运动的发起人，中国共产党创始人之一。1915年，陈独秀在上海创办《青年杂志》（后更名为《新青年》），对旧思想、旧文化、旧礼教发起了猛烈批判。陈独秀在他创办的《新青年》上发表了大量马克思主义文献，促进了马克思主义的传播。在《新青年》第一卷第一号上，陈独秀在撰写的文章《法兰西人与近世文明》中论道："近世文明之特征，最足以度古之道，而使人心社会划然一新者，厥有三事，一曰人权说，一曰生物进化论，一曰社会主义是也。"又说："德意志之拉萨尔及马克思承法人之师说，发挥而光大之。"从以上论述看，陈独秀对马克思主义学说的本源和主要内容的认知层次尚浅。1920年陈独秀在《新青年》第八卷第一号发表《谈政治》一文，宣称抛弃先前崇仰的西方民主共和政治，拥护马克思主义的无产阶级革命和无产阶级专政。该文标志着陈独秀从激进民主主义转向马克思主义，从文人学者转为马克思主义信徒，对马克思主义的认识从浅显走向深入。他的言行给中国社会特别是青年知识分子带来了不可低估的影响。

新文化运动为当时中国人的思想解放打开了一扇门，而第一次世界大战及其所引起的一系列灾难性后果，促进了各国人民群众觉醒，推动了各国革命运动迅速高涨，对中国社会也产生了重大的影响。第一次世界大战也推动了世界无产阶级运动的发展，1917年11月7日，俄国爆发震惊世界的十月革命，列宁领导的布尔什维克党推翻了资产阶级统治，建立了工农苏维埃政权。俄国十月革命给陷于彷徨、苦闷的中国人昭示了新的理想目标和建国方案，这就是走俄国人的路，搞社会主义。毛泽东同志指出，"十月革命一声炮响，给我们送来了马克思列宁主义"。十月革命后，李大钊以极大的热情关注着俄国革命的发展，搜集关于俄国革命和马克思主义的书报，学习和研究马克思主义。1918年11月，他在《新青年》发表《法俄革命之比较观》一文，号召人们研究十月革命的经验，迎接这个世界的新曙光。在中国被瓜分的危急时刻，李大钊发表了《庶民的胜利》一文，进一步歌颂十月革命的胜利，指出马克思主义必将在全世界取得胜利。1919年李大钊发表的《布尔什维主义的胜利》一文指出：十月革命所开始的，"是世界革命的新纪元，是人类觉醒的新纪元。我们在这黑暗的中国，死寂的北京，也仿佛分得那曙光的一线，好比在沉沉深夜中得一个小小的明星，照见新人生的道路"。

十月革命给中国人带来巨大启示，那就是经济文化落后的国家也可以用社会主义思想来指引自己走向解放之路，这是马克思主义加速在中国传播的客观原因。十月革命后诞生的第一个社会主义国家，不仅号召反对帝国主义，而且还以平等态度对待中国，这是推动马克思列宁主义在中国广泛传播的又一重要原因。1919年7月，苏维埃俄国政府公开发表第一次对华宣言，宣布废除"沙皇政府从中国攫取的满洲和其他地区""废弃（俄国人在中国境内的）一切特权"等。该宣言于次年冲破中国反动当局的新闻封锁，在《新青年》等刊物上发表出来。长期饱受资本主义列强欺凌的中国人民在得知宣言的内容之后，感到"无任欢喜"。在新民学会长沙会员大会上，青年毛泽东就曾兴奋地指出，"俄式系诸路皆走不通了新发明的一条路，只此方法较之别的改造方法所含可能的性质为多"。

1919年爆发了以学生斗争为先导、各阶层积极响应的反帝爱国的五四运动。五四运动轰轰烈烈开展起来后，学生罢课、工人罢工将奋起救国推向高潮，在这次坚决的反帝反封建运动中，中国无产阶级开始登上政治舞台。

五四时期是中国先进分子思想发生激烈碰撞和转变的时期，一批先进分子相继从激进民主主义者成长为马克思主义者。在这批先进分子中，李大钊是中国最早的马克思主义者。陈独秀在五四运动的推动下，逐渐否定过去信仰的资产阶级民主主义，开始转向科学社会主义，并组织和领导工人运动。毛泽东、周恩来等人在五四运动的推动下，由激进民主主义者逐渐转变为马克思主义者。

毛泽东在五四运动前后接触和接受马克思主义，创建了革命组织新民学会，他创办的《湘江评论》别开生面，成为反帝反封建和传播科学社会主义的有力阵地之一。1919年12月，毛泽东第二次来到北京，有机会阅读更多的马克思列宁主义和有关俄国革命的书籍，进一步系统地掌握了马克思列宁主义理论武器。1936年，毛泽东在与美国记者斯诺谈话时回忆道："我第二次到北京期间，读了许多关于俄国情况的书。我热心地搜寻那时候能找到的为数不多的用中文写的共产主义书籍。有三本书特别深地铭刻在我的心中，建立起我对马克思主义的信仰。我一旦接受了马克思主义是对历史的正确解释以后，我对马克思主义的信仰就没有动摇过。这三本书是：《共产党宣言》，陈望道译，这是用中文出版的第一本马克思主义的书；《阶级斗争》，考茨基著；《社会主义史》，柯卡普著。到了1920年夏天，在理论上，而且在某种程度的行动上，我已成为一个马克思主义者了，而且从此我也认为自己是一个马克思主义者了。"

五四运动爆发后，周恩来在天津积极投入爱国运动，主编《天津学生联合会报》，参与发起建立觉悟社。觉悟社成为天津学生爱国运动的领导核心。1920年1月，周恩来等在反帝爱国运动中被北洋军阀政府天津警察厅拘捕。在被拘捕期间，他向难友们作了五次介绍马克思学说的讲演。其内容有马克思传记、唯物史观、剩余价值学说和阶级斗争史等。

参加辛亥革命的董必武、林伯渠、吴玉章等一批先进分子在五四时期成为了马克思主义者。著名马克思主义理论家、中共主要创始人和早期领导人之一李达翻译的《社会问题总览》，对马克思主义唯物史观作了较系统的阐述。马克思主义传播者杨匏安发表的《马克斯主义》对马克思主义三个组成部分作了比较全面的阐述。李汉俊译的《马格斯资本论入门》，对马克思主义经济学作了系统论述。中国现代文学家、中共早期主要领导人之一的瞿秋白1920年8月作为《晨报》的记者出访苏俄，并加入共产党。瞿秋白在苏期间，奋笔著述，写了大量关于俄国和十月革命的文章，受到苏维埃政府热情接待，多次见到列宁。从1921年开始，瞿秋白在《新青年》和北京《晨报》上发表了十篇重要通讯，对苏俄的政治、经济、文化、外交、党的建设、工人组织、农民问题等作了一系列报道和介绍。这是十月革命后，第一次由中国人向全国人民所作的关于列宁和社会主义国家的系统报道。

五四运动后，马克思主义在中国的广泛传播并且日益同中国工人运动结合的过程，也就是酝酿、准备到建立中国共产党的过程。1920年2月，陈独秀在李大钊亲自护送下去天津，途中，他们在骡车上商讨了建立中国共产党的问题。陈独秀到上海后，就开始到工人中了解罢工情况，和工会组织一起组织集会发表演讲，宣传马克思主义。1920年《新青年》第七卷第六号《劳动节纪念号》专刊共发表28篇文章，其中大部分反映了北京、天津、长沙、南京等地工人的状况。《劳动节纪念号》的编辑发行，是中国先进分子与工人运动相结合的产物。经过酝酿和准备，在陈独秀主持下，上海共产党早期组织于1920年8月在上海法租界老渔阳里2号《新青年》编辑部正式成立，取名"中国共产党"，这是中国的第一个共产党早期组织，陈独秀任书记。

1920年3月，北京大学成立马克思学说研究会，成员大多是五四运动中的骨干和积极分子。该研究会即是中国最早学习和研究马克思主义的团体，为建党作了重要准备。经过一系列准备工作，北京的共产党早期组织于1920年10月在北京大学图书馆李大钊的办公室正式成立。当时取名为"共产党小组"。党组织的最初成员有李大钊、张申府和张国焘三人。1920年底，北京党组织召开会议，决定成立"共产党北京支部"，由李大钊任书记。上海、北京的共产党早期组织成立后，武汉、长沙、广州、济南等地的先进分子以及旅日、旅法华人中的先进分子，也相继建立了共产党早期组织。

各地党的早期组织有计划地研究和宣传马克思主义，批判各种反马克思主义思潮，开展工人运动。1920年9月，上海的共产党早期组织将《新青年》改为党的公开理论刊物，宣传马克思主义的基本理论，组织创办半公开刊物《共产党》，介绍革命理论和党的基本知识。上海的党组织还起草了《中国共产党宣言》，阐明中国共产主义者关于实现共产主义社会的理想，提出消灭私有制、实行生产资料公有、废除旧的国家机关、消灭阶级的主张。同时，在极端困难的条件下，上海的共产党早期组织翻译出版马克思主义著作，如陈望道翻译的《共产党宣言》，这是马克思主义著作的第一个中文全译本，在马克思主义传播史上具有重要意义。陈望道，原名参一，笔名陈佛突、陈雪帆等，他于1919年从日本回国后，受聘于浙江第一师范学校。1920年春回到家乡，后来来到杭州大佛寺开始翻译《共产党宣言》，并于1920年4月翻译完成。《共产党宣言》于同年8月出版，9月应读者要求再次出版发行。可以说，《共产党宣言》的出版，为中国共产党的成立奠定了思想基础。

马克思主义在中国早期传播的过程，同时也是先进中国人在寻求挽救民族危亡道路上，从初步接触马克思主义，到主动传播和接受运用马克思主义，再至创建马克思主义政党的过程。《马克思主义在中国早期传播》丛书收集了1899年至1914年我国出版的大部分马克思主义早期文献，按时间顺序分为八卷。收录的文献既有专著，也有刊载在杂志上的文章。早期传入中国的马克思主义文献大多来自国外译著，作者受时代、认知和立场所限，有的观点和表述在今天看来并不妥当甚至错误，但作为那个时期的历史文献，仍有保存研究的价值。作为后世学人，应批判地继承历史文化，取其精华，去其糟粕。丛书中有的文献仅少部分与马克思主义直接相关，我们仍将文献全貌或较多的节选收入，以便于读者了解早期马克思主义传播的背景全貌。

这些马克思主义早期文献真实地反映了马克思主义早期传播者为寻求真理进行艰苦探索的过程。我们编撰此套丛书，既是对他们筚路蓝缕的致敬，也是为启示后来者，在实现中华民族伟大复兴的历史进程中，要始终高扬马克思主义伟大旗帜，坚定中国特色社会主义道路自信、理论自信、制度自信、文化自信。

张远航

2023年7月

编辑说明

一、本丛书选录文献原为竖排版，今改为横排版予以整理。文献底本中的"如左""如右"等表述保留原貌，不作改动。

二、全书文字遵循底本，仅将底本繁体字改为对应简体字，将现今不再使用，且有对应简体字的异体字改为正体字，其他异体字原则上保留。沈重、根原、计画等，均为当时通用用法，大体保留原貌，不作改动和统一。

三、晚清民国出版物，行文有时代风格，为保持原貌计，不作改动。但对音近形似、手民误植、作者误笔或误记等原因造成的明显错误之处作订正，大体上径改，部分需要说明时，于当页以页下注出校。底本中缺字用□表示。

四、底本部分已有句读，部分无句读，今一律用现代标点对其进行规范化标点，对于底本中明显的句读错误大体径改，断句或有与底本句读不同之处，书中不另作说明。

五、原文中有的文章全文相连，没有分段，整理时根据上下文意，酌情分段，以方便读者阅读。底本中双行小字，标点时改为比正文小一号的仿宋字体，随相应正文之后括注。

六、受时代、作者认识等所限，文献中存在一些表述不当的历史词语如"乱""贼""盗""支那""日清战争"等，以及不符合事实和当今主流思想的观点，如对于国家民族优劣、甲午战争、帝国主义等的评述，为保留文献原貌，均未作改动。望读者将这些内容放在历史的维度，以批判的态度加以辨识。

七、底本翻译的外国书名、人名等专用名词，与今日通行本不一致者，均保留原貌，不作改动和统一。如将孟德斯鸠译为蒙的斯鸠；不同文章对马克思有不同译法（马尔克斯、马克司等），均不作改动。

八、目录与正文均依底本录入，底本目录与底本正文不一致的，目录与正文标题均保持原貌，在整理文正文标题处加页下注说明。

九、为便于读者了解文献原貌，整理文字后附有文献底本图片，有的并非全文附上，有的影印效果不佳，有的底本页面有整理文字以外的文字，并非一一对应，仅作读者阅读参考。

目录

总序　001

编辑说明　001

广长舌　001

《广长舌》目次　003
十九世纪与二十世纪　004
革命之问题　007
社会主义之实质　008
社会主义之理想　010
社会主义之急要　012
社会主义之适用　015
帝国主义之衰运　018
暗杀论　022
无政府之制造　026
国民之危险　028
华尔波之政策　030
于外交上非立宪国　032

财政之大革新 034
好战之国民乎 036
兵士之厚遇 037
非战争文学 039
非政治论 041
目的与手段 041
国民之麻痹 043
无理想国民 044
义务之念 045
老人之手 046
污辱文明者 048
伊藤侯之盛德 049
平凡之巨人 050
读《修身要领》 052
祭自由党文 054
岁末之苦痛 055
新年之欢喜 057
高等教育之拒绝 057
恋爱文学 058
自杀论 060

近世社会主义 —————— 169

《近世社会主义》序 171
《近世社会主义》自序 171
《近世社会主义》凡例 172
《近世社会主义》目录 173
绪论 174

第一编　第一期之社会主义——英法二国之社会主义　182

绪言　182

第一章　英法二国之社会的状态　183

第二章　第一期革命时代法国之社会主义　188

第三章　英国之社会主义　洛卫托拉野　193

第四章　复古时代之社会主义　198

第五章　第二革命时代法国之社会主义　214

第二编　第二期之社会主义——德意志之社会主义　226

绪言　226

第一章　加陆马克斯及其主义　227

第二章　国际的劳动者同盟　240

第三章　洛度卫陆他斯及其主义　245

第四章　列陆檄耶度拉沙列及其主义　250

1902

广长舌

1902年11月，日本学者幸德秋水著、中国国民丛书社翻译的《广长舌》一书由上海商务印书馆印行。该书是一部宣传社会主义的通俗读物，共32篇，较系统地论述了社会主义的含义、目标、产生的根据、得以实现的必然性等，驳斥了诬称社会主义为破坏主义、社会党为乱民的谬说。该书日文原著名为《长广舌》，作者幸德秋水是日本明治时期著名的革命家、日本社会主义运动的先驱者之一。"长广舌"和"广长舌"意思相同，为佛教用语，作者将该书看作是宣传社会主义的喉舌，有如佛家传经之意。1903年，上海商务印书馆再版此书。今以上海商务印书馆1903年本为底本予以整理。

《广长舌》目次

十九世纪与二十世纪

革命之问题

社会主义之实质

社会主义之理想

社会主义之急要

社会主义之适用

帝国主义之衰运

暗杀论

无政府党之制造

国民之大危险

华尔波政策

于外交上非立宪国

财政之大革新

好战之国民乎

兵士之厚遇

非争战文学

非政治论

无理想国民

国民之麻痹

目的与手段

义务之念

老人之手

污辱文明者

伊藤侯之盛德

平凡之巨人

读《修身要领》

祭自由党

岁末之痛苦

新年之欢喜

高等教育之拒绝

恋爱文学

自杀论

十九世纪与二十世纪

放一只眼以观世界之大局，握一管笔以读世界之历史，沈然冥索，恍然大悟，曰：世代之进步，与人类之进步，其速率固相等哉！尝闻诸历史家矣，人类文明之程度，恒视其世代以为等差。故或阅一世纪而产出一文明现象，或阅半世纪而又产出一文明现象。甲时所视为文明者，乙时或野蛮之矣。乙时所视为文明者，丙时或又野蛮之矣。相乘相除，相递相嬗，无有止境，盖公理也。然则吾人者，其亦自思于十九世纪之天地，尚遗如何大件未完结者乎？更挟持如何物事以入二十世纪之天地，而争自存图自立于竞争之世界乎？

历史者，人类进步之纪录也。阅世而生人，阅人而成世。此人类之处此世代也，于其智慧德性之开发，精神地位之上进，物质生活之改善，必不能少时休，又决无有退步之理。若诸行无常，盛者必衰之说，以一人论则洵然，以一个之国家，一种之民族论，亦洵然。虽然，彼等即腐败堕落也，彼等即衰疲灭亡也，于世界之全体，固无损也。非惟无损，吾谓是种之劣国家劣民族，苟一例澌灭，绝迹于地球上，则人类全体之精神、生活、宗教、政治等之改良进步，当倍加其速率矣。譬之水焉，其蒸发也，勿谓水量之减，彼减去之水量，其气更化为玉露，以助五谷之发育，劣国家劣民族对于人类全体之影响，非如是乎？

古来所称为文明者，决非专为一帝王、一国家、一民族之福利已也。其益益进步，必将为人类全体之福利。观于彼等文明者，每不辞益益扩充，以期传播其文明于全球，可以见矣。埃及也、亚西利亚也、巴比伦也、耶利西亚也，皆文明者也。姑置勿论，请言希腊之文明。希腊者，欧洲文明之鼻祖也。然当彼利烈之全盛时代，其文明仅及于国，则私也。后虽渐传播于蕞尔欧洲，犹私也。未几而风潮泛发，愈播愈广。罗马遂持续其文明而补修之，扩张之，以光被欧洲全土。欧洲又持续罗马之文明，而补修之，扩张之。自十八世纪以至十九世纪文明之风潮，直传播于南北亚美利加、东部亚细亚、阿布利加。其扩张进步之方法，既年胜一年，日胜一日，其进步增加之速度，则如物自空中落下，愈近地则地之吸力愈加，而物之落也亦愈速。由一种族之文明，进而为数种族之文明。又由数种族之文明，渐进而为人类全体之文明。故十九世纪文明进步之速率，实为振古所未有。由是以推，则二十世纪文明之进步，其速率更何如耶？然则即谓二十世纪也，为劣国家劣民族绝迹于浑圆球上之世纪，亦奚不可。

人之生也，自少而壮而老，其食物、衣服、性质、状态、诸等功用，渐次有异。世界之文明也，自一种族而及数种族，而及人类全体，其主义思想，亦不得不异，何也？适于百千人之文明，未可适于亿万人。适于数国民之文明，未可适于世界全体。故希腊罗马之文明，犹容蓄奴之制，欧洲之文明，则不能容也。十八世纪末年之文明，犹容贵族专制之主义，十九世纪之文明，则不能容也。至今日而文明民族之脑中又产出一帝国主义以代个人自由主义，为十九世纪后半文明之精神。观于此而益叹国民之文明与世界之文明，其进步殆不可以道里计也。

十九世纪之文明，以个人自由主义，打破贵族专制主义，脱卸人类奴隶之羁绊，伟矣哉！是文明进步之第一关头也。虽然，人类文明之切要问题，不在个人之福利，而在社会全体之福利。吾人进步之重大目的，不止于获得自由，而更期进于平等之域。欧洲之民族，由个人自由主义，一转而为国民统一主义。由国民统一主义，再转而为帝国膨胀主义。自兹以往，其将三转而为世界统一主义乎？吾观今日各种文明民族之脑中，其于世界统一主义，盖已微泛其潮流，渐莳其种子矣！此固不可不知者也。

虽然，十九世纪之文明，虽能打破政权之不平等，而未能打破经济之不平等，遂激成一种自由竞争之制。下层劳动者，前不堪政权之弊，曾结合以脱政治之桎梏。今则不堪经济之弊，遂渐生结合，以脱资本桎梏之思想。此思想一发动，而世界之运动又增一进步。吾请言其结果，曰：资本合同主义。

帝国主义之飞扬于十九世纪后半期也，虽为文明进步之公理，然其势亦有不得不然者，何也？盖彼等民族，久已不堪个人自由竞争之弊，遂变而出此主义，团结其国民之力，伸其竞争之手段，以与他种民族争。然争之既久，优胜劣败。于是凡能翘然立于世界上之国家民族，其势力皆足以相敌，则又不得不变而出于世界统一主义矣。

盖从文明版图扩张之后观之，吾知各种民族之运输交通，必益发达。由是世界上之生活、利害、物价、智识、道德，渐同赴平准自然之势。彼欧洲之政治家，不得独夸其武力。欧美之资本家，不得独炫其经济。化其凌虐之思想为博爱，变其竞争之手段为共和。政治家则由自由主义转为国民主义，由国民主义转为帝国主义，又由帝国主义转为世界平和主义。经济者及社会者，则由自由竞争主义转为资本合同主义，由资本合同主义转为世界社会主义。夫如是，而人类进步之历史始大成也。

伟矣哉！汝十九世纪之政治家，授吾人以自由之福利，更产出帝国主义，以矫自由竞争之弊也。虽然，帝国主义者，特吾人世界社会主义之导火线耳。吾人于二十世纪之前半，必将更组织世界社会主义，以代帝国主义，并扫去其一切弊毒。此固世界上之人类，所同有之感情，同有之进步也。

革命之问题

积阴冥冥，风号雪飞，其极也，则一阳来复。连霖郁郁，云压雾塞，其极也，则青天赫日。此天地之革命也。当此时也，凡亭毒于天地之物类，必有一大进步。社会之革命，亦犹如此乎？

闻革命之语者，勿误解为是不敬也，勿误解为是谋叛也，勿误解为是弑逆也。是固共和政治之起点也，是人类进步之急切关头也，是世界之公理也。故革命者，非苦罗母耶尔之专有，非华盛顿之专有，非罗壮斯比尔之专有，非铁火与鲜血之专有，四民平等者，社会一大革命也。王政复古，设立代议政体者，政治一大革命也。十八世纪科学殖产器械之发明，殖产一大革命也。革命有二：一为平和之革命，一为猛烈之革命。平和者，奏效缓。猛烈者，奏效速。人有言曰：革命者，一种之颠覆也。其公目的皆抱持新异主义，组织新异制度，以布于一时。而其手段则不同，有用暴力，流铁血，风驰电掣以除腐布新者；有尺进寸取，维持现在之制度，以渐图发达隆盛之结果者。由前之说，是谓猛烈手段；由后之说，是谓平和手段。谈革命者，于是二种手段，孰去孰取乎？此诚第一重大之问题也。

由斯以谈革命之公目的，在组织新制度，以更代旧制度。夫人而知之矣。我国今日之情状，非濒一大革命之机乎？吾人革命之手段，其将主张平和乎？抑猛烈乎？

请言政治之现象。今之登政治之舞台，为众所注目者，非内阁乎？众议院乎？贵族院乎？各政党乎？吾人试起而观彼等之施治，其腐败不已达于极点乎？彼等直奉私利私福于藩阀耳。彼等直奴仆于藩阀耳。彼等所组织之制度，问有自由之制度乎？无有也。问有代议舆论之制度乎？无有也。寡人专制，文明民族所深恶而痛绝者也。我国政治之现象，非陷此惨境乎？不取新主义以代之，欲求进步，胡可得也？吾得为我国民告曰：政治上之革命，为我国民第一事业。

请言殖产经济之现象。今日者，欧洲殖产革命之余波，滔滔侵入我国。生产之费，非不廉也。生产之额，非不加也。然其功效，惟显于一部。社会全体，不能遍沾余泽。以致贫富者，益益悬隔。恐慌者，益益繁赜。分配者，益益不正。故我国商业之现象，宛如一大赌场。实业者渐无容身之地。我国民欲求殖产经济之进步，其在组织殖产新主义，以布福利于社会全体乎？吾得次为我国民告曰：殖产经济上之革命，为我国民第二事业。

请言社会风俗及教育之现象。自伊藤博文定为阶级之制度，于是四民平等主义，全然破坏。贵族者，徒手游食，暖饱逸居，如养豕羊，无所用之。用是社会风俗，日即颓废。教育家以虚伪形式之忠君爱国四字，为教育之主眼，阻碍国民理想之发达。吾人试起而觇我国民之思想界，其能翘然高尚纯洁，不堕于固陋顽冥者，有几人乎？其退步殆与数百年前之思想，相去不能以寸也。吾得更为我国民告曰：社会风俗及教育上之革命，为我国民第三事业。

然则革命者，非我国民之重大问题乎？善哉！独逸社会主义者之言曰：革命者，进步之产婆也。进步于革命，有相倚相待之势。革命之所在，即进步之所生。我国民熟察我国之现象，直无不有知为濒一大革命之机者。虽然，若用革命之手段，其主张平和乎？抑猛烈乎？孰去孰取，孰得孰失，我国民必有知之者矣。

社会主义之实质

明珠暗投，人皆按剑，何哉？不知其为至宝也。今我国民之对社会主义，亦犹如此乎？彼等未遑究其真相实质之如何，第挟其井蛙之见，发为夏虫之语，贸贸然号于众曰：社会主义者，破坏主义也；社会党者，乱民也。皇然惴然，嚣然谨然，怖之如瘟疫，忌之如蛇蝎，阻挠之惟恐不力，解散之惟恐不速。呜呼！是岂真破坏主义乎？是岂真乱民乎？

伊古以来，苟欲求社会之进步，成就革命之事业者，其发端也，率以破坏之手段行之。然固不得以是为伊人咎也。人有恒言：将欲成之，必先败之，将欲完之，必先毁之。凡天下以新代旧之事，其公理大都如是矣。有甲于此，语乙曰：汝之家屋朽废，宜改筑之。汝之衣冠尘垢，宜洗涤之。如甲云云者，是亦破坏主义乎？是亦乱民乎？彼以破坏主义目社会主义，以乱民目社会党者，观于此，亦可以释然矣。

而固陋冥顽、不识事①务之徒，怯懦凡庸、苟安一时之辈，其恶闻革命之语也，不啻如揭其隐恶发其阴私。遇提倡新主义者，即斥为破坏主义，目为乱民，百出其术以迫害之。无古今，无东西，其揆一也。故尊王讨幕之论起，幕末之有司斥之曰破坏主义，目唱论者曰乱民，加以迫害。安政之疑狱，其悲境惨况，与秦皇之坑儒，无以异也。自由民权之说起，藩阀之有司斥之曰破坏主义，目唱议者曰乱民，加之迫害。保安条例之发布，其横暴苛毒，与拿破仑三世以还，无以异也。今试问我国民之能脱封建阶级之桎梏，入四民平等之境域，卸专制抑压之制，浴立宪代议之治，国威国光，隆然灿然于东海之表者，非当时所谓破坏主义，当时所谓乱民者为之乎？

不宁惟是，世界上一新主义之发达，一新运动之膨胀也，其起点率由于破坏主义与乱民之妄动，此妄动之结果，则又为革命关头与社会进步之一大影响，何也？盖当时一般人民所受之压力愈重，则所伸之抵力亦愈大，涨而横溢，其弘通之势，宛如大水初决，不可遏抑。豪杰之士崛起其间，遂暗乘其势而左右之，指挥之，推翻旧政，组织新制。当其始也，不过破坏主义与乱民之妄动耳。孰知社会上之进步，竟大有赖于彼等乎？基督教之改革，实如是也。日莲宗之勃兴，实如是也。欧洲大陆自由制度之创，实如是也。非谷税之运动，实如是也。选举区之改正，卖奴之禁止，实如是也。又其甚者，攻击迫害，愈酷愈惨，则其反动之祸亦愈烈。破坏决裂，

---

① 应为"时"。

不可收拾。其余势所及，更生不测之惨害。如路易之为馘，美德尔尼义之为逐。蓄愈久者发愈烈，发愈烈祸愈惨。兴言及此，可不为寒心哉！

呜呼！吾今者且勿论社会主义之功用性质，与今日社会之状态，有急要适切之关系也。请言欧美之文明民族，当彼等处专制酷虐政体之下也，痛苦呻吟，铤而走险。其感情之弘道，如置邮传令。其势力之增大，如春草经雨。冒白刃，流红血，以争自由，图独立。今则占领如何之幸福，享受如何之快乐矣。而我国民中固陋冥顽之徒，漫不加察，斥社会主义曰破坏主义，目社会党曰乱民。怯懦凡庸者，又从而附和雷同。日夜企图所以镇压之，剪灭之，惟恐不胜。吾不知其何恶于社会主义，何仇于社会党，而攻击憎恶，忌惮阻挠之至于此极也。噫！是殆未知社会主义之功用实质，于今日社会状态，有急要适切之关系乎？是殆固陋冥顽，怯懦凡庸之故乎？不然，胡若是之背谬也？吾亦知社会主义之发达，为二十世纪人类进步必然之势，决非彼等所能防遏。然如彼等云云者，宁非我国民之一大丑辱乎？吾甚愿我国民研究社会主义之实质，勿流于彼等之背谬，而为文明民族所夷视、所嗤笑也。

社会主义之理想

有一物焉，不翼而飞，不胫而走，其对于世界上也，有无限之势力，无限之关系者，非金钱乎？人类于金钱，皆有莫大之希望，莫大之营求。由是而金钱之势力，其膨胀之度，遂至无可比例。用以沈沦世道可也，用以颓坏风俗可也，用以腐败人心可也，用以灭亡社会亦可也。今者忧时之士，奋袂攘腕，掉三寸舌，握三寸管，有主张废止娼妓者，有提倡改良风俗者，有企图兴起道德者，口焦腕脱，无济也。呜呼！诸君诸君，其亦思何人甘心为娼妓者乎？何人不欲风俗之改良，道德之兴起者乎？而卒不能然者，金钱之势力，有以阻滞之也。诸君不企图绝灭金钱之势力，徒终日兀兀，烂其舌，秃其笔。吾恐社会已澌灭，而诸君之目的尚未达也。请为诸君计画维持世道人心之策，曰：废止金钱。

人必得金钱而始生，事必得金钱而始举，此金钱对于社会上之势力也。试观今日社会之人类，何人能于金钱而外，信正义，信真理乎？何人于金钱而外，别有势力，有名誉，有权利，有义务乎？故于今日社会上有无限之势力者，金钱也。有无限之耗弊者，亦金钱也。

　　吾人试设想金钱苟一朝废止，其无限之势力，全然绝灭。无所谓自私自利，无所谓贿赂买节，无所谓剥削钻营，无所谓盗贼罪过。由是而娼妓自废止也，风俗自改良也，道德自兴起也。当此时也，社会之人类，其理想率高尚，其心性率平和，其享受率幸福，种种社会，皆进于极乐世界，无有贫富苦乐之悬隔，何幸如之！虽然，今日者，金钱之势力如火初然，如潮初泛，熛炽泛溢，日胜一日。其距绝灭之时代，尚不知几十百年也。俟河之清，人寿几何矣！

　　金钱对于社会上之势力，其庞大也既如此。吾乃提倡废止金钱之论，世之人，其不以我为狂诞乎？虽然，若以我为狂诞也。彼欧洲最新之社会主义，亦皆狂诞乎？

　　吾亦非有大仇怨于金钱而必欲废止之，绝灭之也。吾以为金钱者，特交换之媒介，价格之标准。其功用不过如度量衡，如铁道切符，如医师方笺，为世界人类借以运输交通之一公物耳。自有挟以自豪，私之子孙者出，而公物遂化为私物。世界人类之心光眼光，全注射之。或以谲智取，或以强力夺，或以劫杀得，或以性命视。人心因而腐败，风俗因而颓坏，自由因而破裂，平等因而搅乱，甚则社会因而沦亡，种种耗弊，不胜言举。吾之提倡废止金钱论也，非直欲金钱绝迹于浑圆球上也，绝灭其势力而已。

　　绝灭其势力将奈何？曰：在禁视金钱为私有之资本。今日之金钱，其对于社会上有无限之势力者，以人人视为生产资本，得以支用自由也。职是之故，而人类对于金钱之欲望愈深挚，其攫取之手段，亦愈猛烈。有金钱者，无论贤与否，于名誉、权势、富贵三者，皆得占优等之地位。是乌可谓公平乎？是乌可谓正义乎？苟以公物视之，则如土地也，物产也，器械也。既为社会所公有之物事，而以金钱为是三者分配之媒介，其功用不过如度量衡、铁道切符、医师方笺。夫如是，有金钱之势力，必大减其庞大之程度。社会之耗弊，庶有瘳乎？

人类之生于世界也，劳动乃可得食，是天地之大法也。今以金钱为私物，支用得以自由。挟持金钱多者，徒手可以得食，而不必尽劳动之义务。是彼人既强占社会上之公物，且旷弃社会之义务也。岂公理哉？不宁惟是，彼挟持金钱多者，必骄奢怠侈，大酒食以养口腹，招僮仆以供颐使。滥縻社会上之衣食，而弃诸无用。搜聚社会上之人类，而视为私人。是固释迦所深慨，不容其忏悔。耶稣所痛愤，必挤之地狱者也。然则吾之欲废止金钱也，我国民其视为狂诞乎？抑非乎？

　　要而言之，吾人欲绝灭金钱无限之势力，以救社会之堕落。其第一要著，在视生产资本为社会之公物。且改革今日之经济制度，是固主张社会主义者，不二之理想也。

　　吾敢持语天下之欲明人心维持世道者，毋庸生枝叶之论，但先力行社会主义之理想。此固诸君欲达种种目的之捷径也。呜呼！十九世纪者，自由主义时代也。二十世纪者，社会主义时代也。吾闻阅一世纪，则世界上必产出一种新主义，新运动。金钱废止，则殆二十世纪新主义新运动之一分乎？

社会主义之急要

　　愚矣哉！汝教育家也。迂矣哉！汝宗教家也。痴矣哉！汝政治家也。公等锐意热心，烂舌秃笔，涸音声，耗心气，兀兀然，皇皇然。讲伦理，说道德，策治国平天下之道。吾固不敢谓公等为非也。然以我国今日社会之情态观之，其秩序紊乱，风教堕废，诈欺争斗，贿赂奸淫，一切罪过，层见叠出。自公等以雄辩演说，高尚议论，启沃之，开发之，之后，其奏效果何如乎？得无犹有于公等之目的，尚未能尽达者乎？

　　虽然，是非公等之学之浅也，是非公等之识之鲜也，是非公等热心之不足也，是非公等感力之不大也。然以公等如此之手段求公等如彼之事业，虽尚阅数十百年，吾敢决其以一杯水救一车薪火，于事必无济也。是果何道理乎？公等亦曾研究此问题而得此解乎？

人无谷食不生活，未有舍谷食而可别求生活者也。今试语学生曰：汝何勿以学为食乎？语诗人曰：汝何勿以吟咏为食乎？语商曰：汝何勿虚说资本欺弄世人以为食乎？若是云云者，殆所谓迫彼等以自杀者非耶？以迫人自杀之教育、宗教、政治，而欲人之倾耳而听，舍身而从也。能乎？否乎？商家之运输，为食也。工师之工作，为食也。盗贼之劫掠，奴隶之服役，亦为食也。不问其生活之盈绌，而第号于众曰：汝工作之谲诈，非正义道德也，其改革之。汝盗贼奴隶之放恣卑贱，尤非正义道德也，其改革之。噫！曾亦思彼等之谲诈、放恣、卑贱其目的果何在乎？今欲其舍彼从我，殆欲彼等以正义道德为食乎？故吾谓今日社会之第一急切主义者，胃腑之问题也。不先解决此问题，则一切教育、宗教、政治之问题，均不能得其主眼。孔子曰："民富，然后教之。"此之谓也。

今也，吾人试问我国民胃腑之问题，果已完全圆足，无缺点乎？抑否乎？

试问今之身厌绮罗、口厌珍馐者，果能于生产之义务，尽焉否也。又问今之一举而得数千万之富者，果能于生产之义务，尽焉否也。不见夫数万之劳动者，终日兀兀，尚不能得一钱乎？而彼等钻营不正之事业者，或则不烦举手之劳，而可得百金矣。正直诚洁者饥欲死，奸曲游荡者饱欲死。劳逸贫富，天地悬隔，持是以往，吾恐正直诚洁者将绝迹，胥率而入奸曲游荡之域矣。此固我国之实在现象也。

如上所述，则我国今日社会之情态，其秩序紊乱，风教堕废，一切罪过，层见叠出。此等大病，决非舌谈笔说所能医也。然则诸君试解释我国民胃腑之问题，其不正不义，且不完全，至于此极者，原因果何在哉？吾请断之曰：是个人主义之余弊也，是自由竞争之遗毒也。

或者曰：个人主义，自由竞争者，社会进步之向导也。斯言也，吾窃疑之。人者，交涉之动物也。若互相竞争，则此人多占社会上一分之权利，彼人必少得社会上一分之权利。优于竞争之手段者，洵发达矣。适于竞争之交涉者，洵繁荣矣。然持是以往，竞争又竞争。向之见为优者，其中必又有最高等之优者出焉，以凌驾此优者矣。向之见为适者，其中必又有最高等之适者出焉，以排击此适者矣。争之既久，则浑圆球上之享幸福拥权利者，仅此少数最高等之优者适者。外此无量数之人民，必全然堕落，全然渐灭矣。是岂人类社会文明进步之目的乎？况此无量数之人民，既全然堕落，全然渐灭，绝迹于浑圆球上。彼少数最高等之优者适者，亦将不能自立，是必然之理也。噫！吾其异乎今日研究社会之方针者，胡不加察也？

自科学日益进步，而今日社会之生产力，及生产物，以曩昔比例之，其增加之程度，实大可惊矣。独惜其功用罪显于一部，聚于个人，由是社会之人类日忙杀于生活之竞争，竭一日之精力，仅足赡胃腑之需用。胃腑以外，无暇研究何理想也，无暇组织何物事也。故今日社会人类，产出一种奇怪之现象，充其弊害，恐将至不可思议之境。然其原因，则实以自由竞争之制度，流弊蔓延，遂致经济界限于无统一无政府之状态故也。

个人主义，自由竞争，其弊害之中于经济界也，更仆难终，吾不暇详述。虽然，姑摘其大要，以质诸世界社会之人类可也。致富者率不正不义，其分配且极不平等，弊一。贫富日益悬隔，生产滥糜，弊二。运输交通，皆以竞争特占事业为目的，遂若并吞全社会之权利，归之一人，弊三。生产或过余，或不足，需用供给，屡失平衡，弊四。物价之低昂，不定工业每生恐慌，甚则缺乏饥饿，恶德踵至，弊五。如此一切弊害，谓非经济界陷于无政府之故乎？

惟其无政府也，故一任奸智与暴力之竞争，一听其为优胜劣败弱肉强食之结果。且也，非金钱不能得名誉，不能得衣食。而欲得金钱，又非出于不正不义之竞争不可。持是以往，则秩序之紊乱也，风教之堕废也，亦奚足怪哉？吾固不敢谓教育家、宗教家之无补救于社会也。然无金钱，则教育之制度，不能立也。无金钱，则宗教之奉持，皆盲说也。吾故曰：先研究社会人类胃腑之问题，企图其完全圆足。而后教育宗教之第一急要关头，始得开道也。

故弊害之生于竞争者，可以调和救之，毒害之产于差别者，可以平等药之，个人主义之搅乱，可以社会主义矫之。西亚志烈之言曰："社会主义之第一要件，胃腑之问题也。"呜呼！我国民今日胃腑之问题，其果完全圆足无缺点乎？抑否乎？

社会主义之适用

呜呼！我国今日之第一急切，最大关系者，非劳动之问题哉！吾人苟欲于此劳动问题解释之，组织之，企图其完全圆足无一缺点。其第一著手处，非在社会主义乎？吾甚怪讶，今之欲于劳动问题，解释之，组织之者，奚为于社会主义。非难攻击，其声愈高，其力愈猛也。呼！是非欲明而灭烛，欲渡而焚舟乎？今日者，此等俗论之风潮，愈播愈高，于社会上大占势力。吾愿我劳动诸君，勿为炫惑，勿误向背，研究我国社会上之种种问题，抱持社会主义，以开通劳动问题之前途，否则误于俗论，将日堕陷于困难纷扰之境，而永不见解决之期，实我国民之大不幸也。吾故不惮词费，于是等俗论，排斥其谬解，指摘其欠点，以为我劳动诸君，指示一道之火柱，以尽吾人急要之责务焉。

桑田某者，非政治上之有名家乎？其所演说劳动者与资本家之关系，我国民半宗仰之。不知此等演说，乃俗论之一大鼓吹也。彼曰将来之劳动问题，在保劳动者与资本家亲密恳和之关系。世间固亦有残忍刻薄之资本家，然是固彼个人之罪过，非资本全体之罪过，未可以是而一概抹杀资本家之皆属残忍刻薄也。其说如是，然以吾观之，资本家与劳动者其恳和亲密若果能如桑田某之说，完全无缺点，是洵一大美善之结构也。主张社会主义者，岂敢唱异议？虽然，如桑田某云云，行之于现时制度之下，果能保永远达其目的乎？吾观劳动者与资本家之现象，各相暌离，各相冲突，其势力之增进，固年胜一年，日胜一日。既已暌离冲突，而欲其恳和亲密也。能乎？否乎？曾亦思两者之所以致暌离冲突者，果何原因乎？彼主持俗论者，则必又变迁其说，而以乏知识逞意气归咎于劳动者也。吾亦不敢谓劳动者之不乏知识逞意气也。然劳动者之所以乏知识逞意气者，又何原因乎？是固资本家之暴横，与富贫之悬隔所致也。而此资本家之暴横，与贫富之悬隔，又何原因乎？是固自由竞争制度之弊毒所致也。其本乱而末治者，否矣。然则仍自由竞争之制度，而欲劳动者与资本家之亲密恳和，岂可得哉？主张社会主义者，所以欲组织社会上之适用，以代自由竞争之制度者。职是故也，而彼俗论者，乃非难攻击社会主义，而汲汲以调和劳动者与资本家为最良之策，不揣其本而治其末，不亦慎乎？

虽然，社会主义者，亦非以残忍刻薄之罪，坐之资本家之全体也，亦非谓资本家尽残忍刻薄者也。而现时自由竞争之制度，则适为纵资本家驱资本家入于刻薄残忍之制度也。夫自由竞争之制度，不独劳动者苦之，即彼资本家亦殆不能堪。彼俗论者，进以调和之说，亲睦之说，意非不善也。其如彼等之处，此自由竞争制度之下，势必不能不争，不能不竞，不能不战何？即使充彼俗论者之手段，扩彼俗论者之组织，幸而得彼劳动者与资本家一时之亲密恳和，各敛其抗拒之力，压抑之力，亦安能保彼等之永达持续此情形乎？况处此弱肉强食之世界，互相轧轹，互相吞噬。劳动者常陷弊害之悲境，资本家则常占利益之地位。故欲以社会主义救之，使劳动者与资本家有相助相扶、相倚相待之势，则不必告以亲密恳和，而彼等自趋于亲密恳和。谋不是出，而唯烂舌秃笔以劝谕其亲密恳和，此必不可得之数也。不宁惟是，如彼俗论者云云，是直使我劳动诸君，永久陷于奴隶之境遇，而资本家永久享受快乐之幸福也。

更有进者，自由竞争之制度，匪特劳动者受其弊。持是以往，即资本家亦不能堪其弊也。在我国今日，其弊毒视欧美诸国尤甚。吾得为我国民告曰：社会主义者，非以绝灭资本家为目的也。特改革自由竞争之制度，代以社会主义之制度。我国民须知社会主义之目的，在使劳动者与资本家，同享利益。社会主义者，乃一视同仁之主义也。桑田某之演说又有曰：如有一株式会社株主者，必欲得利益配当之多。监理者，苟竭力以多博利益，必能得株主之欢心。而株主亦必保护慈爱此为之监理者。否则反是矣。如彼云云，是非难望其亲密恳和之明证乎？是非彼俗论者自杀之议论乎？彼资本家之全体，虽不尽属残忍刻薄，然安能甘心割其利益以与劳动者共享受也？然则彼俗论者亲密恳和之说错谬孰甚者也。

蛇蝎之喷毒也，触之辄伤。瘟疫之传染也，患之立毙。我国现时经济组织之弊毒，其与是二者相去有几何哉？吾不知彼主持俗论者，于是等弊毒知之否也。吾观彼等，或登演台，或著新论，喋喋咕咕，以强聒一时者，其心光眼光所注射，夫固以企图资本家与劳动者之亲密恳和为主脑者也。至问其欲资本家与劳动者之亲密恳和，将改革自由竞争之制度乎？而彼则不惟不主张改革，且尽力维持之。将组织社会主义乎？而彼则不惟不主张组织，且尽力排斥之。噫！以如是之手段，求达如是之目的，南辕北辙，畏炎加薪，吾未见其可也。然其自欺也亦甚矣。彼等曰：社会主义者，不可实行之空论也。社会主义者，以同盟罢工为目的者也。呜呼！社会主义者，果不可实行之空论乎？果以同盟罢工为目的乎？使社会主义者，举一国之资本尽没收于国家，举一国之工业，尽委输于中央政府，此诚不可实行之空论。然社会主义者，决非如此过激暴乱也。社会主义者，决非继中央政府之无限权力者也。社会主义者，博爱也。社会主义者，一视同仁者也。小之于一町村之事业，大之如一县一都府及一国之事业，各从其宜，准以平等。凡社会上之资本，皆为社会上民人共有之公物，其生产之利益，亦各分配公平。是则社会主义之主张也，何不可实行之有？唯于其地与其时与其事情，成效之迟速，功果之完缺，有所异耳。至谓社会主义为同盟罢工，则尤属牵强附会。吾谓为是论者，其对于资本家之残忍刻薄者，实有崇拜之思想，奴隶之性质。故不惜余力以排击社会主义，而以粗暴过激诋之。虽然，若以是排击社会主义，则维新以前提倡勤王论者，悉乱民乎？夫固不禁一哂也。

要之，我国劳动问题之归著，不止叹愿时期之短缩，不止叹愿赁银之增加。其第一要著，在我劳动诸君各占据于极有权力之地步，其对于生产之利益，务得公平之分配。然欲达此等希望，而因仍伏处于自由竞争制度之下，则如于严冬思鲜果，暗室觅物事。其无得也，不卜可知。我劳动诸君，不欲达此等希望，则亦已矣。若欲达此希望，而化私有之资本为公有，化独劳之工业为公劳，舍社会主义，其奚策之从？

由斯以谈，则我国今日之解决我劳动诸君之问题者，惟社会主义。脱卸我劳动诸君之苦境者，惟社会主义。组织我劳动诸君之幸福者，惟社会主义。制造我劳动诸君之生命者，惟社会主义。诸君诸君，思之思之，慎勿为俗论欺，而永远堕陷于奴隶之惨境，沈沦于痛苦之悲况也。

帝国主义之衰运

　　学者将欲掉舌执笔，道天下事，谈言微中，以为世宗，其急切而不可缺者有三，曰考验过去、曰揣摩现在、曰推究未来，三者缺一，则所言虽多虽博虽辩，鲜当也。彼居今日，而非难社会主义者，曾否洗刮其昏瞆之目，以观察现在世界之大势乎，何也？社会主义者，固二十世纪之大主义、大理想也。今之有人民有政府有主权树一国旗于浑圆球上，其组织之规模，树立之目的，有所谓帝国主义者，有所谓军国主义者，此二种主义，飞扬于十九世纪时代，风潮一发，愈播愈高，气染波及，殆遍全球。一若非是不足以立国，非是不足以自强者。虽然，吾人早已疑其非完全之主义。至今日而帝国主义，及军国主义之害恶，则殆将达于极点矣。不观诸欧洲诸国乎？其号称强大者，大率不惜殚民力，竭国力，汲汲焉，皇皇焉，以经营其新领土，扩张其新军备。其表面固富饶强盛也，而其结果之恶劣，则多数之人民，往往陷于困厄饥饿罪恶焉。德意志、俄罗斯，其弊害尤彰明较著者也。吾人者，姑置他国勿论。请试言两国弊害之现象，以为浑圆球上之号称有国者作一小影片，俾知所去取焉。

　　福禄志者，非战争者之有名家乎？其论战争之危险也，曰：德意志者，绝不能常占于战争优胜之地位也，何以言之？盖彼本以农业立国，自其由农业国变为工业国也，生产之利益失，以致多额之食物多仰给于他人，由海外而输入者，居其大半。况彼国所征幕①之常备兵以四百人计，职是之故，国内之生产力直失去九百万吨之多。其工业又以战争之故，原料供给之途全然杜绝，故今日彼国商业商工之现象，皆如病萎靡，如患麻痹，殆将至葳蕤不振，运动不仁矣。尚武之国，其于经济上也必困厄。经济之国，其于尚武上也必疏虞。尚武与经济固有不并立之势也。然经济既陷于困厄之境，则其尚武之精神，亦必不能永远持续。由斯以谈，则德意志其能常占于战争优胜之地位乎？彼又曰：现时德意志商业之情形，渐次陷于非运。若持是不变，困难殆达极点。欲讲求救济之策，其惟减少军备乎？否则，

---

① 应为"募"。

德意志过去之全盛，而欲再睹于二十世纪之时代，必不可得矣。乃组织彼国之政体者，恬不知悟，而犹向美国再起外债，以充北清出兵之费用，亦良可讶已。

福禄志更即法兰西、德意志战争以来，揭德国战时之抵抗力，以喝破德意志国民之繁荣，不过一时之梦幻泡影，统计揭于左：

人口之四割五分	一年之收入	一九七以下
人口之四割	一年之收入	二七六以下
人口之五分	一年之收入	八九六以下
人口之一分	一年之收入	二、七八一以下

如上所述，福禄志之言，则德意志贫弱之现象，讵不大可惊大可异哉！虽然，是固无足惊异也，福禄志亦曾言之矣，使德意志而惕于贫弱之弊害，请求救济之策，其惟减少军备乎？盖过去全盛时之德意志，非小弱也。固翘然轩然雄视海上者也。胡为至今日而多数之人民益陷贫乏。昔之占于强大之地位者，忽然而产出一种贫弱之病状哉？噫！我知之矣。盖国所恃以立者，经济也。经济之母，即商工与商业也。德意志在十九世纪之时代政府所组织，国民所企图，策士所主张，靡不汲汲皇皇，以扩张国内军备，经营海外领土为主眼。以致输出之数，有加无减，遂全然吸收商工商业之利益，输于是二者之内，而漏泄之，吸收复吸收，漏泄又漏泄，奚怪多数之人民，益陷贫乏也。持是不变，吾恐自时厥后，生活之竞争愈益愈烈，势必至惨境悲剧，层见叠出，其结果有不忍言者矣。不观往年之统计报乎？有曰：德意志于一年国中之自杀者，殆及八千人。至问其所以自杀之原因？则皆曰：生活之堕落也，罪过之误触也，悲闷之难堪也。呜呼！尚武与经济其不能并立也，两害相形取其轻，两利相形取其重。有国者观于此，其于立国之组织，思过半矣。

虽然，德意志之对于支那也，对于南阿布利加也，对于沙墨亚也，所得之利益，所得之光荣，亦非寡也。其将主张社会主义，以救此危险乎？此等危险之状态，我知德意志之国民，亦必不能堪也。

至若俄罗斯之危险，则更有甚于德意志者，吾亦不敢妄为臆说。请据近著之《隔周评论》，与巴乌尔所著之《饥饿俄国》以言其现象。其书曰：

由八十七年一月至九十九年一月，此十二年间俄国之公债由四十三亿渐增加至六十一亿之多，此增加十七亿之公债，支拂于铁道及其他生产之事业者约十二亿。余悉以弥缝岁计之不足。经济困难之现象，既已如是。而政府之组织，尤汲汲以膨胀领土，扩张军备为急切事务。由是饥不得食者半国中，疲弊痛苦，日甚一日，而所经营之铁道，组织之生产事业，成效迟迟。外债利息之偿还，岁计亏缺之弥缝，与年俱增。国中之商工商业，俱陷于萎靡之病。下层人民，不平之风潮，愈播愈高。政府皇皇，无所为计。破产之祸，迫在眉睫。俨然产出一大革命之现象。是固俄国政府，现下苦心破胆之问题也。吾人者，试为俄国今日政府计，其将固持此帝国主义，而听其破产听其革命乎？抑抛掷此帝国主义而更求一种新主义，以雄立于二十世纪时代也。虽然，吾常旷观今日欧美各国，其受帝国主义之弊害者，固不独德、俄二国已也。意大利也、法兰西也、美利坚也、英吉利也，无不弊也。然则帝国主义者，殆增加困厄、饥饿、罪过诸等惨境，于社会上者也。帝国主义者，殆组织诸危险，制造诸悲况，于社会上者也。彼军人家、资本家、政治家，欲独占其功名利益，毋惑其以帝国主义为便也。而多数之平民，则大受帝国主义之弊害矣。故曰：救济今日世界社会之大主义、大理想，曰：在殪翻帝国主义。管辖今日世界社会之大主义、大理想，曰：在组织社会主义。

帝国主义所以陷多数之人民于困厄饥饿罪过之惨境者，其原因果何在哉？是殆在贫富悬隔之过甚也，是盖在贫富悬隔之过甚。而生活之竞争，遂因之猛烈也。吾人所谓社会者，其第一著手，最要目的，在除去贫富之悬隔。然欲除去贫富之悬隔，则舍吾向者所言，化一切资本为公物，化一切工业为公劳，决无别法策也。呜呼！社会主义者，救世之大主义也，是非空论也。现时之问题也，是非过激也，急切之问题也。今者欧美之志士仁人，放慧眼以观时，挟热肠以救世者，靡不奋袂攘腕，烂舌灰躯，以企图社会主义之进步，增长社会主义之势力。帝国主义之害毒，其传染进一步，而社会主义风潮，其传播亦同时高一步。盖社会主义者，二十世纪之急切要件，世界文明进步之要害关头也。我国愚昧冥顽之徒，其嫌忌社会主义，排击社会主义者，亦曾洗刮其昏瞶之眼以一瞬之乎？

毕士麦克者，执德意志帝国主义之牛耳者也，运其残酷镇压之手段，直足驱一国以入于帝国主义，故其党员之数，渐次增加。现德国之帝国议会，非有五十八人之议员乎？法国之帝国议会，非有四十七人之议员乎？若英国之社会党，则第有十三人之议员。白耳义之社会党，则第有三十五人之议员。然吾人者，以今日之大势观之，社会主义之发达，殆渐有如泉初达，如火初燃，有不可遏抑扑灭之势。欧洲全体之社会党，殆有数百万人之数。而各国之地方议会，社会党之议员，则又每占优胜之地位。由是以谈，则二十世纪之社会主义，固已蒔其苗于世界人类之心，传其电于世界人类之脑。怦怦欲动，勃勃欲发。有鼓舞飞扬于现今世界之势矣。奚以知社会主义之将鼓舞飞扬于现今世界也？观于各国最近之国际运动可知矣。自一千八百九十九年三月之伦敦大会，同五年呼纳志亚大会，至一千八百九十年巴黎博览会之大会，其对于社会主义之影响，有急搏直下之势。巴黎之大会也，置白耳义于万国同盟之本部，以企图世界各国社会主义，团结巩固，一致运动，而社会主义见于实际政治之上者，则如白耳义、如伦敦、如巴黎之市政，皆各奏其功效。然则社会主义之将鼓舞飞扬于现今世界也，盖大势之所趋，进步之公理，虽毕士麦克复生于今日，挥其铁腕以运其残酷镇压之手段，恐亦无如之何也。我日本而不欲立国于浑圆球上则亦已耳，如尚欲立国于浑圆球上也，而欲脱出社会主义运动之潮流，岂可得哉？岂可得哉？

工业之萎靡也，军备之烦黩也，贫富之悬隔也，生活之竞争也，多数之困厄饥饿罪恶也，皆帝国主义之流弊，传播于世界者也。社会主义者，非空论也，非粗暴过激也。是拔毒之圣药，生肌之神方也。是盖矫正帝国主义之弊，而为现今之救世主也。欧美之志士仁人，烂舌秃笔，以提倡社会主义者，职是故也。吾人大声疾呼，以唤起我国民社会主义之感情者，亦职是故也。

美人某者著一小说，于社会主义之发达大有影响，译其一小节于左：

于时母阿纳之颊，著红潮，目瞪口呆，半响不能言。

彼女者，寂然而笑，遂发议曰：予常入街市，见彼劳动者痛苦呻吟，累累然踵相接于道，其惨境殆无可比例。而彼资本家则缠美衣咀美食，视彼劳动者，直不啻如天堂与地狱。有执予手而问讯者，叹曰：汝知之乎？是帝国主义之流毒也。予乃嗒然若丧，喟然曰：予身若为男子，予必入社会党矣。

呜呼！勿谓是小说家之梦想也，勿谓是小说家之寓言也。当今之世势，苟其脑筋中稍有文明进步之思想，其灵台内稍有博爱仁慈之义念，其眼光稍大，其学识稍富，而偶能观察万国之现象者，难以一妇人一孺子，固无不变其旧来之目的，而主张极公极新之社会主义者。是固今日浑圆球上之实状也。况朽然抱七尺之躯，庞然号须眉之汉，以天下为志者。其于社会主义，宜如何竭其力，伸其腕，以组织之，运动之乎？而世间愚昧冥顽之徒，尚抱持其咫尺之见闻，固守其弊旧之主义，茫然苟安，昏然酣睡。诸公诸公，思之思之，吾恐社会主义之洪水，涨而横溢，不日将漂诸公之卧床也。

暗杀论

人体之有便溺，大污秽也。城市之有瘟疫，大憎恶也。社会之有暗杀，大罪恶也。然便溺虽大污秽，而是固人体脏腑之功用，所组织以出者也。瘟疫虽可憎恶，而是固城市气臭之恶劣，所蒸发以酿之者也。暗杀虽大罪恶，而是固社会交涉之不平，所驱迫以生之者也。有脏腑之功用，则不能无便溺。有气臭之恶劣，则不能无瘟疫。有交涉之不平，则不能无暗杀。公理也，亦势使然也。今之组织社会上之交涉者，不去其不平，而唯皇皇然以杜阻暗杀之生，防止暗杀者之出，是犹憎便溺之污秽，而欲损坏脏腑之功用。恶瘟疫之传染，而欲置身于地球以外也。俱孰甚焉。

战争者，恶事也。吾人今日所翘首以盼，引领以视者，固希望速达于无战争之时代也。虽然，于现今社会之组织，弱肉强食，优胜劣败，则有非战争不为功者矣。其或愤自国之冤抑，而欲伸之乎？则舍战争，固无策也。其或耻自国之屈辱，而欲免之乎？则舍战争，将奚恃也？其或伤心自国权利之放失，利益之外溢，而欲保全之，挽救之乎？则又舍战争，固无所施其计也。国际公法有曰：战争者，保全自国幸福权利之藩篱，固守自国幸福权利之锁钥也。由是观之，则战争之于今日世界大势，固处于不可得已之势也。战争既处于不得已之势，而吾人乃啧啧然日以非战争为事，而持战争罪恶，坐之于彼等军人，彼等非特不任咎，且嗤吾人为昏瞆，詈吾人为冥顽矣。然则吾人虽烂其舌，秃其笔，以辩以解，固不能奏尺寸之功果也。今之欲防止暗杀者之出，杜阻暗杀者之生者，殆亦类是乎？

同盟罢工者，不祥之事也。吾人所翘首以盼，引领以祝者，固希望彼劳动者勿作此不祥之事也。虽然，吾常见彼劳动者，穷窭呻吟，铤而走险，以图一逞。时或伸此不祥之手段，以作不祥之暴动，而脱卸其穷窭呻吟之苦况者矣。如今日之经济组织，劳动者之工价，准据其需用供给以为差，是直驱劳动者群相率而入于饥饿困毙之域也。既群而驱之入于饥饿困毙之途，而犹冀其敛缩其不祥之手段，勿作不祥之暴动。是伯夷叔齐之人物，将车载斗量，遍布于浑圆球上而后可也。有是理乎？故今日劳动者之同盟罢工，实处于不可得已之势也。同盟罢工既处于不可得已之势，而吾人愿以此种罪过，坐之于劳动者，目之为凶汉，斥之为暴动。彼等亦非惟不任咎，且嗤吾人为昏瞆，詈吾人为冥顽矣。然则吾人虽烂其舌秃其笔以辩之解之，固不能奏尺寸功果也。今日之防止暗杀者之出，杜阻暗杀者之生者，殆亦类是乎？

国际公法有曰：凡国际之间有纷议者，则据国际之公法以判决之。就个人党派之行为，以社会上之法律，判断其是非利害。流及至今，而社会上判断与制裁之能力，全然放失。于是凡绝望于社会上判断与制裁之人，皆欲伸其腕力，以企图脱离于社会法律之外，遁而隐者有之矣，放而狂者有之矣，甚则哀而出于自杀者有之矣。愤而出于暗杀，以泄其不平之恶气，洒其满腔之热血者，亦有之矣。夫暗杀者，诚罪恶矣。然使之绝望于社会上之判断与制裁者，其罪恶更何如耶？

彼等既绝望于社会上之判断与制裁，而又不能组织其党派以代社会行此判断与制裁也。故挟其胸中一点不平之气，提倡异议，企图暴动，以与组织当时社会之政体者树反对旗。然彼等之意见，则又决无一定之方针，率据社会多数之意见，以变迁一己之趋向。暗杀者之情态与其目的大率如是。要而言之，暗杀者之起也，其原因约有数端：有欲以是博虚名者，有欲以是逞狂气者，有欲以是复私怨者。其起因亦有二端：有愤嫉非义之功名，而欲以是消阻战争之恶事者。有痛恨不法之利欲，而欲以是向导同盟罢工者。噫！社会上有暗杀者出，其社会之政体，大率腐败者也。其组织社会之政体者，大率专制压抑者也。欲观察社会之现象者，于此处而研究之，解释之，以求其政体之是非得失。则于现今各种社会之政体，何者为适用，何者为不适用，亦思过半矣。

虽然，彼等绝望于当时之社会，而铤而走险，以出于暗杀者，其意见固亦与多数民生之意见同出一辙者也。仲大兄皇子暗杀苏我入鹿，日本武尊暗杀于川上枭师，是二人者，岂生而即以暗杀为事业者哉？盖亦当时社会之判断与制裁，失其能力。彼等大不满意，又不能取而代之。故欲行险以侥幸耳。然而是等猛烈之暴动，是等不祥之手段，固不可以终古也。固毙入鹿，讨枭师，又为社会多数之同情也。天下所击掌称快者也。而当时之法律，当时之道德，当时社会一切组织，经彼暗杀者一大波澜大风潮泛溢之后，其进步改良，则又处于不可得已之势矣。故吾谓社会上有暗杀者出，其社会之诸等政体，必因之而激成一大进步。此暗杀者一出，法律所不能禁，斧钺所不能惧，水火所不能阻。盖社会必经此一番掀播，而始有一番进步。天特遣彼等以作世界进步之导火线，惊世界冥睡之大喝棒也。

然则我国今日之暗杀者，果何如耶？我国今日之暗杀者，果绝迹耶？质而言之，明治今日之时代，固适丁社会之判断制裁，失其能力。而彼绝望于社会之判断与制裁者，正膨胀其势力，磨砺其手段，相率而出于暗杀之时代也。

星亨之遭害也，吾人固不敢定彼等之行此暗杀手段者，果正人君子欤？抑盗贼恶汉欤？然星氏遭害之原因，则又不妨约指之，以为组织社会之政体者，下一针砭也。原因何在？一因星氏行为之专激，一因伊庭之愚，一因新闻纸之议论，而彼等之行此暗杀手段者，其大根本大原因，则实起点于社会之放失其判断与制裁之能力也。

社会既放失其判断与制裁之能力，则其腐败堕落，必至每下愈况，殆如病入膏肓，不可救药。由是组织社会之政体者，皆不知有公义，不见有公益。惟日夜希望饱足一己之利欲，企图固持一己之权势。惟其思想目的，不过于是也。未几而专制之政体出矣，未几而苛虐之手段出矣。以专制之政体，济以苛虐之手段，毋惑乎暗杀者之猬集而蜂屯也。彼星氏之所为，凡是之有利于己者，则主张之。人之有利于己者，则荣誉之。反是，则颠覆之，詈毁之。惟恐不力，惟恐不胜。夫如是则无论社会之如何判断，如何制裁，其不放失其能力者几何矣。欲毋及祸，乌可得哉？

虽然，星氏之遭害，犹其小焉者也。吾恐持是以往，社会之腐败堕落，滔滔日下，靡有止境。其弊毒所产出之结果，将不止一暗杀者之党派，浸假而虚无党出，浸假而无政府党又出。沸乱之情态，有不可知，不忍言者矣。是犹疾患虚弱，已不可支，尚不请求卫生之道，摄养之功。而乃恣食腐败之食物，以养成急剧之痼证。元气大惫，外感交集，毙而已矣。呜呼！可不为寒心哉！

然则不求所以消息战争之恶事，而第以战争之罪坐之军人者，谬也。不求所以防止其同盟罢工，而第以同盟罢工之罪，坐之劳动者，妄也。不求所以救治今日社会之腐败堕落，恢复其判断与制裁之能力，而第以暴激之罪，坐之暗杀者，殆盲其目而黑其心者也。噫！病已深入肺腑，不进以汤药除去病根，皇皇然惟重其衣，曰：吾恐风寒之侵入也。其昏瞆可哀之行径，与今日欲防止暗杀者之出，杜阻暗杀者之生者，有以异乎？无以异乎？

或者曰：今日之社会，诚腐败堕落也。判断与制裁之能力，诚放失也。然欲救治之，恢复之道将安出？曰：无他。其第一着手在改革经济之组织，除去生活竞争之困苦，扫荡崇拜金钱之风气，万民皆受平等之教育，有自由之特权，有参政之特权。社会上之一切运动，少数之人士，不得独占其举废之权。质而言之，则不外实行近世之社会主义也。社会主义果能实行，则社会上之判断皆聪明也，社会上之制裁皆公平也，判断既聪明，制裁既公平，则一切腐败堕落之病，霍然若失矣。夫如是，而暗杀之罪恶，自如烟灭，如潮落，毋庸防止之，杜阻之。而自绝迹于文明进步之国焉。组织今日社会上之一切政体者，其扩其眼光，开其耳力而再三致意也。

无政府之制造[①]

现今世界之最剧最烈，如火如荼，炎炽勃发，传染流播，殆遍全球者，非无政府之主义乎？无政府之主义，是耶？非耶？明者必辩之。毋庸吾词费也。然观于美国大统领为无政府党杀害一事，其沸乱激烈之情形，固我所宜取为殷鉴者，胡为我国今日之社会，犹汲汲以准备无政府党之制造，为急切之主眼也。

吾今且不必论无政府主义之是非与利害也，但不解彼等何以忽主张此激烈主义，伸纵此暴恶手段，此中必有一大原因、大种子存焉。然则解拆其为何原因？分别其为何种子？固今日之第一大问题也。则有为之说者曰：彼等迷信也。又有为之说者曰：彼等狂气也。更有为之说者曰：彼等为功名心也。然以为迷信，以为狂气，以为为功名心固矣，曾亦思彼等何以联络此广大之团体，鼓吹此涨溢之风潮，发放此不祥之手段，而不悟迷信，遏其热狂，以期满足其功名心乎？是必有一大有力之动机，驱之推之，而后然也。有力之动机者何？则彼等对于今日之国家社会绝望焉是也。

现今世界国家社会之组织，其对于世界之人类也，果有福利乎？抑否乎？实未解决之问题也。吾人自其表面上观之，政治之自由，学术之进步，器械之发明，资本之饶多，生产之增加，以十八世纪以前比例之，其相去诚不可以道里计。则今世界之人类，其享受之幸福，直何如矣？而孰意细研究，其实际则大不然。生活日益困难，贫民日益增加，罪恶日益赜大。有西人某者，曾唱议曰：议会者，增加租税之具也。言虽失实，然现今世界国家社会之组织，其流弊诚有如是者也。盖政治之自由，学术之进步，器械之发明，资本之饶多，生产之增加，斯数者，固扩张社会上之利源者也。然其利归之王侯，归之富者，归之官吏，归之军人，平民固未沾其涓滴也。然则对于现今之国家社会产出多数之绝望者，固无足怪也。

如上所述，现今世界国家社会组织之现象，匪特无政府党知之苦之，即各阶级之人士，亦皆知之苦之。惟其知之苦之也，于是群大不便之，众

[①] 底本目录与正文不一致，为"无政府党之制造"。

议沸腾，提倡新论。有起保护劳动之论者矣，有唱万国平和之议者矣，有发明共产主义者矣，有主张社会主义者矣，杂论庞言，各从其类，相率抱持，其方针以希望达其目的，而救治社会一切弊病。此固社会多数人民之同情也。彼无政府党，其初意亦如是也。继见国家社会之堕落，生活之困难，日迫一日，遂不惜放弃其曩昔种种之希望，而出此激烈主义，伸此暴恶手段，以图一逞，以求遂其功名之心。无政府党制造之原质，大率如是也。死鼠与古绵，腐败之气，其蒸发也，传染于人，足以致人病死。国家社会组织不洁，其弊害殆类此乎？今试起而问世界国家社会之组织，其不使多数之人民绝望者，遍索于全球，殆不一觏也。无政府党之风潮，愈传愈广，愈播愈高者，非无政府党之自传之自播之。世界国家社会之组织，有以助其传，助其播也。今者欧洲大陆之人民，无政府党殆居其十之六七，而其殚精竭神，聚魂敛魄，以企图改革社会之制度，则以英之无政府党为巨擘。其势力之膨胀猖獗，于全欧亦首屈一指。美次之，俄又次之，自时厥后，其害毒蔓延，则非吾之所敢知矣。

他国姑置勿论，请言我国。我国今日社会之组织，其对于多数人民也，果无绝望者乎？殆未也。然则我之首府、议会、政党、教育、经济、宗教诸君，宜如何放眼光伸腕力，建设完全美善适于今日社会之政体，以增进我国民之幸福乎？诸君诸君，不见华族之日增加乎？不见御用商之日暴富乎？不见军人之日光荣乎？若我国民，则以痛苦为衣，以穷困为食者，踵相接也。是累累然之痛苦穷困者，胥绝望于诸君，今日社会上之组织者也。诸君诸君，其亦顾彼欧洲之无政府党而惕然否乎？

不观夫矿毒被害地之人民乎？不观夫小金原开垦地之人民乎？彼等之痛苦穷困，不已达于极点乎？何居乎我国今日左右社会之组织者，乃视之若无睹也。彼等之不绝望于今日之社会者，只一发耳。彼等之不激而出于无政府主义者，亦只一发耳。充我国今日社会之组织，数年以内，吾恐我国将为无政府党出产极旺之区矣。呜呼！兴言及此，不诚大可怖、大可惧哉？

然则我国今日社会之组织，谓之为制造无政府党极敏便之机器可也，谓之为培植无政府党极美佳之肥料可也。既以极敏便之机器制造之，且以极美佳之肥料培植之，则无政府党之长养滋生蔓延广被，将冠甲于全球矣。至彼时而始觉其害毒，而欲倚一篇之《治安警察法》以钳制之，禁阻之，吾未见其可也。

国民之危险①

今之耗血竭精，奋袂攘腕，眼光所注射，心力所经营，争先恐后，惟日不足者，其第一重大问题，厥有二端：曰外交也、曰内治也。然外交重，内治更重。外交之繁难，危险之境也。内治之紊乱，则尤为危险之境也。吾甚讶今日世界社会之国民，每不惜举其内治之利益与幸福，以为外交之牺牲。呜呼！是岂可谓得计乎？是岂可谓知所轻重乎？以吾观之，凡若是者，其社会之不亡灭者，殆稀也。是固国民所当深警戒者也。

罗马之民政，胡为殪乎？殪于其内治之腐败也。其危险之境，虽以百战百胜之志哥利亚不能救之。加尔些志，胡为亡乎？亡于其国民之堕落也。其危险之境，虽以十五年威服意大利全土之哈利巴不能救之。由斯以谈，则古来一国家之灭亡，非外敌之势力能亡之。其内治之腐败，国民之堕落，自取之也。设有一国于此，自其表面上观之，其藩篱全然撤也，其武备全然弛也，其舞爪张牙，欲择肥而噬，以与之为敌者，且纷至而沓来也。骤见之，不知其危险为何如矣。必将为之长太息曰：若国者，其殆不国哉！乃入其国而觇其内治，则完全无缺点也。视其国民，则昂藏无悲况也。则虽再加百万之敌，掩来侵来，吾敢为其国民告曰：是奚能为？诸君姑少安毋恐也。若反是焉，则非吾之所敢知矣。

奚以言内治之危险，甚于外交也？盖外敌之来，虽多至百万，若我内治完全，则可张吾三军而备吾甲兵，以抵抗之，扫荡之。若内治之腐败紊乱达于极点，则虽无外敌之来，我将何以救治之，扫荡之乎？盖非革命，即灭亡矣。庸讵知革命之后，灭亡之余，其危险之境，固何如乎？且也，

---

① 底本目录与正文不一致，为"国民之大危险"。

凡国家之所以能扩张其武力，轩然庞然，确立于浑圆球上者，固实倚国民元气之隆，财富之饶也。然国民之元气胡为而能隆？财富胡为而能饶？则又由于内治之完全，道义之厚，风俗之敦，农工商人之勤勉力行，而后得之也。非然者，而人心则堕落也，道义则颓废也，行政财政则紊乱也，商工则萎微也，资财则困竭也。如现今之朝鲜，现今之支那然，纵令有数百万之水陆军，数千艘之铁战舰，亦无所用之也。故曰：内治之紊乱，视外交之繁难，其境更为危险也。

内治危险之境，甚于外交，夫人而知之矣，胡为乎我国民之深冒入此危险之境，而不知悟也。曩者日清战役之大捷者，实我国内政之举，纪纲之张，元气之隆，财资之饶之结果也。

孰意自此战后，我国民忘其本而逐其末，心光眼光，惟注射于兵队之多，兵舰之大。集全国之聪明，以经营于此。瘁全国之财力，以输泄于此。以为是固国家万世不易之业也。问国旗何以光荣？则曰：恃武力。国威何以发扬？则亦曰：恃武力。如恋美色，如观至宝。视线交集，举国若狂。讵知今日之人心堕落，财资困竭，罪恶与贫乏者，充牣国中。即尚武之种子所遗留，而产出此恶劣现象哉？即使国旗果光荣，亦只一时之虚荣。国威果发扬，亦只一时之虚威耳。而况乎其未也。

诸君诸君，其亦知我国今日之现象乎？立宪代议之精神，全愆弊也；自治之制，全破坏也；道义全扫地也；经济界全陷于无政府也。滔滔横流，每况愈下，未知所底。而诸君尚不振刷精神，伸发腕力以整顿之，改革之，企图其完全，弥补其缺陷，以拔我国于危险之境，登诸太平之域。乃谋不是出，文人学士，烂其舌，颓其笔，以议论之者，何哉？曰：兵队战舰也。议员大臣竭其力，疲其神，以组织之者，何哉？曰：亦兵队战舰也。然则徒求兵队之多，战舰之大，粉饰于表面。至于内治，则听其紊乱，听其腐败，亦足以立国于今日之世界乎？甚矣，其足讶也！诸君诸君，于我国今日之现象，岂熟视若无睹乎？抑明知故犯乎？

或者曰：我国今日之危险，至大至急者，不在他，在俄国之侵吞朝鲜，经营满洲也。斯固然矣。虽然，是犹得皮失骨之论也，何也？俄即得志于满洲、朝鲜，而肆其余威以及我，我独不能张其武力以抵拒之，扫荡之乎？

此殆以内治完全言也。若我国持是以往不变方针，则内治之紊乱腐败其达极点，可立而待。彼时之侵我凌我者，将不止一俄，我将何以救此危险乎？吾愿我国热诚之志士，慷慨之青年，勿唱忘本逐末之议论，勿使忘本逐末之手段，而狂于外交，狂于战争。不惜以内治之利益幸福，为之牺牲也。况古来之专制政治家，常倍外交之繁赜，国威之发扬，以眩惑镇压国内之人心，而行其抑压羁绊之手段，以窃一日之权势，满无限之利欲乎？然则我国热诚之志士，慷慨之青年，于此处而研究之，解决之。则内治与外交，孰轻孰重，不待言而自明矣。呜呼！伊古以来浑圆球上亡国之事，指不胜屈。亡国之因，亦大不一。然吾请一言以蔽之曰：其祸根常在内治，而必不在外交。

华尔波之政策①

一夕读史至华尔波之事，喟然长叹曰：彼非以买收议员之故，遂致天下之攻击詈骂，集于一身，其已寒之骨，至今犹大受史家之诛伐鞭笞乎？虽然，试执我国今日之情状，与华氏当年之情状比例之，又不禁战栗瑟缩，齿相击也。

华尔波之买收议员也，诚有罪矣。然吾人细考察当时之情势，彼之所以出此者，实有如医家所谓以毒攻毒之方也。何以言之？盖当彼时，王权既衰，国民舆论之势力亦未大炽。一国之权力，独集于议会。其组织也精细，其议事也秘密，其权力弥漫滋延，殆为水银泻地，无孔不入。彼难不满意于议会之跋扈，而又无制之之术，故不得不降而出此下策耳。

十六世纪以前之时代，议会者为朝廷所左右。当此时也，政治家惟得王家之信，始能假权力以行其志。降至志亚烈三世，议会之权威势力，其膨胀之程度，日益增高。昔之左右于朝廷者，忽转而左右朝廷矣。当此时之政治家，一惟议会之命是听，仰其鼻息，王家之信任不足恃也，人民之

---

① 底本目录与正文不一致，为"华尔波政策"。

后援亦不足恃也。议会之权力既足以进退一国之一切政务，则政府之以贿赂买收之，固处于自然之势。加以议员又不尽正人君子，必有受其买收而颠倒一国之是非黑白者，是又处于自然之势者也。然则此等时代，其政界公德之腐败，固无足怪也。

吾人者，试反而观我国现在之制度，固绝不似华尔波时代之大有障碍也。政府诸公，任组织政体之义务，固亦视众议院之议决，以为进退。然今日众议院之议员，又绝无似华尔波时代之顽冥腐败也。今试问我国之议员，非尽由国民选出者乎？其陷于非义者，非可奏请解散乎？然则今之政治家，苟得君主之信任，人民之后援，则高派之理想，可任我提倡之，适用之。政体可任我组织之。又无冥顽腐败之议员树反对旗。扼我吭而擎我肘。则何所为而不可哉？而犹终日皇皇，以买收议员为主眼，吾不知其何所用心也。噫！是殆其企划之非义不正耶？抑或无勇、无断、无智、无能，而始于此手段，欲以塞议员之口耶？四者有其一，则无行政之才力，已不免尸位素餐之诮，而况其政策之施行，匪惟无益，且大增我社会上之腐败罪恶，破坏我社会上之幸福利益乎？故我国今日之政府，诚可为痛哭流涕长太息者也。

夫以如是之破坏政治家，行如是之恶劣手段，而我国民犹安听之，迄于今日，尚不加以毫末之裁制，吾深悲之，何悲？悲我国民之无知慧、无义气也。是非我国民之腐败，社会之堕落之明证乎？我议会之议事，既非若华尔波时代之秘密，我国民非日夕目击其行动云为乎？今之议员，非尽由我国民选出乎？胡为任其枉其节，售其说，埋没社会上之公理，以为黄金之牺牲，而我国民乃漠不加察，恬不为怪者，何也？人有言曰：一国之政体苟日进于文明也，其国民与有荣焉。苟日堕于野蛮也，其国民与有辱焉。我国今日之政治，其果文明矣乎？抑犹野蛮也。倘后世史家以野蛮之罪坐主于我国民，而訾我国民为无进步之思想，我国民其将何辞以对，何说以解也？

凡物必先腐而后虫生之，我国今日之政策，是腐败生虫之政策也。政府如此，议会如此，国民亦复如此。同极腐败，同极堕落，无所谓主义也，无所谓理想也。昏昏营营，惟黄金利禄之是逐。代议制度空存形势，实际归乌有矣。华尔波者重见今日，且遍国中矣。革命之机迫在眉睫，志士仁人所为痛心疾首，惴惴然抱奇忧，蹙蹙然靡所骋，而太息痛恨于前途也。

华尔波之演说有曰：反对党者，成于三种之团体：一为王党，一为所谓爱国者，一为青年。然尔时颠覆华尔波内阁者，实青年之力居多也。彼多之舌，爵松之笔，非皆当时华尔波所谓青年者乎？吾观今日之大势，非有大主义、大理想，纯洁活泼，风发电驰之青年崛起，决不能拯我社会于腐败堕落之境，而登之于完全美善之域也。嗟乎！家国之前途，实悬于予辈青年之肩上。青年诸君，勉旃勉旃！慎勿同流合污，自贻伊戚也。

于外交上非立宪国

呜呼！我今日日本之于外交也，可谓之为立宪的乎？吾知其必非立宪的，犹未能脱专制的之境域也。

上有神圣之天子，下有忠义之人民，而于外交政策上得以永保友爱之平和，岂不胜幸哉？而自我日本观之，不特不可深幸，抑且有可深忧者。我日本之天皇，固知于我宪法上有宣战媾和之权，然而于宪法之条章字句中多所扞格，则未之知也。更于我国民亦可分配此大权，亦未之知也。今以一国之外交而视其国民之意思于度外，一切关系，绝不使之得闻，是可谓之为万世法则之制乎？是可谓之对于列国之国民的乎？是可谓之文明的之外交乎？噫嘻！是殆非立宪的之外交乎？是殆专制的之外交乎？

我皇上英迈绝伦，富于立宪的君主之资，重公议而取舆论，所不惜也。我国民当如何唯帝之命是听，亦当然之理也。如彼还辽一事，依一篇之诏敕，排解两国之危险，我国民亦可谓忠义也已。虽然，我当局大臣不解我皇叡旨之所在，外视我国民，蒙蔽我国民，不以我国民为国民，而以为外敌一切关系，毫不与我国民闻知。呜呼！外视我国民，蒙蔽我国民，已不可言矣。至于以我国民为外敌，尚可问哉？总而言之，我日本于外交上，常主专制的与非立宪的，国家因之遂受莫大之弊害。予今举其一二著大之例以为天下告。

《马关条约》缔结之时，我国民之于伊藤全权等，所谈判者何事，所要求者何件，其结果究属如何，岂非久不得闻乎？所闻者，非我皇上嘉赏之语乎？我国民徒想像其伟功，欣羡其骏烈而已。然而以战胜之日本国民，不能知条约所指定，而其时战败之清国人，及局外之欧人，反得闻之知之。观彼谈判之日记，与往后文书，记载此事，布告天下者，以北京、天津《太晤士报》为最先。及其公此事于天下也，我政府始从而发表之，我国民始得而了然之。若使北京、天津之《太晤士》久秘不宣，我国民非永在梦里乾坤乎？然三国干涉之问题起时，吾人仅就外国电报及外国新闻想像其事实，而其问题之在进行中时，以至还辽诏敕之发布，全局之了结时，政府未尝许吾人评论其事实，记载于新闻也。去年义和团猖獗，吾人唯依欧米之新闻，而知英日两国之交涉，次则因英国之议院公书，向日本催促出兵，且与财政上之保证公文，复得知其详细。此电信既达之后，警事所犹严禁予等新闻记者，不得揭载其事。至翌日，虽解此禁，而当局者犹出死力尽百万以抹杀此说，岂非可笑之甚哉？噫！以我国之事实，我国之外交，欧美诸新闻纸能知之，能报之，有批评议论之自由，我国之新闻纸及我国民反不能有此自由，虽然，此亦何足怪者，不观之往事乎？即我国之东京，每次所出要事，非依外国新闻，则不能知者。否则，即知之，亦不能出诸口。我国民亦可哀矣！

楂斯振马加西曾论英国之外交曰：英国素号以立宪制度相统治，俨然自命一大立宪国。而旁观者，亦许之曰：此立宪国也。以吾观之，其所行外交政策，全视国民之舆论于度外。欧洲大陆虽极专制之政府，未有如英国之甚者。何以言之？当其外交政策之出也，非特普通人民不能知之，即所谓官吏以外众议院议员，亦绝不得闻之者。彼等官吏以外之议员，固有质问之权利。然虽质问，而政府以他辞混之，终不与以了然之解释。又曰：普通人民，固难期以通外交之事，而外交问题所易知者，固人人所得而关涉之，何以政府诸首领全不向彼之代表者而晓喻之乎？由此观之，吾人之于英国，不能不以非立宪国目之矣。噫！马加西之为此言也，其就目下之英国而论之乎？抑就以前之英国而论之乎？吾知其为此言也，实就远征顿哥拉一举言之也。就远征顿哥拉一举犹未出兵时言之也，及出兵已决时，已非此情状，亦何以言之？我观当时顿哥拉出兵既决之后，英国众议院中，既有志尔莫鲁列等之质问攻击，复有总巴林巴尔阿尔等之往来翻驳，议论纷纷，连日舌战，殆极龙争虎斗之壮观矣。英国之外交如是，岂得以秘密罪之乎？即此次清国事件之起，英国之议院情形，吾读其笔记已不禁血涌而肉跃。且英国政府，每事由议院发行公书，国人无勿知之也。而外相年年必临于市长之飨宴，以公其外交方针于大众。英国外交如是更有何词以议之乎？而马加西乃罪之曰：非立宪的，曰专制的。毋乃太甚乎？若令彼见我日本政府之行动，更将何词以名之乎？然我观我日本之外交，敢一言以断之曰：是非立宪的也，是专制的也。是欲达于秘密程度之外交也，是无国民之信任为后援之外交也。无国民之信任为后援，乃危险之外交也。危险之外交者，如拿破仑大帝及小拿破仑末年之外交是也。盖彼等之外交，非以国民为外交，乃以国民为魅之外交。以是一举一动，不旋踵而已自陷于灭亡，不綦愚乎？不綦愚乎？

呜呼！今之时何时乎？东洋之风云日急，列国之政教日新。纵横今世界，上下数千年，其国民智者，国斯强，强斯存。其国民愚者，国斯乱，乱斯亡矣。今也，我国之国民，智乎？愚乎？当局者，何勿脱我国民于专制的与非立宪的乎？何勿进我国民于国民的与立宪的乎？黑暗社会，其光明之。夷狄政教，其文明之。自今以往之外交，吾愿当局者发表其公文，演说其目的，一切新闻杂志，得明目张胆而记载之。以前所谓之秘密程度，悉扫除而更张之，则我东洋幸甚！我东洋之国民幸甚！是所望于今之执政者。

财政之大革新

勿言军备之不充实也，勿言教育之不普及也，勿言外交之不振也，勿言实业之萎靡也。请先言我国财政之现状如何。夫一国政治机关之枢纽，在于财政。财政而无主义与基础，则计画方针常摇摇而不能一定。使当局者不及时振作精神以整理之，徒苟且弥缝，役役犹如今日。非特不能望他机关之发达，而国家之遭遇大困难，恐亦不远矣。岂非大可寒心者哉！

今之财政，即松方伯所谓克伊亚财政也，遣缲也。我国战后之经费，年年膨胀，乃战争以前八千万之岁计，不过五年之间，直达二亿五千万之巨额。处此激变，而无一定之大方针、大计画。唯加遣缲之繁剧，如彼流川偿金，募集外债，增五年之地租，增酱油、邮便、电信之诸税，亦可谓不堪矣。而内阁之更迭，又重以三四次。当局者于议会犹公言曰：财政之基础已巩固矣。噫嘻！巩固乎？巩固乎？遣缲之必要，今后非依然无所穷极乎？然必要之如何无穷，而手段则有限。譬之医痈疽之证，失今不治，必将糜烂崩溃，至于不可收拾而后止。今有人焉，无一定之职业，恃其先人所遗无几之生产，常驰骋于高利之火车，衣锦绣，食膏粱，耽酒色，事赌博，万金之取引谈，扬扬不绝于口。其炫耀于人，亦得计矣。乃未几而家资散尽，丑态毕形，岌岌乎殆哉！我国财政之现状，殆似之乎？殆似之乎？

我财政之所以如此者，何故乎？曰：一定之主义方针犹未立也。我财政家之手腕，与彼等之地位权力，只于诸株之高低可得而前知也，于金利之高低可得而前知也。至若看破世运之大机，较量社会之安排，以建一国财政之大主义、大方针，非所期也。盖彼等之所为，决不问课税之公否也，不问产业将来之利否也，不问人民负担之偏重偏轻否也。其所标准，在顾目前之利，旦夕之安。今日且过，遑问明日。今年且过，遑问明年。即竭其眼光手力，亦不计及他利他害。惟知经营于地租、酱油、邮便、电信、家屋、叶烟草诸新税目，而已为了财政之能事矣，已为了一国政治之能事矣。而其几部之贿赂，买收投机宠商保护等之滥费，反不之省，此何故乎？换而言之，我财政家之所为，乃遣缲也，小刀细工也，胡魔化也。国用之穷，可计日而待也。

转观各政党之财政论，亦绝无一定之主义方针。唯见某党者，则一意赞政府党为是。又某派者，一意攻政府党为非。终日扰扰，不知其他。若以意见而运动之，又左支右吾，未免反覆矛盾，其极也，则失天下之信用，背国民之同情。呜呼！今之政党之本领精神已全丧失而不堪问，其所余者，不过庞然之走尸行肉而已，可不哀哉！

军备勿言，教育勿言，外交勿言，实业勿言，所当言者，非改革我财政之根本的，而确立其大主义、大方针乎？吾人不禁引领而望曰：安得一大心思、大魄力之人而肩此重任者乎？

好战之国民乎

我日本水陆之将士长于战，世界列国所共知也，我国家国民之名誉亦在此也。而古来之长于战者多好战，故世界列国，皆因我国民为好战之国民。虽然，长于战与好战本属两事，乌得以其长于战而以好战目之乎？盖长于战者，乃其名誉也。好战者，断非名誉也。

兵，杀人之器也，消糜天下之富之具也，竭尽生产力之具也，增长军人虚夸之基也，诱起武断政治之因也，人心腐败风俗颓废之源也。吾闻长于战者，以武威光辉其国则有之，未闻好战者而不亡灭其国者也。斯巴尔达者，好战之国民也，而其名誉孰若雅典自由共和之政，以理学、文艺、美术、道德，垂功业于不朽者乎？罗马之名誉也，人皆以为在于扩张版图，而致其文明之灿然。实不知彼等之战，在于以文明扶植他世界，有以致之也。唯其每战必加多数之奴隶，得多数之臣仆为念，此即亡灭自身文明之所以然也。普鲁士之名誉也，人非以为在于分割波兰，既与澳战，又与法战致之乎？实不知在于统一德意志之国民的，而脱其国民于多数贵族公侯之桎梏，有以致之也。俄罗斯之武威，其所以压于世界者，有他故乎？曰：无他，不好战故。盖俄国之战，实较欧洲诸国为最少。彼常向于东北无人之野以与自然抗争，是以能致今日之强大之原因也。

呜呼！吾观于世界列国，不禁恍然大悟，而得其文野之原因矣。其持战争之名誉者，利于国家之文明必少，损害国家之文明必多。战争之事，固得不偿失耶？我甲午之战，非好战也，在于保持东洋永远之平和。拳匪之乱，我国之出师，亦势不得不然者。世界列国，其以我国为长于战，遂好战乎？长于战，不好战乎？

战争之祸大矣哉！满足一人之虚荣，即盈溢一人之野心。牺牲几万之生灵，消耗几亿之财帑。即战而胜，犹不免酿他日之腐败，偿多额之负债，生民涂炭，元气已伤，其罪尚可恕乎？孟子曰："文王一怒而安天下之民。"然战必安天下之民而后可，彼以夺民之自由而战，夺民之幸福而战，夺民之生命而战，夺民之财产而战者。与之以名誉，其受之乎？不受之乎？

今者，我国水陆之将士长于战，世界列国以好战目我，将以增益我国民虚荣之野心，何其诞妄？若是哉！不知我日本，君子之国也，人道之国也，夺民之自由勿为也，夺民之幸福勿为也，夺民之生命勿为也，夺民之财产勿为也。谓我国长于战则可，谓我国好战，我国民断断拒此名誉而不受也。

兵士之厚遇

近年每至新兵入营之期，各町村人民，皆投多额之费，整壮严之仪式，押华严之旗帜，立而送之。被送者之一家，亦投多额之费，张盛大之飨宴以酬之，相习成风，滔滔皆是。吾人思之，殆非邦家之庆事乎？

彼等盖谓军人之名誉也，不可不祝。国家之干城也，不可不敬礼。然吾人亦不敢曰：军人无名誉。亦不敢曰：军人不当敬礼。虽然，若以军人比之国民诸般之职业，有多大之名誉，即要求多大之敬礼，是谬误之甚也，是流毒于国家社会也。国家社会受其流毒，尚望进步乎？

古之武士之名誉地位权利，比之农工商，而有贵贱之殊，尊卑之别。其时乃不以为不平之事者，何哉？盖其时乃封建之思想也，未开之思想也，野蛮之思想也。今之时，何时乎？非所谓文明之世纪，尚政治的社会的之时乎？非所谓四民之权利义务，尚平等之时乎？乃何以军人之名誉，今与古犹是也。军人之地位，今与古犹是也。军人之权利，今与古犹是也。彼必曰：军人者，国家之干城也，国家赖以保护之。国家之农工商，亦赖以保护之。彼等农工商，亦安得不祝之敬之哉？呜呼！是说也，直不通之论也。备鼠之猫，其家之婢仆果祝之敬之乎？吠贼之犬，其家之婢仆果祝之敬之乎？国之军人。实不过备鼠之猫、吠贼之犬耳，何敬祝之足云。

我国民中之尊武士，野蛮之思想未全消灭者，盖因彼取天下于马上之藩阀元勋，以兵马之权，集于其党与之手中，为张自己威福之具。为日已久，不能破除之。加以日清战争之胜利，我国军人之势力更大增长。至于今日，殆达极点。我国民殆以国家为军人之国家，而不知为国民之国家。其竞拜跪于军人之足下也固宜。然其结果，适长彼等军人倨傲尊大之风。军人之视国民，若在天仙境里而视下界之凡尘，其倨傲尊大，积渐为放僻邪侈，放僻邪侈，积渐为腐败堕落。欧洲诸国之定论曰：军人兵士，为风俗颓废之因也。古来战胜之国，人心必将浮靡，世道必衰微，道德荡然，气节扫地者，何哉？军人之地位势力过大之故也。我国血气未定之青年，今一旦以兵士入营，于营中则受严酷之束缚，于营外则堕放逸之习惯。其入都会也，则感染都会腐败之空气。其入郡县也，则感染郡县腐败之空气。及其归家，则败地方醇朴之俗。彼等犹扬扬然，自鸣得意曰：我名誉之军人也，国家之干城也。而町村人民以目视之而已，遑敢非议。非议者，直坐不爱国之罪。呼！良民变为无赖汉，醇民敦朴之风化为倨傲尊大放僻邪侈之行，尚何名誉之有？尚何尊贵之有？且夫有为之青年，本无他长足录，乃独眩其马上勋业之虚荣，而一般人民自卑自屈以奉之，日不暇给，直与封建时之奴仆无异，此岂国家之庆事乎？吾恐军人兵士过此以往，亦未必能保持其过度之名誉及过度之敬礼，何则？势使然也。况乎彼等町村人民，亦非愿为之，唯迫于町村吏员等之命令，不得不从之耳。吾观其溃贵重之时间，出如血之金资，以消耗溃散于无用之地，其怨恨之感情见于形色，而入营者之一家，又不能为飨宴以酬其敬礼。甲既失矣，乙又失焉。呜呼！是恶弊哉？是恶弊哉？吾愿各町村之吏员及地位之人士，其深长思之，其深长思之。

非战争文学[1]

近时我文坛中最足震惊国人之耳目者，非所谓战争为题目，武人为材料之杰作宏文乎？而作者非竭其毕生之力以从事乎？其意盖谓开我国文学将来之先导，吾人固有利于后世国家也。夫果有利于后世国家，吾人固馨香而尸祝之。何乐为是笺笺之言，以非之乎？吾人恐其非特无利于后世国家，将有大害于后世国家，惨不忍言也。何则？世间之所谓战争文学也，皆以为奖励战争、阿媚武人之具。反是者，未之闻。呜呼！战争文学之弊害，吾人固不忍言。然亦不忍终不言之。今之所谓著作家，及批评家，其许我言之乎？其不许乎？其以我言为然乎？抑不然乎？

彼等盖谓吾之挥活泼快壮之笔，写慷慨雄奇之文者，岂有他哉！不过铺张盛德，扬厉鸿庥，激厉国民之爱国心，鼓舞国民之义勇念，以尽我文人学士之责务而已。由是言之，则彼等之笔，既能写剑戟映日之壮观，何勿思血肉如山之惨状乎？能写敌国之当憎恶，何勿思我国民之亦可怜爱乎？能写战利品之巨额，何勿思剽掠之罪恶乎？能写一将之功告成，何勿思万人之骨已枯乎？能写战死之名誉，何以竟亡其姓氏乎？能写国旗之光荣，何勿思生民之苦患乎？能写领土之扩张，何勿思财货之消縻乎？野蛮之战争虽可乐，文明之破坏宁不悲哉？而曰：激励爱国心，鼓舞义勇念。虽然，爱国家之心，或可激励。爱人类之心，不已失乎？义勇者之念，或可鼓舞。仁爱者之念，不已昧乎？野蛮的战争，或可奖励。文明的平和，其可保乎？动物的感情，或可兀进。道德的理想，其可持乎？彼之铺张也，扬厉也，闻之似足喜，思之适足悲。庸人以为美谈，识者以为惨剧也。而曰：尽文人学士之责务。吾知文人学士之责务，不当如是尽也。

彼以奖励爱国心为目的之人，何其愚陋若是耶？竟欲以文学奏功果耶？即令能奏功果，不过使天下之人，感战争之愉快，恋战死之名誉，耗几亿之资财，丧几万之生命，进步为之阻害，学术为之萎靡而已。而数个之武断政治家，因之而满足其功名心，因之而满足其所谓国威国光之虚荣心，

---

[1] 底本目录与正文不一致，为"非争战文学"。

因之而满足其对于敌国之憎恶心。穷其弊，究其极，非特于纯正文学之真价有缺如之叹，而堕落由是表彰，神圣由是污渎，其罪尚可问耶？吾尝读罗巴多松所著之伟论，有曰：文明的之不能相容者，因一切之动物，皆由天性发现而来故也。如人以为最良之文学，我则以之为无耻之文学。何则？夫工于文学之人，其心术即如何之野蛮，如何之嫉恶，而可以满纸之虚伪的博爱掩饰之。罗巴多松所言如是，吾亦曰：彼等之所谓鼓舞激励，实非一片博爱的同情，不过煽动动物的欲情而已。噫！是等之文学，而曰为我国文学之先导，吾人实不敢额手以相庆也。

彼等盖谓我国之文学失于纤巧，失于优美，失于华严，绝无雄大高远、悲壮俊迈之雄篇大作，故以咏战争、讴勇士之乐治之。此目的虽亦未大失，然古来不朽之文字，以战争勇士而为材料者固不少，而彼等之所以不朽者，固不在鼓舞动物的争斗也，在有真情使人见之而感动也，在有善念使人见之而取法也，在有美意使人见之而踊跃也。彼等虽随意为之，不难以旷世之天才，行其高尚之理想。故其所取题目，所取材料，必非战争也，必非战争之奖励也。谁以讴国旗颂祖国为能事乎？是以希腊之独立，而阿马不忍颂之。英吉利之胜强，些克斯比亚不忍语之。意大利之革命，旦德不忍讴之。之三子，固才高一世，名震地球者，而乃自慝幽光，不出其雄篇巨作，以震惊世人耳目，此岂有他故哉？盖彼等之所思想，非国家的，乃世界的也。非一时的，乃永远的也。非肉情的，乃心理的也。非杀伐念，乃大慈悲也。非国旗之光荣，乃社会人生之光明也。非对于敌人之憎恶，乃对于邻人之同情也。大矣哉！此三子之思想也。

夫彼等不欲求雄大高远、俊迈悲壮之文学则已，如欲求雄大高远、俊迈悲壮之文学，吾请一言以告之曰：必不可于战争讴歌中求之。不观之巴伊布尔乎？《法华经》乎？此二者，以平和为纬，以博爱为经，今之文人学士孰不讶其雄大高远哉？不更观之杜子美、李白乎？此二人者，痛战争之惨害，希生民之和平。今之文人学士亦孰不欲俊迈悲壮哉？虽然，吾人之权力，亦不能必天下之人，勿咏战争，勿赞勇士。而天下之人，亦未必信予言，而遂勿咏战争，勿赞勇士。吾但愿天下之人，而今而后，须于宇宙之森罗万象中，择其所谓自由之理，以为题目，以为材料。虽咏战争可也，咏平和可也，咏武勇可也，咏恋爱可也，咏剑戟可也，咏牙筹可也，咏北京、天津可也，咏箱根、镰仓可也。务尽去其虚伪的、煽动的、野蛮的，以求其所谓真美善、大慈悲、世界的、永远的而后可。若徒以奖励战争、阿媚武人为能，则亡我国之文学者，必此战争文学无疑矣。今日我文坛中，人皆欲得一布林，我则曰：得百布林，不如得一多尔士德之为愈也。今之著作家及批评家，其以予言为是耶？非耶？

非政治论

政治为社会国民不可避之一现象，不可缺之一要件。夫人而知之矣。虽然，在于代议政治之世，或自一面而言之，政治于其社会国民，有性格意思之反映，不过为社会国民增便益，考善良，及发表施行所之机关而已。或涂抹其机关之膏油，则社会国民无秩序，无德义，无理想，无信仰，腐败堕落，殆与蜉蝣蛆虫等类相似。其所发之政治，亦姑息苟且之政治，糊涂弥缝之政治，腐败堕落之政治而已。内阁与议会，国民与社会，亦唯与蜉蝣蛆虫等类相似。徐徐于于，蠢然而活之政治而已。呜呼！我日本现在之政治，其类此状态乎？其类此状态乎？

三十年前，刺客某于京都木屋町客舍，夜斩坂本龙马、中冈慎太郎二士而去，中冈虽被剑深重，犹未殁时，有端歌过楼下者，中冈抚创慨然曰：志士独苦身，常人乃恬然行乐。举世悠悠，夫复何言？吾人于今日，亦深有此叹矣。呜呼！国民其醒乎？国民其醒乎？曷亦为国家前途计乎？

目的与手段①

天下之可忧可叹者，莫甚于社会人民不知目的与手段之为用，而乃混

---

① 底本目录此标题与"无理想国民"顺序互换。

淆转倒。至于今日，譬之饮食，本因乎饥渴也。今之急于饮食者，殆以为饮食之外无事业焉。军武本因乎拨乱反正也，今之急于功名者，殆冀国家之变乱焉。医师本因乎拯人疾病也，今之欲昌其业者，殆希瘟疫之流行焉。噫！可怪也。

夫饥食饱睡，无过去，无将来，茫茫如梦，以终其生者，此禽兽鱼介之行也。若夫人，则有一定之理想目的动静云焉。悉依其理想目的而为进退，此非所以异于禽兽鱼介之一要件乎？故个人不可无个人之理想目的，社会不可无社会之理想目的。古今东西之个人与社会，所以能进步繁荣者，由其对于理想目的，热心忠实之故也。

世之对于理想目的，而行不正之手段者，是等之社会，固无容论。若夫以远大崇高为必要不可已之目的，乃至弄丑污不正之手段，以此而罪远大崇高之目的理想。而远大崇高之目的理想，必不任其咎也。何则？有束发四十年，周流四方，终不得志，遂至于倒行逆施者。如支那之豪杰是已。若而人者，其手段虽可憎，其志不可哀乎？又有因谋生活不遂，转而为盗者。如幽哥小说中之人物是已。若而人者，其手段虽可憎，其情不可怜乎？是等丑污不正之手段，实不在其目的之如何，其责别有所归也。

今我国民之现状，果如何乎？何人能持远大崇高之目的而为进退乎？吾观彼等之理想与目的，未闻有一热心忠实者也。即偶有之，忽焉中道而丧失之矣。其手段之难易与迟速，恒不依其目的而为措施。朝如此焉，夕于彼焉。几经挫折，即几经更改。若是者，是目的不能指使手段，而手段反能指使目的。混淆颠倒，莫此为甚。倒行逆施，亦何怪其然者。且夫政党之目的，非在于主义政见之实行乎？而今之政党，则一意扩张党势。其所谓主义政权，已牺牲之矣。政治家之目的，非在于增进人民之利益乎？而今之议员政治家，则一意保其利禄权势，其所谓人民利益，又牺牲之矣。商贾亦然，教师亦然，僧侣亦然，学者亦然。呜呼！可不惧哉！可不惧哉！且天下之事，未有目的不立，而能措施其手段者也。即未有目的而为手段所使令者也，目的而为手段所使令者，谓之无责任之国民，无识见之国民，意志薄弱之国民，轻躁浮薄之国民，欺人而适自欺之国民。呜呼！亡其身者此国民，亡其家者此国民，亡其国者此国民，亡其种者亦此国民。观世界列国衰微灭亡之迹,可以知之矣。

向半死之老人,而责其主义理想之失坠,吾人断未有如是之苛者。唯夫现时之青年,乃亦无主义,无理想,梦死醉生,滔滔皆是。呜呼!谁与共经营天下哉?且夫巴尔克年三十时,以一布衣卖文,仅足以供旦夕。会阿美尔顿给以三百镑之年俸,使从事刀笔,废弃著作。巴尔克乃愤然作色曰:将阻碍我希望,剥夺我自由,永没我本领乎?呜呼!我国之青年,其以希望自由本来为目的,抛眼前之荣利。如巴尔克其人者,有几何哉?以理想之日本,而堕落于物质之日本。吾人不忍见之,彼以国家前途为虑者,其亦思之否耶?

国民之麻痹

水火触身而不知其冷热,刀刃刺肉而不感乎痛痒。耗耗昏昏,不眠而梦,徐徐于于,虽生犹死,其形状殆类彼中山千日之醉,而永不醒者,是非我国今日之状态乎?若是者,谓之无精神的之麻痹。由来我国民之感性极其敏锐,衷情尤其炽热。讲仁义则不离乎身,说忠爱甚至于轻死,不知者以狂者目我国民,然因此狂者频频辈出,我日本之历史,因之放一道大光彩。世界列国,咸啧啧不绝于口,曰:日本其君子国乎?君子国之名之由来,虽由于胜清国,虽由于胜清国水陆将士之智勇,而不知实由于我国民一种热狂直前之气以致之也。观甲午之战后,有其罗尔氏者,去清国而航日本。当满江明月,怒涛打船之时,附髀长歌曰:今而后始博得此名誉,庶不负二十年前之壮志已。噫!我国民爱国之心,敢为之气如此,此其所以为君子国欤?

而尔后仅三五年,当日爱国之心,敢为之气,热狂如醉者,忽焉而烟消火灭,令人不胜今昔之感。今也,政府以黄金蹂躏我宪政议员,则旷其代议之任,狂奔于势利之场。而国民恬不愤其腐败,委其抛财赌死战胜之名誉于泥土,文明之国忽而化为野蛮之域,国民亦恬不忧其退步,托保护工商之名,施一种之宠商,汲汲谋自私自利之道,而国民恬不责其非义,借金于外人，开委财权于他人端，弥缝一时之穷苦，不顾百年之大害，国民恬不惧乎危殆。宰相不德，风教日颓，杀兄弑父之案，层见叠出。国民恬不哀其浇季。凡我政略之腐败，经济之不安，德教之颓废，日甚一日。国家日趋于危亡之运，国民冷焉漠焉，若无知觉者。噫！国民之麻痹，至于是而极矣。古之罗马，非大国乎？其灭也，灭于麻痹。今之清国，非大国乎？其弱也，弱于麻痹。苏轼曰："天下之患，莫大于不知其然而然。不知其然而然者，是拱手以待乱也。"然则我今日之国民，非拱手以待乱乎？

观我日本政治之陷于困难，何以如此其极也？外交着着失败，商工日日萎靡，德教年年颓废，我政治之力，几不能拯救之，几不能回复之。元老也，议员也，政党员也，学者也，论客也，数年以来，踟躇搔首，莫可如何，似颠似狂，如痴如醉。而观其所施为，愈出愈恶，愈出愈暴，其弊毒日长一日，绝不能奏一毫之功者，何哉？吾知其故矣。盖彼等以政治为万能之力，万事欲赖以济之。于是宗教亦统辖于政治，教育亦统辖于政治。商工经济，皆仰给政治之恩泽。岂知今之政治，实长我国民腐败堕落机关之膏油。此即其结果也，徒掘泥扬波何为哉？

故希日本社会之发达、国民之繁荣者，不可不知依赖今日之政治之无补也。我社会国民，必先于政治以外求德义，求信仰，求理想，求制裁，求信用。而后始有益于社会之发达、国民之繁荣。不此之虑，而以政治为万能之力者，奚何哉？

无理想国民[①]

建筑工之积炼瓦也，其回转不息，虽与地上直角之度，不能无微忽之差。然而其可及的之直角，固不甚相远也。人之欲达其理想也亦然。盖国民之理想，非特为国民精神的建筑之准绳，亦其思想的之衣食也。

我日本之过去五十年间，非为振古未曾有之进步乎？而此进步之所以

---

① 底本目录此标题与"目的与手段"顺序互换。

然，非我国民持远大崇高之主义理想以致之乎？盖持此主义理想，苟一随其指道，遂猛勇精进不致退败。然此主义理想，一时名之曰尊王攘夷，一时名之曰开国进取，一时名之曰民权自由。或五年而一变，或十年而一变，或千百年而一变，或亿万年而一变，其变也，固无论其为野蛮文明，要不外远大崇高之理想以组织之。我东洋之所以建设一大文明国者，非我国民之忠于此主义理想之故乎？其忠于此主义理想也，或浪人，或国事犯人，或政党员，或工商业者。水火临之而不避，威武加之而不屈，赌其身命，抛其财产。而明治之历史，赖以生色不少。而今也何如乎？彼等忠于此主义理想之国民，不意已颓然老矣，不足以有为矣。我思此老国民，不能不希望现在之新国民，痛恨现在之新国民。彼新国之脑中，何竟无主义理想之片影也？

吾今也，举眼以观新国民，不禁睊睊然而悲之。悲者何？悲其无永远之理想，唯眼前之内欲而已。无高尚之理想，唯卑陋之利益而已。不见是非，唯见利害而已。不见道义，唯见金钱而已。而五十年前自由平等博爱之日本，及骎骎乎变为专制阶级利己之日本。其腐败堕落，不亦深可怪哉？

义务之念

义务之念之一语，夫人能知之，夫人能言之，夫人实不能行之，此我国之所以有今日也。呜呼！义务之念，我国民其可缺乏者哉！

思现时我国之朝野上下，万般社会，果有一人能尽其义务哉？问其何所事事，彼必曰：为权利也，为利益也。苟权利与利益之所在，如猛虎之扑食，如鸷鸟之飞扬，以争夺之，以计画之。一接于义务之题目，则逡巡畏缩，策之而不前，鞭之而不进，如官吏者，则叱人民之权利不振，而所谓保护人民便益之义之念，绝无有之。商人者，则唯振代金请求之权利，而所谓求良好坚固之商品之义务之念，绝无有之。株主者，则唯受其利益配当之权利，而所谓事业繁荣之义务之念，绝无有之。议员者，则唯振豫算法律协赞之权利，而所谓造国家人民之利益幸福之义务之念，绝无有之。

选举民，亦唯振其卖投票之选举权利，而所谓宪政完美之义务之念，绝无有之。噫！可慨矣。

以上所言之权利，岂真正之权利乎？夫所谓真正之权利者，不可不依真正之义务而言之也。何则？人必尽真正之义务，而后可享真正之权利，是谓之应得之权利。否则，对于国家而不尽义务，是国民之无资格者也。对于社会而不尽义务，是社会之一员之无资格者也。既无资格，而欲享真正之权利，一人如是则一人亡，一国如是则一国亡，孟子所谓上下交征利，而国危。即此之谓也。

现于法国大革命以后，既革命而又革命，既颠覆而又颠覆，不知其几经波澜，既经平复矣。然犹不能建设一坚固政府者，非无智也，非无识也，非无勇也。实彼等之社会，唯见权利而不见义务之故也。夫唯见权利而不见义务，其国家社会而不堕落崩坏者，未之有也。

可知日本今日之腐败堕落，非我社会中无义务之念所致哉！我社会苟能各尽其义务，则官吏之保护人民利益，而人民受其权利矣。商人以良好坚固之商品贸易，而一国受其权利矣。推之株主尽株主之义务，议员尽议员之义务，选举民尽选举民之义务，我朝野上下，万般社会，无不受其权利矣。此所谓尽真正之义务，而享应得之权利是也。日本如此，其庶几乎！

老人之手

今之经营我国之政务，非当时维新所称为志士伟人者乎？胡为至今日而萎靡沈滞，麻痹昏睡，至于是极也。冥然而思之，悄然而察之，百索而不得其解。有老剑客某执予裾而讯曰：吾壮时之击剑，察机于顷刻，视隙毫末，砉然奏刀，百不失一，其间不容一发。今也吾之目力，尚不亚于壮时，而吾之手，则大觉其滞碍。呜呼！吾盖已老矣。噫！今之经营我国之政务，其萎靡沈滞，麻痹昏睡，至于是极者。此老人之手，非其一正比例乎？

虽然，吾所谓老者，又匪独佝其背，皓其发，艰其行步，衰其形态者惟然也。即如今之大臣、今之官吏、今之议员，其苟安旦夕，如枯木、如死灰，无一事足以快人意者。虽壮其力，黑其发，稚其年齿，伟其躯干，然不谓之为老，不得也。何也？为其心力已全耗，其精神已全惫也。

语曰：能见不能行，与无见等。行之而不力，与不行等。衮衮诸公，何其为老剑客之手者之多也？今试问所谓政局者，彼等果尽力以开展之乎？所谓官纪者，彼等果尽力以振肃之乎？教育之不振，彼等果尽力以整顿之乎？财政之困塞，彼等果尽力以救治之乎？若此类者，彼等固熟闻之，熟知之者也。吾亦知彼等之熟闻之，熟知之也。方引领拭目，以观其功果，乃迟之久，而不见尺寸之效也。迟之又久，而仍不见尺寸之效也。其萎靡沈滞，麻痹昏睡诸种恶病，依然无痊，且有甚也。噫！若而人者，我知国家社会上之一切事物，早已自知与彼等无毫末关系，已与之长相辞矣。而皮相俗论之士，尚戴、伊推、井拥隈，以为救济我国家社会，舍数公其谁也。噫！愚亦甚矣。

维新之革命，非成就于多苛东牙之乐队乎？立宪代议之制度，非设立于自由党之志士乎？若而人者，皆维新之元勋也，政党之领袖也。当年创造如火荼之事业，肩负擎天掀地之责任，举而措之，悉裕如也。而至于今日，区区之小问题，亦不能解决。使彼等返躬自问，能毋哑然失笑，自怪自讶乎？此无他，盖当年之事业，以青年之手腕组织之，其隆盛固可立待也。今日之问题，以老耄之手腕支持之，其堕落亦无足怪也。不宁惟是，今日之世界大势，愈变愈新。彼老耄者，对于今日之社会，实有不适于用之叹。故以十七世纪之人才，经营十八世纪之物事，不适用也。以十八世纪之人才，经营十九世纪之物事，亦不适用也。由斯以谈，则以十九世纪之人才，而经营二十世纪之物事，其不适于用也，不诚不卜可知乎？莫斯科以后之拿破仑，而求其驰风掣电、龙飞虎跃、雄视全欧不可得也。然则天下之最可悲可悯可叹者，孰有过于老境哉？

今之经营政务、组织国事者，孰非濒于老境者哉？藩阅亦老，议会亦老，政党亦老，大学亦老。代议士也，学生也，商人也，年齿虽未满四十，然彼等之精神视老者，诚有过之，无不及也。国家社会之物事，早已于彼等之手相决相辞，而趋而入于我辈青年手中矣。盖二十世纪之世界，固我辈青年吐气扬眉之世界，而非彼等老辈所得干涉一毫者也。

虽然，彼等老辈，吾亦不忍没其功，而且谅其苦也。多谢汝老辈，于二十余年前劳苦尽瘁，以开导我二十世纪文明之先路，故足下等之沈滞萎靡，麻痹昏睡，吾亦不忍深责。然吾为足下等计，胡不如老剑客自由其手腕之无用，而脱卸其担荷于我辈青年之手。胡为犹欲挥其老手，以堕落我社会上之事体，而为世所唾骂也。即足下等无是心，而无如足下等之手，不从足下等之心何？徒劳无功，足下等亦甚失计矣。

污辱文明者

身被西洋新式之衣，首著西洋新式之帽，手携洋书，口操洋语，诩诩然，扬扬然，自鸣得意，号于众曰：吾辈得西洋文明之真义者也。趾高气扬，笑骂一切。今日见甲不问其宗旨，不察其理想，辄夷视之曰：此未开化者也。明日见乙，亦不问其宗旨，不察其理想，复姗笑之曰：此亡国之民也。今日轻薄之辈，拾自由平等之唾余。其习染风气，大都如是矣。而中无定见者，骤睹彼等之如是如是也。遂从而震惊之，崇拜之，曰：是真文明国民也。呜呼！彼岂真文明者哉？彼岂真文明者哉？

泰西十九世纪文明之精神何在哉？实在人民抱持自由平等之理想，养成自由独立之气象也。法国之革命也，欧洲之天地为之一新，非由自由平等理想之蓦进乎？大陆诸国，立宪法，设议会，产出无数国民统一隆兴之现象，非自由平等理想之磅礴乎？科学之日发明也，殖产上现一大革命之象，非自由独立之气象所振起乎？推而至于文艺之精深如法，学术之高尚如德，皆此理想与此气象之结果也。由自由主义，进而为帝国主义。由帝国主义，进而为社会主义。彼等之进步，所以常先世界。彼等之富强，所以常冠绝世界者。皆此理想与此气象之潮流也。故欲得泰西文明之真义，而收其功果，浴其德泽，非涵养此理想，振刷此气象不为功也。若第曰衣服之高襟也，文字之蟹行也，则末之又末，皮毛之又皮毛者矣。

今之以文明自夸自诩之辈，试问其有此理想乎？彼固未尝梦见也。试问其有此气象乎？彼固未尝一睹也。彼等之所崇拜者，则贵族也，藩阀也，大勋位也，侯爵也。彼等之所希望者，则官职也，利禄也，局长也，公使也。苟充其趁势利之手段，则便佞卑污，无不至也。达其野陋之目的，则贼民亡国，可立待也。而考其内行，则耽赌博也，溺酒色也。为文明之社会，文明之民族，所不容者也。而彼犹眯目糊心，厚颜哓舌，曰：吾文明之国民也，文明之绅士也，文明之政治家也。噫！以是为文明，则如今日洋行之买办，彼国最下流之社会，固亦高襟其衣服，蟹行其文字矣，谁非文明者也？然则如彼等者，实污辱文明之甚者也。

故如彼等之衣与帽，诚文明矣。彼等之文与语，诚文明矣。而其眼光所注射，脑筋所模印，必不出于吾上者所云。彼等所崇拜，所希望之种种也，是岂非沐猴而冠，猩猩而语乎？其思想如是，其内行如是，吾恐即彼等平习所夷视为未开化，所姗笑为亡国之民者，其思想内行，尚不至如彼等之野蛮，彼等之鄙陋，彼等之恶劣，彼等之腐败堕落也。吾不惮彼等之嫌忌，请为一言以断彼等曰：彼等盖污辱文明者也。社会上而有彼等，必非社会之福也。

伊藤侯之盛德

西方有谚语曰：大人物者，譬如建道傍之白壁，人人得而见之，即人人得而污之。此言也，可以喻我今日之伊藤侯。夫伊藤侯，吾固谓为大人物也。然如彼其怯懦也，其巧佞也，其陋劣也，其无耻之小人也，人皆腹非之。腹非之不已，以口诛之。口诛之不已，以笔伐之。腹非口诛，以至于笔伐，伊藤侯之盛德可知矣。虽然，人孰无非议，人孰无间言，轰轰烈烈之伊藤侯，赫赫明明之伊藤侯，岂无可歌可颂可纪之盛德乎？然彼非无盛德也，彼之盛德，则荷无前之天宠而已矣。

如此盛德，自古之君子有之，小人亦有之。试问今日之伊藤侯，君子者乎？小人者乎？就其表面观之，其声名播于欧美，其威望服于亚洲，其在我日本，得君如彼其专，行乎国政如彼其久，功烈如彼其卑，通国固称为大人物。大人物也,此吾所以有道傍白壁之喻也,何也?污之秽之,尽人皆可,己不得而拂拭之,己不得而拒绝之,己不得而遁逃之。听之而已,岂不哀哉?

虽然,有白壁之盛德,亦可以奔走举国之人士也。奚在其可以奔走举国之人士?大人物曰:有能从我游者,我能富贵之。故今日之伊藤侯,为今日自由党之所推戴者,以其有白壁之盛德也。彼等政治的腕曰小僧等,皆所谓能利用其白壁者也。无论其新进也,其旧僚也,无不推戴彼者,亦欲利用其白壁之故也。其他政治家、实业家,望巍巍之白壁,颂赫赫之盛德,奔走牛喘,仰视鼻息,畏之若神,望之若天,亦以其白壁盛德故也。呜呼!此白壁也,固皎皎其有辉者。涂抹于纵横,挥洒于上下,则亦暗暗其无光矣。人固可不省哉!

然今日之伊藤侯,势固在也,位固保也,天宠固隆也,盛德固昭昭在人耳目也。人污辱之而彼不可拂拭也,人穷窘之而彼不可遁逃也,人利用之而彼不得不担当也,欲进不可,欲退不能,懊恼悔恨之状,当亦顾影而自怜矣。睹瀚海之茫茫,欲渡无岸。望前途之渺渺,何处宅身。呜呼!此盛德,吾其见而生怜欤?抑其见而生羡欤?

平凡之巨人

天下古来所称为巨人者,有非常之巨人焉,有平凡之巨人焉。所谓非常之巨人者,挟其奇才异能,干天下非常之事,以声动一世之耳目,博取一时之价值者是也。所谓平凡之巨人者,其思想不逾乎常矩,其动作不越乎常轨。自其表面观之,其平平似无他长。而叩其衷藏,考其底蕴,其潜德幽光,足以树一代之典型,为一时之钦仰者是也。以吾人论之,其殆以前者为平凡之巨人乎?以后者为非常之巨人乎?吾盖知其必不然矣。

非常之巨人,自古兵略家、政治家,往往有之。至于平凡之巨人,则非积学之士,所不能也。往往于教育家、宗教家,或十余年而一见焉,或数十年而一见焉,或百余年而一见焉,或数百年而一见焉,或千余年而一见焉，或数千年而一见焉，殆寥寥如晨星矣。虽然，有史以来，非常之巨人虽多，其有利国家人民者实少。平凡之巨人虽少，其有益于社会文明者实多。非常之巨人，譬如奇岩怪石，奔湍飞瀑，人见之未有不动魄惊心者。然纵极其动魄惊心，其功果亦不过为词人骚客，竞雕虫之小技而已。平凡之巨人，譬如积一勺之土壤，巍峨而成大山，集众水之细流，汪洋而成江海。其事其物，虽极寻常，而生民实依而生息之。呜呼！是利民者也，非常之巨人也欤哉！平凡之巨人也欤哉！

虽然，此二者之巨人，其魄力均相若也，其精神均相若也，其理义均相若也，其才智均相若也，其德行均相若也，其人爵均相若也，其天爵均相若也，均是立德、立功、立言三不朽之人也。然吾人若得千百之非常巨人，宁得一个之平凡巨人，是何也？难得之人不愿少，易得之人不愿多也。

我日本维新以来非常之巨人，不知其车载其斗量矣。木户也、西乡也、大久保也、岩崎也，诸人皆是也。至于平凡之巨人，果谁氏之属乎？吾人于百千之巨人中而得一仿佛者，则福泽翁是也。

究而论之，吾人生平读书论世，曾得见几人如翁者乎？翁夙讲泰西文明之学，以教育群英，革新一代之思想，将泰西文明以输入我日本，我日本是以有今日之气象，翁之功业，洵千载不磨哉！孔子曰："微管仲，吾其被发左衽。"吾思翁之功烈，不在管仲之下也。我国运我国民能有如此之进步者，其谁氏之赐乎？吾知人必曰：福泽翁也，福泽翁也。虽然，吾愿我国民勿忘我福泽翁。

虽然，此功烈也，犹是翁之末也。吾之所以颠倒于翁者，不在学问文明，而在其人物，而在其平凡之巨人。翁奚为其平凡也？东都血战，草木皆兵，而能于腥风血雨之中，从容讲学者，翁实以之也。讲学四十余年，所谓教不倦，即仁即圣者，翁实以之也。朝非显贵，野一平民，抱富贵不能淫之道德，持威武不能屈之操守，至死以至不逾者，翁实以之也。为一世之师表，于我思想界奏大革新之伟功者，翁实以之也。然翁所以为绝代之巨人者，其自始至终，在行平凡之天职而不屈，在尽平凡之本务而不挠，此吾所以称为平凡之巨人也。而今也，人之云亡。吾欲于百千之非常巨人中而求一如翁之平凡巨人，不可得矣。岂不痛哉？

读《修身要领》

福泽翁所选《修身要领》，说今日男女处今日社会之道，别具只眼，绝非寻常腐儒所能企及，洵于近时教育界，为贵重之产物无疑然。吾人偶一读过，不免有隔靴之感。再一读之，不禁悚然叹曰：夫何为其然也！

《修身要领》自第一条至第二十九条，所谓独立自尊之主义，一以贯之，而翁解此主义曰：令心身之独立，自尊重其身，勿流于无耻之品味。此之谓独立自尊之人。独立自尊之人，即自劳自活之人。强健其体魄，鼓舞其精神，提倡其勇猛之气，是即独立自尊主义之大要也。如此，吾人之于独立自尊，夫何间然？盖能全其个人之人格，所必要者也。然今日之男女，处今日之社会，果能实行独立自尊之主义乎？亦不过全个人之本分而已。

集人而为国，其人也即为国民之一人，即有国民之责任义务，不可一日或忘者也。聚人而成社会，其人也即为社会之一人，即有社会之责任义务，不可一日或忘者也。若夫掘井而饮，耕田而食，不知帝力于何有。以文明之进步，为分荣之世，是其人必不完具者也。商也而不能为食，农也而不能为衣，不相扶持，则扞格也，冲突也，离叛也，自然之理也。此之谓独私一己，人之独立自尊，而实非公共社会之独立自尊也。此其人，实可谓不完具之人也。故人之处此世，个人共全其独立自尊。对于社会，不可不调和平等。调和平等，即服从社会之公德，即为尽力于社会之公义。社会云者，为公共之福利，不仅个人之福利。故人之处此社会，初必全其个人本分者也。今日文明社会之《修身要领》，此重大之事，各欲全其本分，固未可等闲视之也。而福泽翁之《修身要领》，其始也个人之独立自尊，其终也对于社会调和平等，及训诲公义公德。其自第十三条至第十九条之间，多对社会立说，所谓完全社会之基础，在一家一人之独立自尊。与社会共存之道，不相妨犯。自与他之独立自尊，不相伤害，示人以信。己所爱者，推及于人。轻减其疾苦，增进其福利。是等皆独立自尊之为义，为社会全般之福利。此本分也，此责务也，此德义也，即修身之要领也。

夫修身本领如此，盖未有不独立自尊，而谓能尽国民之责任，尽社会之义务者也。盖独立自尊，个人自由主义之骨髓枢轴也。吾人观于欧洲各国，能脱却君主专制之桎梏，得发扬十九世纪文明之光辉者，实个人自由主义之所赐也。我国今日之文明，亦福泽翁传个人自由之主义，以改革一代之思想，其功莫大焉！然世运日趋，转移未易，以干羽之舞，不能解平城之围。个人主义的文明，至何时始能发其大光辉乎？

盾有两面，物有两端，天下事有利必有弊，利弊必相伴。个人主义者，盖可谓利己主义者也。贵族专制封建阶级之弊毒，达其极点。其时人民沈沦于奴隶之境，个人自由独立自尊主义，实世界之救世主哉！福泽翁实于此时奉此救世主，以奏空前之伟功。持此主义，不渝数十年，《修身要领》全以此主义为操准。呜呼！福泽翁固有功于世矣。然公之首，亦为罪之魁。今也打破阶级，崩坏秩序，自由竞争，弱肉强食，个人自由主义，更现自由主义之平面，极其弊毒，横溢于四海。所谓以独立自尊，为人人修身之要领，实可骇可危之甚也。

夫修身之道，道德之教也。必从一代之理想，以社会数多之福祉为公义公德之目的。其对于社会，全以公义公德，与独立自尊互为轩轾。至于福泽翁之意，虽非罔朽公义公德，而全主张独立自尊，不知独立自尊一变而为利己主义，利己主义对于社会，即为背德。此吾之所以大惑不解也。若幸而利己主义为高踏之隐者，如伯夷也，如严子陵也，如司马徽也，皆独立自尊，求而不可必得，从而遁之者也。

虽然，《修身要领》亦何尝无博爱之言乎？己所爱者，推及于人，此岂利己之言也。然既曰己爱而后及于人，则终未离利己之心也。虽然，人孰无有利己之心，人能对于社会，稍各尽其责任义务，斯可已。人各尽其责任义务，能不望其偿报。况各尽其责任义务，不望其偿报，则一身一家之幸福，可不必求。财产生命之思想，可不必重。如此则是大君子出。大君子出，则是大改革起矣。

故独立自尊之教，必与调和平等之德相依。自爱之念，必与博爱之心相联。若夫调和平等之德不相依，博爱之心不相联，日抱守独立自尊个人自由之主义，则亦利己主义而已。弱肉强食，是非今日之实状哉！

今日之忧，实个人主义之弊毒，达其极点。其所以然者，在利己主义之盛，竞争自由，不能调和平等。只知有个人，不知有国家。不知有国家，更何况知有社会。人之对于社会，不能尽一分之责任义务，即不能享一点之福祉利益。虽然，欲人之知有责任义务，则不得不先令其独立自尊。故独立自尊者，乃社会的调和平等公义公德之起点也。若不知有调和平等公义与公德，其结果盖可为之寒心者欤？

吾人非如世俗曲学，单以忠孝二字漫批《修身要领》。实以其真个社会的观念，或有所见，亦未可知。虽然，福泽翁往矣。吾虽漫加批难，岂有知也哉？岂有知也哉？

祭自由党文[①]

岁在庚子，八月某日之夕，金风淅沥，露白天高，长夜漫漫，忽焉星坠。呜呼！自由党死矣。历史之光荣，岂不被其抹杀哉？

呜呼！汝自由党之事，吾不忍言之矣。想二十余年前，专制抑压之惨毒，滔滔横流于四海，正维新中兴之宏谟，遇大顿挫之时。祖宗在天之灵，故特降生汝自党，扬其呱呱之声，放其圆圆之光。自由平等之正气，于是磅礴于乾坤，振荡于世界，实文明进步之大潮流也。

是以汝自由党，为自由平等而战，为文明进步而战。见义不为是无勇，赴汤蹈火所不惧。千挫不屈，百折不挠，凛凛乎其意气，夏夏乎其精神。如秋霜哉！如烈日哉！而今安在哉？

汝自由党之起也，政府之压制益甚，迫害愈急。一言论也，而思所以钳制之。一集会也，而思所以禁止之。一请愿也，而思所以防止之。捕缚也，放逐也，牢狱也，绞头台也，无所不用其苛刻也。而汝自由党见鼎镬而不惧，望刀锯其如饴，荡尽亿万之财产而不顾，损伤数百之生命而不惜。岂非汝自由党一片之真诚，为千古所不可磨灭者哉？而今安在哉？

呜呼！壮哉！汝自由党也。噫呼！哀哉！汝自由党也。汝自由党能如

[①] 底本目录与正文不一致，为"祭自由党"。

此，岂非赫赫伟男子，烈烈大丈夫哉！洒多少志士仁人之热泪，流多少志士仁人之鲜血，掷多少志士仁人之头颅。前者仆，后者继，从容含笑以就死。当时谁知彼等之死，即自由党之死乎？呜呼！汝自由党之前途，其光荣洋洋，有可想见矣。呜呼！热泪鲜血，丹沉碧化，而今安在哉？

汝自由党也，以圣贤之骨，具英雄之胆，目如日月，舌如霹雳。攻无不取，战无不克，开拓一立宪代议之新天地，建干旋乾坤之伟业。惜汝非守成之才，而建武之中兴，中道倾覆。汝虽有光荣于历史，而问汝之事业，汝之名誉，而今安在哉？

更进思之，吾少年时，寓林有造君家。一夕寒风凛冽，萨长政府，突如其来，捕吾人与林君，放逐于东京三里以外。当时诸君发指之状，宛然在目。迄今固未尝忘也。诸君诸君，时现今之总理伊藤侯、内相山县，视汝自由党之死，如路人。而吾人独握一管之笔，掉三寸之舌为自由平等文明进步而吊汝自由党之死，祭汝自由党之灵，吾不能不抚今追昔，尝忆陆游《剑阁诸峰慨然赋》曰："阴平穷寇非难御，如此江山坐付人。"呜呼！吾今三诵此句，以吊汝自由党。呜呼！汝自由党有灵，仿佛兮其来飨。

岁末之苦痛[①]

呜呼！人生至苦痛之时，孰有如岁末者乎？懊恼也，悔恨也，恐慌也，狼狈也，奔走也。熙熙而来，穰穰而往者，皆是也。人之一生，为此岁末之苦痛，夺去其幸福，不知其几何矣。社会文明，为此岁末之苦痛，阻碍其进步发达，不知其几何矣。几多之时日，皆消费此无益之苦痛中矣。几多之材智，皆竭尽此无益之苦痛中矣。平生之强力，为此而损折者多矣。平生之面目，为此而屈辱者多矣。平生之锐气，为此而挫挠者多矣。平生之志气，为此而消磨者多矣。极其至也，欺诈也，迫胁也，盗窃也，杀劫也，皆因此一日之苦痛而生也。呜呼！以此一日之苦痛，至贻社会百年之

[①] 底本目录与正文不一致，为"岁末之痛苦"。

祸害，可不惧哉！

呜呼！岁末此苦痛，虽百千万年文明极乐之世，所不能免也。虽然，吾岂忍言之乎？此固社会自然之状态，虽百千万年所不能除也。虽然，吾岂敢信之乎？岁末之苦痛，为自然之状态，固已。人生之疾病，亦非自然之状态乎？然人生之疾病，医术之进步，可以愈之。岁末之苦痛，文明之进步，独不可以除乎？然果能除之与否，吾人不敢断之于前。此其间盖有原因，其原因如何？是甚易观。彼等之金钱缺乏也，欲除彼等之苦痛，先济彼等以金钱其可也。

然彼等必如何而后得金钱之途乎？从事于生产之业而已。然斯人何尝不从事于生业，而岁末之苦痛如彼者何也？贫富之不均之故也。贫者终岁碌碌，富者终年嬉嬉。贫者以百日所得，不足以偿富者一日所得。贫者占人数之多数，富者占人数之少数。至于财产，贫者不能占万之一，富者则全占其全部。此贫者之所以终贫，而富者之所以终富。贫者之所以终岁劳苦，而岁末之苦痛如故也。

虽然，今日之社会，亦尝叹其生产之事业，放任其自由竞争也。欧美之志士仁人，夙痛论之。吾人亦持此旨以布告之。人人于是稍加有产业之权利，无不思夺资本家之私有以归多数人民之公有，分配之，均平之。彼等之资本家，亦不得徒手游食，而社会全般之生产额，益益增加多数。人类由是庶免岁末之苦痛，然彼等终得脱此岁末之苦痛者，则仅资本公有之一事。此所谓社会主义的制度是也。

此社会主义之论理之细目，吾人亦不暇深论之矣。至于实行之手段方法，吾人亦不暇详说之矣。要之，为多数人民之福利，为社会文明之进步无疑也。呜呼！岁末之苦痛，在于富之分配之不均。富之分配之不均，在于资本家之横暴。资本家之横暴，在许其资本家之私有。吾思我志士义人，曾以多数团结之势力，政治的权利，夺自封建之诸侯，夺自萨长藩阀之政府，而何于经济家权利，不能夺自资本家之手乎？当时之尊王讨幕党也，当时之自由改进党也，何不一进而为人民的社会乎？是长者折枝之类，非挟太山以超北海之类也。

新年之欢喜

乐哉！新年。新年之乐，非为有门松也。无门松之家，亦乐也。非为有屠苏也，无屠苏之家亦乐也。非为有金钱也，非为著美服也，非为妆红粉也，无金钱、美服、红粉之人，亦乐也。然彼等嬉嬉，所以乐此新年者何哉？此时我与人与社会，俱正义也，俱自由也，俱平等也。是则可乐也。

人各有两端，不能纯乎为善人，不能纯乎为恶人。但在平日有几多之竞争，几多之诱惑，几多之感奋。善恶常相战，利害常相争。劳劳者，殆不堪其生也。唯此竞争、此诱惑、此感奋，至闻除夜百八之钟声，而全休止。万人俱虚心也，俱坦怀也，俱心广体胖、无毫发利害之芥蒂也。是以其动静，其思想，其闻睹，其云为，无一非善非正义，天下无一毫不正与非义。新年之乐，岂不宜哉！是时金钱不压我，权势不苦我，利欲不夺我。顶天立地，纵横无碍，皆大自在，人与社会皆得自由。新年之乐，岂不宜哉！既各自由，亦皆平等，是时世界皆平等矣。主人有新年，仆从亦有新年，无阶级也，无差别也。一堂之上，熙熙雍雍。一家之中，融融泄泄，得此平等新年之乐，岂不宜哉！

人生之目的，实在正义，在自由，在平等，唯得此三者，人则圣人也，社会则天堂也。朝朝暮暮，虽非新年，亦犹新年之乐也。呜呼！一年三百六十余日，除此元旦，即非正义、非自由、非平等之天地，劳劳不堪其苦恼者，伊谁之咎欤？

高等教育之拒绝

近时我文明之不进步，与国家之不富盛，有可太息痛恨一大问题。此问题，吾人宜亟亟求其解释，即拒绝国民之高等教育是也。目今欲入高等学校者，年众一年。而其得许可者受验者，常不足十分之一。余多皆拒绝。往往十分之九，有过无不及。问其故？高等学校额设之不足故也。少数之学校，不能容多数之人，其许可仅取试验成绩之最高点者也。故无论平生学力如何优等，品行如何方正，资金如何裕如，试验之余，不得过第一等之成绩，反负以落第之不名誉。百人中有十人及第者，殆寥寥如晨星矣。

吾尝见一学生，学力优等，受验数次，不能及第，落胆之余，志气为之阻丧，遂日见堕落。又尝见一学生，学力优等如之，受验数次不能及第亦如之，归而自罪其学力之不足，由是刻苦向学，异常勉强。从此心身衰弱，遂罹肺病。此二者，吾所目睹，其原因皆拒绝入学之故也。呜呼！将来我国民之不发达，此一大原因。其流毒更不知所底止，是非可为之寒心者哉。

夫国家共同之利福，文明之进步，必教育国民之责务也。国民既愿受其教育，顾可不奖劝之，鼓励之乎？然吾尝见其儿童之入学也，多方强制之，固非其所矣。初则强制于小学教育，寻而开放于中学，既而能受高等教育之资者，则又多方拒绝之。此吾之所大惑不解也。试思国家教育人才，培植多士，能养成高等教育之资格者，实国家之庆事也。然何以阻碍之，遮防之。此岂教育国民之盛意哉？此吾所为太息痛恨而不已者也。

然则思所以挽救之，必如何而后可？国中之高等学校，有官立，有私立。官立之学校不足，即以私立之学校补之。私立之学校与官立之学校，同一资格。私立者，仍有奖励一如官立之制。有能私立高等学校者，则尤异常议叙之，异常荣褒之。庶乎其速文明之进步也，其致国家之富盛也，此其大体之方针如此。至如条目，则尚未暇详焉。此今日教育家之一大问题也。

恋爱文学

有一美人，为富家之妻。彼窃其夫之目，而恋慕画家某。又以己之妹，许嫁于画家。而其异腹之娘，亦恋慕此画家。母子姊妹，争其一男子，相挑于暗中。而一时有一书生，寄食于其家。初通下婢，更恋慕彼美人母子，遂奸其主人之妻。此一小说，近世知名士所著者也。

作者逞其奇思妙笔，读者爱其淫词亵语。虽然，如此之文学，于现时之社会，其影响果如何乎？于现时之青年少女，其关系果如何乎？吾人思至此，不禁悚然而大恐怖也。何哉？实乱伦之极也，丑秽之极也。此乱伦丑秽之事，乃公然刊行于世，甚而新闻杂志广告之批评之，塾中购之，闺中置之，世间之青年少女莫不争欢迎之。呜呼！此乱伦丑秽之事，作者不顾礼义廉耻，徒卖弄一己之文词，异想天开，不规正理，只求读者生多少快感。读者亦不顾礼义廉耻，塾中购之，闺中置之。男子珍如拱璧，犹可说也。至于女子，亦奉其为至宝，其难堪矣。

吾人亦不必沾沾攻击如此作者，而风趋所尚，今所谓恋爱文学之流弊为可慨叹也。尝游于通都大邑之杂志店，其所排列之书籍，大都不外恋爱妇人情话等字样，冠于篇首。其内容者古今之情史也，恋爱之诗歌也。解释者一家，讲说者一家，咏叹者又一家，甚而叹美其用笔拍词者更一家。且诸家者，又多出于未婚之青年少女也。好之如璧，甘之如饴。且曰神圣之恋也，曰高洁之爱也，此宇宙自然之巧妙，世间难得之著作也。是以青年少女之性行，日见堕落，钻隙赠芍，滔滔皆是。习为固然，恬不为怪，此则可大痛者也。

吾人以文学为劝善惩恶之具，而非以小说、诗歌伤风败俗之谈。著一书立一说，必有益于社会，非谓博人之笑，助人之趣，消人之愁，遂为毕能事也。是殆古之优伶之剧作，美术家、文学者，岂其然哉？况彼之剧作亵语淫词，堕落数事之青年少女，败坏社会，流毒无穷，贼夫人之子，其种种恶结果，更仆难数。孔子曰："始作俑者，其无后乎？"世之为亵语淫词，以诱惑青年少女者，其殆是矣。

虽然，吾人漫向当局之官吏，促其严于言论出版之取缔，而彼等之无识，玉石不辨，恐从此反生枝节，阻害文艺之进步。但吾人抱此正义，视数多之青年少女，腐败堕落，而有所不忍之心，无已，则向于社会加以裁制，庶乎其可哉！

自杀论

人生最可哀可痛，孰有过于自杀者哉？日本富于尚武之风，故自杀者为尤多见。常年自杀者，皆在七千人以上。至三十一年，殆有八千七百余人之多。呜呼！人之轻生敢死，环球大地，孰有过于日本人乎哉？自杀者，其殆博强武名誉而自杀欤？其殆以平年悔恨而自杀欤？其殆表意思薄弱而自杀欤？诘诸自杀者，而自杀者亦自问茫然，相习成风，牢不可破。近时自杀者，每年率九千余人。呜呼！国家之前途实可忧哉！

自杀者之多，于精神的，即以见国民之弱。于物质的、经济的，即以见国民之疲弊。此现象于政治，于军备，于议会，于道德、教育与商工业，皆有关系者也。自杀者，一己之生命不足惜，而孰知关于社会全体者大。呜呼！自杀之不已，国家之元气日伤哉！

每年自杀者，其中缢首死者，占数之大半部。其次则入水，又其次则刃物，服药与炮击者，盖少也。兹无论其缢首、入水、刃物、服药、炮击，均自杀也。其自杀之原因，古之武士，杀身成仁，杀身为义。曾博世间之名誉，而不完全之人，遂从而效尤之。或因所求不遂而自杀，或因罪恶难逃而自杀，或因一生烦恼而自杀，或因一时发狂而自杀，忘其痛苦而甘出于自杀，无可说焉。则自杀者只徒杀其躯，只可谓不完全之人而已。

然世间有一种好奇之人，惑于鬼神而自杀者。又有一种好胜之人，负于客气而自杀者。又有脑筋扰乱而自杀，形骸放浪而自杀。此皆自杀也，皆于心理的、生理的不健全者也。断言之，皆可为国家之忧，道德上之罪恶，今日宜研究之一大问题也。虽然，《孝经》有言曰："身体发肤，受之父母，不敢毁伤，孝之始也。"既以自杀为不孝矣。然孔子又曰："杀身成仁。"则是圣人又教人以自杀也。西国之哲人言曰："人者，神授以生。"人既为神所授而生，若自杀则是违神，不祥莫大焉。然东西二子教家大都奖励自杀，《旧约》《新约》，自杀亦所不咎。故古耶稣教徒之自杀者，已成普通矣，此果何也？

曰自杀者，背人间之自然。人莫不乐生而恶死，且无论其人之乐恶也。即乐反所恶，恶反所乐，而天地生一人，即有一人之责任。社会有一人，即有一人之义务。若听其自杀,是违悖天地,破坏社会。天地所不容,社会所不恕。彼虽自杀。则罪更及其尸。然后天下后世之自杀者,庶几其可止焉。

呜呼！社会有竞争,而后有进步。优胜劣败,此自然之公理也。自杀岂非社会中之个人乎？此而自杀,彼亦自杀,各自放弃其责任,各自卸却其义务。此之对于社会,无责任,无义务。彼之对于社会,亦无责任,无义务。此而柔弱也自杀,彼而强梁也自杀。无完全之人格者,亦无完全之社会。呜呼！我日本国之前途可想哉！日本人之方针大异哉！年来自杀者,不下五六万。若以此不完全之人,而移其方针,得占其优等健全地位,则日本之富强,盖又可知矣。

廣長舌

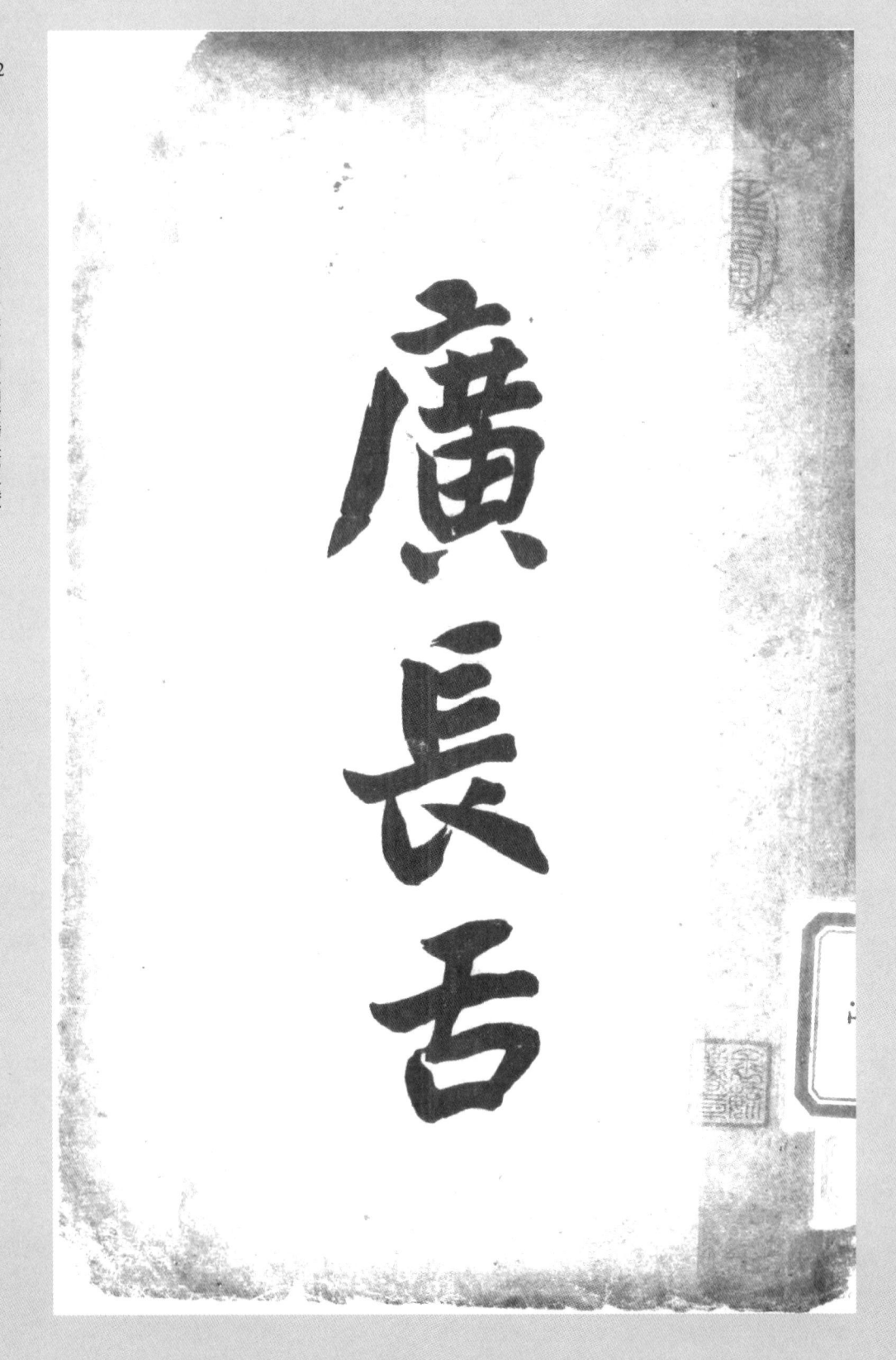

翻印必究

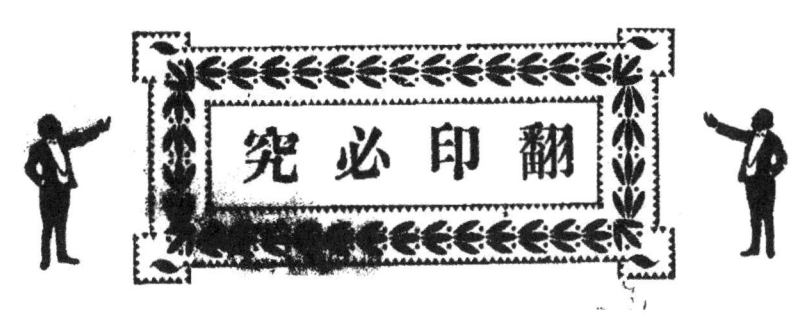

光緒二十九年八月二次出板

原著人
日本幸德秋水

譯述者
中國國民叢書社

印刷所
商務印書館
老閘橋北首文昌閣隔壁

商務印書館總發行所
上海棋盤街中市

廣長舌目次

十九世紀與二十世紀
革命之問題
社會主義之實質
社會主義之理想
社會主義之急要
社會主義之適用
帝國主義之衰運
暗殺論
無政府黨之製造
國民之大危險
華爾波政策
於外交上非立憲國
財政之大革新
好戰之國民乎
兵士之厚遇
非爭戰文學

廣長舌 目次

一

廣長舌　目次

非政治論
無理想國民
國民之麻痺
目的與手段
義務之念
老人之手
汗辱文明者
伊藤侯之盛德
平凡之巨人
讀修身要領
祭自由黨
歲末之痛苦
新年之歡喜
高等教育之拒絕
戀愛文學
自殺論

廣長舌目次終

廣長舌

日本　幸德秋水著
中國國民叢書社譯

十九世紀與二十世紀

放一隻眼以觀世界之大局握一管筆以讀世界之歷史沈然冥索恍然大悟者之進步與人類之進步其速率固相等哉當聞諸歷史家矣人類文明之程度恒視其世代以爲等差故或闖一世紀而產出一文明現象或閱半世紀而又產出一文明現象甲時所視爲文明者乙時或爲野蠻之矣乙時所視爲文明者丙時或又爲野蠻之矣相乘相除相遞相嬗無有止境蓋公理也然則吾人者其亦自思於十九世紀之天地尚遺如何大件未完結者乎更挾持如何物事以入二十世紀之天地而爭自存圖自立於競爭之世界乎

歷史者人類進步之紀錄也閱世而生人閱人而成世此人類之處此世代也於其智慧德性之開發精神地位之上進物質生活之改善必不能少時休又決無有退步之

十九世紀與二十世紀

二

理。若諸行無常盛者必衰之說以一人論則洵然以一個之國家一種之民族論亦洵然雖然彼等即腐敗墮落也彼等即衰疲滅亡也於世界之全體固無損也非惟無損吾謂是種之劣國家劣民族苟一例漸減絕跡於地球上則人類全體之精神生活宗教政治等之改良進步當倍加其速率矣譬之水焉其蒸發也勿謂彼減去之水量其氣更化爲雨露以助五穀之發育劣國家劣民族對於人類全體之影響非如是乎。

古來所稱爲文明者決非專爲一帝王一國家一民族之福利也其益益進步必將爲人類全體之福利觀於彼等文明者每不辭益益擴充以期傳播其文明於全球可以見矣埃及也巴比倫也耶利西亞也皆文明者也姑置勿論請言希臘之文明。希臘者歐亞西利亞之鼻祖也然當彼利烈之全盛時代其文明僅及於國則私也後雖漸傳播於蕞爾歐洲猶私也未幾而風潮泛發羅馬遂持續羅馬之文明而補修之擴張之以光被歐洲全土歐洲又持續羅馬之文明而補修之擴張之自十八世紀以至十九世紀文明之風潮直傳播於南北亞美利加東部亞細亞阿布利加其擴張進步之方法。既年勝一日，其進步增加之速度。則如物自空中落下。愈近地則地之吸力愈加。而物之落也亦愈速。由一種族之文明進而爲數種族之文明。又由數種族之文明漸進而爲人類全體之文明。故十九世紀文明進步之速率實爲振古所未有。由是以推則二十世紀文明之進步。其速率更何如耶。然則卽謂二十世紀也爲國家劣民族絕跡於渾圓球上之世紀亦奚不可。

人之生也。自少而壯而老。其食物衣服性質狀態諸等功用漸次有異。世界之文明也。自一種族而及數種族而及人類全體。其主義思想亦不得不異。何也適於百千人之文明。未可適於億萬人。適於數國民之文明。故容希臘羅馬之文明。猶容蓄奴之制。歐洲之文明。未可適於世界全體之文明。故容貴族專制之主義。十九世紀之文明。則不能容也。十八世紀末年之文明。又產出一帝國主義以代個人自由主義爲十九世紀後半文明之精神。觀於此而益嘆國民之文明與世界之文明。其進步殆不可以道里計也。

十九世紀之文明。以個人自由主義打破貴族專制主義。脫卸人類奴隸之覊絆。偉矣

廣長舌　十九世紀與二十世紀

三

廣民吾 十九世紀與二十世紀

四

哉。是文明進步之第一關頭也。雖然人類文明之切要問題。不在個人之福利。而在社會全體之福利。吾人進步之重大目的。不止於獲得自由而更期進於平等之域。歐洲之民族。由個人自由主義一轉而為國民統一主義。由國民統一主義再轉而為帝國膨脹主義。自茲以往其將三轉而為世界統一主義乎。吾觀今日各種文明民族之腦中。其於世界統一主義蓋已微泛其潮流漸薛其種子矣。此固不可不知者也。雖然十九世紀之文明。雖能打破政權之不平等。而未能打破經濟之不平等。遂激成一種自由競爭之制。下層勞働者前不堪政權之桎梏。今則不堪經濟之弊。遂漸生結合以脫政治之桎梏。今則不堪經濟之弊。遂漸生結合以脫資本桎梏之思想。此思想一發動。而世界之運動又增一進步。吾請言其結果。曰資本合同主義。帝國主義之飛揚於十九世紀後半期也。雖為文明進步之公理。然其勢亦有不得不然者何也。蓋彼等民族久已不堪個人自由競爭之弊。遂變而出此主義團結其國民之力。伸其競爭之手段。以與他種民族爭。然爭之既久。優勝劣敗。於是凡能翹然立於世界上之國家民族。其勢力皆足以相敵。則又不得不變而出於世界統一主義矣。

盖从文明版图扩张之后观之，吾知各种民族之运输交通必益发达。由是世界上之生活利害、物价智识、道德渐同赴平准自然之势彼欧洲之政治家不得不独矜其武力，欧美之资本家不得不独炫其经济化其凌虐之思想为博爱变其竞争之手段为共和。政治家则由自由主义转为国民主义由国民主义转为帝国主义又由帝国主义转为世界平和主义经济者及社会者则由自由竞争主义转为资本合同主义转为世界社会主义夫如是而人类进步之历史始大成也伟矣哉汝十九世纪之政治家授吾人以自由之福利更产出帝国主义以矫自由竞争之弊也虽然帝国主义者特吾人世界社会主义之导火线耳吾人于二十世纪之前半必将更组织世界社会主义以代帝国主义并扫去其一切弊毒此因世界上之人类所同有之感情同有之进步也。

革命之问题

积阴冥冥风号雪飞其极也则一阳来复连霖郁郁云压雾塞其极也则青天赫日此天地之革命也当此时也凡亨毒于天地之物类必有一大进步社会之革命亦犹如

广长舌　十九世纪与二十世纪

五

廣長舌　革命之問題

聞革命之語者。勿誤解爲是不敬也。勿誤解爲是謀叛也。勿誤解爲是弒逆也。是固其和政治之起點也。是人類進步之急切關頭也。是世界之公理也。故革命者非苦羅母耶爾之專有。非華盛頓之專有。非羅壯斯比爾之專有。非鐵火與鮮血之專有。四民平等者社會一大革命也。王政復古設立代議政體者政治一大革命也。十八世紀科學殖產器械之發明殖產一大革命也。革命有二。一爲平和之革命也。一爲猛烈之革命和者奏效緩猛烈者奏效速人有言曰革命者一種之顚覆也其公目的皆抱持新異主義組織新異制度以布於一時而其手段則不同有用暴力流鐵血風馳電擊以除腐布新者有尺進寸取維持現在之制度以漸圖發達隆盛之結果者由前之說是謂猛烈手段由後之說是謂平和手段談革命者於是二種手段孰去孰取乎此誠第一重大之問題也。

由斯以談革命之公目的。在組織新制度以更代舊制度。夫人而知之矣。戰國今日之情狀。非瀕一大革命之機乎吾人革命之手段其將主張平和乎抑猛烈乎此乎。

請言政治之現象。今之登政治之舞臺爲衆所注目者非內閣乎。衆議院乎貴族院乎。各政黨乎。吾人試起而觀彼等之施治其腐敗不已達於極點乎彼等直奉私利私福於藩閥耳彼等直奴僕於藩閥耳彼等所組織之制度問有自由之制度乎。無有也問有代議輿論之制度乎。無有也寡人專制文明民族所深惡而痛絕者也我國政治之現象非陷此慘境乎不取新主義以代之欲求進步胡可得也吾得爲我國民告曰政治上之革命爲我國民第一事業。

請言殖產經濟之現象。今日者歐洲殖產革命之餘波滔滔侵入我國。生產之費非不廉也生產之額非不加也然其功效惟顯於一部社會不能遍沾餘澤以致貧富者益益懸隔恐慌者益益繁賾分配者益益不正故我國商業之現象宛如一大賭場。賣業者漸無容身之地我國民欲求殖產經濟之進步其在組織殖產新主義以布福利於社會全體乎吾得次爲我國民告曰殖產經濟上之革命爲我國民第二事業。

請言社會風俗及敎育之現象。自伊藤博文定爲階級之制度於是四民平等主義全然破壞貴族者徒手遊食煖飽逸居如養家羊無所用之用是社會風俗日卽頽廢敎

革命之問題

青家以虛僞形式之忠君愛國四字爲教育之主眼。阻礙國民理想之發達。吾人試過而覘我國民之思想界。其能翹然高尙純潔不墮於固陋頑冥者有幾人乎。其退步殆與數百年前之思想相去不能以寸也。吾得更爲我國民吿曰社會風俗及教育上之革命爲我國民第三事業。

然則革命者非我國民之重大問題乎。善哉獨逸社會主義者之言曰革命者進步之產婆也。進步於革命有相倚相待之勢。革命之所在卽進步之所生。我國民熟察我國之現象。直無不有知爲瀕一大革命之機者。雖然若用革命之手段。其主張平和乎抑猛烈乎。孰去孰取孰得孰失。我國民必有知之者矣。

社會主義之實質

明珠暗投人皆按劍何哉。不知其爲至寶也。今我國民之對社會主義亦猶如此乎。彼等未遑究其眞相實質之如何。第挾其井蛙之見。發爲夏蟲之語貿貿然號於衆曰社會主義者破壞主義也。社會黨者亂民也。皇然惛然譁然護然怖之如瘟疫。慝之如蠍蝎。風撓之。惟恐不力。解散之。惟恐不速。嗚呼是豈眞破壞主義乎。是豈眞亂民乎。

伊古以來。苟欲求社會之進步。成就革命之事業者其發端也率以破壞之爭毀行之然固不得以是爲伊人咎也人有恆言將欲成之必先敗之將欲完之必先毀之凡天下以新代舊之事其公理大都如是矣有甲於此語乙曰汝之家屋朽廢宜改築之汝之衣冠塵垢宜洗滌之如甲云者是亦破壞主義乎是亦亂民乎彼以破壞主義目社會主義以亂民目社會黨者觀於此亦可以釋然矣而固陋冥頑不識事務之徒怯懦凡庸苟安一時之輩其惡聞革命之語也不啻如揭其隱惡發其陰私遇提倡新主義者即斥爲破壞主義目爲亂民百出其術以迫害之無古今無東西其揆一也故尊王討幕之論起幕末之有司斥之曰破壞主義目唱議者曰亂民加之迫害安政之疑獄其悲境慘況與秦皇之坑儒無以異也自由民權之說起藩閥之有司斥之曰破壞主義目唱議者曰亂民加以迫害安條例之發希其橫暴苛毒與拿破崙三世以還無以異也今試問我國民之能脫封建階級之桎梏入四民平等之境域卸專制抑壓之制浴立憲代議之治國威國光隆然燦然於東海之表者非當時所謂破壞主義當時所謂亂民者爲之乎

廣長舌　社會主義之實質

九

廣長舌

社會主義之實質

十

不寧惟是世界上一新主義之發達一新運動之膨脹也其起點率由於破壞主義與亂民之妄動此妄動之結果則又爲革命關頭與社會進步之一大影響何也蓋當時一般人民所受之壓力愈重則所伸之抵力亦愈大漲而橫溢其引通之勢宛如大水初決不可遏抑豪傑之士崛起其間遂暗乘其勢而左右之指揮之推翻舊政組織新制當其始也不過破壞主義與亂民之妄動耳孰知社會上之進步竟大有賴於彼等乎基督教之改革實如是也日蓮宗之勃興實如是也歐洲大陸自由制度之創實如是也非穀稅之運動實如是也選舉區之改正實如是也又其甚者攻擊迫害愈酷愈慘則其反動之禍亦愈烈破壞決裂不可收拾其餘勢所及更生不測之慘害如路易之爲鐵美德爾尼義之爲逐蓄愈久者發愈烈禍愈慘與言及此可不爲寒心哉。

嗚呼吾今者且勿論社會主義之功用性質與今日社會之狀態有急要適切之關係也請言歐美之文明民族當彼等處專制酷虐政體之下也痛苦呻吟鋌而走險其感情之引道如置郵傳命其勢力之增大如春草經雨冒白刃流紅血以爭自由圖獨立。

今則占領如何之幸福享受如何之快樂矣而我國民中固陋冥頑之徒漫不加察。斥社會主義曰破壞主義目社會黨曰亂民怯懦凡庸者又從而附和雷同日夜企圖所以鎮壓之剪滅之惟恐不勝吾不知其何惡於社會黨而攻擊憎惡。忌憚阻撓之至於此極也噫是殆未知社會主義之功用實質於今日社會之狀態有急要適切之關係乎是殆固陋冥頑怯懦凡庸之故乎不然胡若是之背謬也吾亦知社會主義之發達爲二十世紀人類進步必然之勢決非彼等所能防遏然如彼等云云者甯非我國民之一大醜辱乎吾甚願我國民研究社會主義之實質勿流於彼等之背謬而爲文明民族所夷視所嗤笑也。

社會主義之理想

廣長舌　社會主義之實質

有一物焉不翼而飛不脛而走其對於世界上也有無限之勢力無限之關係者非金錢乎人類於金錢皆有莫大之希望莫大之營求也由是而金錢之勢力其膨脹之度逾至無可比例用以沈淪世道可也用以頽壞風俗可也用以腐敗人心可也用以滅亡社會亦可也今者憂時之士奮袂攘腕掉三寸舌握三寸管有主張廢止娼妓者有提

十一

社會主義之理想

倡改良風俗者有企圖興起道德者口焦腕脫無濟也嗚呼諸君其亦思個人甘心為娼妓者何人不欲風俗之改良道德之興起者乎而卒不能然者金錢之勢力有以阻滯之也諸君不企圖絕滅金錢之勢力徒終日兀兀爛其舌禿其筆吾恐社會已漸滅而諸君之目的尚未達也請為諸君計畫維持世道人心之策曰廢止金錢人必得金錢而始生事必得金錢而始舉此金錢對於社會上之勢力也試觀今日社會之人類何人能於金錢而外信正義信眞理乎何人於金錢而外別有勢力有名譽有權利有義務乎故於今日社會上有無限之勢力者金錢也有無限之罪惡者亦金錢也

吾人試設想金錢苟一朝廢止其無限之勢力全然絕滅無所謂自私自利無所謂賄賂買節無所謂剝削鑽營無所謂盜賊罪過由是而娼妓自廢止也風俗自改良也道德自興起也社會之人類其理想率高尚其心性率平和其享受率幸福種種社會皆進於極樂世界無有貧富苦樂之懸隔何幸如之雖然今日者金錢之勢力如火初然如潮初泛燻熾汎溢日勝一日其距絕滅之時代尚不知幾十百年也俟河

廣長舌　社會主義之理想

之清。人奪幾何矣。

金錢對於社會上之勢力其龐大也旣如此吾乃提倡廢止金錢之論世之人。其不以我爲狂誕乎雖然若以我爲狂誕也彼歐洲最新之社會主義亦皆狂誕乎吾亦非有大仇怨於金錢而必欲廢止之絕滅之也吾以爲金錢者特交換之媒介價格之標準其功用不過如度量衡如鐵道切符如醫師方箋爲世界人類藉以運輸交通之一公物耳自有挾以自豪私之子孫者出而公物遂化爲私物世界人類之心光眼光全注射之或以譎智取之或以強力奪得或以性命視人心因而腐敗風俗因而頹壞自由因而破裂平等因而攪亂甚則社會因而淪亡種種耗弊不勝言舉吾之提倡廢止金錢論也非直欲金錢絕跡於渾圓球上也絕滅其勢力而已。絕滅其勢力將奈何曰在禁金錢爲私有之資本今日之金錢其對於社會上有無限之勢力者以人人視爲生產資本得以支用自由也故而人類對於金錢之慾望愈深摯其攫取之手段亦愈猛烈有金錢者無論賢與否於名譽權勢富貴三者皆得占優等之地位是烏可謂公平乎是烏可謂正義乎苟以公物視之則如土地也。

社會主義之理想

物產也器械也既爲社會所公有之物事而以金錢爲是三者分配之媒介其功用不過如度量衡鐵道切符醫師方箋夫如是有金錢之勢力必大減其龐大之程度社會之耗弊庶有瘳乎。

人類之生於世界也勞働乃可得食是天地之大法也今以金錢爲私物支用得以自由挾持金錢多者徒手可以得食而不必盡勞働之義務是彼人既強占社會上之公物且曠棄社會上之義務也豈公理哉不甯惟是彼挾持金錢多者必驕奢怠惰大酒食以養口腹招僮僕以供頤使濫糜社會上之衣食而棄諸無用搜聚社會上之人類而視爲私人是固釋迦所深慨不容其懺悔耶穌所痛憤必擠之地獄者也然則吾之欲廢止金錢也我國民其視爲狂誕乎抑非乎。

而要言之吾人欲絶滅金錢無限之勢力以救社會之墮落其第一要著在視生產資本爲社會之公物且改革今日之經濟制度是固主張社會主義者不二之理想也。

吾敢持語天下之欲明人心維持世道者毋庸生枝葉之論但先力行社會主義之理想此固諸君欲達種種目的之捷徑也嗚呼十九世紀者自由主義時代也二十世紀

者。社會主義時代也吾聞閱一世紀則世界上必產出一種新主義新運動金錢廢止。其殆二十世紀新主義新運動之一分乎。

社會主義之急要

愚矣哉汝教育家也迂矣哉汝宗教家也癡矣哉汝政治家也公等銳意熱心爛舌禿筆涸音聲耗心氣兀兀然皇皇然講倫理說道德策治國平天下之道吾固不敢謂公等爲非也然以我國今日社會之情態觀之其秩序紊亂風教墮廢詐欺爭鬬賄賂姦淫一切罪過層見疊出自公等以雄辯演說高倡議論啓沃之開發之之後其奏效果何如乎得無猶有於公等之目的。尚未能盡達者乎。

雖然是非公等之學之淺也是非公等之識之鮮也是非公等熱心之不足也是非公等感力之不大也然以公等如彼之事業雖尚閱數十百年。吾敢決其如以一杯水救一車薪火於事必無濟也是果何道理乎公等亦曾研究此問題。而得此解乎。

人無穀食不生活。未有含穀食而可別求生活者也今試語學生曰。汝何勿以學爲食

廣長舌　社會主義之急要

十五

乎。語詩人曰。汝何勿以吟咏爲食乎。語商曰。汝何勿虛說資本。欺弄世人以爲食乎。若是云者。殆所謂迫彼等以自殺者非耶。以迫人自殺之教育宗教政治。而欲人之傾耳而聽。捨身而從也。能乎否乎。商家之運輸爲食也。工師之工作爲食也。盜賊之刧掠奴隸之服役。亦爲食也。不問其生活之盈紬而第號於衆曰。汝工商之譎詐非正義道德也。其改革之。汝盜賊奴隸之放恣卑賤尤非正義道德也。其改革之。曾亦思彼等之譎詐放恣卑賤其目的果何在乎。今欲其捨從我之正義道德以正義道故吾謂今日社會之第一切主義者也。不先解決此問題則一切教育宗教政治之問題均不能得其主眼。孔子曰。民富然後教之此之謂也。今也吾人試問我國民胃腑之問題果已完全圓足無缺點乎抑否乎。試問今之身厭綺羅口厭珍饈者果能於生產之義務盡焉否也。又問今之一舉而得數千萬之富者果能於生產之義務盡焉否也。不見夫數萬之勞働者終日兀兀尚不能得一錢乎而彼等鑽營不正之事業者。或則不煩舉手之勞而可得百金矣。正直不潔者飢欲死。奸曲遊蕩者飽欲死。勞逸貧富。天地懸隔。持是以往。吾恐正直誠潔者將絕跡胥率而入奸曲遊蕩之域矣此固我國之實在現象也。如上所述則我國今日社會之情態其秩序紊亂風敎墮廢一切罪過層見疊出此等大病決非舌談筆說所能醫也然則諸君試解釋我國民胃腑之問題其不正不義且不完全至於此極者原因果何在哉吾請斷之曰是個人主義之餘弊也是自由競爭之遺毒也。

或者曰個人主義自由競爭者社會進步之嚮導也斯言也吾竊疑之。物也若互相競爭則此人多占社會上一分之權利彼人必少得社會上一分之權利。優於競爭之手段者洵發達矣適於競爭之交涉者洵繁榮矣然持是以往競爭又競爭向之見爲優者其中必又有最高等之優者矣向之見爲適者其中必又有最高等之適者出焉以凌駕此優者矣向之見爲適者。其中必又有最高等之適者出焉以排擊此適者矣爭之既久則渾圓球上之享幸福擁權利者僅此少數最高等之優者適者外此無量數之人民必全然墮落全然漸減矣。是豈人類社會文明進步之目的乎況此無量數之人民既全然墮落全然漸減跡於渾圓球上彼少數最高等之優者適者亦將不能自立是必然之理也噫吾其異

社會主義之急要

夫今日研究社會之方針者胡不加察也。自科學日益進步。而今日社會之生產力及生產物以曩昔比例之。其增加之程度。殆可驚矣。獨惜其功用第顯於一部。聚於個人。由是社會之人類日忙殺於生活之營。竭一日之精力僅足贍胃腑之需用。胃腑以外無暇研究何理想也。無暇組織何事也。故今日社會人類產出一種奇怪之現象。充其弊害恐將至不可思議之境。欲其原因則實以自由競爭之制度流弊蔓延。遂致經濟界陷於無統一無政府之狀態故也。

個人主義自由競爭。其弊害之中於經濟界也更僕難終。吾不暇詳述。雖然姑摘其大要以質諸世界社會之人類可也。致富者率不正不義。其分配且極不平等。弊一貧富日益懸隔生產濫廢弊二。運輸交通皆以競爭特占事業爲目的。遂若併吞全社會之權利歸之一人。弊三生產或過餘或不足。需用供給屢失平衡。弊四物價之低昂不定。工業每生恐慌。甚則缺乏飢餓惡德踵至。弊五。如此一切弊害謂非經濟界陷於無政府之故乎。

惟其無政府也故一任奸智與暴力之競爭。一聽其爲優勝劣敗弱肉強食之結果。且也非金錢不能得名譽不能得衣食而欲得金錢又非出於不正不義之競爭不可持是以往則秩序之紊亂也風敎之墮廢也亦奚足怪哉吾固不敢謂敎育家宗敎家之無補救於社會也然無金錢則敎育之制度不能立也無金錢則宗敎之奉持皆盲說也吾故曰先研究社會人類胃腑之問題企圖其完全圓足而後敎育宗敎之第一急要關頭始得開道也。

故弊害之生於競爭者。可以調和救之毒害之產於差別者可以平等藥之個人主義之攪亂可以社會主義矯之西亞志烈之言曰社會主義之第一要件胃腑之問題也。

嗚呼我國民今日胃腑之問題其果完全圓足無缺點乎抑否乎。

社會主義之適用

嗚呼我國今日之第一急切最大關係者非勞働者之問題哉。吾人苟欲於此勞働問題解釋之組織之企圖其完全圓足無一缺點其第一著手者非在社會主義乎吾甚怪訝今之欲於勞働問題解釋之組織之者奚爲於社會主義非難攻擊其聲愈高其

廣長舌　社會主義之急要

十九

廣長舌　社會主義之適用

力愈猛也吁是非欲明而滅燭。欲渡而焚舟乎。今日者此等俗論之風潮愈播愈高於社會上大占勢力吾願我勞働諸君勿爲眩惑勿誤向背研究我國社會上之種種問題抱持社會主義以開通勞働問題之前途否則誤於俗論將日陷於困難紛擾之境而永不見解決之期實我國民之大不幸也吾故不憚詞費於是等俗論排斥其謬解指摘其欠點以爲我勞働諸君指示一道之火柱以盡吾人急要之責務焉

桑田某者非政治上之有名家乎其所演說勞働者與資本家之關係我國民半宗仰之不知此等演說乃俗論之一大鼓吹也彼曰將來之勞働問題在保勞働者與資本家親密懇和之關係世間固亦有殘忍刻薄之資本家然是固彼個人之罪過非資本全體之過未可以是而一概抹殺資本家之皆屬殘忍刻薄也其說如是然以吾觀之資本家與勞働者其懇和親密若果能如桑田某之說完全無缺點是洵一大美善之結構也主張社會主義者豈敢唱異議雖然如桑田某云行之於現時制度之下果能保永遠達其目的乎吾觀勞働者與資本家之現象各相嗟離各相衝突其勢力之增進固年勝一年日勝一日既已嗟離衝突而欲其懇和親密也能乎否乎曾亦思

爾者之所以致暌離衝突者果何原因乎彼主持俗論者。則必又變遷其說而以乏知識逞意氣歸咎於勞働者也吾亦不敢謂勞働者之不乏知識逞意氣也然勞働者之所以乏知識逞意氣者又何原因乎是固資本家之暴橫與貧富之懸隔所致也而此資本家之暴橫與貧富之懸隔又何原因乎是固自由競爭制度之弊毒所致也其本亂而末治者否矣然則仍自由競爭之制度而欲勞働者與資本家之親密懇和豈可得哉主張社會主義者所以欲組織社會上之適用以代自由競爭之制度者職是故也而彼俗論者乃非難攻擊社會主義而汲汲以調和勞働者與資本家為最良之策。不揣其本而治其末不亦傎乎。

雖然社會主義者亦非以殘忍刻薄之罪。坐之資本家之全體也。亦非謂資本家盡殘忍刻薄者也而現時自由競爭之制度則適為縱資本家驅資本家入於刻薄殘忍之制度也夫自由競爭之制度不獨勞働者苦之即彼資本家亦殆不能堪。彼俗論者進以調和之說。親睦之說意非不善也其如彼等之處此自由競爭制度之下。勢必不能不爭。不能不競不能不戰何。即使充彼俗論者之手段擴彼俗論者之組織幸而得彼

廣長舌　社會主義之適用

勞働者與資本家一時之親密懇和。各斂其抗拒之力壓抑之力。亦安能保彼等之永遠持續此情形乎況處此弱肉強食之世界互相軋轢互相吞噬勞働者常陷弊害之慘境資本家則常占利益之地位故欲以社會主義救之使勞働者與資本家有相助相扶相倚相待之勢則不必告以親密懇和而彼等自趨於親密懇和謀不是出而唯爛吾禿筆以勸諭其親密懇和此必不可得之數也不甯惟是。如彼俗論者云。是直使我勞働諸君。永久陷於奴隸之境遇而資本家永久享受快樂之幸福也

更有進者自由競爭之制度。匪特勞働者受其弊害。即資本家亦必不能堪其弊也在我國今日其弊毒視歐美諸國尤甚吾得爲我國民告曰社會主義者非以絕滅資本家爲目的也特改革自由競爭之制度代以社會主義之制度我國民須知社會主義之目的。在使勞働者與資本家同享利益社會主義者乃一視同仁之主義也

桑田某之演說又有曰如有一株式會社株主者必欲得利益配當之多監理者苟竭力以多博利益必能得株主之歡心而株主亦必保護慈愛此爲之監理者否則反是。吳观彼云云是非難望其親密懇和之明證乎是非彼俗論者自殺之議論乎彼資本

家之金體雖不盡屬殘忍刻薄然安能甘心割其利益以與勞働者共享受也然則彼俗論者親密懇和之說錯謬孰甚也蛇蝎之噴毒也觸之輒傷瘟疫之傳染也患之立斃我國現時經濟組織之弊毒知之否也吾觀彼等或是二者相去有幾何哉吾不知彼主持俗論者於是等弊毒知之否也吾觀彼等或演臺或著新論喋喋咕咕以強聒一時者其心光眼光所注射夫固以企圖資本家與勞働者之親密懇和為主腦者也至問其欲資本家與勞働者之親密懇和將改革自由競爭制度乎而彼則不惟不主張改革且盡力維持之將組織社會主義乎而彼則不惟不主張組織且盡力排斥之噫以如是之手段求達如是之目的南轅北轍歡哉加薪吾未見其可也然其自欺也亦甚矣彼警曰社會主義者不可實行之空論也社會主義者以同盟罷工為目的乎使社會主義者舉一國之資本盡收於國家舉一國之工業悉委盟罷工為目的乎使社會主義者舉一國之資本盡收於國家舉一國之工業悉委輯於中央政府此誠不可實行之空論也過激暴亂也社會主義者一視同仁義者決非懲中央政府之無限權力者也社會主義者博愛也社會主義者一視同仁

社會主義之適用

者也。小之於一町村之事業、大之如一縣一都府及一國之事業、各從其宜準以平等。凡社會上之資本、皆爲社會上民人共有之公物、其生產之利益亦各分配公平。是則社會主義之主張也、何不可實行之有。唯於其地與其時與其事情、成效之遲速功果之完缺、有所異耳。至謂社會主義爲同盟罷工、則尤屬牽強附會。吾謂爲是論者、對於資本家之殘忍刻薄者、實有崇拜之思想奴隸之性質、故不惜餘力以排擊社會主義。所以粗暴過激誣之。雖然若以是排擊社會主義、則維新以前提倡勤王論者叛亂民乎、夫固不禁一哂也。

要之我國勞働問題之歸著、不止嘆願時期之短縮、不止嘆願賃銀之增加、其第一要著、在我勞働諸君各占據於極有權力之地步、其對於生產之利益、務得公平之分配。然欲達此等希望、而因仍伏處於自由競爭制度之下、則如於嚴冬思鮮果、暗室覓物事、其無得也不卜可知。我勞働諸君不欲達此等希望則亦已矣、若欲達此希望而化私有之資本爲公有、化獨勞之工業爲公勞、舍社會主義、其奚策之從。由斯以談、則我國今日之解決我勞働諸君之問題者、惟社會主義、脫卸我勞働諸君

二十四

之苦境者。惟社會主義組織我勞働諸君之幸福者。惟社會主義製造我勞働諸君之生命者。惟社會主義諸君諸君思之思之愼勿爲俗論欺。而永遠墮陷於奴隸之慘境。沈淪於痛苦之悲況也。

帝國主義之衰運

學者將欲掉舌執筆道天下事談言微中以爲世宗。其急切而不可缺者有三。日攷驗過去日揣摩現在日推究未來三者缺一則所言雖多雖博雖辯鮮當也彼居今日而非難社會主義者曾否洗刮其昏瞶之目以觀察現在世界之大勢乎何也社會主義者固二十世紀之大主義大理想也今之有人民有政府有主權樹立一國旗於渾圓球上其組織之規模樹立之目的有所謂帝國主義者有所謂軍國主義者此二種主義飛揚於十九世紀時代風潮一發愈播愈高氣染波及殆遍全球一若非是不足以立國非是不足以自強者雖然吾人早已疑其非完全之主義。至今日而帝國主義及軍國主義之害惡則殆將達於極點矣不觀諸歐洲諸國乎其號稱強大者大率不惜殫民力竭國力汲汲焉皇皇焉以經營其新領土擴張其新軍備其表面固富饒強盛也。

廣長舌　帝國主義之衰運

二十五

廣長舌　　帝國主義之竈運

而其結果之惡劣。則多數之人民往往陷於困厄飢餓罪惡爲德意志俄羅斯。其弊害尤彰明較著者也。吾人者姑置他國勿論請試言兩國弊害之現象以爲渾圓球土之號稱有國者作一小影片俾知所去取焉

驅緣志者非戰爭者之有名家乎。其論德意志戰爭之危險也曰。德意志者決不能常占於戰爭優勝之地位也何以言之蓋彼本以農業立國自其由農業國變爲工業國也。生產之利益盆失。以致多額之食物多仰給於他人。由海外而輸入者居其大牛。光彼國所徵幕之常備兵。以四百萬人計職是之故國內之生產力直失去九百萬噸之多。其工業又以戰爭之故原料供給之途全然杜絕故今日彼國商業商工之現象皆如病痿痺將至葳蕤不振運動不仁矣尙武之國其於經濟上也必困厄經濟之國其於尙武上也必疏虞尙武與經濟。固有不幷立之勢也。然經濟既陷於困厄之境。則其尙武之精神亦必不能永遠持續由斯以談則德意志其能常占於戰爭優勝之地位乎彼又曰。現時德意志商業之情形漸次陷於非運若持是不變因難殆達極點欲講求救濟之策其惟減少軍備乎否則德意志過去之全盛而欲再觀於二

二十六

十世紀之時代。必不可得矣。乃組織彼國之政體者。憚不知悟。而猶向美國再起外償。以充北清出兵之費用。亦良可訐已。

福祿志更卽法蘭西德意志戰爭以來。揭德國戰時之抵抗力。以喝破德意志國民之繁榮。不過一時之夢幻泡影。統計揭於左。

人口之四割五分　　一年之收入　一九七以下

人口之四割　　　　一年之收入　二七六以下

人口之五分　　　　一年之收入　八九六以下

人口之一分　　　　一年之收入　二,七八一以下

如上所述福祿志之言。則德意志貧弱之現象。詎不大可驚異哉。雖然是固無足驚異也。福祿志亦曾言之矣。使德意志而惕於貧弱之弊害。講求救濟之策。其惟減少軍備乎。蓋過去全盛時之德意志非小弱也。固翹然軒然雄視海上者也。胡爲至今日而多數之人民。益陷貧乏。昔之占於強大之地位者。忽然而產出一種貧弱之病狀哉。噫我知之矣。蓋國所恃以立者經濟也。經濟之母。卽商工與商業也。德意志在十九世

帝國主義之竟運

紀之時代政府所組織國民所企圖策士所主張厲不汲汲皇皇以擴張國內軍備經營海外領土爲主眼以致輸出之數有加無減遂全然吸收商工商業之利益輸於是二者之內而漏洩之吸收復吸收漏洩又漏洩奚怪多數之人民益陷貧乏也持是不變。吾恐自時厥後生活之競爭愈益激烈勢必至慘境悲劇層見疊出其結果有不忍言者矣不觀往年之統計報乎有曰德意志於一年國中之自殺者殆及八千人至聞其所以自殺之原因則皆曰生活之墮落也罪過之誤觸也悲悶之難堪也嗚呼尙武與經濟其不能幷立也兩害相形取其輕兩利相形取其重有國者觀於此其於立國之組織思過半矣。

雖然德意志之對於支那也對於南阿布利加也對於沙墨亞也所得之利益爲所得之光榮亦匪寡也其將主張社會主義以救此危險乎此等危險之狀態我知德意志之國民亦必不能堪也。

至若俄羅斯之危險則更有甚於德意志者吾亦不敢妄爲臆說請據近著之隔週評論與巴烏爾所著之飢餓俄國以言其現象其書曰由八十七年一月至九十九年一

月。此十二年間。俄國之公債。由四十三億漸增加至六十一億之多。此增加十七億之公債。支拂於鐵道及其他生產之事業者。約十二億餘。悉以彌縫歲計之不足。經濟困難之現象。既已如是。而政府之組織尤汲汲以膨脹領土。擴張軍備爲急切事務。由是飢不得食者半國中疲弊痛苦日甚一日。而所經營之鐵道組織之生產事業成效遲遲。外債利息之償還。歲計虧缺之彌縫與年俱增。國中之商工商業俱陷於萎靡然。產出下層人民不平之風潮愈播愈高。政府皇皇無所爲計破產之禍。迫在眉睫儼然。產出一大革命之現象。是固俄國政府現下苦心破膽之問題也。吾人者試爲俄國今日政府計。其將固持此帝國主義而聽其破產乎。抑抛擲此帝國主義而更求一種新主義以雄立於二十世紀時代也雖然吾常曠觀今日歐美各國其受帝國主義之弊害者固不獨德俄二國已也。意大利也法蘭西也。美利堅也英吉利也無不弊也。然則帝國主義者殆增加困厄飢餓罪過諸等慘境於社會上者也。帝國主義者殆組織諸危險製造諸悲況於社會上者也。彼軍人家資本家政治家欲獨占其功名利益。毋惑其以帝國主義爲便也。而多數之平民則大受帝國主義之弊害矣。故曰救濟今

廣長舌　　帝國主義之末運　　二十九

曰世界社會之大主義大理想、曰在組織社會主義、曰在疽翻帝國主義管轄今日世界社會之大主義大理想、曰在組織社會主義。

帝國主義所以陷多數之人民於困厄飢餓罪過之慘境者、其原因果何在哉。是殆在貧富懸隔之過甚也。是蓋在貧富懸隔之過甚而生活之競爭遂因之猛烈也。吾人所謂社會者、其第一著手最要目的在除去貧富之懸隔。然欲除去貧富之懸隔、則捨吾向者所言化一切資本為公物化一切工業勞決無別法策也。嗚呼社會主義者、救世之大主義也、是非空論也、現時之問題也。今者歐美之志士仁人放慧眼以觀時挾熱腸以救世者靡不奮袂攘腕以企圖社會主義之進步增長社會主義之勢力。帝國主義之害毒其傳染進一步、而社會主義之風潮其傳播亦同時高一步。蓋社會主義者二十世紀之急切要件、世界文明進步之要害關頭也。我國愚昧冥頑之徒、其嫌忌社會主義排擊社會主義者、亦曾洗刮其昏瞶之眼以一瞬之乎。

畢士麥克者執德意志帝國主義之牛耳者也。運其殘酷鎮壓之手段直思壓一國以

帝國主義之衰運

入於帝國主義。故其黨員之數漸次增加。現德國之帝國議會。非有五十八人之議員乎。法國之帝國議會。非有四十七人之議員乎。若英國之社會黨則第有十三人之議員。白耳義之社會黨則第有三十五人之議員。然吾人者以今日之大勢觀之社會主義之發達殆漸有如泉初達如火初燃有不可遏抑撲滅之勢歐洲全體之社會黨殆有數百萬人之數。而各國之地方議會社會黨之議員則又每占優勝之地位由是以觀則二十世紀之社會主義固已萌其苗於現今世界人類之心傳其電於世界人類之腦。怦怦欲動勃勃欲發有鼓舞飛揚於現今世界之勢矣奚以知社會主義之將鼓舞飛揚於現今世界也觀於各國最近之國際運動可知矣自一千八百九十九年三月之倫敦大會同五年呼納志亞之大會至一千八百九十年巴黎博覽會之大會其對於社會主義之影響有急搏直下之勢巴黎之大會也置白耳義於萬國同盟之本部以企圖世界各國社會主義團結鞏固一致運動。而社會主義見於實際政治之上者則如伯耳義如倫敦如巴黎雖舉其功效然則社會主義之將鼓舞飛揚於現今世界也蓋大勢之所趨進步之公理雖舉士麥克復生於今日揮其鐵腕以運其殘

廣長舌

帝國主義之惡運

酷領壓之手段恐亦無如之何也我日本而不欲立國於渾圓球上則亦已耳如尚欲立國於渾圓球上也而欲脫出社會主義運動之潮流豈可得哉豈可得哉。工業之榮靡之軍備也貧富之懸隔也生活之競爭也多數之困厄飢餓罪惡、也社會帝國主義之流弊傳播於世界者也社會主義者非空論也非粗暴過激也是拔毒之製藥生肌之神方也是蓋矯正帝國主義之弊而爲現今之救世主也歐美之志士仁人爛苦禿筆以提倡社會主義者職是故也吾人大聲疾呼以喚起我國民社會主義之感情者亦職是故也

美人某者著一小說於社會主義之發達大有影響譯其一小節於左。

於時世阿納之煩著紅潮。目瞪口呆半响不能言。
彼女者寂然而笑。遂發議曰予常入街市。見彼勞働者痛苦呻吟。裹裹然蹣相接於道。其慘境殆無可比例而彼資本家則纏美衣咀美食視彼勞働者直不啻如天堂與地獄。有執予手而問訊者嘆曰汝知之乎。是帝國主義之流毒也予乃嗒然若喪。

哨然曰予身若爲男子予必入社會黨矣。

嗚呼。勿謂是小說家之夢想也。勿謂是小說家之寓言也。當今之世勢。苟其腦筋中稍有文明進步之思想。其靈臺內稍有博愛仁慈之義念。其眼光稍大。其學識稍富。而偶能觀察萬國之現象者。雖以一婦人一孺子。固無不變其舊來之目的。而主張極公極新之社會主義者。是固今日渾圓球上之實狀也。況枵然抱七尺之軀龐然號鬚眉之漢。以天下為志者。其於社會主義宜如何竭其力伸其腕以組織之運動之乎。而世間愚昧冥頑之徒。尚抱持其咫尺之見聞。固守其弊舊之主義。茫然苟安昏然鼾睡諸公諸公。思之吾恐社會主義之洪水漲而橫溢不日將漂諸公之臥床也。

暗殺論

廣長舌　帝國主義之衰運

人體之有便溺。大污穢也。城市之有瘟疫。大憎惡也。然便溺雖大污穢。而是固人體臟腑之功用所組織以出者也。瘟疫雖可憎惡。而是固城市氣臭之惡劣所蒸發以釀之者也。暗殺雖大罪惡。而是固社會交涉之不平所驅迫以生之者也。有臟腑之功用。則不能無便溺有氣臭之惡劣。則不能無瘟疫有交涉之不平。則不能無暗殺公理也。亦勢使然也。今之組織社會上之交涉者。不去其不平。而唯曰

廣長舌

暗殺論

臬然以杜阻暗殺者之生防止暗殺者之出是猶憎便溺之汚穢而欲損壞歲廁之功用惡疫之傳染而欲置身於地球以外也憤孰甚焉戰爭者惡事也吾人今日所翹首以盼引領以覘者固希望速達於無戰爭之時代也雖然現今社會之組織弱肉強食優勝劣敗則有非戰爭不爲功者矣其或懷自國之寃抑而欲伸之乎則官戰爭固無策也其或恥自國之屈辱而欲免之乎則舍戰爭將奚恃也其或傷心自國權利之放失利益之外溢而欲挽救之乎則又舍戰爭固無所施其計也國際公法有曰戰爭者保全自國幸福權利之籓籬固守自國幸福權利之鎖鑰也由是觀之則戰爭之於今日世界大勢固處於不可得已之勢也戰爭既處於不得已之勢而吾人乃憤憤然日以非戰爭爲事而持戰爭罪惡爛坐之於彼等軍人彼等非特不任咎且且嗤吾人爲冥頑矣然則吾人雖爛其吾禿其筆以辯以解固不能奏尺寸之功果也今之欲防止暗殺者之出杜阻暗殺者之生者殆亦類是乎同盟罷工者不祥之事也吾人所翹首以盼引領以覘者固希望彼勞働者勿作此不

廣長舌　暗殺論

祥之事也雖然吾常見彼勞働者窮窮呻吟悲而走險以圖一逞時或伸此不祥之手段。以作不祥之暴動而脫卸其窮窮呻吟之苦況者矣如今日之經濟組織勞働者之工價準據其需用供給以為差。是直驅勞働者羣相率而入於飢餓困斃之域也既而驅之入於飢餓困斃之途而猶冀其斂縮其不祥之手段勿作不祥之暴動。是伯夷叔齊之人物將車載斗量遍布於渾圓球上而後可也有是理乎故今日勞働者之同盟罷工實處於不可得已之勢也同盟罷工既處於不可得已之勢而吾人顧以此種罪過坐之於勞働者目之為暴動彼等亦非惟不任咎且噬吾人為昏瞶冒吾人為冥頑矣然則吾人雖爛其舌禿其筆以辯之解之固不能奏尺寸功果也今日之防止暗殺者之出杜阻暗殺者之生者殆亦類是乎。

國際公法有曰凡國際之間有紛議者則據國際之公法以判決之就個人黨派之行為以社會上之法律判斷其是非利害流及至今而社會上之公法以判斷與制裁之能力全然放失於是凡絕望於社會上判斷與制裁之人皆欲伸其腕力以企圖脫離於社會法律之外遁而隱者有之矣放而狂者有之矣甚則哀而出於自殺者有之矣憤而出於

廣長舌　暗殺論

暗殺以洩其不平之惡氣洒其滿腔之熱血者。亦有之矣。夫暗殺者誠罪惡矣。然使之絕望於社會上之判斷與制裁者其罪惡更何如耶。彼等既絕望於社會上之判斷與制裁也。故挾其胸中一點不平之氣提倡異議企圖暴動。以與組織當時社會之政體者樹反對旗。然彼等之意見。決無一定之方針率據社會多數之意見以變遷一己之趨向。暗殺者之情態與其目的大率如是。要而言之暗殺者之起也。其原因約有數端。有欲以是博虛名者。有欲以是逞狂氣者。有欲以是復私怨者其起因亦有二端。有憤嫉非義之功名。而欲以是消阻戰爭之惡事者有痛恨不法之利慾而欲以是嚮導同盟罷工者。噫社會上有暗殺者出其社會之政體大率腐敗者也。其組織社會之政體者大率專制抑壓者也。欲觀察社會之現象者於此處而研究之以求其政體之是非得失則於現今各種社會之政體何者爲適用。何者爲不適用。亦恩過半矣。

雖然彼等絕望於當時之社會。而鋌而走險以出於暗殺者。其意見固亦與多數民生

廣長舌　暗殺論

之意見同出一轍者也。仲大兄皇子暗殺於蘇我入鹿日本武尊暗殺於川上梟帥是二人者豈生而即以暗殺為事業者哉蓋亦當時社會之判斷與制裁彼等大不滿意又不能取而代之故欲行險以僥倖耳然而是等不祥之暴動是等猛烈之手段固不可以終古也故欲入鹿討梟師又為社會多數之同情也天下所擊掌稱快者也而當時之法律當時社會一切組織經彼暗殺者一大波瀾大風潮泛溢之後其進步改良。則又其進步矣故吾謂社會上有暗殺者也天特遣彼等以作世界進步之導火機驚世界冥睡之大喝棒也。蓋社會必經此一番掀播而始有一番進步之諸等政體必因之而激成一大進步此暗殺者一出法律所不能禁斧鉞所不能懼水火所不能阻。

然則我國今日之暗殺者果何如耶我國今日之暗殺者果絕跡耶質而言之明治今日之時代。固適丁社會之判斷制裁失其能力。而彼絕望於社會之判斷與制裁者正膨脹其勢力磨礪其手段相率而出於暗殺之時代也昆亨之遭害也吾人固不敢定彼等之行此暗殺手段者果正人君子歟。抑盜賊惡漢

三十七

廣長舌　暗殺論

歟。然星氏遭害之原因則又不妨約指之以爲組織社會之政體者下一針砭也原因何在一因星氏行爲之專激一因伊庭之愚一因新聞紙之議論而彼等之行此暗殺手段者其大根本大原因則實起點於社會之放失其判斷與制裁之能力也社會既放失其判斷與制裁之能力則其腐敗墮落必至每下愈況殆如病入膏肓不可救藥由是組織社會之政體者皆不知有公義不見有公益惟日夜希望飽足一己之利慾企圖固持一己之權勢惟其思想目的不過於是也未幾而專制之政體出矣未幾而苛虐之手段出矣以專制之政體濟以苛虐之手段毋惑乎暗殺者之蝟集而蜂屯也彼星氏之所爲凡事之有利於己者。則主張之。反是則顚覆之詈毁之惟恐不力惟恐不勝夫如是則無論社會之如何判斷如何制裁。其不放失其能力者幾何矣欲毋及禍烏可得哉。雖然星氏之遭害猶其小焉者也吾恐持是以往社會之腐敗墮落滔滔日下靡有止境其弊毒所產出之結果將不止一暗殺者之黨派寖假而虛無黨出寖假而無政府黨又烏乎亂之情態有不可知不忍言者矣是猶疾患虛弱已不可支尙不講求衞生

三十八

之道攝養之功。而乃恣食腐敗之食物以養成急劇之病證元氣大憊外感交集斃而已矣嗚呼可不爲寒心哉。

然則不求所以消息戰爭之惡事。而第以戰爭之罪坐之軍人者謬也不求所以防止其同盟罷工。而第以同盟罷工之罪坐之勞働者妄也不求所以救治今日社會之腐敗墮落恢復其判斷與制裁之能力。而第以暴激之罪坐之暗殺者殆盲其目而黑其心者也噫病已深入肺腑。不進以湯藥。除去病根皇皇然惟重其衣曰吾恐風寒之侵人也其昏瞶可哀之行徑與今日欲防止暗殺者之出杜阻暗殺者之生者有以異乎無以異乎。

或者曰今日之社會誠腐敗墮落也判斷與制裁之能力誠放失也然欲救治之恢復之道將安出曰無他其第一着在改革經濟之組織除去生活競爭之困苦掃蕩崇拜金錢之風氣萬民皆受平等之教育有自由之參政之特權有社會上之一切運動少數之人士不得獨占其舉廢之權質而言之則不外實行近世之社會主義也社會主義果能實行。則社會上之制裁嘗公平也判斷旣聰社會上之判斷皆聰明也。

廣長舌　暗殺論　三十九

廣長舌　無政府之製造

明。制裁旣公平則一切腐敗墮落之病。霍然若失矣夫如是而暗殺之罪惡自如煙滅。如潮落毋庸防止之杜阻之而自絕跡於文明進步之國焉組織今日社會上之一切政體者其擴其眼光開其耳力而再三致意也。

無政府之製造

現今世界之最劇最烈。如火如荼炎熾勃發傳染流播殆遍全球者非無政府之主乎無政府之主義是耶非耶明者必辯之毋庸吾詞費也然觀於美國大統領為無政府黨殺害一事其沸亂激烈之情形固我所宜取為殷鑑者胡為我國今日之社會猶汲汲以準備無政府黨之製造為急切之主眼也

吾今且不必論無政府主義之是非與利害也但不解彼等何以忽主張此激烈主義。伸縱此暴惡手段此中必有一大原因大種子存焉然則解拆其為何原因何種子固今日之第一大問題也則有為之說者曰彼等為何等狂氣也更有為之說者曰彼等為迷信也又有為之說者曰彼等狂氣以為功名心也然以為迷信以為狂氣以為功名心固矣會亦思彼等何以聯絡此廣大之團體鼓吹此漲溢之風潮發放此不祥之手段

四十

而不悟迷信逞其熱狂以期滿足其功名心乎是必有一大有力之動機驅之推之而後然也有力之動機者何則彼等對於今日之國家社會絕望焉是也現今世界國家社會之組織其對於世界之人類也果有福利乎抑否乎實未解決之問題也吾人自其表面上觀之政治之自由學術之進步器械之發明資本之饒多生產之增加直何如矣而孰意細研究其實際則大不然生活日益困難貧民日益增加受之幸福以十八世紀以前比例之其相去誠不可以道里計則今世界之人類其享罪惡日益墮大有西人某者曾唱議曰議會者增加租稅之具也言雖失實然現今世界國家社會之組織其流弊誠有如是者也蓋政治之自由學術之進步器械之發明資本之饒多生產之增加斯數者固擴張社會上之利源者也然其利歸之王侯歸之富者歸之官吏歸之軍人平民固未沾其涓滴也然則對於現今之國家社會產出多數之絕望者固無足怪也。

如上所述現今世界國家社會組織之現象匪特無政府黨知之苦之即各階級之人士亦皆知之苦之也於是羣大不便之衆議沸騰提倡新論有起保護

無政府之製造

廣長舌

廣長舌　無政府之製造

勞働之論者矣。有唱萬國平和之議者矣。有發明共產主義者矣。有主張社會主義者矣。雜論龐言各從其類相率抱持其方針以希望達其目的。而救治社會一切弊病此固社會多數人民之同情也。彼無政府黨其初意亦如是也。繼見國家社會之墮落生活之困難日迫一日。遂不惜放棄其疇昔種種之希望。而出此激烈主義伸此暴惡手段以圖一逞。以求逞其功名之心。無政府黨製造之原質大率如是也。死鼠與古緇腐敗之氣蒸發也。傳染於人足以致人病死國家社會組織不潔。其弊害殆類此乎。今試起而問世界國家社會之組織其不使多數之人民絕望者。遍索於全球殆不一觀也。無政府黨之風潮愈傳愈廣愈播愈高者非無政府黨之自傳之自播之自播之世界國家社會之組織有以助其傳助其播也。今者歐洲大陸之人民無政府黨殆居其十之六七。而其殫精竭神聚魂斂魄以企圖改革社會之制度。則以英之無政府黨為巨擘。其勢力之膨脹猖獗於全歐亦首屈一指。美次之。俄又次之。自時厥後其害毒蔓延。則非吾之所敢知矣。

他國姑置勿論。請言我國。我國今日社會之組織。其對於多數人民也。果無絕望者乎。

廣長舌　無政府之製造

殆未也。然則我之首府、議會、政黨、教育、經濟、宗教、諸君宜如何放眼光伸腕力建設完全美善適於今日社會之政體以增進我國民之幸福乎諸君不見華族之日增加乎不見御用商之日暴富乎不見軍人之日光榮乎若我國民則以痛苦爲衣以窮困爲食者踵相接也是纍纍然之痛苦窮困者胥絕望於諸君今日社會上之組織者也諸君其亦顧彼歐洲之無政府黨而惕然否乎不觀夫鑛毒被害地之人民乎不觀夫小金原開墾地之人民乎彼等之痛苦窮困不已達於極點乎何居乎我國今日左右社會之組織者乃視之若無覩也彼等之不望於今日社會者只一髮耳彼等之不激而出於無政府主義者亦只一髮耳充我國今日社會之組織數年以內吾恐我國將爲無政府黨出產極旺之區矣嗚呼興言及此。不誠大可怖大可懼哉。

然則我國今日社會之組織謂之爲製造無政府黨極敏便之機器可也謂之爲培植無政府黨極美佳之肥料可也既以極敏便之機器製造之可以極美佳之肥料培植之則無政府黨之長養滋生蔓延廣被將冠甲於全球矣至彼時而始覺其害毒而欲

國民之危險

倚一篇之治安警察法以箝制之禁阻之吾未見其可也。

今之耗血竭精奮袂攘腕眼光所注射心力所經營爭先恐後。惟日不足者其第一重大問題厥有二端曰外交也曰內治也。然外交之重內治更重外交之繁難危險之境也內治之紛亂則尤爲危險之境也。吾甚訝今日世界社會之國民每不惜舉其內治之利益與幸福以爲外交之犧牲嗚呼是豈可謂得計乎是豈可謂知所輕重乎以吾觀之凡若是者其社會之不亡滅者殆稀也是固國民所當深警戒者也。

羅馬之民政胡爲瘞乎瘞於其內治之腐敗也其危險之境雖以百戰百勝之志哥利亞不能救之。加爾此志胡爲亡乎亡於其國民之墮落也其危險之境雖以十五年威服意大利全士之哈利巴不能救之。由斯以談則古來一國於此自其表面上觀之其藩籬全然撤也其武備全然弛也其舞爪張牙欲擇肥而噬以與之爲敵者且紛至而沓來也驟見之不知其危險爲何如矣必將爲之長太息曰若國者其殆不國哉。乃入其國而覘其內治。則完全無缺點也。視其國民。則昂藏無悲況也。則雖再加百萬之敵。掩來侵來吾敢爲其國民告曰是奚能爲諸君姑少安毋恐也若反是焉。則非吾之所敢知矣。

奚以言內治之危險。甚於外交也。蓋外敵之來。雖多至百萬。若我內治完全。則可張吾三軍而備吾甲兵以抵抗之。掃蕩之若內治之腐敗紊亂。則雖無外敵之來。我將何以救治之掃蕩之乎蓋非革命卽滅亡矣庸詎知革命之後。滅亡之餘其危險之境固何如乎且也凡國家之所以能擴張其武力軒然龐然確立於渾圓球上者固實倚國民元氣之隆財富之饒風俗之敦農工商人之勤勉力行而後得之也非然者而由於內治之完全道義則頹廢也行政財政則紊亂也商工則萎微也資財則困竭也如人心則墮落也道義則頹廢也行政財政則紊亂也商工則萎微也資財則困竭也如現今之朝鮮現今之支那。然縱令有數百萬之水陸軍數千艘之鐵戰艦亦無所用之也故曰內治危險之境甚於外交夫人而知之矣胡爲乎我國民之深冒入此危險之境而不內治危險之境。甚於外交視外交之繁難其境更爲危險也。

廣長舌　國民之危險　　四十五

國民之危險

知悟也。蠹者曰清戰役之大捷者實我國內政之學紀綱之張。元氣之隆財資之饒之結果也。

孰意自此戰後。我國民忘其本而逐其末。心光眼光惟注射於兵隊之多兵艦之大。全國之聰明以經營於此瘁全國之財力以輸洩於此以為是固國家萬世不易之豪也。問國旗何以光榮。則曰恃武力。國威何以發揚。則亦曰恃武力。如戀美色。如觀至寶。視幾交集。舉國若狂詎知今日之人心墮落財資困竭罪惡與貧乏者充物國中即尚武之種子所留遺而產出此惡劣現象哉。即使國旗果光榮亦只一時之虛榮國威果發揚亦只一時之虛威耳而況乎其未也。

諸君諸君。其亦知我國今日之現象乎立憲代議之精神全懜弊也自治之制全破壞也道義全掃地也。經濟界全陷於無政府也滔滔橫流每況愈下未知所底而諸君尚不振刷精神伸發腕力以整頓之改革之企圖其完全彌補其缺陷以拔我國於危險之境。登諸太平之域。乃謀不是出文人學士爛其舌。賴其筆以議論之者何哉曰亦兵隊戰艦也。議員大臣竭其力疲其神以組織之者何哉曰亦兵隊戰艦也。然則徒求兵隊之多戰艦之大粉飾於表面。至於內治。則聽其紊亂聽其腐敗。亦足以立國於今日之世界乎甚矣其足訝也諸君諸君於我國今日之現象豈熟視若無覩乎。抑明知故犯乎。

或者曰我國今日之危險。至大至急者。不在他在俄國之侵吞朝鮮經營滿洲也。斯固然矣雖然是猶得皮失骨之論也何也俄卽得志於滿洲朝鮮而肆其餘威以及我我獨不能張其武力以抵拒之掃蕩之乎此始以內治完全言也若我國持是以往不變方針則內治之紊亂腐敗其達極點可立而待彼時之侵我我凌我者將不止一俄我將何以救此危險乎吾願我國熱誠之志士慷慨之青年勿唱忘本逐末之議論勿使忘本逐末之手段而狂於外交之狂於戰爭不惜以內治之利益為之犧牲也況古來之專制政治家。常倍外交之繁蹟國威之發揚以眩惑鎮壓國內之人心而行其抑壓羈絆之手段以竊一日之權勢滿無限之利慾乎然則我國熱誠之志士慷慨之青年於此處而研究之解決之則內治與外交孰輕孰重不待言而自明矣嗚呼伊古以來渾圓球上亡國之事指不勝屈亡國之因亦大不一然吾請一言以蔽之曰其禍根常

廣長舌　國民之危險　四十七

華爾波之政策

一夕讀史至華爾波之事喟然長嘆曰彼非以買收議員之故。遂致天下之攻擊醫罵。集於一身其已寒之骨至今猶大受史家之誅伐鞭笞乎雖然試執我國今日之情狀。與華氏當年之情狀比例之又不禁戰慄瑟縮齒相擊也。

華爾波之買收議員也誠有罪矣然吾人細致察當時之情勢彼之所以出此者實有如醫家所謂以毒攻毒之方也何以言之蓋當彼時王權既衰國民輿論之勢力亦未大熾一國之權力。獨集於議會其組織也精細其議事也秘密其權力彌蔓滋延殆為水銀瀉地無孔不入彼雖不滿意於議會之跋扈而又無制之之術故不得不降而出此下策耳。

十六世紀以前之時代議會者為朝廷所左右當此時也政治家惟得王家之信始能假權力以行其志降至志亞列三世議會之威權勢力其膨脹之程度日益增高昔之左右於朝廷者忽轉而左右朝廷矣當此時之政治家一惟議會之命是聽仰其鼻息。

在內治而必不在外交。

王家之信任也人民之後援亦不足恃也議會之權力旣足以進退一國之一切政務則政府之以賄賂買收之固處於自然之勢加以議員又不盡正人君子必有受其買收而顚倒一國之是非黑白者是又處於自然之勢者也然則此等時代其議界公德之腐敗固無足怪也。

吾人者試反而觀我國現在之制度固絕不似華爾波時代之大有障礙也政府諸公任組織政體之義務固亦視衆議院之議決以爲進退然今日衆議院之議員總爲似華爾波時代之順冥腐敗也今試問我國民選出擧其區於興義者非可奏請解散乎然則今之政治家苟得君主之信任人民也後援則高振之聲想可任我提倡之適用之政體可任我組織之又無冥頑腐敗之徒賈我賄友對峙我坑而掣我肘則何所爲而不可哉而猶終日皇皇以買收議員爲主限於求不知其何耶用心也噫是殆始其企劃之非義不正耶抑或無勇無斷無智無能兩始無所手段領駛塞議員之口耶四者有其一則無行政之才力已不免共襟裕糺之詆諸此其政策此施行匪惟無益且大增我社會上之腐敗罪惡破壞我社會上之幸福利益乎故我國

嚴長舌　　華爾波之政策

酉十九

廣長舌　華爾波之政策

今日之政府誠可爲痛哭流涕長太息者也。

夫以如是之破壞政治家行如是之惡劣手段。而我國民猶安聽之。迄於今日尚不加以毫末之裁制。吾深懲之。何悲慈我國民之無知慧無意氣也。是非我國民之腐敗。會之墮落之明證乎。我議會之議事。既非若華爾波時代之秘密。售其說。埋沒社其行動云爲乎今之議員。非盡由我國民選出乎。胡爲任其枉其節。夕目擊上之公理以爲黃金之犧牲。而我國民乃漠不加察。恬不爲怪者。何也。人有言曰一國之政體。苟日進於文明。則其國民與有榮焉。苟日墮於野蠻之罪者。坐主於我國今日之政治。其果文明矣乎。抑猶野蠻也。倫世史家以野蠻名我國而

嘗我國民爲無進步之思想乎。我國民其將何辭以對。何說以解也。

凡物必先腐而後蠱生之。我國今日之政策是腐敗生蠱之政策也。政府如此。議會如此。國民亦復如此。同極嘸敗無所謂主義也。無所謂理想也。昏昏營營惟黃金利祿之是逐。代議制度空存形勢。實際歸烏有矣。華爾波者重見今日。且遍國中矣。革命之機迫在眉睫。志士仁人所爲痛心疾首惴惴然抱奇憂蹙蹙然靡所騁。而太息

痛恨於前途也。

華爾波之演說有曰反對黨者成於三種之團體。一爲王黨。一爲所謂愛國者。一爲青年。然爾時顚覆華爾波內閣者實青年之力居多也彼多之舌爵松之筆非皆當時華爾波所謂靑年者乎吾觀今日之大勢非有大主義大理想純潔活潑風發電馳之青年崛起決不能拯我社會於腐敗墮落之境。而登之於完全美善之域也嗟乎家國之前途實懸於予輩靑年之肩上靑年諸君勉旃勉旃愼勿同流合汚自貽伊戚也

於外交上非立憲國

鳴呼我今日日本之於外交也可謂之爲立憲的乎。吾知其必非立憲的。猶未能脫專制的之境域也。

上有神聖之天子。下有忠義之人民。而於外交政策上得以永保友愛之平和。豈不勝幸哉。而自我日本觀之。不特不可深憂。抑且有可深幸者我日本之天皇固知於我憲法上有宣戰媾和之權然而於憲法之條章字句中多所杆格則未之知也更於我民亦可分配此大權亦未之知也今以一國之外交。而視其國民之意思於度外一切

廣長舌　於外交上非立憲國

五十一

廣長舌　於外交上非立憲國

關係絕不使之得聞是可謂之爲萬世法則之制乎。是可謂之對於列國之國民的乎。是可謂之文明的之外交乎。嘻嘻是殆非立憲的之外交乎。是殆專制的之外交乎。我皇上英邁絕倫富於立憲的君主之資重公議而取輿論所不惜也我國之危險我唯帝之命是聽亦當然之理也如彼還遼一事依一篇之詔勅排解兩國之危險。我國民亦可謂忠義也已雖然我當局大臣不解我皇叡旨之所在外視我國民。民不以我國民爲國民而以爲外敵一切關係毫不與我國民間知鳴呼外視我國蒙蔽我國民已不可言矣至於以我國民爲外敵尙可問哉。總而言之我日本於外交上。常主專制的與非立憲的國家因之遂受莫大之弊害予今舉其一二著大之例以爲天下告。

馬關條約締結之時我國民之於伊藤全權等所談判者何事所要求者何件其結果究竟如何豈非久不得聞乎所聞者非我皇上嘉賞之語乎我國民徒想像其偉功欣羨其駿烈而已。然而以戰勝之日本國民不能知條約所指定而其時戰敗之淸國人及局外之歐人反得聞之知之觀彼談判之日記與往後文書記載此事布告天下者

以北京天津太晤士報爲最先及其公此事於天下也我政府始從而發表之我國民
始得而了然之若使北京天津之太晤士久秘不宣我國民非永在夢裡乾坤乎然三
國干涉之問題起時吾人僅就外國電報及外國新聞想像其事實而其問題之在進
行中時以至還遼詔勅之發布全局之了結時政府未嘗許吾人評論其事實記載於
新聞也去年義和團猖獗吾人唯依歐米之新聞而知英日兩國之交涉次則因英國
之議院公書向日本催促出兵且與財政上之保證公文復得知其詳細此電信既達
之後警事所猶嚴禁予等新聞記者不得揭載其事至翌日雖解此禁而當局者猶出
死力盡百方以抹殺此說豈非可笑之甚哉憶以我國之專實我國之外交歐美諸新
聞紙能知之能報之有批評議論之自由我國之新聞紙及我國民反不能有此自由
雖然此亦何足怪者不觀之往事乎卽我國之東京每次所出要事非依外國新聞則
不能知者否則卽知之亦不能出諸口我國民亦可哀矣

楂斯振馬加西曾論英國之外交曰英國素號以立憲制度相統治儼然自命一大立
憲國而旁觀者亦許之曰此立憲國也以吾觀之其所行外交政策全視國民之輿論

廣長舌　　於外交上非立憲國　　　　　　　　五十三

於外交上非立憲國

於彼外歐洲大陸雖極專制之政府未有如英國之甚者。當其外交政策之出也非特普通人民不能知之卽所謂官吏之衆議院議員亦絕不得聞之者彼等官更以外之議員固有質問之權利然雖質問之而政府以他辭混之以了然之解釋又曰普通人民固難期以通外交之事而外交問題所易知者固人人所得而關涉之何以政府諸首領全不向彼之代表者而曉諭之乎由此觀之吾人之於英國不能不以非立憲國目之矣憶馬加西之爲此言也就曰下之英國而論之乎抑就以前之英國而論之乎吾知其爲此言也就遠征頓哥拉一舉言之也及出兵時言之乎抑此情狀矣何以言之我觀當時頓哥拉出兵既決之後英國衆議院中旣有志爾莫魯列等之質問攻擊復有總巴林巴爾阿爾等之往來翻駁議論紛紛連日舌戰始極龍爭虎鬬之壯觀矣英國之外交如是豈得以秘密罪之乎卽此次淸國事件之起英國之議院情形吾讀其筆記已不禁血湧而肉躍且英國政府每事由議院發行公書。英國人無勿知之也。而外相年年必臨於市長之饗宴。以公其外交方針於大衆英國外交如是更有侭詞以議之乎而馬加西乃罪之曰非立憲的日專制的毋乃太甚乎若令彼見我日本政府之行動更將何詞以名之乎。然我觀我日本之外交敢一言以斷之曰是非立憲的也是專制的也。欲達於秘密程度之外交也是無國民之信任爲後援之外交也無國民之信任爲後援乃危險之外交也危險之外交者如拿破侖大帝及小拿破侖末年之外交是也蓋彼等之外交非以國民爲外交乃以國民爲魅之外交以是一擧一動不旋踵而已自陷於滅亡不甚愚乎不甚愚乎。

嗚呼今之時乎東洋之風雲日急列國之政敎日新縱橫今世界上下數千年其國民智者國斯強強斯存其國民闇者國斯亂亂斯亡矣今我國之國民智乎愚乎當局者何勿脫我國民於專制的與非立憲的而進之與國民的與立憲的乎黑暗社會其光明之夷狄政敎其文明之日今以彼之外交吾願當局者發表其公文演說其目的。一切新聞雜誌得明日張膽的記載之以前所謂之秘密程度悉掃除而更張之則我東洋幸甚我東洋之國民幸甚是所望於今之執政者。

廣長舌　　於外交上非立憲國

財政之大革新

五十五

廣長舌　財政之大革新

勿言軍備之不充實也。勿言敎育之不普及也。勿言外交之不振也。勿言實業之萎靡也。請先言我國財政之現狀如何。夫一國政治機關之樞紐在於財政。財政而無主義與基礎。則計畫方針。常搖搖而不能一定。使當局者不及時振作精神以整理之徒苟且彌縫役役猶如今日。非特不能望他機關之發達。而國家之遭遇大困難恐亦不遠矣。豈非大可寒心者哉。

今之財政卽松方伯所謂克伊亞財政也。遺繰也。我國戰後之經費年年膨脹。乃戰爭以前八千萬之歲計不過五年之間直達二億五千萬之巨額處此激變而無一定之大方針大計畫唯加遺繰之繁劇如彼流川償金募集外債增五年之地租增醬油郵便電信之諸稅亦可謂不堪矣。而內閣之更迭又重以三四次當局者於議會猶公言曰。財政之基礎已鞏固矣。嘻嘻鞏固乎。遺繰之必要今後非依然無所窮極乎。然必要之如何無窮。而手段則有限。譬之醫癰疽之證失今不治必將糜爛崩潰至於不可收拾而後止。今有人焉無一定之職業恃其先人所遺無幾之生產常馳騁於高利之火車衣錦繡食膏粱耽酒色事賭博萬金之取引談揚揚不絕於口。其炫耀於人。

亦得計矣。乃未幾而家資散盡醜態畢形岌岌乎殆哉我國財政之現狀始似之乎始似之乎。

我財政之所以如此者何故乎曰。一定之主義方針猶未立也我財政家之手腕與彼等之地位權力祇於諸株之高低可得而前知也於金利之高低可得而前知也至若看破世運之大機較量社會之安排以建一國財政之大方針非所期也蓋彼等之所爲決不問課稅之公否也不問產業將來之利否也不問人民負擔之偏重輕否也其所標準在顧目前之利且旦夕之安今日過還問明日今年且過還問明年即竭其眼光手力亦不計及他利他害惟知經營於地稅醬油郵便電信家屋葉煙草諸新稅目而已爲了財政之能事矣已爲了一國政治之能事矣而其幾部之賠照買收投機寵商保護等之濫費反不之省此何故乎換而言之我財政家之所爲乃遣繰也。小刀細工也胡魔化也國用之窮可計日而待也。

轉觀各政黨之財政論亦絕無一定之主義方針。唯見某黨者則一意賛政府黨爲是。又某派者一意攻政府黨爲非終日擾擾不知其他若以其意見而連動之又左支右

廣長舌　財政之大革新

五十七

好戰之國民乎

吾未免反覆矛盾其極也則失天下之信用皆國民之同情嗚呼今之政黨之本領精神已全喪失而不堪問其所餘者不過龐然之走戶行肉而已可不哀哉。軍備勿言教育勿言外交勿言實業勿言所當言者非改革裁財政之根本的而確立其大主義大方針乎吾人不禁引領而望曰安得一大心思大魄力之人而肩此重任者乎。

好戰之國民乎

我日本水陸之將士長於戰世界列國所共知也我國家國民之名譽亦在此也而古來之長於戰者多好戰故世界列國皆因我國民為好戰之國民雖然長於戰與好戰本屬兩事烏得以其長於戰而以好戰目之乎蓋長於戰者乃其名譽也好戰者斷非名譽也。

兵、殺人之器也消靡天下之富之具也竭盡生產力之具也增長軍人虛誇之基也。誘起武斷政治之因也人心腐敗風俗頹廢之源也吾聞長於戰者以武威光輝其國則有之未聞好戰者而不亡滅其國者也斯巴爾達者好戰之國民也而其名譽孰若雅

好戰之國民乎

典自由共和之政以理學文藝美術道德垂功業於不朽者乎羅馬之名譽也人皆以為在於擴張版圖而致其文明之燦然實不知彼等之所以致之也唯其每戰必加多數之奴隸得多數之臣僕爲念此卽亡滅自身文明之所以然也普魯士之名譽也人非以為在於分割波蘭既族公侯之桎梏有以致之也俄知在於統一德意志之國民的而脫其國民於多數異族公侯之桎梏有以致之也俄羅斯之武威其所以壓於世界者有他故乎。以無他不好戰故蓋俄國之戰實較歐洲諸國為最少彼常向於東北無人之野以與自然抗爭是以能致今日之強大之原因也。

嗚呼吾觀於世界列國。不禁恍然大悟而得其文野之原因矣。其持戰爭之名譽者。利於國家之文明必少畏害國家之文明必多戰爭之事同得不償失耶我甲午之戰非好戰也在於保持東洋永遠之平和拳匪之亂我國之出師亦勢不得不然者世界列國共以我國為長於戰遂好戰乎長於戰不好戰乎。

戰爭之禍大矣哉豈足一人之虛榮卽盈溢一人之野心犧牲幾萬之生靈消耗幾億

廣長舌　　　　　　　　　　五十九

廣長舌　好戰之國民乎

之財帑卽戰而勝。猶不免釀他日之腐敗。償多額之負債。生民塗炭元氣已傷。其罪尚可恕乎。孟子曰文王一怒而安天下之民。然戰必安天下之民而後可。彼以奪民之自由而戰奪民之幸福而戰奪民之生命而戰奪民之財產而戰者。與之以名譽。其受之乎。不受之乎。

今者我國水陸之將士長於戰。世界列國以好戰目我。將以增益我國民虛榮之野心。何其誕妄若是哉。不知我日本君子之國也。人道之國也。奪民之自由勿爲也。奪民之幸福勿爲也。奪民之生命勿爲也。奪民之財產勿爲也。謂我國長於戰則可。謂我國好戰我國民斷斷拒此名譽而不受也。

兵士之厚遇

近年每至新兵入營之期。各町村人民。皆投多額之費。整壯嚴之儀式。押華嚴之旗幟。立而送之。被送者之一家。亦投多額之費。張盛大之饗宴。以酬之。相習成風。滔滔皆是。吾人思之殆非邦家之慶事乎。

彼等蓋謂軍人之名譽也。不可不祝。國家之干城也。不可不敬禮。然吾人亦不敢曰軍人無名譽亦不敢曰軍人不當敬禮雖然若以軍人比之國民諸般之職業有多大之名譽卽要求多大之敬禮是謬誤之甚也是流毒於國家社會也國家社會受其流毒尙望進步乎。

古之武士之名譽地位權利比之農工商而有貴賤之殊尊卑之別。其時乃不以爲不平之事者何哉蓋其時乃封建之思想也未開之思想也野蠻之思想也今之時何時乎非所謂文明之世紀尙政治的社會的之時乎非所謂四民之權利義務尙平等之時乎乃何以軍人之名譽今與古猶是也軍人之地位今與古亦猶是也彼必曰軍人者國家之干城也國家賴以保護之彼等農工商亦安得不視之敬之哉嗚呼是說也直不通之論也備鼠之貓以保護其家之婢僕果視之敬之平吠賊之犬其家之婢僕果視之敬之平國之軍人實不過備鼠之貓吠賊之犬耳何敬祝之足云。

我國民中之尊武士野蠻之思想未全消滅者蓋因彼取天下於馬上之藩閥元勳以兵馬之權集於其黨與之手中爲張自己威福之具爲日已久不能破除之加以日淸

廣長舌　　兵士之厚遇

六十一

廣長舌　兵士之厚過

戰爭之勝利我國軍人之勢力更大增長至於今日殆達極點。我國民始以國家為軍人之國家而不知為國民之國家其競拜跪於軍人之足下也固宜然其結果適長彼等軍人倨傲尊大之風軍人之視國民。若在天仙境裏而視下界之凡塵。其倨傲尊大。積漸為放僻邪侈。放僻邪侈積漸為腐敗墮落歐洲諸國之定論曰軍人為風俗頹廢之因也古來戰勝之國人心必浮靡世道必衰微道德蕩然氣節掃地者何哉軍人之地位勢力過大之故也我國血氣未定之青年今一日以兵士入營於營中則受嚴酷之束縛於營外則墮放逸之習慣其入都會也則感染都會腐敗之空氣其入郡縣也則感染郡縣腐敗之空氣及其歸家則敗地方醇樸之俗彼等猶揚揚然自鳴得意曰我名譽之軍人也國家之干城也而町村人民以目視之而已邊敢非議非議者。直坐以不愛國之罪吁良民變為無賴漢醇良敦樸之風化為倨傲尊大放僻邪侈之行尚何名譽之有尚何尊貴之在且夫有為之青年本無他長足錄乃獨眩其馬上勳業之虛榮而一般人民自卑自屈以奉之日不暇給直與封建時之奴僕無異此豈國家之慶事乎吾悲軍人兵士過此以往亦未必能保持其過度之名譽及過度之敬禮。

非戰爭文學

近時我文壇中最足震驚國人之耳目者。非所謂戰爭為題目武人為材料之傑作宏文乎而作者非竭其畢生之力以從事乎其意蓋謂開我國文學將來之先導吾人固有利於後世國家也夫果有利於後世國家吾人固馨香而尸祝之何樂為是箋箋之言以非之乎。吾人恐其非特無利於後世國家將有大害於其反是者未之聞嗚呼戰則世間之所謂戰爭文學也皆以為獎勵戰爭阿媚武人之具反是者未之聞嗚呼戰爭文學之弊害吾人固不忍終不言之今之所謂著作家及批評家其許我言之乎其不許乎其以我言為然乎抑不然乎。

彼等蓋謂吾之揮活潑快壯之筆寫懷慷慨雄奇之文者豈有他哉。不過舖張盛德揚厲鴻庥激厲國民之愛國心鼓舞國民之義勇念以盡我文人學士之責務而已。由是書之，則彼等之筆既能寫劍戟映日之壯觀何勿思血肉如山之慘狀乎能寫敵國之當憎惡。何勿思我國民之亦可憐愛乎能寫戰利品之巨額何勿思剽掠之罪惡乎能寫一將之功告成何勿思萬人之骨已枯乎能寫戰死之名譽何以竟亡其姓氏乎能寫國旗之光榮何勿思生民之苦患乎能寫領土之擴張何勿思財貨之消糜乎野蠻之戰爭雖可樂文明之破壞寧不悲哉。而曰激勵愛國心鼓舞義勇念雖然愛國家之心或可激勵愛人類之心不已失乎義勇者之念或可鼓舞仁愛者之念不已昧乎野蠻的戰爭或可奬勵文明的平和其可保乎動物的感情或可几進道德的理想其可持乎彼之舖張也揚厲也聞之似足喜思之適足悲也庸人以爲美談識者以爲慘劇也。而曰盡文人學士之責務吾知文人學士之責務不當如是盡也彼以奬厲愛國心爲目的之人何其愚陋若是耶竟欲以文學奏功果耶。卽令能奏功果不過使天下之人感戰爭之愉快戀戰死之名譽。耗幾億之資財喪幾萬之生命進步爲之阻害學術爲之萎靡而已。而數個之武斷政治家。因之而滿足其功名心。因之

非戰爭文學

而滿足其所謂國威國光之虛榮心，因之而滿足其對於敵國之憎惡心。窮其弊究其極。非特於純正文學之眞價有缺如之歎，而墮落由是表彰神聖由是汙瀆其罪尙可問耶。吾嘗讀羅巴多松所著之偉論有曰文明的之不能相容者因一切之動物皆由天性發現而來故也。如人以爲最良之文學我則以之爲無恥之文學。何則夫工於文學之人其心術卽如何之野蠻。如何之嫉惡。而可以滿紙之虛僞的博愛掩飾之羅巴多松所言如是吾亦曰彼等之所謂鼓舞激勵實非一片博愛的同情。不過煽動動物的慾情而已。憶是等之文學我國文學之先導吾人實不敢額手以相慶也。彼等蓋謂我國之文學失於纖巧失於優美失於華嚴絕無雄大高遠悲壯俊邁之雄篇大作。故以詠戰爭謳勇士之藥治之此目的雖亦未大失然古來不朽之文字以戰爭勇士而爲材料者固不少。而彼等之所以不朽者固不在鼓舞動物的爭鬪也在有眞情使人見之而感動也在有善念使人見之而取法也在有美意使人見之而踴躍也。彼等雖隨意爲之不難以曠世之天才行其高尙之理想。故其所取題目所取材料必非戰爭也必非戰爭之獎勵也誰以謳國旗頌祖國爲能事乎是以希臘之獨立而

廣長舌　　　　　　　　　　　六十五

廣長舌　　非戰爭文學

阿馬不忍頌之英吉利之勝強些克斯比亞不忍語之意大利之革命曰德不忍謳之之三子固才高一世名震地球者而乃自饜幽光不出其雄篇巨作以震驚世人耳目此豈有他故哉。蓋彼等之所思想非國家的乃世界的也非一時的乃永遠的也非對情的乃心理的也非殺伐念。乃大慈悲也非國旗之光榮。乃社會人生之光明也非對於敵人之憎惡。乃對於鄰人之同情也大矣哉此三子之思想也。

夫彼等不欲求雄大高遠俊邁悲壯之文學則已如欲求雄大高遠俊邁悲壯之文學。吾請一言以告之曰。必不可於戰爭謳歌中求之不觀之巴伊布爾乎法華經乎此二者以平和爲緯以博愛爲經今之文人學士孰不訝其雄大高遠哉不更觀之杜子美李白乎此二人者痛戰爭之慘害希生民之和平今之文人學士亦孰不欲俊邁悲壯哉。雖然吾人之權力亦不能必天下之人勿咏戰爭。勿贊勇士予言之遂勿咏戰爭吾但願天下之人而今而後。須於宇宙之森羅萬象中。擇其所謂自由之理以爲題目以爲材料雖咏戰爭可也。咏平和可也。咏武勇可也。咏戀愛可也。咏劍戟可也。咏牙籌可也。咏北京天津可也。咏箱根鎌倉可也務盡去其虛偽的煽動的野蠻的以求其所謂真美善大慈悲世界的永遠的而後可。若徒以獎勵戰爭阿媚武人爲能則亡我國之文學者必此戰爭文學無疑矣今日我文壇中人皆欲得一布林我則曰得百布林不如得一多爾士德之爲愈也今之著作家及批評家。其以予言爲是耶非耶。

非政治論

廣長舌　非政治論

政治爲社會國民不可避之一現象。不可缺之一要件。夫人而知之矣雖然。在於代議政治之世或自一面而言之政治於其社會國民。有性格意思之反映。不過爲社會國民增便益者善良。及發表施行所之機關而已。或塗抹其機關之膏油則社會國民無秩序無德義無理想無信仰腐敗墮落殆與蜉蝣蛆蟲等類相似其所發之政治亦姑息苟且之政治糊塗彌縫之政治腐敗墮落之政治而已內閣與議會國民與社會亦唯與蜉蝣蛆蟲等類相似徐徐于于蠢然而活之政治而已嗚呼我日本現在之政治其類此狀態乎其類此狀態乎。

三十年前刺客某於京都木屋町客舍。夜斬坂本龍馬中岡愼太郎二士而去。中岡雖

六十七

廣長舌　目的與手段

被劍深重猶未殁時、有端歌過樓下者、中岡撫創慨然曰志士獨苦身常人乃恬然行樂、舉世悠悠夫復何言吾入於今日亦深有此歎矣嗚呼國民其醒乎國民其醒乎曷亦爲國家前途計乎。

目的與手段

天下之可憂可嘆者莫甚於社會人民不知目的與手段之爲用、而乃混淆轉倒。至於今日譬之飲食本因乎飢渴也今之急於飲食者殆以爲飲食之外無事業焉軍武本因乎撥亂反正也今之急於功名者殆冀國家之變亂焉醫師本因乎拯人疾病也今之欲昌其業者殆希瘟疫之流行焉、噫可怪也。

夫飢食飽睡無過去無將來茫茫如夢以終其生者此禽獸魚介之行也若夫人則有一定之理想目的。動靜云爲悉依其理想目的而爲進退此非所以異於禽獸魚介之一要件乎。故個人不可無個人之理想目的。社會不可無社會之理想目的。古今東西之個人與社會所以能進步繁榮者由其對於理想目的熱心忠實之故也。

世之對於理想目的、而行不正之手段者是等之社會固無容論若夫以遠大崇高爲

六十八

廣長舌　目的與手段

必要不可己之目的。乃至弄醜汙不正之手段以此而罪遠大崇高之目的理想而遠大崇高之目的理想必不任其咎也何則有束髮四十年周流四方終不得志遂至於倒行逆施者如支那之豪傑是已若而人者其志不可哀乎又有因謀生活不遂轉而爲盜者如幽哥小說中之人物是已若而人者其手段雖可憎其情不可憐乎是等醜汙不正之手段實不在其目的之如何其責別有所歸也。

今我國民之現狀果如何乎何人能持遠大崇高之目的而爲進退乎吾觀彼等之理想與目的未聞有一熱心忠實者也即偶有之忽爲中道而喪失之矣其手段之難易與遲速恒不依其目的而爲措施朝如此焉夕於彼焉幾經挫折即幾經更改若是者是目的不能指使手段而手段反能指使目的莫此爲甚倒行逆施之何怪其然者且夫政黨之目的非在於主義政見之實行乎而今之政黨則一意擴張黨勢其所謂主義政權已犧牲之矣政治家之目的非在於培進人民之利益乎而今之員政治家則一意保其利祿權勢其所謂人民利益又犧牲之矣商賈亦然教師亦然僧侶亦然學者亦然嗚呼可不懼哉可不懼哉且天下之事未有目的不立而能措施

六十九

目的與手段

其手段者也即未有目的而爲手段所使令者也。目的而爲手段所使令者。謂之無責任之國民。無識見之國民。意志薄弱之國民輕躁浮薄之國民欺人而適自欺之國民。嗚呼、亡其身者此國民。亡其家者此國民。亡其國者此國民。亡其種者亦此國民觀世界列國衰微滅亡之迹可以知之矣。

向半死之老人而責其主義理想之失墜。吾人斷未有如是之苛者。唯夫現時之青年。乃亦無主義無理想夢死醉生滔滔皆是嗚呼誰與共經營天下哉。且夫巴爾克年三十時以一布衣賣文僅足以供旦夕會阿美爾頓給以三百磅之年俸使從事刀筆廢棄著作巴爾克乃憤然作色曰將阻礙我希望剝奪我自由永沒我本領乎嗚呼我國之青年其以希望自由本領爲目的抛眼前之榮利如巴爾克其人者有幾何哉以理想之日本而墮落於物質之日本吾人不忍見之彼以國家前途爲慮者其亦思之否耶。

國民之麻痺

水火觸身而不知其冷熱。刀刃刺肉而不感乎痛癢耗耗昏昏不眠而夢。徐徐于于。雖

廣長舌　國民之麻痺

生猶死。其形狀殆類彼中山千日之醉而永不醒者是非我國今日之狀態乎若是者謂之無精神的之麻痺由來我國民之感性先其熾熱講仁義則不離乎身。說忠愛甚至於輕死不知者以狂者目我國民然因此狂者頻頻輩出我日本之歷史。因之放一道大光彩。世界列國咸嘖嘖不絕於曰日本其君子國之名之由來雖由於勝清國水陸將士之智勇而不知實由於我國民一種熱狂直前之氣以致之也觀甲午之戰後有其羅爾氏者去清國而航日本當滿江明月怒濤打船之時附艀長歌曰今而後始博得此名譽庶不貴二十年前之壯志已憶我國民愛國之心敢爲之也此其所以爲君子國歟。而倏發僅二三五年當日愛國之心敢爲之氣熱狂如醉者忽焉而烟消火滅。令人不勝今昔之感今日政府以黃金蹂躪我憲政議員則賣其代議之任狂奔於勢利之場。而國民恬不憤其腐敗委其抛財賂死戰勝之名譽於泥土文明之國忽化爲野蠻之域。而國民亦恬不憂其退步托保護工商之名施一種之寵商汲汲謀自私自利之道而國民恬不責其非義借金於外人開委財權於他人之端彌縫一時之窮苦不顧百年之

廣長舌

國民之麻痺

大害國民恬不懼乎危殆宰相不德風敎日頹殺兄弒父之案層見疊出國民恬不哀其澆季凡我政署之腐敗經濟之不安德敎之頽廢日甚一日國家日趨於危亡之運國民冷焉漠焉若無覺者噫國民之麻痺至於是而極矣古之羅馬非大國乎其滅也滅於麻痺今之清國非大國乎其弱也弱於麻痺蘇軾曰天下之患莫大於不知其然而不然不知其然而然者是拱手以待亂也然則我今日之國民非拱手以待亂乎。

觀我日本政治之陷於困難何以如此其極也外交者失敗商工日日萎靡德敎年年頹廢我政治之力幾不能拯救之幾不能回復之元老也議員也政黨員也學者也論客也數年以來躑躅搖首莫可如何似顚似狂如癡如醉而觀其所施爲愈出愈惡愈出愈暴其弊毒日長一日絕不能奏一毫之功者何哉吾知其故矣蓋彼等以政治爲萬能之力萬事欲賴以濟之於是宗敎亦統轄於政治敎育亦統轄於政治商工經濟皆仰給政治之恩澤豈知今之政治實長我國民腐敗墮落機關之膏油也此卽其結果也徒掘泥揚波何爲哉。

故希日本社會之發達國民之蕃榮者不可不知依賴今日之政治之無補也我社會

無理想國民

廣長舌　無理想國民

國民必先於政治以外求德義求信仰求理想求制裁求信用而後始有益於社會之發達國民之繁榮不此之慮而以政治為萬能之力者奚何哉。

建築工之積煉瓦也其迴轉不息雖與地上直角之度不能無微忽之差然而其可及的之直角固不甚相遠也人之欲達其理想也亦然蓋國民之理想非特為國民精神的建築之準繩亦其思想的之衣食也。

我日本之過去五十年間非為振古未曾有之進步乎而我國民持遠大崇高之主義理想以致之乎蓋持此主義理想苟一隨其指導邁猛勇精進不致退敗然此主義理想一時名之曰尊王攘夷。一時名之曰開國進取。一時名之曰民權自由或五年而一變或十年而一變或百千年而一變或億萬年而一變也固無論其為野蠻文明要不外遠大崇高之理想以組織之我東洋之所以建設一大文明國者非我國民之忠於此主義理想之故乎其忠於此主義理想也或浪人或國事犯人。或政黨員或工商業者水火臨之而不避威武加之而不屈賭其身命拋其財產。

無理想國民

而明治之歷史賴以生色不少。而今也何如乎。彼等忠於此主義理想之國民不意已頹然老矣。不足以有為矣。我思此老國民不能不希望現在之新國民。痛恨現在之新國民。彼新國之腦中何竟無主義理想之片影也。吾今也舉眼以觀新國民。不禁瞋然而悲之。悲其無永遠之理想。唯眼前之內慾而已。無高尚之理想。唯卑陋之利益而已。不見是非。唯見利害而已。不見道義。唯見金錢而已。而五十年前自由平等博愛之日本。及駸駸乎變為專制階級利己之日本。其腐敗墮落不亦深可怪哉。

義務之念

義務之念之一語。夫人能知之。夫人能言之。夫人實不能行之。此我國之所以有今日也。嗚呼義務之念我國民其可缺乏者哉。思現時我國之朝野上下萬般社會果有一人能盡其義務哉。問其何所事事彼必曰為權利也。為利益也。苟權利與利益之所在。如猛虎之撲食。如鷲鳥之飛揚。以爭奪之。以計畫之。一接於義務之題目。則逡巡畏縮。策之而不前。鞭之而不進。如官吏者則此

義務之念

人民之權利不振。而所謂保護人民便益之義之念絕無有之商人者。則唯振代金請求之權利。而所謂求良好堅固之商品之義務之念絕無有之株主者。則唯受其利益配當之權利。而所謂事業繁榮之義務之念絕無有之議員者。則唯振豫算法律協贊之權利。而所謂造國家人民之利益幸福之義務之念絕無有之選舉民亦唯振其賣投票之選舉權利。而所謂憲政完美之義務之念絕無有之。噫、可慨矣。

以上所言之權利豈眞正之權利乎夫所謂眞正之權利者不可不依眞正之義務而言之也何則、人必盡眞正之義務而後可享眞正之權利是謂之應得之權利否則對於國家而不盡義務是國民之無資格者也對於社會而不盡義務是社會之一員之無資格者也。既無資格。而欲享眞正之權利一人如是則一人亡。一國如是則一國亡。孟子所謂上下交征利。而國危即此之謂也。

現於法國大革命以後革命既顯覆而又顯覆不知其幾經波瀾,既經平復矣然猶不能建設一堅固政府者非無智也非無識也非無勇也實彼等之社會。見權利而不見義務之故也夫唯見權利而不見義務其國家社會而不陷落崩壞者。

七十五

義務之念

可知日本今日之腐敗墮落非我社會中無義務之念所致哉。我社會苟能各盡其義務則官吏之保護人民利益而人民受其權利矣商人以良好堅固之商品貿易而一國受其權利矣推之株主盡株主之義務議員盡議員之義務我朝野上下萬般社會無不受其權利矣此所謂盡員正之義務而享應得之權利是也日本如此其庶幾乎。

老人之手

今之經營我國之政務非常時維新所稱爲志士偉人者乎胡爲至今日而萎靡沈滯。麻痺昏睡至於是極也冥然而思之愴然而察之百索而不得其解有老劍客某執予裾而訊曰吾壯時之擊劍察機於頃刻視隙於毫末奮然奏刀百不失一其間固不容一髮也今也吾之目力倘不亞於壯時而吾之手則大覺其濡礙鳴呼吾蓋已老矣。今之經營我國之政務其萎靡沈滯麻痺昏睡至於是極者此老人之手非其一正比例乎。

雖然。吾所謂老者又匪獨佝其背。皓其髮艱其行步衰其形態者惟然也。卽如今之大吏。今之官吏今之議員其苟安旦夕如枯木如死灰無一事足以快人意者雖壯其力。黑其髮稚其年齒偉其軀幹然不謂之爲老不得也何也爲其心力已全耗其精神已全憊也。

語曰能見不能行與無見等行之而不力與不行等袞袞諸公何其爲老鉏客之手者之多也今試問所謂政局者彼等果盡力以開展之乎所謂官紀者彼等果盡力以振肅之乎教育之不振彼等果盡力以整頓之乎財政之困塞彼等果盡力以救治之乎若此類者彼等固熟聞之熟知之者也吾亦知彼等之熟聞之熟知之也方引領拭目以覘其功果乃遲之久而不見尺寸之效也遲之又久而仍不見尺寸之效也其萎靡沈滯麻痺昏睡諸種惡病依然無痊且有甚也噫若而人者我知國家社會上之一切事物早已自知與彼等無毫末關係已與之長相辭矣而皮相俗論之士尙戴伊推井擁隗以爲救濟我國家社會舍數公其誰也噫愚亦甚矣。

維新之革命非成就於多苛束牙之樂隊乎立憲代議之制度非設立於自由黨之志

廣長舌　老人之手

七十七

廣長舌　老人之手

士乎若而人者皆維新之元勳也政黨之領袖也當年創造如火荼之事業肩負擎天揭地之責任舉而措之悉裕如也而至於今日區區之小問題亦不能解決使彼等返躬自問能毋啞然失笑自怪自訝乎此無他蓋當年之事業以青年之手腕組織之其隆盛固可立待也今日之問題以老耄之手腕支持之其墮落亦無足怪也不甯惟是今日世界之大勢愈變愈新彼老耄者對於今日之社會實有不適於川之嘆故以十七世紀之人才經營十八世紀之物事不適用也以十八世紀之人才經營十九世紀之物事亦不適用也由斯以談則以十九世紀之人才而經營二十世紀之物事其不適於用也不誠不卜可知乎莫斯科以後之拿破崙而求其馳風掣電龍飛虎躍雄視全歐。不可得也然則天下之最可悲可憫可嘆者孰有過於老境哉。今之經營政務組織國事者孰非瀕於老境者哉藩閥亦老議會亦老政黨亦老大學亦老代議士也學生也商人也年齒雖未滿四十然彼等之精神視老者誠有過之無不及也國家社會之物事早已與彼等之手相決相辭而趨而入於我輩青年手中矣。蓋二十世紀之世界固我輩青年吐氣揚眉之世界而非彼等老輩所得干涉一毫者

七十八

也。雖然彼等老輩吾亦不忍沒其功。而且諒其苦也多謝汝老輩於二十餘年前勞苦盡瘁以開導我二十世紀文明之先路。故足下等之沈滯萎靡痲痺昏睡吾亦不忍深責。然吾爲足下等計胡不如老劍客自由其手腕之無用而脫卻其擔荷於我輩靑年之手胡爲猶欲揮其老手以墮落我社會上之事體。而爲世所唾罵也卽足下等無是心。而無如足下等之手不從足下等之心何徒勞無功。足下等亦甚失計矣。

汗辱文明者

廣長舌　汗辱文明者

身被西洋新式之衣首著西洋新式之幅手攜洋書口操洋語詡詡然揚揚然自鳴得意號於衆曰吾輩得西洋文明之眞義者也趾高氣揚笑罵一切今日見甲不問其宗旨不察其理想輒夷視之曰此未開化者也明日見乙亦不問其宗旨不察其理想復嫚笑之曰此亡國之民也今日輕薄之輩拾自由平等之唾餘其習染風氣大都如是矣。而中無定見者驟覩彼等之如是也遂從而震驚之崇拜之曰是眞文明國民也嗚呼彼豈眞文明者哉彼豈眞文明者哉。

七十九

廣長舌　汪辱文明者

泰西十九世紀文明之精神。何在哉。實在人民抱持自由平等之理想養成自由得立之氣象也。法國之革命也歐洲之天地爲之一新非**由自由平等理想之蒿進乎大陸諸國立憲法設議會產出無數國民統一隆興之現象**非自由平等理想之磅礴乎科學之日發明也殖產上現一大革命之象非自由得立之氣象所振起乎推而至於文藝之精深如法。學術之高尚如德皆此理想與此氣象之結果也。由自由主義進而爲帝國主義由帝國主義進而爲社會主義彼等之進步所以常先世界者皆此理想與此氣象之潮流也故欲得泰西文明之眞義而收其功果浴其德澤非涵養此理想振勵此氣象不爲功也若第曰衣服之高襟也文字之蟹行世則末之又皮毛之又皮毛者矣。

今之以文明自誇自詡之輩試問其有此理想乎。彼固未嘗夢見也試問其有**此氣象**乎彼固未嘗一覩也彼等之所崇拜者則貴族也藩閥也大勳位也侯爵也彼等之所希望者則官職也利祿也局長也公使也苟充其趁勢利之手段則便佞卑汙無不至也達其野陋之目的則**賊民亡國**可立待也而效其內行則眈賭博也溺酒色也爲文明之社會文明之民族所不容者也而彼猶眯目糊心厚顏曉舌曰吾文明之國民也。文明之紳士也文明之政治家也噫以是爲文明則如今日洋行之買辦彼國最下流之社會固亦高襟其文字矣誰非文明者也然則如彼等者實汙辱文明之甚者也。

故如彼等之衣與帽誠文明矣彼等之文與語誠文明矣而其眼光所注射腦筋所模印必不出於吾上者所云彼等所崇拜所希望之種種也是豈非沐猴而冠猩猩而語乎其思想如是其內行如是吾恐即彼等平習所夷視爲未開化所姍笑爲亡國之民者其思想內行尙不至如彼等之野蠻彼等之鄙陋彼等之惡劣彼等之腐敗墮落也吾不憚彼等之嫌忌請爲一言以斷彼等曰彼等蓋汙辱文明者也社會上而有彼等必非社會之福也。

伊藤侯之盛德

西方有諺語曰大人物者譬如建道傍之白壁人人得而見之卽人人得而汙之此言也可以喻我今日之伊藤侯夫伊藤侯吾固謂爲大人物也然如彼其怯懦也其巧佞

廣長舌　汙辱文明者

八十一

廣長舌　伊藤侯之盛德

也。其陋劣也。其無恥也。其人皆腹非之。腹非之不已。以口誅之。口誅之不已。以筆伐之。腹非口誅以至於筆伐伊藤侯之盛德可知矣。雖然人孰無非議。人孰無間言。**轟**轟烈烈之**伊藤侯**赫赫明明之**伊藤侯**豈無可歌可頌可紀之盛德乎。然彼非無盛德也。彼之盛德則荷無前之天寵而已矣。

如此盛德。自古之君子有之。試問今日之伊藤侯君子者乎。小人者乎。就其表面觀之。其**聲**名播於歐美。其威望服於亞洲。其在我日本得君如彼。其專行乎國政。如彼其久。功烈如彼其**卑**通國固稱爲大人物。大人物也。此吾所以有道傍白璧之喻也。何也。汗之穢之盡人皆可。已不得而拂拭之。己不得而拒絕之。己不得而遁逃之。聽之而已。豈不哀哉。

雖然有白璧之盛德。亦可以奔走舉國之人士也。奚在其可以奔走舉國之人士大人物曰。有能從我遊者。我能富貴之。故今日之伊藤侯。爲今日之**自由黨**之所推戴者。以其**有**白璧之盛德也。彼等政治的腕曰。小僧等皆所謂能利用其白璧者也。無論其新進也。其**舊**僚也。無不推戴彼者。亦欲利用其白璧之故也。其他政治家。實業家。望巍巍之白璧頌赫赫之盛德奔走牛喘仰視鼻息畏之若神望之若天亦以其白璧盛德故也。嗚呼此白璧也固皎皎其有輝者塗抹於縱橫揮洒於上下則亦暗暗其無光矣。人固可不省哉。

然今日之伊藤侯。勢固在位固保也。天寵固隆也。盛德固昭昭在人耳目也。人汗辱之。而彼不可拂拭也。人窘窮之。而彼不可遁逃也。人利川之。而彼不得不擔當也。欲進不可。欲退不能。懊惱悔恨之狀當亦顧影而自憐矣。賭瀚海之茫茫。欲渡無岸。望前途之渺渺何處宅身。嗚呼此盛德吾其見而生憐歟。抑其見而生羨歟。

平凡之巨人

天下古來所稱爲巨人者。有非常之巨人焉。有平凡之巨人焉。所謂非常之巨人者挾其奇才異能幹天下非常之事。以聳動一世之耳目。博取一時之價值者是也。所謂平凡之巨人者。其思想不踰乎常矩。其動作不越乎常軌。自其表面觀之。其平平似無他長。而叩其衷藏攷其底蘊。其潛德幽光足以樹一代之典型。爲一時之欽仰者是也。以吾人論之。其始以前者爲平凡之巨人乎。其後者爲非常之巨人乎。吾蓋知其必不然

廣長舌　伊藤侯之盛德

八十三

廣長舌　平凡之巨人

非常之巨人。自古兵畧家政治家往往有之。至於平凡之巨人。則非積學之士所不能也。往往於教育家宗教家或十餘年而一見焉。或數十年而一見焉。或百餘年而一見焉。或數百年而一見焉。或千餘年而一見焉。或數千年而一見焉殆寥寥如晨星矣雖然有史以來非常之巨人雖多其有利國家人民者實少平凡之巨人雖少其有益於社會文明者實多非常之巨人譬如奇巖怪石奔湍飛瀑人見之未有不動魄驚心者。然縱極其動魄驚心其功果亦不過為詞人騷客競彫蟲之小技而已平凡之巨人譬如積一勺之土壤巍峨而成大山集衆水之細流汪洋而成江海其事物雖極尋常而生民實依而生息之嗚呼是利民者也非常之巨人也歟哉平凡之巨人也歟哉雖然此二者之巨人其魄力均相若也其精神均相若也其理義均相若也其才智均相若也其德行均相若也其天爵均相若也其天爵均是立德立功立言三不朽之人也然吾人若得千百之非常巨人寧得一個之平凡巨人是何也難得之人不願少易得之人不願多也矣。

八十四

廣長舌　平凡之巨人

我日本維新以來，非常之巨人，不知其車載其斗量矣。木戶也、西鄉也、大久保也、巖崎也、諸人皆是也。至於平凡之巨人，果誰氏之屬乎，吾人於百千之巨人中而得一嚮嚮者，則福澤翁是也。

究而論之，吾人生平讀書論世，曾得見幾人如翁者乎。翁夙講泰西文明之學以教育羣英，革新一代之思想，將泰西文明以輸入我日本，是以有今日之氣象。翁之功業洵千載不磨哉。孔子曰，微管仲吾其被髮左衽矣。吾思翁之功烈不在管仲之下也。我國運我國民能有如此之進步者，其誰氏之賜乎，罪知人會曰福澤翁也，福澤翁也。

雖然吾願我國民勿忘我福澤翁。雖然此功烈也猶是翁之末也，吾之所以顛倒於翁者，不在學問文明，而在其人物而在其平凡之巨人也。翁奚爲其平凡也，東都血戰，草木皆兵，而能於腥風血雨之中從容講學者，翁是以之也。講學四十餘年所謂教不倦，卽所謂仁，卽翁者翁實以之也，朝非顯貴，野一平民，抱富貴不能淫之道德，持威武不能屈之操守，至死以不渝者，翁實以之也。然翁所以爲絕代也。爲一世之師表於我思想界奏大革新之偉功者，翁實以之也。

八十五

讀修身要領

巨人者。其自始至終。在行平凡之天職而不撓。此吾所以稱為平凡之巨人也。而今也人之云亡。吾欲於百千之非常巨人中而求一如翁之平凡巨人不可得矣豈不痛哉。

讀修身要領

福澤翁所選修身要領。說今日男女處今日社會之道別具隻眼。決非尋常腐儒所能企及。洵於近時教育界為貴重之產物無疑然吾人偶一讀過不免有隔靴之感。再一讀之。不禁悚然歎曰夫何為其然也。

修身要領。自第一條至第二十九條所謂獨立自尊之主義一以貫之而翁解此主義。曰令心身之獨立自尊重其身勿流於無恥之品位此之謂獨立自尊之人獨立自尊之人。即自勞自活之人強健其體魄鼓舞其精神提倡其勇猛之氣是即獨立自尊主義之大要也。如此吾人之於獨立自尊夫何間然蓋能全其個人之人格所必要者也。然今日之男女處今日之社會果能實行獨立自尊之主義乎亦不過全個人之本分而已。

集人而爲國其人也即爲國民之一人即有國民之責任義務不可一日或忘者也聚人而成社會其人也即爲社會之一人即有社會之責任義務不可一日或忘者也若夫掘井而飲耕田而食不知帝力於何有以文明之進步爲分榮之世是其人必不完具者也商也而不能爲食農也而不能爲衣不相扶持則扞格也衝突也離叛也自然之理也此之謂獨私一己人之獨立自尊而實非公共社會之獨立自尊也此其人實可謂不完具之人也故人之處此世個人共全其獨立自尊對於社會不可不調和平等調和平等即服從社會之公德即爲盡力於社會之公義社會云者爲公共之福利不僅個人之福利故人之處此社會初必全其個人之本分者也今日文明社會之修身要領此重大之事各欲全其本分固未可等閒視之也而福澤翁之修身要領其始也個八之獨立自尊其終也對於社會調和平等及訓誨公義公德其自第十三條至第十九條之間多對社會立說所謂完全社會之基礎在一家一人之獨立自尊與社會共存之道不相妨犯自與他之獨立自尊不相傷害示人以信已所愛者推及於人輕減其疾苦增進其福利是等皆獨立自尊之爲義爲社會全般之福利此本分也

廣長舌　讀修身要領

責務也。此德義也。即修身之要領也。

夫修身本領如此蓋未有不獨立自尊而謂能盡國民之責任盡社會之義務者也。蓋獨立自尊個人自由主義之骨髓樞軸也。吾人觀於歐洲各國能脫却君主專制之桎梏。得發揚十九世紀文明之光輝者。實個人自由主義之所賜也。我國今日之文明。亦福澤翁傳個人自由之主義以改革一代之思想。其功莫大焉然世運日趨轉移未易。以干犯之舞不能解乎城之圍個人自由的文明至何時始能發其大光輝乎。楯有兩面物有兩端天下事有利必有弊利弊必相伴個人主義者蓋可謂利已主義者也貴族專制封建階級之弊毒達其極點其時人民沈淪於奴隸之境個人自由獨立自尊主義實世界之救世主也福澤翁實於此時奏空前之偉功。持此主義不渝數十年修身要領全以此主義為操準嗚呼、福澤翁固有功於世矣然功之首亦為罪之魁今也打破階級崩壞秩序自由競爭弱肉強食個人自由主義更現自由主義之平面極其弊毒横溢於四海所謂以獨立自尊為人人修身之要領實可駭可危之甚也。

廣長舌　讀修身要領

夫修身之道道德之教也必從一代之理想以社會數多之福祉爲公義公德之目的。其對於社會全以公義公德與獨立自尊互爲軒輊至於福澤翁之意雖非罔朽公義公德而全主張獨立自尊不知獨立自尊一變而爲利己主義利己主義對於社會卽爲背德此吾之所以大惑不解也若幸而利己主義爲高蹈之隱者如伯夷也如嚴子陵也如司馬徽也皆獨立自尊求而不可必得從而遁之者也雖然修身要領亦何嘗無博愛之言乎己所愛者推及於人此豈利己之言也然旣曰己愛而後及於人則終未離利己之心也雖然人孰無有利己之心人能對於社會稍各盡其責任義務斯可已人各盡其責任義務能不望其償報況各盡其責任義務不望其償報則一身一家之幸福可不必求財產生命之思想可不必重如此則是大君子出。大君子出則是大改革起矣。故獨立自尊之敎必與調和平等之德相依。自愛之念必與博愛之心相聯若夫調和平等之德不相依博愛之心不相聯日抱守獨立自尊個人自由之主義則亦利己主義而已弱肉强食是非今日之實狀哉。

廣長舌　讀修身要領

今日之憂。實個人主義之弊毒達其極點。其所以然者在利己主義之盛競爭自由。不能調和平等只知有個人不知有國家。不知有國家更何知有社會人之對於社會不能盡一分之責任義務。即不能享一點之福祉利益。雖然欲人之知有責任義務則不得不先令其獨立自尊。故獨立自尊者。乃社會的調和平等公義公德之起點也。若不知有調和平等公義與公德。其結果蓋可爲之寒心者歟。

吾人非如世俗曲學單以忠孝二字漫批修身要領實以其眞個社會的觀念或有所見。亦未可知。雖然福澤翁往矣。吾雖漫加批難豈有知也哉。

祭自由黨文

歲在庚子八月某日之夕。金風淅瀝。露白天高。長夜漫漫。忽焉星墜。嗚呼、自由黨死矣。

歷史之光榮。豈不被其抹殺哉。

嗚呼汝自由黨之事。吾不忍言之矣。想二十餘年前。專制抑壓之慘毒。滔滔橫流於四海。正維新中興之宏謨。遇大頓挫之時。祖宗在天之靈。故特降生汝自由黨。揚其呱呱之聲。放其圓圓之光。自由平等之正氣於是磅礴於乾坤。振盪於世界。實文明進步

廣長舌　祭自由黨文

大溯流也。

是以汝自由黨。為自由平等而戰。為文明進步而戰。見義不為是無勇赴湯蹈火所不懼千挫百折不屈凜凜乎其意氣㽞㽞乎其精神。如秋霜哉。如烈日哉而今安在哉。

汝自由黨之起也政府之壓制益甚迫害愈急。一言論也而思所以箝制之。一集會也而思所以禁止之。一請願也而思所以防止之捕縛也放逐也牢獄也絞頸臺也無所不用其苛刻也。而汝自由黨見鼎鑊而不懼望刀鋸其如飴盪盡億萬之財產而不顧損傷數百之生命而不惜豈非汝自由黨一片之眞誠為千古所不可磨滅者哉。而今安在哉。

嗚呼壯哉汝自由黨也噫吁哀哉汝自由黨也汝自由黨能如此豈非赫赫偉男子烈烈大丈夫哉灑多少志士仁人之熱淚流多少志士仁人之鮮血擲多少志士仁人之頭顱前者仆後者繼從容含笑以就死當時誰知彼等之死即自由黨之死乎。嗚呼汝自由黨之前途其光榮洋洋有可想見矣嗚呼熱淚鮮血丹沈碧化而今安在哉。

廣長舌

祭自由黨文

汝自由黨也以聖賢之骨具英雄之膽目如日月舌如霹靂攻無不取戰無不克開拓一立憲代議之新天地建幹旋乾坤之偉業惜汝非守成之才而建武之中興中道傾覆。汝雖有光榮於歷史而問汝之事業汝之名譽而今安在哉。更進思之吾少年時寓林有造君家一夕寒風凛冽薩長政府突如其來捕吾人與林君放逐於東京三里以外當時諸君髮指之狀宛然在目迄今固未嘗忘也諸君諸君。時現今之總理伊藤侯內相山縣視慨然賦目陰平窮寇非難擒如此江山坐付人嗚呼吾三寸之舌為自由平等文明進步而弔汝自由黨之死祭汝自由黨之靈吾不能不撫今追昔嘗憶陸游望劍閣諸峯慨然賦目陰平窮寇非難擒如此江山坐付人嗚呼吾今三誦此句以弔汝自由黨嗚呼汝自由黨有靈髣髴兮其來饗

歲末之苦痛

嗚呼人生至苦痛之時孰有如歲末者乎懊惱也悔恨也恐慌也狼狽也奔走也熙熙而來攘攘而往者皆是也人之一生為此歲末之苦痛奪去其幸福不知其幾何矣社會文明為此歲末之苦痛阻礙其進步發達不知其幾何矣幾多之時日皆消費此無

盆之苦痛中矣。幾多之材智皆竭盡此無盆之苦痛中矣。平生之強力爲此而損折者多矣乎生之面目爲此而屈辱者多矣乎生之銳氣爲此而挫撓者多矣乎生之志氣爲此而消磨者多矣乎其至也欺詐也迫脅也盜竊也殺刦也皆因此一日之苦痛而生也。嗚呼以此一日之苦痛至貽社會百年之禍害可不懼哉。

嗚呼歲末此苦痛雖百千萬年文明極樂之世所不能免也雖然吾豈敢信之乎、此固社會自然之狀態雖百千萬年所不能除也雖然吾豈敢言之乎、此固之狀態固已人生之疾病亦非自然之狀態乎然人生之疾病醫術之進步可以愈之歲末之苦痛文明之進步獨不可以除乎然果能除之於前此其間盍有原因。其原因如何是甚易觀彼等之金錢之與否吾人不敢斷之於可以金錢其可也。

然彼等必如何而後得金錢之途乎從事於生產之業而已。然斯人何嘗不從事於生業而歲末之苦痛如彼者何也貧富之不均之故也貧者終歲碌碌富者終年嬉嬉貧者以百日所得不足以償富者一日所得貧者占人數之多數富者占人數之少數至

廣長舌　歲末之苦痛

九十三

廣長舌　歲末之苦痛

於財產貧者不能占萬之一。富者則全占其全部。此貧者之所以終貧而富者之所以終富貧者之所以終歲勞苦。而歲末之苦痛如故也。

雖然今日之社會亦嘗歎其生產之事業放任其自由競爭也歐美之志士仁人夙痛論之吾人亦持此旨以布告之人人于是稍知有產業之權利。無不思奪資本家之私有。以歸多數人民之公有。分配之均平之彼等之資本家亦不得徒手游食而社會全般之生產額益益增加多數人類由是庶免歲末之苦痛然彼等終得脫此歲末之苦痛者則僅資本公有之一事此所謂社會主義的制度是也。

此社會主義之論理之細目吾人亦不暇深論之矣至於實行之手段方法吾人亦不暇詳說之矣要之為多數人民之福利為社會文明之進步無疑也嗚呼歲末之苦痛。在於富之分配之不均。在於富之分配之不均。在於資本家之橫暴資本家之橫暴。在許其資本家之私有。吾思我志士仁人曾以多數團結之勢力政治的權利奪自封建之諸侯。奪自薩長藩閥之政府。而何於經濟家權利不能奪自資本家之手乎當時之尊王討幕黨也當時之自由改進黨也何不一進而為人民的社會乎是長者折枝之類非

挾太山以超北海之類也。

新年之歡喜

樂哉新年新年之樂非爲有門松也。無門松之家亦樂也。非爲有屠蘇也。無屠蘇之家亦樂也。非爲有金錢也。非爲著美服也。非爲粧紅粉也。無金錢美服紅粉之人亦樂也。然彼等嬉嬉所以樂此新年者何哉此時我與人與社會俱正義也俱自由也俱平等也。是則可樂也。

人各有兩端。不能純乎爲善人。不能純乎爲惡人。但在平日有幾多之競爭幾多之誘惑。幾多之感奮善惡常相戰利害常相爭勞勞者殆不堪其生也唯此競爭此誘惑此感奮至聞除夜百八之鐘聲而全休止萬人俱虛心也俱坦懷也俱心廣體胖無毫髮利害之芥蒂也是以其動靜其思想其聞睹其云爲無一非善非正義天下無一毫不正與非義。新年之樂豈不宜哉是時金錢不壓我權勢不苦我利慾不奪我頂天立地縱橫無礙皆大自在人與社會皆得自由新年之樂豈不宜哉既各自由亦皆平等是時世界皆乎等矣主人有新年無階級也無差別也一堂之上熙熙雍

廣長舌　新年之歡喜

九十五

雍。一家之中融融洩洩得此平等新年之樂豈不宜哉。

人生之目的。實在正義在自由在平等唯得此三者人則聖人也社會則天堂也朝朝暮暮雖非新年亦猶新年之樂也嗚呼一年三百六十餘日除此元旦卽非正義非自由非平等之天地勞勞不堪其苦惱者伊誰之咎歟。

高等教育之拒絕

近時我文明之不進步與國家之不富盛。有可太息痛恨一大問題。此問題吾人宜亟亟求其解釋。卽拒絕國民之高等教育是也。目今欲入高等學校者年衆一年。而其得許可者常不足十分之一。餘多皆拒絕。往往十分之九有過無不及。問其故高等學校額設之不足故也。少數之學校。不能容多數之人。其許可僅取試驗成績之最高點者也。故無論平生學力如何優等品行如何方正資金如何裕如試驗之餘不得過第一等之成績反貧以落第之不名譽。百人中有十人及第者。殆寥寥如晨星矣。

吾嘗見一學生學力優等受驗數次。不能及第落膽之餘志氣爲之阻喪。遂日見隳落。

又嘗見一學生學力優等如之受驗數次不能及第亦如之。歸而自罪其學力之不足。

高等教育之拒絕

由是刻苦向學異常勉強從此心身衰弱遂罹肺病此二者吾所目覩其原因皆拒絕入學之故也嗚呼將來我國民之不發達此一大原因其流毒更不知所底止是非可為之寒心者哉。

夫國家共同之利福文明之進步必教育國民之責務也國民既願受其教育願可不獎勸之鼓勵之乎然吾嘗見其兒童之入學也多方強制之固非其所矣初則強制於小學教育尋而開放於中學既而能受高等教育之資者則又多方拒絕之此吾之所大惑不解也試思國家教育人材培植多士能養成高等教育之資格者實國家之慶事也然何以阻礙之遮防之此豈教育國民之盛意哉此吾所為太息痛恨而不已者也。

然則思所以挽救之必如何而後可。國中之高等學校。有官立有私立官立之學校不足即以私立之學校補之私立之學校與官立之學校同一資格私立者仍有獎勵一如官立之制有能私立高等學校者則尤異常議叙之異常榮襃之庶乎其速文明之進步也其致國家之富盛也此其大體之方針如此至如條目則尚未暇詳焉此今日

廣長舌

九十七

教育家之一大問題也。

戀愛文學

有一美人爲富家之妻彼竊其夫之目而戀慕畫家某又以已之妹許嫁於畫家而其異腹之娘亦戀慕此畫家母子姊妹爭其一男子相挑於暗中而一時有一書生寄食於其家初通下婢更戀慕彼美人母子遂姦其主人之妻此一小說近世知名士所著者也。

作者逞其奇思妙筆讀者愛其淫詞藝語雖然如此之文學於現時之社會其影響果如何乎於現時之青年少女其關係果如何乎吾人思至此不禁悚然而大恐怖也何哉實亂倫之極也醜穢之極也此亂倫醜穢之事乃公然刊行於世甚而新聞雜誌廣告之批評之塾中購之閨中置之世間之青年少女莫不爭歡迎之嗚呼此亂倫醜穢之事作者不顧禮義廉恥徒賣弄一已之文詞異想天開不規正理只求讀者生多少快感讀者亦不顧禮義廉恥塾中購之閨中置之男子珍如拱璧猶可說也至於女子亦奉爲至寶其難堪矣。

廣長舌

戀愛文學

吾人亦不必沾沾攻擊如此作者。而風趨所尚今所謂愛戀愛文學之流弊爲可慨歎也。嘗遊於通都大邑之雜誌店。其所排列之書籍大都不外戀愛婦人情話等字樣冠於篇首其內容者古今之情史也戀愛之詩歌也解釋者一家講說者一家詠歎者又一家甚而歎美其用筆拍詞者更一家。且諸家者又多出於未婚之青年少女也好之如璧甘之如飴且日神聖之戀也此宇宙自然之巧妙世間難得之著作也是以青年少女之性行日見墮落鑽隙贈苟滔滔皆是習爲固然恬不爲怪此則可大痛者也。

吾人以文學爲勸善懲惡之具而非以小說詩歌爲傷風敗俗之談著一書立一說必有益於社會。非謂博人之美助人之趣消人之愁遂爲畢能事也是殆古之優伶之戲作美術家文學者豈其然哉況彼之戲作藝語淫詞墮落數事之青年少女敗壞社會流毒無窮賊夫人之子其種種惡結果更僕難數孔子曰始作俑者其無後乎世之爲藝語淫詞以誘惑青年少女者其殆是矣。

雖然吾人漫向當局之官吏促其嚴於言論出版之取締而彼等之無識玉石不辨恐

從此反生枝節阻害文藝之進步但吾人抱此正義視數多之青年少女腐敗墮落而有所不忍之心無已期向於社會加以裁制庶乎其可哉。

自殺論

人生最可哀可痛孰有過於自殺者哉日本富於尚武之風故自殺者為尤多見常年自殺者皆在七千人以上查三十一年殆有八千七百餘人之多嗚呼人之輕生敢死環球大地孰有過於日本人乎哉自殺者其始博強武名譽而自殺者亦自問平年悔恨而自殺歟其始表意思薄弱而自殺歟詰諸自殺者而自殺者亦自問茫然相習成風牢不可破近時自殺者每年率九千餘人嗚呼國家之前途實可憂哉自殺者之多於精神的即以見國民之弱此現象於政治於軍備於議會於道德教育與商工業皆有關係者也自殺者一己之生命不足惜而孰知關於社會全體者大嗚呼自殺之不已國家之元氣日傷哉每年自殺者其中縊首死者占數之大半部其次則入水又其次則刃物服藥與砲擊者蓋少也茲無論其縊首入水刃物服藥砲擊均自殺也其自殺之原因古之武士殺

廣長舌 自殺論

身成仁殺身為義會博世間之名譽而不完全之人遂從而效尤之或因所求不遂而自殺。或因一生煩惱而自殺。或因一時發狂而自殺忘其痛苦而甘出於自殺無可說焉則自殺者只徒殺其軀只可謂不完全之人而已。然世間有一種好奇之人惑於鬼神而自殺。又有一種好勝之人負於客氣而自殺。又有腦筋擾亂而自殺形骸放浪而自殺皆於心理的生理的不健全者也。斷言之皆可為國家之憂道德上之罪惡今日宜研究之一大問題也雖然孝經有言曰身體髮膚受之父母不敢毀傷孝之始也既以自殺為不孝矣然孔子又曰身成仁則是聖人又教人以自殺也西國之哲人言曰人者神所授而生若自殺則是違神不特莫大焉然東西二子致家大都奬勵自殺舊約新約亦所不答故古耶穌教徒之自殺者已成普通矣此果何也。曰自殺者背人間之自然人莫不樂生而惡死且無論其人之樂惡也即樂反所惡反所樂而天地生一人即有一人之責任社會有一人即有一人之義務若聽其自殺是違悖天地破壞社會夫天地所不容社會所不怒彼雖自殺則罪更及其尸然後天下

一五二

廣長舌 自殺論

後世之自殺者庶幾其可止焉。
嗚呼社會有競爭而後有進步俊勝劣敗此自然之公理也自殺豈非社會中之個人乎此而自殺。各自放棄其責任各自卸却其義務此之對於社會無責任、無義務彼之對於社會亦無責任亦無義務此而柔弱也自殺彼而強梁也自殺無完全之人極者亦無完全之社會嗚呼我日本國之前途可想哉日本人之方針大異哉年來自殺者不下五六萬若以此不完全之人而移其方針得占其優等健全地位則日本之富強。蓋又可知矣。

廣長舌終

近世社会主义

― 1903 ―

1903 年 3 月，日本学者福井准造著、赵必振译的《近世社会主义》中文版由上海广智书局出版。该书较为系统地介绍了社会主义思想发展史和各国社会主义运动概况。全书分上、下两册，共约 16 万字，共有四编：第一编题为"第一期之社会主义——英法二国之社会主义"，第二编题为"第二期之社会主义——德意志之社会主义"，第三编题为"近时之社会主义"，第四编题为"欧美诸国社会党之现状"。今以上海广智书局 1903 年本为底本予以整理。此处收录第一、二编。第三、四编见《马克思主义在中国早期传播（第三卷）》。

《近世社会主义》序

政友福井直吉君之哲嗣准造君，好学修文，研究社会主义，博采泰西诸家之说。顷者著书，题为《社会主义》，公之于世。夫社会问题之讲究，为近世之最急要者。而发明社会主义真相之著作，吾国尚阙而不详。以致研究社会主义者，每每误解。今此书出，关系于吾国者不浅。因赘一言以为叙。

明治三十二年六月栗原亮一序

《近世社会主义》自序

社会主义者，何也？所以稽社会党之行动也。然或因孟浪过激之凶徒，为安宁秩序之仇敌，以招世界之嫌恶。然而文明所到之处，则社会问题必随伴之，而社会党亦随而兴。余素暗于实事，迂于时势。而岂敢以慷慨自任，每以国家之大事为忧乎？而敢以能文达识之士自命，而衒其博览多才乎？然当此滔滔社会之潮流，静观事物变态之迹，徐徐视察其趋向。我日本今日之形势，社会问题。亦隐约胚胎于其中。贫富悬隔之弊，亦将渐显于社会。是经世忧国之士，所不能漠然置之者也。此所以稽察欧美诸国之事例，以讲究近世之社会主义，其微意之所在，观注于兹矣。世界识者，披阅一过，当亦恍然于社会问题之不可轻忽。是著者之所厚望也。后之读者，其不以为覆瓿之具欤？

明治三十二年三月福井准造识于相阳丰田寓居

《近世社会主义》凡例

一、[①]本书描□法兰西革命以后欧美诸国之社会主义为主，于革命以前，虽间采社会主义者之议论。然社会之势未大，其足以当讲究之价值者甚少，故省略之。

一、社会主义者，以经济学上之一学说与政治学上之一议论，以判定此主义之是非善恶，为本书之目的。然为解释社会问题，自信为讲究社会主义者之必要。著者特搜集多种之社会主义的议论，以供社会问题解释者之资。

一、本书之目的，说明社会主义之本质。然于其党派之运动，亦为讲究社会主义者所不容忽，不可附诸等闲。然本书先记述欧美诸国社会党之状态，至其运动，于他编再述之。

一、本书所揭载之人名、地名等，于固有之名词，大抵随其原者，而附记以片假名。然于从来一切所惯用者，则不别改之。

一、本书所参考之著述，于其最重要之书典，揭载于附录第二，以供读者参考之用。

著者识

---

① 原文中的"一"为每行开头的符号，故录入文中在"一"后加顿号，表项目符号。后同。

《近世社会主义》目录

绪论

第一编　第一期之社会主义

　　英法二国之社会主义

　　绪言

　　第一章　英法二国之社会的状态

　　第二章　第一期革命时代法国之社会主义

　　第三章　英国之社会主义　洛卫托拉野

　　第四章　复古时代之社会主义

　　第五章　第二革命时代法国之社会主义

第二编　第二期之社会主义

　　德意志之社会主义

　　绪言

　　第一章　加陆马科斯及其主义

　　第二章　国际的劳动者同盟

　　第三章　洛度卫陆他斯及其主义

　　第四章　列陆檄耶度拉沙列及其主义

第三编　近时之社会主义

　　绪言

　　第一章　无政府主义及其党与

　　第二章　社会民主主义

　　第三章　国家社会主义

　　第四章　比西马克之社会政策

　　第五章　基督教的社会主义

第四编　欧美诸国社会党之现状

　　绪言

第一章　英国社会党之现状

第二章　法国社会党之现状

第三章　德意志社会党之现状

第四章　中欧诸州社会党之现状

第五章　东欧诸州社会党之现状

第六章　亚美利加社会党之现状

绪论

百年以前，法兰西之革命，实为改革社会之一大原因。划除君主之尊严，打破贵族之阶级，绝灭僧侣之特权。各国效之，而求改革社会之策。于专制之君主，则强请而布其宪法，或分离，或联合，或拔剑而抗世之压制自由者，苦楚辛惨。国家改造之大业，乃渐完成。于是全社会之形势一变，于是于"不公平""不平等""专制""压抑"等，皆讳言之。一洗旧来之面目，而高唱民权。其所主张者，凡平民与其余之人民，皆得享有自由平等之权利。摆脱旧来专制之习惯，而求政治上自由平等之真理，以求自附于文明之诸国。所谓王者无上之权力，一切裁制之法，皆不得加之。政治的自由之声，普及于天下。四民平等，无有阶级。所谓普通选举等无数之政治的难问题，亦因之而解释。乃遂确认人民上之参政权，确立法律上之平等权。而向日呻吟于君主之压抑，贵族之专横，僧侣之干涉者，芸芸苍生，扰扰黔首，皆大欢喜，齐声而讴自由平等之欢声。是为政治的之革命，达其目的之时期。

政治的之革命，其成就虽已如斯，然而社会之混乱，仍未平愈也。政治上之自由平等，虽已如斯，然而无形之权利，仍然伸畅也。试一观察有形的社会之状态，然而不平不满之声，仍未易除去也。物资的文明之发达，而不平不满之声，亦随伴之而愈高。试一观察殖产社会之现状，与劳动者之状态。所谓政治上之自由平等者，其对此等多数之劳动者，果能恩惠普及乎？果能认其人类之平等，许以人间之自由乎？非亟撤去阶级间之深沟，而欲成上下平等之社会，果可望其成就乎？彼热中于扩张民权者，水火尚不足辞。何为而不改良社会之状态，而使万民享有福利乎？于政治上，既畅增无形之权利。虽收参与公政之权，恐不足以敌之。试观当世文明之现状，所谓无形之自由平等者，仅虚形乎？仅空名乎？拥虚形，尊空名，而辗转于沟壑，果何为乎？所谓社会既奏改良之功者，不过自政治上之改革以来，得理论上之平等。于劳动者之地位，于其生活之必要，免其无情之冷酷而已。虽有契约之自由，虽有平等之权利，而社会经济上之大势，仍为彼等资本家隶属之一种奴隶而已。虽云公政之参与，虽享法律之保护，然亦不过虚荣而已。夜以继日，营营劳动，所得之劳银，不足以供一身自活之费。病妻饥儿，耳侧交诉，薄运亦至此极也。社会革命之大势，虽除僧侣贵族之专横，而著殖产社会之显象。然而资本家之压抑专制，以驱此等不幸之劳民，为其赁银所系留而桎梏。而生产社会产出之富额，日益减少，其事业亦日渐衰微。于是多数之劳动者，亦日陷于非运。而公平之自由，不能助之。平等之法律，不能救之。世界之富者既日增，世界之贫民亦日益。贫富悬隔之现象，亦复大显。是岂十九世纪文明之特兆欤？

交通运输之便利，器械之发明，亦大进步。工业社会之大变革，亦由此而呈。手工与劳动者，皆失其业。小资本家，遂独立而经营事业。于是资本主与劳动者之间，遂筑一大藩篱。殖产界之面目，全然一新。富者益富，贫者日贫，其悬隔亦共制造事业之发达而高其程度。雇者与被雇者之关系，宛然而似主从。更下而至劳民之地位，竟与昔时之奴隶等。天赋人间之本性，亦几不能享有之。多数之劳动者，遂不能保其资格，若牛、若马、若器械力，因其力量之多寡，而评定其价格焉。劳动社会之状态，竟至如斯。彼等陷落于无底之地狱，而受此有名无实之自由平等。于彼等究何所益也？

政治的之革命，以政治上之不平均而起。于是遂剿灭其压制此政治社会者。今也财产上之不平均，更现异样之压制。若此压制者，俄然逞其势力，以极专横，亦必如政治社会之革命而起，则殖产社会及其余之革命，踵之而生，何以御之哉？

一切之革命，必先自文字始，其由来非一日矣。如彼宗教之革命，开发迷信者之头脑，觉醒积年之迷梦。如彼法国之革命，遍洒压制者之鲜血，终奏自由之凯歌。如彼亚美利加之革命，开放奴隶者之沈冤，得证正义之胜利，腥风惨憺，招国家之扰乱者不少。然今日欧洲诸国，概得宪法，得沐代议政治之恩惠。然而此等诸国，虽脱专制之羁绊，确立立宪之基础，而多数革命的之非常手段，屡次举行而不已，则殖产社会之革命，其如何之手段，其如何之运动，其如何之进步，实社会将来之一大问题，不易解释者。今日社会党之题目，自数十年前，已开其端，则将来显然之事业，可拭目而睹也。

然而社会党之组织，果自何人而成也？或谓无赖无谋之徒所教使，以绝灭资本家者也，是为破坏党。或谓欲打破现制社会之秩序，而现出无秩序的社会，是为过激党。呜呼！社会党者，果国家之贼欤？秩序之敌欤？无识之徒辈欤？抑亦不过孟浪过激之凶者欤？

吾人试论而断定之，社会党之怀抱之主义之纲领，不难揣测而知也。彼等画种种之方策，布种种之计算。或主张共产主义，或唱导无政府主义，或望施行极端之共和政治，或冀设立强盛之专制政府，或冀希望绝灭资本家颠覆政府等，以试其运动，此所谓过激派是也。其最后之目的，而势力所集注者，则曰：均一之分配。夫惟希望均一之分配，其极端则流于无政府党，其强盛则变为专制政体，常为一致之结合。然抱改革社会之大望，而欲兴起社会党，于经济上之主义，亦同一致也。悲贱民之穷状，而欲表同情。怜社会之弊害，而欲和其不平不满之念。悯流离困惫之人民，而欲脱其人生悲惨之痛苦，此固社会党之素愿也。然此等之念虑，不独为社会党专有之感情。凡富于慈善之怀，深于同情之念者，何人亦不同此感念也？而如何改良之？如何匡正之？是即社会党派之主义纲领。彼等所以或相结合，或相分离者，未尝不由于此也。彼等之主义，不过二端：一则改良现时劳动者之状态。以一层少量之劳力，而收多额之结果。二则平均富者之均配，取其收获正当之权利。而对劳作之人民，以平其财产之不平均，而除诸般之弊害。

惟其然也，于是社会党突然而起矣，乃悍然曰：夺地主之土地，夺资本家之资本，废遗产相续之制。全灭其私有之财产，而握国家生产机关之全权。以其所得之利益，均一而分配于各劳动者之间，以止不法之竞争，而改悖理之个人的制度，杜绝资本家地主等营不义之富贵之途，以救济可怜之劳动者悲惨之状态。此其宗旨也。殖产界自然之趋势逐年而增，则事业亦必逐年而发达。则大资本之集中者，惟国家独能之，决非一私人之所能。而劳动者，亦非一私人之所使用。则生产机关之全部，全由国家而握其主权。此社会党中共产主义之一派也。

更有唱过激之论者，全然反抗社会之现制，举社会上之"法律""警察""议会""政府"等之诸机关，而绝灭之。其论专制政体与代议政体也，不问其为君主政与共和政，悉欲驱逐之于社会之外，一扫现社会之制度，以增进万民之福利。卫科意所谓"扫除现时之制度，无论何物，概剿灭之"是也。彼等之欲组织国家，为无拘束之社会。故彼等辄谓警察之保护，法律之支配，政府议会等，皆为无用。以及私有财产及遗产相续之制，皆彼等所最反对者也。且彼等所谓真平等者，服制如一，男女如一，无宗教，无政治。此社会党中无政府主义之一派也。

以财产之绝对的平等为目的，以公有主义派之议论为主张。视彼等全然破坏颠覆现制度之急激社会党，较为温和。然于私有土地制及遗产相续制之两者，亦彼等之所反对也。彼等既欲行其目的，于现社会党之组织，所欲举行非常之改革者。即先收私有之土地，而为国家所有。禁资本家搜集个人之资本，而役使劳动者，以从事其生产事业。其于财产之种类，虽不许其私有，而行均一之分配。然必自其分量而度之，一视其劳力之功果何如。居高职者受多额之给俸，其下者，量其报酬而递减，以几分之等差而分配之。则人皆视其勤劳之多寡，与才能之良否，而无有偏私。然于居高职而蓄积资产者，则又禁其子孙相传。且于生产之机关，凡为国家所有者，又禁私人之计营。虽或贮蓄多额之资产，不得以为殖产事业之资本。故凡为父母者，必教其子于社会地位之高下，必视一己之智识才能，决不能依赖祖父之地位财产而自惰焉。盖彼等乃认许一部之财产私有制，悉委任于国家，而为生产机关之全部，各以其劳力勤勉之功果，而受国家应分之报酬。是为共产制度之稍温和者，此社会党中共有主义之一派也。

晚近之所创立，诸学者之所唱导，又为一派之社会主义。其唱导之者，大都大学之教授及其门下生，世所称讲坛社会主义者。而其起源，自德意志始。彼等不愿改革社会之秩序与其根底，又不欲举国家而全然改造之，不过维持现制，企图社会渐次之改革，一任个人主义之发达，而行其生存竞争之自然。虽贫富之悬隔，未有甚于今日者。然自然之竞争，自有自然之优胜劣败。不幸而贫民万不能堪，与富有巨万之资本家，赤手而相抗对，则螳臂当车，必不能免。而后彼等以政府之力，调和于资本家与劳动者之间。彼等又为劳动者，组合同业之贮蓄银行保险及制造所条例等，而研究种种之劳动问题，及关于妇女儿童之劳动，及日曜日劳动等，皆一切而研究之。彼等借国家之力，以制资本家之专横压抑，而谋一切之改良，其依赖于国家者甚大。故称之为国家社会主义云。此社会党中讲坛社会主义之一派也。

要之，社会党之怀抱，其议论之根底，必置于经济上之主义。而土地、资本之两者，其对劳动者之关系，必力图其改良，以分配其利益。而变更其不平等，以采均一之制，不达彼等之希望而不止。或讲究经济以外之诸问题，于政治、伦理及科学上，而行一大改革，企图改造社会之全体。或欲依赖国家之力，以组织劳动者，而独注意于生产上之问题，以期政体变更、制度改革等。因其手段方策之相异，而各种之党派以生。一为企图施行共和政体者，是为共和社会党。一为欲依赖国家之权能以改造社会者，是为国家社会党。一为唤起人类之慈善心，依宗教之力而达其目的者，是为宗教的社会党。一为豫尽未来远大之理想，而望显出"乌托邦"的社会者，是为理想的社会党。一为改革现今之制度，依赖人间之公共心与慈善心，欲以舆论之力而改革劳动社会者，是为渐进的社会党。又其极端之所至，欲以铁血而改革社会，以一挺而胜百枚之投票（言执武器而抗议会之意）。嚣嚣然而奋一臂之力，以争吾人之自由。以火药弹丸，杂血肉之躯而薄之，是为革命的社会党。理想既异，手段亦异，方策亦异，而其归宿，终亦无殊愤激之极端。同以厌世的观念（舍身而从事于铁血亦厌世之观念也），而企图理想之世界，彻头彻尾，以破坏现制为主张，纯然而同唱破坏主义。切望劳动社会之改良，而共享平等之福利，以行均一之分配。社会主义之目的，此其大端也。

盖自打破封建的旧制以来，中级之社会，同时而得参与政权。器械之应用，与物产之数，亦大增加。于是社会主义，乃发其端绪。其对现时之制度，而不平不满之念虑，亦逐之而增加。不仅得下级贱民之赞同，其余阶级之间，亦大唤起其同情，其地步遂愈巩固。因十九世纪之文明，将欲举行一大改革，其势焰遂愈趋增高。

则试采十九世纪之经济的制度而评之，除私有资本家之竞争的组织之外，凡原料及器械器具等，皆为比较的少数财产家之私有。彼等役使劳动者，而制造有价之品物。而劳动者无器械及原料，而不能执其业。不能不应资本家之雇聘，割与仅少之利益，而已满足焉。而资本家除此仅少之赁银，其利润之全部，悉藏于一人之腰囊。于是一方（犹言一处）之富者益富，而他方之贫者益贫。两者既相反，则必互相妬嫉，而争斗之事，因之而起。加以此等之资本家，又各施其善恶之手段，以试彼等不幸之劳动者，为赁银上之争扰，遂显生产社会无政府之惨状。雇者与被雇者共谋私利而各逞其野心。生产社会之状态，既如已斯。而社会主义之论难攻击，以求改良之方法，此事理之不容已者。

试代此经济的现制度，而别求理想社会主义之经济的组织，而考究之。盖现制度者，凡诸制造事业，不如旧时。而欲依赖个人的劳动，各自支办其原料器具以从事焉，势必不可。则劳动者与资本家，万不能分业以计营生产事业也。然则如何而去资本家与劳动者不相分立之弊，劳动者得自由之职业，且得适当之报酬，则必依社会主义之持论者。凡社会全体之人类，悉皆劳动者而后可。则彼无意之徒食者，全然而驱逐之。凡公私之资本，皆为此等劳动者之共有物。其资本悉以供给原料器械，以制造种种之物产。所得之利润，劳动者全体而分润之。以勤勉劳力之多寡，而听各人之分取，庶为得之乎？

劳动者果遵如斯之方法，则与国家相组织。凡以资本而制造物产及分配之事，更于劳动者之中，举其二三人，主治管理资本及各种之事业，与现时之政府相类似。彼等诸般之事业，各定其方针。但其社会之所产出之财产，虽经其分配处理，然不过委任以劳动者全体之财产，而为支配人管理者。其整理之完不完，其处置之善不善，皆为被委任者之责任。

依此社会主义而组织之，则富者之生产，日见其多。且得均一之分配。此二大目的，庶见其成功。则彼等合同资本之转运，及合同劳力之组织，个个分立，以图职业及劳动之效果。则冗费日淘汰，产出日增加。且劳动者，亦因均一之分配，而得直接配当之利益。精锐勤勉，以从事其事业。则其效果，必有非常之隔绝者，可伫足而待矣。

所谓均一之分配云者，与唱共产主义之意见，非有绝对的之意也。向后投入之事业，除资本之全部，其余剩之利润，即以劳动之多寡，任其各自而分配之。

以如斯之组织，其结果究如何乎？凡世界之劳动勤勉者，大抵为其衣食田庐，仰事俯蓄计也。遂其愿者则逸乐，失其望者则悲叹。各种类之财产，既得贮蓄之自由，则又希望个人之暴富。又或以多额之财产，而供个人的生产之用。则生产社会，其恶弊又将自此而生。而资本家专横之恶习，复不能绝迹于社会矣。是又唱社会主义者，不得不以理想而求生产组织改革案之大要也。

惟其然也，则贫富悬隔之弊又兴，而非企图其平愈而不可。其终极之目的，必以均一之分配，实行于生产社会为必要也。果以如何之手段而实行之，则社会主义中，亦有数多之议论，各就其所见而歧出焉。然其最后之目的，大抵相同。其组织社会之方策，亦无甚异者。凡此各种之党与，概括之以社会党之总称，亦无不可。惟其极端，则必流于过激之手段，必以颠覆政府破坏国家为目的，而希望绝对的之自由平等。则所谓社会党者，一并于无政府党之党与。此又为社会党之问题，而且彼等于破坏秩序颠覆政府之外，别无所期。其举动纯然为破坏党之社会党。虽然，其目的亦不过欲自由平等之普及，而匡正财产之不平均。然其极端，竟至于此。则社会党中之一派，更不容轻视也。吾人今就泰西诸学者所定社会主义之定义，考察其二三而论定之。

"社会主义"之名词，其使用之者，实自英国始。千八百三十五年，当时英国之创立社会党者洛威托拿夷，组织各种族之团体。其谈论之际，始用"社会主义"或"社会党"等之名词于文字之中。其后，法人列布题其所著《近世之改革》，书中泛论沙希贺卜厘陆等之学说。每采用此语，遂传播于欧洲诸国，于是各国皆沿用之。

　　社会主义之定义，诸学者之论定，亦有数种。据亚度列海陆度之定义曰："为社会而要求服从个人之志意。"洛西路曰："注意于人间本来之性质，以要求一般之幸福。"拉乌列曰："其第一着于社会之状态，而要求其平等。其第二着，不必依赖国家之力，以求其改革。"希耶尼曰："社会主义者，匡正人间贫富之不平等，取其充分所有，而与不充分者，以保其均平。如饥馑灾祸之时，国家权能所不及者。"而列希路则以为专指"贫困社会之经济的哲学"。要之，社会主义之目的，决不依赖政府之力。惟恃劳民自身之力，以改革社会组织，以打破贫富之悬隔，余辈则以为"要求贫富之平均，以改革社会之组织"为定论焉。

　　社会主义最后之目的，切望财产上之自由平等，与劳动者悲惨之状态而表同情，以计画社会之改善。彼等非甘为社会之敌者，其方法之不善，至其极端，则用非常之手段，而有紊乱秩序妨害治安等之非行，竟陷于社会之罪人。且妨害其目的之成功，世人竟目彼等为国家之贼、社会之敌，欲排斥而去之。职是之由，虽由彼等之过激，然亦不谅其心矣。今也有深远学识之诸学者，参与国家之枢机，为大政治家，以左右天下之商政。而大资产家等，又皆倾意于下层贱民之状态，感悟贫富悬隔之显著，而为文明特色之累，欲亟意而补救之。于是社会之问题，彼不平不满之凶徒，而思紊乱秩序者，渐灭其数。经济社会之现象，出以真挚之意而研究之，则后日之社会主义，善为用之。或不至妨害治安，而得自由平等之真境也欤？

第一编　第一期之社会主义

——英法二国之社会主义

绪言

社会主义者，其发生于现世纪（十九世纪）之初。至本世纪之中叶，英法两国之外，乃波及于他国。于英国则洛威托拿夷，于法国则沙希和、布拿等之徒，共为运动之发创者。两国之社会的问题，所以率先他国而兴起者，实彼等之力居多。当时两国社会之状态，实甚不振。其时人智则渐发达，人人皆于社会制度而生不满之念。资本主与劳动者之间，分配不能均一，各人逞其私利私欲，而不顾他人之不幸。于是公理渐起，咸欲享受社会之幸福，抱不平之观念者渐多，世人亦大注意于社会的问题。是为社会主义之起点。然当十九世纪之初，社会问题之声，尚未震全响于世界，而耸动世人之耳目者尚少。独英法二国，当时关于社会问题之运动与事迹，其发见为最早。是为第一期之社会主义。而英法二国，独占其先声也。

社会主义发达之事迹，自其变迁之时期而区别之，分之则为三期：其第一期，为创成之时期。始于法兰西之革命，终于千八百四十年之革命。于英则为拿意，于法则为加威希和等，空怀改革社会之理想，而偶实旋于社会，则反为证明其失败之时期。迨入第二期，由拉梭列、马克斯等之学理的研究，于社会主义运动之进路，遂开一生面。近时之所谓社会主义者，其根蒂多采于彼等之学理，以排斥架空之妄说，而肆口慢骂之声，其数渐灭。于是沈思熟虑，讲究学理，其步由此渐进，而一段之真理，遂由此而首肯。其开此派之人，遂组织为同盟会。千八百七十三年，因卫额之大会，偶生同志之分裂。社会党派与无政府党派，全然又遂分离。社会党之气焰，一时颇有闭熄之状。既而再于日耳曼因社会民主党之运动，渐有转机，即所谓近时之社会主义之发现。而入第三之时期。既而学者之主张与经世家之考案，相俟而为国政之应用。于各国社会政策实施之事迹，乃历历而可寻研究社会问题之声，反响振于世界，终至耸动一世之耳目。然其运动虽由此而渐盛，而党中之异论，亦由此而生。数派各歧，门户遂异。同居社会党之中，互相结党造派。其持说与抱负，各异其旨，时形反对。故虽统谓之为社会党，其党中之内情，纷杂混乱，殆难收拾。此谈近时社会党之状况者，不容不深考虑者也。

则就社会主义之发达上，稽其隆替之际，虽区分之为三期，然所谓社会主义之根本与目的，更有非常之变态。第一期之社会主义之目的，至第二期而始达。第二期始发达，至第三期而养成。贫民与劳动者，始分配自由与幸福，以至今日。其当初之目的，尚未能贯彻焉。于现时之社会，把持最大权力者，为上中级之社会。或起嫌恶之念，或抱仇敌之情。吾人今特稽察彼等之事情如何发生，其径路如何运动，其极点如何成功，其向点如何失败，其境遇如何甘苦，以解说第一期之社会主义。追序彼等之现状，以为世之研究社会学者考焉。

第一章　英法二国之社会的状态

英法二国之社会主义，果何故先于他国而发生乎？果何故先于他国而长成乎？而欲解说此问题，非于十九世纪之初，而稽查此二国之状态，不可也。盖当现世纪之初，其弊最多者，以下等社会为最甚。当时之社会党员，多为下层贫困之劳动者。于贫困之状态，或目击之，或身受之。故其社会改良之方策，皆由贫民救助的之方法而现出。

至于法国，其弊害更有甚者。中心既倾于腐败，此社会者，遂依革命而打破封建之旧制，以压抑王侯之专横，绝灭社会之阶级。虽其如此，然而腐败之空气，尚未能除，亦其政府施政而失其宜，而亦当时之社会所处之时之不幸。其下级人民之惨状，殆出于想像之外者。因此等之恶害，随伴改革社会之计画而并生。故社会党遂以过激疏暴之举，以强迫其豪富绅商。此又当时自然之趋势，而出于不得已者也。

吾人先观察英国之社会的状态，以略悉其概要。盖英国因斯兹哇陆度王统之虐政，久于争斗。以千六百八十八年之革命，渐脱专政之羁绊，破封建之旧制，改压制之恶政，布宪法，开国会，以出改革弊政之途。惜哉！其改革之步，仅止于此也。于政治上之权利，仍归于上级少数者之手。然此等少数者，皆注目于一己之私利。而多数贫民之休戚，漠不相关。其结果也，如劳动者之赁银，其高低之额，任管理者之意而定之。且以各种之目的，而禁劳动者多数之结合。凡输入之物品，又课重税以谋地主辈之便益。其课食料亦同，以种种苛刻之租税。于是贫民困于衣食，流离颠沛，日沈为穷乏之悲况。而残忍之富者，视以为常。如教育之事，决不普及于庶民。盖欲养成其愚众，以为为政之秘诀。故其多数之人民，大都无学之文盲。加之刑律甚重，囚人不绝，囹圄之中，为恶疫之巢窟。凡入狱内一度者，则人间之性情一变，其狱官绝无劝善惩恶之旨，大抵险恶狰狞之人，竟为世人梦想所不及者。社会上道义之颓败，一至于斯。下层之贫民，云集于街衢，无所归宿，社会绝不顾虑之。而富豪搢绅，高楼大厦，高耸于云表。

不独此也，更细察其内，而贫民困乏之状，更有甚者，绝无救济之良法。其所谓贫民救助法者，不过徒供惰民坐食之资。以八百万镑之大金，而庇荫无赖之辈，而贫民绝无被其恩惠者。多数之劳动与妇女幼童，皆服苦役。其妇女幼童等，劳动于煤矿，腰缠铁锁，从事于搬运之货车，匍匐于狭隘阴郁之坑内，恰如牛马。幼童之六岁者，一日从事于劳动者，竟至十四五时之长，鞭挞殴打，属于峻严苛刻之监督之下。因之而夭折者，不知其数。甚且使役童子，以供扫除烟筒之役。盖当时之烟筒更狭，非若今之阔大者。令儿童匍匐于筒内，有不入者，则鞭笞之。而雇者又不注意，每每烟筒未冷，即迫令其扫除，儿童每有烧死于筒内者。或烧烂未甚，而仅免者。其惨虐之状，大抵如此。彼等所得生活之资，仍苦不能自给，饥寒交迫，民不聊生。其教育、卫生等之不完全，更无待言者。据千八百十八年之计算，已及学龄之儿童，有一半无教育者。全国学校之数，不过三千三百有余。后五十年，其数增加至四万四千，足见当时学校之不足。至于关涉卫生之事，十九世纪之初，伦敦死者之数多于生者之数，其人口幸赖他方人士之移住者以补足之。今日所称文化之中心，世界之富国者，其当时社会之状态，乃如斯也。

加之机械应用之术，日益进步，工业界之面目又一变。独立之小制造家（即以手工而自制造货物者），亦已全灭，遂不得不夺劳动者之职业而谋生焉。于是以前之制造主而兼劳动者，并其家内之职工，亦皆俯首哀愿于资本的制造家之使役，否则饥饿而死。大抵不出此二途，而资本家但谋其私欲私利，其酷待劳动者，日亦加甚。而工业界自然之趋势，劳民之数，同时而非常增加，其赁银遂日低一日。即如从事棉布制造之劳动者，一周之赁银，不仅六希卢厘额。而劳动之时间，其延长无制限。且迫于生活上之必要，妇女并幼童，悉投于劳动社会之毒涡中，而小儿尤甚。仅能步行者，亦强其而就职业。其执务之时间，与成人等。且其监督严密，如上者之所述。悲惨之状态，凡各处之制造会社，视为普通之事情，无怪之者。以故当时之诸制造会社，发表之报告书，宛然一种悲惨之哀曲。今日读之，令人酸鼻。而惨毒之状，跃跃若绘于纸上云。

英国之社会的状态，既已如斯。则经济上之发达与机械之发明，资本家与劳动者之间，画若深沟。而贫民之状态，日增困惫。千八百十七年之顷，社会惨憺之悲境，殆已达其极点。自拿破仑连衡欧洲诸国，试一大决战以来，战后之余响，国民之经济界乃大扰乱。而国家之前途，日即于非。于是英国社会党派之巨擘洛威托拿尼，乃献救济之策，尽力斡旋，以经营社会组织之改良，乃于此时，应运而起。

于是英国社会党派之泰斗拿尼，唱导社会主义，全英国为之风靡。自由民权的运动之势力，视法兰西更为丰富。社会党派之勃兴，日益强盛。更唤起法兰西国民之注意，于社会突增一大势力，乃为社会主义之前锋。

更察法兰西当时之状态，布路贺王统积年之余威，日渐于弛。于社会阶级，而抱不公平不满之念者，皆与贵族僧侣辈而反对，唱导社会之公益者日多。千七八百十九年①，为救治国家之积弊，召集千六百十四年以后国

---

① 应为"千七百八十九年"，即公元1789年。

会之会员，下层社会郁屈平民等，结为议会。更结合唱导自由平等之辈，而为民权党派，以反抗国王及贵族僧侣等，以占国会势力之地步。于是新旧两派之争斗，不绝于时，跋扈跳梁，内讧大起，党派之歧，倏分倏合。乃有契洛兹斯托党雅可宾党，是为过激党。激之愈甚，遂成为破坏党，遂杀国王路易与王后马利亚托亚尼托于处刑坛上（又称为断头台上）。主其事者，为米拉贺达托贺卫斯卑陆等，是为"恐怖时代"。法兰西之纷乱，达其极点。贵族压抑之弊虽除，而乱民暴逆之政，袭之而起。自由之奋斗，民权之抗争，纷纷扰扰。自由民权之至理，用之而失其宜，反为世所诟病。国政之改革，反无其期。其国民又大希望英勇杰士，或早一一而降临，庶以调理国政。而朝野之间，大都竖子，舞弄政权。强者立于上，以苦其在下者。而在下者，理必起而反抗之。互相杀戮，以为毕生之能事。槛车相续，囚人充狱。处刑坛上，受绞首之刑者，前后踵接，日几盈千。天日梦梦，阴气沈郁，民不安枕。旦握政权而立廊庙，夕受缧绁而泣楚囚。友谊交情，全然废绝。社会之中，纯为恐怖之时期。国家之政治，紊乱如麻。革命之惨剧，为前古之所未有者。呜呼！戚矣。

　　世运变迁，达其极点。然而社会主义之实说，于此际亦顿发达焉。唱导"四民平等说"与"财产共有说"者，亦渐不少。当时野心之士，欲得国家之势力，必先得多数贱民之同情。故其唱导学说者，极求恰适下等贫民之意。然各种之学术，虽受其余弊，而自然社会主义之统系，由此而注入焉。

　　先是，法国一派之论客，咸论"土地私有制"及"财产制度"之不可。其对现社会之组织，全然已漏其不平之念。其党魁卢梭以"社会契约论"而显其名，以论难社会之现制，而决其"虚伪""虚饰""不条理""不平等"之甚大者。以伦理道德而排斥人心腐败之结果，以文明而战刺于人间之心意，以华美之域而非难狂望之名称。论定"教育不善之结果"，以"流毒害于世界，不知学问为何物，美术为何物，技艺为何物。而人心之屠弱，已荡尽而无所存"。更决"不平等之根源"，列记现制度之恶害。曰："以财产属于政府者，究为篡夺莫大之甚者。其先占领一部之土地，据之而为己有。子子孙孙，相袭而握其私权。故曰：凡私有土地者，实无异于夺掠与强夺也。岁月者以积岁月而成，习惯者以积习惯而成。以人间天赋之本性，而改铸于人为的镕炉之中。或称贵族平民，或分国王人民，或类别佣者与被佣者，或区分地主与小作人，或为暴君或为奴隶，是皆改造天禀之人间，而从于人为之强制法则。人生坠地以来，素有平等之权利与幸福。是天岂独私于彼少数之握强权者。夫自主、自立、自由及平等之大义，乃社会契约之大原则。故人间但营本来之生活，以求发达之途，无敢或妨碍之者。如彼贵族与僧侣，以政府而压抑之，则必一一打破，以达其终局之目的。若因是等之目的而起者，虽反乱谋逆，尚为合法之正理。况今日现社会之组织者，以夺却人间天赋之幸福，而众反称之为政府，实为百弊之源泉。现行之法律制度者，实为不法悖理而妨吾人人类之权利，则吾人本其良知良能，理必起而反抗之。昊天授我以权利，赠我以幸荣，而彼人为之法制，妄于吾人之手里而夺却之。则彼之法律制度者，实为人间社会凡百弊害之根源。彼财产之私有制，实为人生困厄之根源。非打破而灭绝之，决心耐力以图之，吾人何以立于天地之间乎？"其论如此，宛然急进的社会主义之议论，以表发于天下。于法兰西未革命之前，先发其端。故社会主义之萌芽，早已胚胎于法兰西人民之脑里。后来之社会主义，皆由彼之议论而发生。彼享受之系统，岂鲜少哉？而革命之大乱，亦由彼之议论之传播。故其迅速如此，故转瞬遂为其实演之期。盖当时法兰西，论士横议之时代既去，而凶徒暴动之时代继来。各本其平日之理想学说议论，复藉多数之腕力而直行之。但合当时之意旨者，无论其说之可与不可，遂试于国家之应用。遂排斥他党，以握国家之实权。其状态如病狂者，时势如斯。故极端社会主义之议论，最惹世人之注意，次第必得其赞同。而此种之议论，遂为运动之开始。以试实行其共产主义，如诺意陆威卜其人者，实为革命时代社会主义之先驱。

法兰西当纷乱争扰之极，而盖世之英杰拿破仑乃出，一时复归于静稳。而社会主义者之议论，于此专制君主之下，毫不能举其气焰以争衡。以十余年之日月，仅保其屏息之态，而蛰居于国境之一隅矣。

法兰西社会主义之气焰，虽经一时之顿挫，而原质不灭，目的终存，依然而存其根蒂，视国势之机变，再乘机会而公表之。以布于天下，以勉社会的势力之作为。而彼等怀抱之目的，别之为三种：其第一者曰"自由之普及"。各人皆有享有之自由平等，与政治上共和的思想。其第二曰"同胞主义之实行"。各人皆去其藩篱，互相亲爱而救助，所谓理想的兼爱主义是也。而其第三者曰：各人不限于有形无形，皆切望绝对的平等之境遇，决非难行之事情。凡世间一切之人，皆得享有同样之运命与幸福，乘机会而复其天赋之人权。是为"平等主义"。此最后之目的，实为社会主义之第一著，所希望而贯彻者。

英法二国当时之社会的状态，惟其如斯。故此二国之社会主义，率先他国而发生。今吾人按其时期之前后，先叙第一期革命时代之社会主义，以卫布、额倍二人为首，其余之人次之。

第二章　第一期革命时代法国之社会主义

法国革命者，实乾坤一掷之大变革也。其余响之所及，不独法兰西之一国，且广及于欧洲之全土。干戈兵乱，相续不已。政权争夺之变，为古今之所罕闻。以自由平等而代压抑专制，然而政治的平等主义，虽经实行，而治者之施政，常失其宜。野蛮之自由而陷于疏暴，紊乱之平等而流为急激，是其弊也。既而灭皇室，逐贵族，覆灭现社会组织之根柢。以乱民之狂暴，交握国家之主权，开国会，定宪法，改窜更定，一再而不止。社会之秩序，因之全颓；国家之组织，因之失实。盖其久惩专政压虐之苦，反动之余势，举国之民心，皆心醉于自由之说，神游共和之政。而抱极端平等之理想，以企改良政治。苟有资产地位之社会而显于时者，虽为非常之权族，必目之为自由之仇敌，必欲杀戮平夷而后已。暴逆横行，至于此极。政权遂嚣嚣然归于群民之手中。无资无产之徒，与真正之自由民，固为可喜。而乱民暴徒之队，横行州郡，剽掠财货谷米，不知其厌。彼暴动者，误解革命之真相，残虐悖逆，愈剧愈惨，道义节操，扫地荡然。官吏居职，不能治之。军队拥兵，不能镇之。秩序混乱，天地冥冥，举世滔滔，一陷于铁血奇惨之世界。

当此扰扰纷乱革命之时代，社会秩序，崩坏不堪，诸事亦全归混乱。然虽如此，而其间有一种之思想，渐次发达，而占其势力，遂果占有最后之胜利焉。所谓一种之思想者，何也？曰：平等之理想是也。盖平等者，所以制万事。革命平定之后，初显其形。于政治上大改权利之不公平，以至全国之民，皆得参与政权者。既而拿破仑既殁之后，欧洲诸国亦皆认定此真理，建设政治的自由之制度。而革命者所狂望政治上之自由，至是渐达其目的。

革命者为欲得政治的自由，大启纷争。举社会极其纷乱，每有于其不相关联之目的，而为运动之开始。彼革命者企图社会之改革，当此大革命发生之际，考察研究，以企并得政治的自由经济的平等。如卫布其人者，实为革命时代唱社会主义者之一人，决不容轻视焉。吾人欲叙革命当时社会主义发达之大致，则卫布一派之运动与学说，急宜记述者。

第一节　卫布及其主义

列拉沙哇诺野陆卫布者，以千七百六十四年，生于法国野耶州之沙科野他。父为墺国军队之佐官。幼时家计甚丰，得受充分之教育。十六岁时，父卒，学业中止，为小吏。后升进土地检查官，终推选为沙摩州长。偶因得罪，处禁锢者二十年。自狱逃出，遁于巴黎，遂投身于革命之运动。当时法国之学士论客，追想希腊罗马之盛时，心醉其学说者甚多，心窃慕之。遂取加耶斯额拉加斯所唱"民之保护者"，登于自己之新闻，以攻击当时之社会制度，大唱共产主义之议论。盖卫布之共产主义者，多采于贺列之"自然法"，错综变化，以社会之平等，为唯一之目的，曰："社会之人，假使有一人有多数之财产，必破社会之调和。"又曰："社会之目的，在全人民之幸福。而欲全人民之幸福，先于凡关系社会者，企图一切平等。"又曰："欲得若是社会之平等，必先以一切为牺牲。"

彼所唱之平等主义，如是其专。更举社会凡百之弊害，畅说其不平等之原因。凡犯罪暴虐压制及战争等，社会的害恶，皆归因于天然之大法。而期平等主义之普及，更平贫富之悬隔，以增进共同之福祉，为平等主义实行之第一义。以革命为目的，而灭现时之不公平，而给与各人共同之运命与幸福。

平等之目的,以共产主义为根本。平等而后自由,平等而后平和,以调和社会而改良人世,皆以一平等之主义为基。而如何贯彻此一大目的,而谋平等主义之实行,是真欲解释而不易于解释者。虽赞平等之本旨,而欲企图其实行。共产党及其一派之党与,亦因此问题,而焦心已久。卫布亦知此主义实行之困难,故亦徐图其计划,以达终局之目的。彼即先以公有及国有之财产,造一公同的之一大资产,全废旧行之相续制,人民之死亡者,凡其私有之财产,归于共有。然自今五十年之后,凡财产始为共有云。

财产既不为私人所有,则监督及生产之方法,又如何而处理之?卫布乃以任命共同的生产监督与官吏,而归人民之投票。但此官吏者,供给调查国家全体之需要。而计其生产额之多寡,以勉其过与不及。

凡官吏之管理生产者,各限其方域,监督亦如之。彼国家之制,分之以县,而县又分之以郡。中央政府,统辖其县,而县即支配于郡。一郡一县劳力之不足者,则需于他郡县。生产物者,亦以其过不及而相交换,而泯其不公平。且于丰年之际,则贮藏以待他年之凶歉。私人不得贸易外国,有犯之者,其货物没入于官。国际间之交通,政府所严密监督者,仅许其举发共产主义不良之结果,则禁止之。若书籍之出版,凡说明平等主义者,必得赞成之许可。

世界劳动之种类,不一而足。卫布之共产主义,则区别其种类为无用之劳动与有用之劳动二种。有用之劳动,则许之。无用之劳动,则例得禁止。有用之劳动者,如"渔业""船海业""机械工业""手工业""小卖业""运送业"等,于农业尤特殊而奖励之,文学与美术为无用之劳动。

平等主义既行,更进而支配男女日常之行动。如衣服之制,则以男女之年龄为等差,其服制则倡一制。食物亦合同量之食品,美华高尚之物品,皆除之。高等教育,亦为无用于社会。

卫布所唱共产主义之理想,既已如斯。而其发极端平等之梦想,欲致社会于一模型。以讲无味单调生活之法,变化世人之乐事,勉为平平坦坦兴味索莫之社会。至其极也,则必反抗社会之进运,而谋其退步。举世而为蒙昧顽愚之徒，以阴郁太平无事为乐，滔滔社会之潮流。凡社会组织，经一度之破坏，则导世界而进一层冥暗之境。以此种种之计划，大抵不可思议者。而彼等所说之平等主义，以受法国社会之欢迎，遂惹一时世人之注意。其实行之方法，奇怪偏僻。众人汶汶而不知，且欲求实演之机以达其目的。

彼等以自己之新闻而述其所说。更集同志，以反抗当时之政府。恐怖时代之主宰者洛海斯卑陆之一派，以攻击温和党。政府乃因之而投于狱。彼等于狱中，复集同志，又复出狱，更直组织一党，而称为平等派。欲代政府而组织共产主义之国家，以画颠覆政府之阴谋。秘密而调诸般之准备，而善掩其迹。徒党共至一万七千人，将实行其计画，为政府所探知。千七百九十六年五月十日，徒党就缚之六十五人中，有五十六人，不能举其证迹，皆得受无罪之宣告。卫布及他陆托等，遂处死刑。于九十七年五月二十四日，法兰西第一之共产党员卫布，乃就死。

第二节　额海及其主义

卫布组织共产的社会于法兰西革命之时代，既已失败，而受断头台上最惨之死。其余之地，唱共产主义，欲实行于国外，以图经验而创立共产主义党者，则野兹耶额海是也。额海之出世，在卫布死后之二十有四年。其时革命时代之人，难存其半。然当布陆贺王朝复古之时，法兰西之革命既收，唱导共产主义者亦渐少。然彼竟唱社会主义，无异于革命时代之际，可与卫布而并传。盖卫布与额海两人者，皆为法兰西唱导共产主义之第一人。故并为一章，而系于革命时代之社会主义之条下，以纪其大致焉。

额海生于千七百八十八年，法兰西之兹希幼。父为桶匠，尝运动额贺那利党而为一爱国者。额海幼时，受充分之教育。初修法律，遂为辩护士。后选为代议士，乃出巴黎。以运动政治社会，受怀抱极端共和思想之嫌疑，为政府所逮捕。遂去伦敦，由托马斯摩亚之"乌托邦"而养成共产主义之思想。曾著一书，题为《伊加利耶国渡海》，时千八百三十九年。书中所记，假设一伊加利耶国，人口稠密，制度整顿，胜于英法二国之人民，得数千倍愉快之幸福。欢喜游乐，以送一生。描画安乐国之状态，即以此伊加利耶为实行共产主义理想上之国，采用自己之说。世界之国，皆得为伊加利耶。托于千八百四十八年，彼自行于北美之野，送数队之人民于合众国之特歆沙斯州，乃得让受此广大之土地。不幸移此之住民，为恶疾而失其大半。其余之民，皆离散于各所。其后额海自率一队，渡合众国之耶哇。其殖民地，称为伊加利耶。遂实行其多年之理想。于是伊加利耶之土，不数年，人口增加，达千五百人。额海统御失其宜，田园荒芜，耕耘业绝。谷果之收获，不能满足其人民之思想。击壤鼓腹之乐，徒记之于梦想。同志之间，又生衅隙，遂至解散其团体。于是额海又集其一部之人士，而移于西托陆伊斯。以千八百五十六年，遂死于此。而其余之同志，自亚伊拉哇而移于可野之野近，又称此地为伊加利耶。组织共产主义之一团体，续额海之素志，今犹存在。其人员并男女老幼，不满四十。渐已不能保其给绳之命脉，其势力之微，殆不足数云。

额海欲实行其如斯之理想，其局终归于失败，止存残迹于美国之一小地，不过仅能实行共产主义一种之事迹。然彼卫布之怀，徒尽空中之楼阁，而欲件件试于实行，犹有最难之事。盖以额海之共产主义，与卫布之平等主义相比较，两者之间，颇多迳庭，先后犹难实行者。

额海所唱之共产主义，虽与卫布同以平等主义为本旨。然其实行之手段，则以友爱之发达为起点，而非卫布无策无谋之比。盖彼希望世界之平和与人生之幸福，而忽欢如斯之扰乱，深叹社会缺乏友爱之真情。故欲扩四海同胞之主义，以救助此混沌社会。故彼实演平等之主义，而营共同的之生产。亦以此友爱为基础，作亲爱和合之人，而谋相倚相助社会之改良。人人冀悟友爱之真味，而抱万人皆兄弟之思想。一扫社会混乱之状，整秩序，进道义。以期美善共产的生活之方法，而达其目的。

额海欲以友爱之真情，而作为高尚美善之社会。如彼卫布所唱导高等教育之无用，则益奖励之。不欲人智之开发，何以故？盖友爱之真情，不由学问之进步，而无俟其发挥。故彼之时，尊敬妇女，视结婚如神圣。夫妇之爱情，终世而不渝。夫助其妻，妻励其夫，互相辅翼。而营和乐之生活，以尽人生之义务。且劳动之时间，女子亦减缩于男子。男子则五十六岁，女子则五十岁之后，为闲散无为之世。日常之劳动，男子夏时则七时间，冬时则五时间。女子则减四时间。且视如何之场合，则午后之职业，亦禁女子之就职，而大庇荫于女子。

惟其如斯，乘卫布以极端平等主义经营社会组织失败之后，额海一意依赖友爱以计画共产的社会之组织。盖友爱之真情，于人间社会，为高尚之美性，开发诱导古来之志士者不一而足。额海亟欲希望此等真情之发达，而救济之。然滔滔人世，孰非挟其一片之私念者。既有私念，则于人己之差别，极难完全圆满。而阻碍友爱之发达。故人己平等博爱一切之念，庶永亿万年之后，人皆圣哲，爱人如己，撒①去胸中藩篱，洞然和合之时，则友爱之真情，与共产主义或相并而发达。富者散富以与贫者，世界各人之资产，庶几平等。然今日社会之风潮，方急谋其私利，毫不顾虑他人之不幸。颓义灭亲，汲汲于利。况欲以友爱之发达而改良其社会乎？额海唱导友爱之福音，诚为可敬。然时运未至，决不能注意于此好主义而实行之。则额海之计画，空陷于失败。盖彼之时势限之，以此热心救世之人，徒从事于劳而无功之业，谁之责欤？

当革命时代之法国，卫布之社会主义，既不能容。卫布既去，而额海继兴，当时已归宁静。而法国之社会，亦有实行之机。盖彼远遁他邦，事业蹉跌，终其身于异域。然当卫布之死去，与额海之远徙，而又唱导社会主义，以显于法国大惹世人之注意者，则又沙希贺是也。

第三章　英国之社会主义　洛卫托拉野

当十九世纪之初，英国之社会的状态，日沦于悲境。富者益富，贫者益贫。劳民之生活，极其穷乏。国家之财产，紊乱之事实，既如吾人所说者。当此时而讲改良之法，以解释社会之问题，如拉野其人者，决非偶然也。

洛卫托拉野者，以千七百七十一年生于英国之贺托额那利希耶伊亚之

---

① 应为"撒"。

意野达乌。父为鞍匠。拉野幼时，极有敏捷之性，受规则的之教育。方十岁时，直为斯他贺陆度吴服商之手代，事务鞅掌。然以其余暇，极力读书，专研究宗教上之议论。从年后研究神学上之议论，以排斥当时之耶稣教派。千七百八十九年，为绵布之贸易，赴马兹意斯他。出其特意之才干，大得利益。至十九岁时，役使职工五百名，为一纺绩会社之一管理人。技量渐进，名声益隆。其执事务敏捷与巧妙，殆压倒其前辈。遂为意野拉那科纺绩会社之主者特陆所知，而嫁之以女。自是奉其大舅纺绩会社之事业，而日臻发达。而彼又一面务其职业于其傍，遂大研究贫民的问题，举行慈善的改革之事业。于是其名轰于全欧。

拉野夙研究人间之本性与理解，抱持一定之主义，以独特之见解，解释人性之本能。即彼所谓人性论者，分吾人人类之性质为二种：一为先天的性质。其大部在感化社会万般之境遇，而为习惯的性质。盖人类常欲长成于和喜欢乐之里，而因外围之状况，以扰乱人间之本性。以此境遇之养成者，则人间之性质，至善至高，以除去社会残虐悖逆压抑专横等之喜恶，而成无垢清净之人世。盖为此等混浊之社会，而考案其改革之设计，以企图其改良。则一朝社会万般之事物，各适其度，而入于佳境，诸事整顿，则社会之不幸与弊害，庶几自此而永除。

彼之初入意野拉那科也，服幼童之劳役甚多。先发念而留意于儿童之教育。盖意野拉那科之地，劳动之数，不及二千，其中五百为年龄初达四岁之小儿。自古拉斯卑之养育院，导之而来就职，以谋顾主之利益。然而大害小儿之本性，与身体之健康，精神之修练，而陷终生于不幸。拉野心大不忍，急求改良之方法，画采各种之考案，儿童渐得步行。又用种种之手段，以谋智力之发达，抚育之而教训之，终为今日之所谓幼稚园教育之滥觞。当时未为人所知，至近代大著其果效。是为诸国之教育家研究儿童教育之开始。

拉野更进而求改善劳动者之状态。凡酒店及饮食店，皆远于劳动者之居宅，以抑制劳动者之酗酒。又教妇女家庭之整理，料理之方法等，谋造家庭和乐之素。又设共有之会食党，个个分立消费，以节减食料之冗费。于是劳动者，每年得节减至五百镑云。

其余彼之计画，又开一杂货店，以原价而购善良之货物，而卖与劳动者。又为老人与小儿试无数之游艺，以设置游艺所，以发育身体，而谋精神之娱乐。于规定课业以外，时时试其实演。拉野既于意野拉那科，而试种种之计画，为儿童而谋心身之发达，为劳民而改善其状态。彼之事业，日月而赴于盛运，每年而扩张。而其改革之方案，亦着着而奏其功。既导意野拉那科之劳动社会，而至安宁幸福之乐境，渐已成功。于是英国之各所，渐多采用其方案。彼自著之传记，谓其居意野拉那科时，凡来访问者，每年在二千人以上。上自贵显绅士政治家商业家等，至奴隶贱夫，皆集其膝下。讲究其计画与实效，以供后日之用。俄国之意野拉斯亲王，亦来访问云。

至千八百十七年，英国贫民之惨状益甚。疲惫困穷之状，殆不可睹。政府命拉野调查贫民增加之原因，拉野即呈书于贫民法审查委员而详述之，以公白其社会主义之议论于当世。

其所论定，确立为三段：其一曰：改良人间生活之方法。各人皆享有同样之福利，除去社会之害恶。其二曰：改良之，救济之，以尽国家当然之义务。其三曰：国家以慈善为基，依其同的生活之方法，及劳动者之教育等，而谋社会之改良。乃大考案此议论，经营惨憺，以冀达其目的。

其所谓贫困之原因，归于机械发明之结果。必自政府购求机械，以供给劳动者，而享受一般之利益，而为救助贫民之最良法。于各州各部之贫民，或千野额（一野额者，日本四番零八步有余），或千五百野额与之，以供千二百人民之生活。以耕以收，而营一大家屋，以谋各自之生活，而节冗费。附加而设劳动所及商店，适从其所好，以谋一己之劳动。冬时与夏时，各异其职业。毋空过余裕之时间，而怠其事业。而此大家屋者，劳动之家族亦居之。每一家族，各有特别之自室。如食事等，则数家族相会于一堂而办之，以减节巨大之冗费。于小儿，则如意野拉那科所设之共同幼稚园。且依托学校，以谋心身之发育，而养成健全之后嗣。不但劳动者及贫民享受其利益，而国家之利益，亦由此而增进之。且依其所得之利益，又配当于贫民相互之间，以组织社会之幸福繁荣。国家于贫民，乃免一大重荷之负担。而社会上贫民之怨声，由是而渐泯。

拉野之建此方策，既为现社会所适用，又论人类以分四阶级：第一为贫民。第二为劳动者。第三为商工业者及农夫。第四为富豪及贵族。从其阶级，各自为隶属，以组织一团体。自第二迄三阶级，全然为独立团体之形成。其劳动亦各自任之，不藉其余之帮助。独第四为富豪及贵族之阶级，劳动者与其余之阶级，则不供给之，以组织各阶级混合之一团体。贵族富豪之对劳动者，必与以适当之赁银。其赁银之割合，由劳动者之撰出，一任委员之认定。则各团体所得之利润分配，于各阶级之间，以免不公平不均一等之弊。其组织犹不止此，然已为纯然一个之共产的组织。其劳动者之功果，无有差异。其利益之均配，因之均一。盖其如斯则人间之欲念必寡，且易顺从。彼盖深体人间之性情，故皆得其满足。盖当现时之社会，而欲施行此共产的方案，必先比准劳动者之功果，以配当其利润之等差。而采宽容之策。其劳力多者则与以多分，少者则配以少许。以求社会渐次之改良。进教育而养德性，励劳役而增福利。人人各享安宁和乐之幸福。于是共产主义，乃真实行。劳动之功果，与利益之分配，全然均一矣。

拉野之计画，一时得国民非常之赞成。且其议论，亦便于实行。如女皇之亲父契托侯爵，亦表同情，深赞许其议论，欲共公私而试实行之。乃运动此共产的组织之团体，与拉野之高弟可布共极力组织，且试设立于他所。

千八百十八年，拉野更撰他种之著述，以特发明一新之原理。其议论皆关于劳动之生产，为唯一之要素。各以其出产物品而交换之，以费同等之劳力，所得之物品，则交换互易。且欲废货币之制，而代以劳动之手形。以几时间之劳动，记以记号，而供货币之用，相互交换。则劳动之多寡，一目了然。

拉野又以人口之增殖，而与马陆沙斯而抱反对之意见。据彼所说，以机器发明之结果，产物之增加而相比例。而人口之增殖，尤超过之。限制人口之增加，以补货物之不足。不若以正当社会之组织，以分配其富于公平。假令世界之一部，人口增加，已达其极度。而人口虽弥满于世界，则世界必更新生物产以济之，而社会必不为人口超过所苦。彼爱兰土及其余之诸国，虽受人口夥多之害。盖彼等弃其未开未垦之地而不知，徒踯躅于一小天地之中。盖人口万无充满世界之期，继有其期，则社会之事物，亦必改良进步，以成完全之组织。若现社会不秩序不整顿之下，虽人口不满，亦足为忧。人口过多，不足为患云。

拉野至其晚年，述其经济上之一新原理，以求应用之实地。以劳动所生之生产物，而交换其所好之物品。既而悟其终难实行，亦欲废绝此举。

其后复组织数面之团体，以试企计而实施。乃于额拉斯可之近傍拉陆卑斯托，由其高弟亚布拉哈摩可布管理之下，以试验其实行。经无数之困难，乃见约略之成功。然至千八百二十七年，可布死后，其团体之组织渐弛，秩序坏乱。团体之中，自生矛盾。遂陷于无政府之状态，竟至解散而后已。是时，拉野方共同志而渡亚米利加，时千八百二十四年。翌年，乃于伊希耶兹州兹幼陆兹拉购得一顷之地，名之为意野哈贺意，而组织一团体。时八百余人，自美国之各部而来集，大讲教育，以谋共同的生产之方法。而求将来之发达，以欲实行而期成功。然团结之力，微弱未振。党内纷扰，不绝于时。或拉野为唯一之管理，又或选委员以托其管理，以展其秩序。然而组织愈渐坏乱。千八百二十七年，竟无成功，乃归废灭。

既经多少之挫折失败，然拉野至千八百五十七年，其弥留之际，尚确信其自说，以冀计画之施行。其晚年为社会之改良，又复攻击当时流行教派之信仰者。而设立正教党，大展布其布教之热心，一时虽向盛运，至千八百四十年之顷，渐次衰微。于是拉野之学派之社会主义，亦渐失其势力。而英国社会之状态，亦未进于改良。下层之贱民，其困惫穷乏之状，日益急剧。而求各种改革之方策之志士亦鲜，不过政治社会之改良，当时渐发其萌芽，或与劳动以共同之利益，而得贫民救助之方法。如非谷物条例之运动，以同业组合之组织，相依相俟，而奏社会救济之功。然至于今日，其效果之迟缓，不无遗憾。而人工的之改革，终托之于梦想。其目的之辽远，终无其期。成功之美果，果待何时而收乎？盖自千八百五十七年，拉野未死之前，英国社会党派之势焰气力，已显衰退之色。其运动之不振，职是之故欤？

第四章　复古时代之社会主义

法兰西之革命，经拿破仑铁蹄所蹂躏，自由平等之议论，埋没于兵马倥偬之里。再经强盛专制君主之统驭。法国之国威，发扬于此大帝之治下，耀耀如旭日中天之势，以临四境。或运隆隆，压倒欧洲之全土。既而欧洲列国同盟军之抗争，一败涂地。乃刑戮国贼，而流拿破仑于荒岛，以绝路易王之血统，再复王位。布路贺之王朝，又握天下之主权。于是制度文物，一幕革命以前之旧态。凡自由平等之议论，斥为邪说误国，而坚禁之。内之则举朝之风仪，悉遵古则。外之则神圣同盟之武力，以抑革命之气运。天长地久，永堕于独裁政体之黑暗世界。史家称为复古时代云。

法国革命之目的，初因误于歧途。于是革命之结果，因之压抑。自由之反动，变为专政。民权之拘束，较昔日而倍之。社会之组织，日即于非。王室上独握其主权，以凌视一切。而人民下抱不平之念者，怨嗟之声亦渐高。宫中府中，为人民之怨府。滔滔社运之气运，养成此不平之分子，以备再次革命之元素。当此复古之时，愈压愈激。于是图社会组织之改良，经济社会之进步，以图政治的自由、经济的平等者，又渐露头角于法国之舞台。遂祖述一派之社会主义，以大声耸动世人之耳目者，前后之巨子二人继出，则希贺、布厘时也。彼等之时代既同，其目的亦一。但希贺先布厘而出社会，唱导相异之议论，以张其旗鼓。于经济社会两者之议论，各放特异之光彩。两两相共，以研究社会主义，实得无量之补益云。

第一节　沙希贺及其主义

沙希贺之家统，其远裔为希耶列马，占法兰西上流之地位，有贵族之荣爵。至希贺生于一千七百六十年，亦长成于贵族的家庭之里。交富豪，接贵绅。金殿玉楼，极其骄侈。当幼年之顷，性质粗野，有奇癖，不屑以贵族而终其一生。常抱大望之野心，欲其生涯而特出他人之上。年龄未弱冠，头角颖异，已特别于他童。十九岁时，与拉布野托及法而援美国之义战，单身而出入虎穴，武名渐振。以挫英国之骄心，而折其锐气。幼陆科达乌之役，奋斗最有功。然彼功名之心，极其淡薄，无从长留米国之意。

既而义战胜利，米军奏凯而归。十三州之人民，欢呼自由。乃飘然而归故国，时年二十三。政府知其武勇，任为科伊特联队之大佐。蛟龙得势，志望将成。然彼之本旨，欲投身于军国，终世而与干戈为友。而素志渐达，又去职而脱军籍，及后放弃军人之念虑，以营一私人之生活。独居静习，以研究诸般之学理，就中以"生理"及"物理学"尤为精致。综合百般之学，以开发一新之原理。当时革命之气运渐兴，有志之士，集壮士而谈政治，以冀变更政体，而定国家之扰乱。然而举动疏放，多失其宜。希贺深以此浮薄之举动为监戒，而豫期后来之成功。以为高名富贵，既不足恃，而徒投合时势之风潮，以泛送一生，亦非真正忧国之能事。乃弃其爵位如敝履，轻裘缓带，奔走于社会之间。而察黎民之疾苦，慨然而怀救世之志，佶侃勉励，无敢怠惰。每朝离蓐，辄谓从者曰：伯爵阁下，后来有成就大业之责任。伯爵记之，日日如之，以之自励。又时默念其祖先希耶列马之伟绩，以为自己后来之前途。初，志企图开凿太平洋与大西洋联络之运河，又欲通海洋而至马度利度府之运河，后平列西卜终成开通苏彝士运河之大业，为世界交通之一大进步，亦由彼工业的之智识之诱导也。

希贺既抱企图大业之素愿，又常与平民而表其同情。自弃其世袭之爵位，终始尽赤诚于社会。当时握法国之政权者，为雅各宾党。以希贺身为贵族之一部，而抱不平之念，乃执而囚之，而系于陆契西布陆科之监狱，凡十一月。雅各宾党灭亡，乃得赦而出。楚囚之苦，既已身受。一变从前之目的，而以社会改良为急务。当彼未经入狱之前，本其天禀之特质，未尝倾注一定之方针。既而呻吟狱中，愤慨法兰西国家之失政，而陷于无政府的悲况。奉身命而讲究政治上及社会上之诸问题，而立社会经纶之大策，以图社会之改良。乃遂案出一定之方法，以希望贯彻其目的。

希贺之财产，因革命而被收没。日用衣食，遂大困难。单瓢陋巷，且不可得。昨居华屋，今卧穷檐。盛衰荣瘁之感，不禁悲从中来矣。于是共其友人托列檄共同而试投机事业，适政府收设寺院所领之土地，大博奇利，渐裕生计之资，安然而勉事于学，时年三十八。自是退隐世事，委身于学，勉励困苦，殆十余年。乃大研究诸般之学理，及天然之原理法则等，并生物学之范围。其所学者，上自"哲学""心理学"等形而上之科学者，下涉

"博物""生理"等般之学科，穷究万理，然后阐明宇宙之一大原理。故彼于寻常之经世家，崭然而显其头角，迥非庸庸者之所比。其所说幽玄深奥，发明无限之真理。其门下高足颇多，如拉额斯托可托兹耶利等，皆有名之学者，群出于其门，诚非偶然也。

希贺积学如此，刻苦勉励之后，其所得之学理，为实地之应用，以解释社会之诸问题。既而年近五十，积年苦学之结果，乃始大显。鬓发霜白，形容枯槁，颜色憔悴。当其与托列檄辞其共同事业之时，尚余七万法郎之财产。因历年从事于研究学术，观察社会，尽消费其蓄财，遂至赤贫如洗。依其旧仆檄河陆之救助，或乞其家族而得仅少之资金，以保其生命。又或从事于刀笔之小吏，以糊其口。其零魂落魄之际，一时绝望。恒抱自杀之思想，亦诚苦矣。

然其不屈之精神与自重心，处大难局，无一毫之变计。自千八百零三年至千八百二十五年，及其死时，二十二年之间，其所说之主义，所以耸动世人耳目者，尚可就其事迹而稽之。而其注心于哲学及社会学上之诸问题，其从事研究之间，至千八百二十一年之顷，其所说者，徐自一面而渐进转化于他面，纯然而为社会主义派之人，遂受世人之所认定。

希贺之性质上，人称为学者理想家。与拉野之运动上之称为事务家者齐名。彼尝"自谓余之事业者，为社会之文明进步与发达。但求如何而开发进畅人智而已"。又其所自任者，当时法兰西方实演其无政府的状态，其凶暴之焰，战栗恐怖，而为畏惧之共和政体。其时独于贵族社会之问题，以天下万般之事物，苦心积虑而发挥之。

希贺之经历既又如此，而其思想，则以和合调理时代之精神，与人民之状态，以营各自生活之事业为必要，而注意一种之有机体。而此有机体者，必求完全圆满发达之方法，整理其运动，诱导其发育，适合其理情而后可。盖当中世时代，治者有二种之阶级。俗界之主宰者，其权为国王及封建的君主之所占有。精神上之主权者，则在罗马教会之手，以组织社会而统御人民。既而革命之暴动，一时爆发。在上者以无限之权力，而握政教两者之主权于一手，毫无分与于人民。故因革命之扰乱，人民扰攘，社会混淆，大破社会运动之调和。而究其原因，实因一切过当之行动所致，妨进步而害其发育。希贺欲救此弊害，而谋社会之调和。于宗教界，严定政教两者之分划。罗马教会之监督者，必推荐有德之君子以当其任。于俗界之权力，则废封建君主及贵族富豪握掌政权之旧制，必选学识技量共备而通晓社会万般之事务者，乃委任以统御之权。以相互之权力，主张其平衡，欲以此道而改良社会。第一次欲变更政体之组织，必选择万能之治者。故希贺于社会经营之一着手，此其最先唱导者。彼既画策此方案，又深注意多数贫民之惨状，而表同情。因伴政治组织之改良，乃并计画贫民救济之方法。盖下层之贫民，其对社会之义务，甚重无比。而其享有利益之程度，则甚鲜。而两者之权衡，常不得其平。以故一度改革，贫民加入一层，沈沦终生，不能脱其困轭。实为现时社会之一大痛事。所以救护贫民之事，不容一日忽也。希贺忧之久矣，以为政权之组织未改革，贫民救济之目的终不达。假令智能出众、勉励执事之士，得以政治之全权而委任之。当政治之要务，则心安理足。始能注意于社会多数之贫民，而世甚乏其人。故欲政治一新，以解释贫民问题。虽有为之经世家，终不可致。乃于千八百二十一年，自著一书，题曰《职业制度》。以切论多数人民蒙无量之害恶，必求绝对的紧要之救济，以希望工业制度之改革，曰：现社会之组织，曰怠、曰骄、曰穷。以悖逆天理人道，故至如斯。今后之新社会，必求万人尽职以从事。劳逸应其度，报酬适其宜。社会之劳者有应得利益之义务，逸者不能夺之。唯依各人之天才，而计劳动果效之差异。而报酬亦有其等差，以求绝对的平等，而绝今日经济社会不平等之大害。是为社会调和必要之要件，则贫民救济之功，庶几得之。

希贺既著《职业制度》，又著《新耶稣教》，风行于一时。是为其晚年之著作，毕业而遂卒。其书就宗教上而立论，以论关于宗教最高之义务，发明耶稣布教之旨，而加以新理。卒后其子弟以此教义，而开发诱导于世人者不少。

新耶稣教之论曰：基督之教义，布于四海。以四邻皆兄弟之大义，而导社会以厚邻之交谊。然后来此教义者，社会失其实行之功，而社会之组织，亦因之而坏灭。四邻相犯，毫不之怪。交谊既废，友道不存。四海同胞主义之福音，杳然而没其影。世道益浇薄，有以改革社会自任者，必须普衍此根本的教义，以务四邻亲厚之谊。盖结四邻，即所以顾贫民。顾贫民，即所以救济贫民之端绪。

社会主义者，其对"相续制"之意见，迥然不同。其反对之大致，在于保存者但知社会暂时之事情而忽之。或用酷法以相遇，故相续制之赋课，主张其过重者。希贺即为反对相续制度之一人。曰：相续制度者，是与逸者以过分之财产。积巨万之富，以养成游惰之民。高居上位，而不事勤勉。而满口腹之欲，尽衣食之奢。社会之调和，亦因之而败。盖关于相续制反对各种之议论，多本于社会主义之唱导者。以下各章所记述，凡关于此种之议论者，可以参考而对照云。

希贺将死之数年前，其思想愈丰富，其学说愈深远。少年之从其问学者，大增势援。其中如法国之有名历史家兹耶利，及实验哲学派之泰斗可托，皆为其高足，以赞助其著作。故希贺派之学者，其数愈增。各种学术技艺，名振一时者，大抵出其门下。本其主义学说，扩布唱导于世间。

今举希贺派之子弟所唱导之学说，而为社会主义之大纲者，条录于左：

（一）为欲得才能技术拔群之人而为政府，则必于社会全体中，精选其技艺兼备者，立为学术、技艺、工业三大部之长官。

（二）全国民组织一大团结之社会，其党员等，必宜相互亲睦和合，各自励其劳动工作之业。

（三）而欲新睦和合，必以诸般之事业与作为为本源。人与人既相和合，则社会自相亲睦。且于宗教上，其第一之义务，则谋增进人间完全之智识。其第二义，则研究智力，以求应用之法。

（四）凡人为之区别，及不平等，皆废除之。但较其效力之多寡而计其报酬。

（五）凡人以其才能而事劳动，则应得劳动之报酬。彼世袭财产者，断然必废黜之。盖相续制度者，毕竟为破坏社会发生不平等之原因。故于其人死去之时，其余剩之财产，纳付于政府。政府之报酬者，代计画其父母之义务责任，与养育保护儿童之事。

（六）政府必营国家的教育，利导各具智慧之儿童，教其所好之职业。而考究其效果，于儿童成人各求职业之际，分与其资本若干之资金，而视其成业如何，其天才与勤勉何如。故人皆重职责，而无游惰淫佚。

以上即希贺怀抱社会主义之大要，至若关于"资本主义"及"竞争"等之问题，虽未专发明其议论。然其宿论，亦有可采者，曰：古代封建君主之间，私斗争阋无绝期。近代之社会，私人间政权境土之争，资本主间经济的之争，今为最旺盛之期。然文明进步之极，政权境土之争，必归宿于中央政府。经济的之争，必归宿于国际的。故私有资本主之竞争，必归于政府之管下。要之，唱导希贺派之学说者，以"平和""亲睦""本义"别称一种之宗教。彼等于实际之应用，徐徐而图发达进步。不欲颠覆破坏其政府，而为暴举。且凡一事一物，皆有一种之模型，必与之适合而后可以作为。故不主唱偏僻之社会主义，唯期渐以进步。依赖社会之气运，而徐图其改良。其学说与主义，必求适用为主。此外别无他事。

再考希贺派发达之历史，颇富于奇态之事绩。今不能述其精细，但记其概要，以见一斑。盖其子弟各个结合一小团体，而后渐成为一大团体。其学说固足惹世人之注意，而其唱导之诸学者，其学力技能之拔群，亦其一原因。而助成其发达之势力。

试就卫梭之所讲述，卫洛之所演说，而考其学派发达之原因。因此学派既发明，其子弟遂日增加。千八百三十年革命之际，彼等畅其所欲，而弘布其教。更得卑意陆列洛助其运动，以自己之新闻名"世界"者，为其机关，以大唱导其学说。希贺派之势力，一时扩布欧洲之全土。

希贺派之势力，既日增加。彼等于其本部陆贺希额意，而设一大会馆，为其运动之首部。其首部自法兰西白耳义为始，而及余之诸国，以派遣其布教师，并于各国之子弟，设置支部及教会。

希贺派之首领，其二高弟为卫梭及野列兹。初则讲演其著述，为斯学之强固确实有力之议论家。其后复得多数支配陶冶之天才，又为一种之务事家。因彼等子弟团结之巩固，其势乃日增进。既而卫梭与野列兹，性质相异，又生波澜。实野列兹以一种奇癖之性情，多粗暴放肆之举，渐失子弟之舆望，其势力遂渐衰颓萎靡。

野列兹之事迹与行为，既多奇异。其言论亦具一种之异趣。彼能集各种各色之人而团结抱合，鼓舞奖励之，出其赤诚以演说其主义。故于同志之上而具魔力之之势力，其间有特异之二种性情：一则坚固自信而确守其所说。一则凡对他人无不厚其同情之念虑。

卫梭、野列兹两者之交情，其始甚密，既而相反。加以各出其见解，以异其趣。既而野列兹以关于结婚之件，而发奇异之见解。卫梭抗争，遂共同志而解其团体。

于是野列兹遂为希贺派之总首领。其子弟视其势权，殆如神圣。且对希贺之学说，而参以自己之见解。且行子弟礼拜之式，渐开默从神秘的教则之端绪。其同志者，别成一种之服制。著青色之礼服，而长其须髯，以与人民示异，俨然而欲组织一宗派。

野列兹组织希贺学派之基础，而为一种之宗派。自后渐传于世上，益求扩布之方策。以扩其布教之手，为改革社会的之应用。于巴黎之贫民，而试演之。然而希贺之学说，当实际之局，其细条每多不完全者，终不能见其成功。

千八百三十二年，野列兹所唱导魔术的学说，其中婚姻之事及关于其余男女两性之件，其余本部陆贺希科意之会馆，而闭锁之。政府以为紊乱风仪与教义，乃召唤野列兹及其子弟于法庭。其时方共其子弟五十人，共围绕一大庭园，退匿于那意陆贺他，而营禁欲制的僧侣之生活。至千八百三十三年，处禁锢者已及一载，其宗派渐次溃乱而废绝。

希贺之学派，其始则见非常之成功，其结果又遭不幸之溃灭。实由野列兹一派，采用奇异之手段而坏之。彼等若注心于其学派之要点，而谋其发达进畅。依赖学理的基础之实际，而举行慈善的改革。则其发达也，于历史之局面，必有一变，而臻于上境，固不足道也。

希贺之宗派，其死后亦未全灭，其子弟又采其师说。于是法国之文学、教育及工业界，又现一时之光荣。野列兹之失败，而希贺派于法国之社会，终不能销灭其影。而其影响所被于天下后世者，彼等运动之事业，感化于第十九世纪之世界者不少，研究者可推测而知也。

第二节　列厘陆及其主义

洛列希列斯他伊曰：法国社会主义者之中，沙希贺独于巴黎，精励刻苦而试社会改良之法。于茫茫漠漠之间，而定一绝大之目的，亟力而图达之。其一派对中外之敌，辩难抗论，颇为勤敏。当时法国无不知希贺者，而更有宗旨本同，但径路颇异，而日日计画，以达其同一之目的者。希耶路列厘陆，即其人也。盖二人者，既复同时，同为历史上必要之人。其伟杰之异质，诚未见其比例矣。

列厘陆富于创始之才，事物之见解既精，又有经营精密事业之才能，远出于拉野希贺等之上。但其偏守学理，不好实地之应用，以独学远大之理想，创立自家之学说，以大启发智识。然其学说至希贺派衰微之时，深惹世人之注意。盖亦深得其同情也。

希耶路列厘陆者，为吴服商之子。以千七百七十二年，生于倍沙那。五岁而父没，遗有十万法之财产。其后复受普通之教育，或为绢布贸易商于里昂，奉职颇勤，受其主人之命，使于法兰西之各部及和兰、日耳曼等诸国。至丁年，乃以父之遗产，营独立之商业。当恐怖时代之暴动，里昂市亦蒙其害。其财产之全部，尽失之。且尝缧绁之苦，未几遇赦而出狱。乃投身于军营，执军务者二年。其勇气与机敏，大为军队所称举。前途升进之希望甚多，渐次将得长官之知遇。又因病而脱军籍，再投身于商业界。虽漂泊流离，仍注心而研究学理，如物理学尤其所最好云。

列厘陆亦欲创社会主义，以谋社会之改良，遂感时势而起。岂彼天性，富于博爱。而宅心仁慈，与下层之贱民，深寄同情。廉洁刚直，恶奸邪如仇雠。如昧己欺人而谋利者，最为其所卑下。故世之商人辈，对贵客而炫商品之善良，贪价格高下之暴利，或弄不正之手段，以博奇利，则必切责其不可。然当时之社会，其商贾多用奸计，以贪暴利者。富者则积多数之财产以虐劳民。乘生产之分配，不得其平。天下之富，皆集于一部之少数者。视其余之多数者，陷于穷乏之状态，以为常事。滔滔社会，遂为一世之习惯，无怪之者。列厘陆独以博爱仁慈之慧眼，照此困穷之现象，虽欲放弃之而不能。偶值法国之饥馑又起，民皆菜色。马路西可米价暴腾，穷民无食。饥饿之状，不忍目睹。米商等则贮多数之米，以为奇货，乘机而博暴利。若此腐败残忍不法之行为，列厘陆愤怒不堪。而当时倍沙那，有售林擒者，一钱八枚，运之巴黎，腾贵而至一钱一枚。一切之事情，其缺德义者类此。即此足为社会不备不完之证。列厘陆心大不忍，乃弃其一己之职业，而投身于社会之涡中，以冀图其改革而欲偿其大愿。

于是弃其一己之业务，而变身为仲买人（即中人也）。仅受薄给，以自满足。且以其余裕之时间，而从事于学问。专志力学，以为将来自立之基。大欲变革社会之组织，苦无助者，乃全然独树一学派云。

列厘陆性寡言而慎重。当其二年从事于兵役之时，直接应答，绝无支离。其无事时，则守三缄之戒，沈思默考。有阻碍其目的者，则忧郁之念，不能自抑。且有一种之奇癖，每日必以数时为散步之时期，必高声独语，以为常。终身不娶。一身之事业，以社会人类之改良，为唯一之大目的。

千八百零八年，以其历年苦学之所得，而著一书，题为《四种运动之原则》，公刊于世。是书为彼三种著述中最有名者之一，以观察"动物""社会""无机""物质"四者之着点，以示支配社会同一之法则之理，以改造社会，启发人智，而除人生贫困贪欲残忍刻薄不伦不义不幸等之弊害，而谋救助之。然以此高尚之著作，初不为世人所知。及至希贺派之衰，彼之行为，始为世间所认识，渐惹世人之注意。凡读其书者，无不赞其主义云。

千八百十二年，列厘陆之母死。其遗产每年收入六十镑，衣食渐裕，日常乃有余暇。乃退于卫厘，以远世俗。而益勤勉，遂乘机委身，而研究学理。且欲溅热血以冀社会之改良，计画其考案。既阅数年，而世无一人表其赞同之意。经纶之志，苦无由施。壮图莫展，蹉跎自叹，颇有人莫己知之辈，热诚所注，仅独同志一人，名美可利拉兹可斯托。盖兹可斯托，因读列厘陆之著书，感其思想而表同情。犯种种之困难，而来相访，幸而相遇。两者之理想，无不吻合。一见如故，交谊日亲。乃结兄弟师友之义。得其赞助，于千八百二十二年，更著一书，名为《世界调和之原理》。自赴巴黎，刊而行之，以唤起公众之注意。其出版之目的，虽欲公之于世，而人智未开，未聆此种之议论，未得社会之欢迎。空费经营，自嗟遇薄。自后生计渐乏，再无同志之辅助，虽欲委身学事而不能。千八百二十六年，再居巴黎，为刀笔之小吏，仅得薄给。而勉励学业，以期大成之志不衰。

千八百三十一年，乃得同志者之力助。至于此时，希贺派方生内讧。卫梭之一派，又与意列兹而分离（事详前节）。其中二三之有力者，去希贺派而依列厘陆，主张其学说，而谋发达扩张。乃出一《社会党》之杂志，为其机关。并其余种种之方法，以助其热心之普及。

列厘所得之同志渐多，其势力乃日增加，其学理亦渐为世人所注意。千八百三十二年，其子弟一人，以其学说而求应用实地之目的，乃共计画于贺特他拉之附近，结合共产主义之一团体。即于可特沙卫施计陆，而因众议院议员贺特他拉列之地，而建公所，以为基础。更得二三之赞助者，遂仿共同家屋之制度，集同志以采用共产的生活之方法。然此计画，未几又经失败。而列厘之学说，又增无数之污点。人皆以其为难行，而彼则颇自信，不以为计画有缺点。而以为彼等资本之不完全，以故至于失败。若欲真行其方策，以实施其经纶，复得百万法之资金，乃可实行其计画，必能设计奏功，以贯彻其社会改良之大目的。忧国之士，果有能助之者，则终生之愿乃毕。乃日日闲居，以待同志。至十二年，终无一人访之者。而其自信愈坚，历久不变。千秋之憾，终无日偿。千八百三十七年，溘然而逝。然自千八百四十年至四十八年第二次之革命，其子弟之数，一时至数千之多。生前不获展其事业，没后乃有余荣，风靡一世。当此纷乱革命之时代，遂为一大势力之作为。其学说扩布于欧洲各国，且远涉于亚美利加。更得有力者赞同其意，因列厘陆之考案，设立共同家屋制，以为适用之实地。如马额列托列陆列野那陆厘及卫额等，一时之名士，皆赞助之。其各等之计画，一则组织其不完全经济上之事情，一则熟达习练其事业，以防其失败废绝（与第四编第三章参照）。于是英法二国之唱社会主义者，发现无数社会改良之希望，以启运动之开始，为十九世纪之一新时期。至千八百四十八年，第二革命，更得扶植社会之一大势力。列厘陆之学说，大惹世人之注意，其势力顿加，而其气焰甚炽。第二革命扰乱之结局，社会之局面，又归于黑暗。于是列厘陆之主义，并其余之社会主义，亦皆匿迹销声。研究社会主义发达之历史者，称为一时中绝之时期。

吾人欲进而稽其余社会主义之学说，而研究其历史，则必先于列厘陆唱导之学说而序其纲领。

列厘陆之学说，其哲学的之著述，散见于各书中。其性质富于理想，巧于考案。以应用数理，以测度社会之森罗万象。事事物物，虽未能组织新规，而其计画巧妙，始托于空想，而欲臻实行。其所说多以假设之想像，敷衍真理之议论。于茫漠之中，而能理解其本义。其所著书，自信以为能阐明世界之真理。每出一书，世人辄以为荒唐无稽之议论，一笑付之，或且冷嘲热骂，不为社会之欢迎。其原稿每有旋印刷而旋弃去者。

千八百〇八年，自发刊《四种运动之原则》以来，前后共有三部之著述，以行于世。《四种运动之原则》者，观察社会四种之方面，说明"动物""社会""无机""物质"四世界，而支配以同一之法则之理。有意野托者，独悟引力之理于物资界，以发见一般运动之原则。彼则独于物质界而究运动之原则焉。其余三种之世界，亦以原则而支配而论明之。且曰：欲改良现时社会的状态，而调和之者，则必适顺此运动之原则，而采用其方法。然此解说，概出于臆测，而未考于实理。或就儿戏的考案，或谈梦幻的虚理。其议论之本旨，未能征实而发明。故世人辄以空理轻之，而不能满其意。及后再版行世，人智渐开，始得同志之赞同。

其著作之第二种，则为《世界调和之原理》。较之前书，其茫漠之议论，更富一层。不徒以想像的推理，断定世界之运命。且集天下之森罗万象，而论其调和整顿之理。其论曰：永劫世界，虽不可以数理之指示，而穷其到底终局之期。而其运命，偶然而繁荣，偶然而衰颓，可推而测。今之世界，为蒙昧之时期，混沌之时代。质而言之，乃未进步之时代，决非退步之时期也。故能整社会之秩序，以诱导其发达。自增一层之繁荣，而达文明之域。而人间愚昧者，不知所以进步发明之理，徒龌龊与纷乱混浊之里，而不知开拓平和之乐土。故余欲溅终生之心血，以发见其方法。盖人类生存于此间，凡八万年。前四万年，为进步之时代。后四万年，为退步之时代。就中以最初之五千年，为幼稚之时代。后之三万五千年，为人间最繁荣之时代。而移入于退步之时代。最初之三万五千年者，尚能维持其繁荣。至最后之五千年，世遂衰老以至告终。然现时之社会者，尚为幼稚之时期。故进步发达之活气，充满于内，必能诱导之以期发达。以采用余之方案，而实行于社会，以期直入于繁荣之时代焉。其描写繁荣时代之社会，则曰：依余之计画，以进繁荣社会者。以脱却万民之痛苦困难，而享无事太平之乐。以转祸为福，而入天国。如以猛恶之狮子而挽吾人之车。自法国始，以推及其余。又如鲸鲵之运船，而助其运动。吾人与以至大之便利，日光遍照，寒暖无等差。虽南北两极之寒地，亦必变为人间生活适当之乐土。凡事之先苦者，实为后乐之媒介。举世和气阳阳，而社会之改善，乃得其结果焉。

彼二种之著述，殆如荒渺无稽之空想。其所记等于儿戏，殊无足采。千八百二十九年，彼更出其第三种之著述，议论稍近于正。以画现实社会接近之策，名为《工业及社会上之新世界》。与其前著《四种运动之原则》中，论述应用引力之理，以行于人间社会一种之引力为基，以区分人间之性质。即以其引力，而支配人间社会一般之行为，以分出人间本来之性情，名之为性情引力。而此性情引力者，自人间固有而发生。以情欲为基，社会万般之事物，皆自其情欲基因而发动，以发生多数之变化。以此复杂之引力，以至组织一切之作为。故欲亟知人间社会之本质，如何而组织？必先知此性质引力，如何而作用？其说则曰：一曰娱乐之情性，二曰对群聚之情性，三曰社会对种族之情性，即彼所称 Passloiszeclziee 者是也。而此三种之情性，更生十二种之异。第一种娱乐之情性，而生"视欲""听欲""感欲""味欲""嗅欲"。第二种对群聚之情性，而生"恋爱之情""亲族之情""名誉之情""交友之情"。第三种社会对种族之情性，而生"好变之性""竞争之性""集会之性"是也。而尚有一层最细别者，其种类又分八百十个之多。故社会之组织，必适应此八百十个之情性，以充分而求发达。同处于完全圆满制度之下，人人而享和乐之生活。然社会之现制度者，皆于此发达之情性，孰视而无睹。而矫人间本来之特性，以妨害其伸畅。或设反背之规则，以束缚而压抑之。以故残虐暴戾谲诈奸谋等种种社会的弊害，随处而发生，而秩序因之而不整顿。社会之状态，愈沈沦而不堪。而人心之和合与调和，愈不可望。故欲谋社会之调和，必先整顿其秩序。以改造社会之根底，而求适合此情性。而觅如何组织此社会者，以冀图其改良，而案出共同家屋制之计画。

共同家屋制Plhalalin者，自彼一代之考案而成。其社会主义实施之计画，与此制度，必求适用。即社会之单位，而定组织之团体，以建筑其宏大壮严之共同家屋。其住此家屋者，营共同之生活，服共同之业务。其人员自四千名乃至千八百名之间，以适宜而限定。其中以二十二名乃至二十四名，而为"一群"。其中自七名而至九名，而为"一体"。此一体者，有同一之嗜好与情性，从事于一致之事务。或耕耘土地，以其各自情性之所好，而求充分发达之机，整然而保其秩序。合此多数之"体"及"群"，以其生产，而营各种之物品。采用其方法，以备需要之用。凡一个之共同家屋者，不须别藉其余之团体之力，全然自立自治之规模。

共同之家屋，其组织如此。其利益之分配，及对劳动之报酬，亦依共同之方法，以一定之规则，而分配于各自之间。因此等之分配，而求一切平等。采用绝对的平衡之制，而知劳动功果之多寡，以别人间之智识与贤愚。则利益之分配，而附以正当之多少等差。故其规定配当之割合曰：一共同家屋，以其总收入共同之财产，并其共同之财产，以最低额之标准，扣除其生活费。其次则供不时之费用，凡贮蓄之财产，以极少许之部分，而保存共有之财产。然后以余剩之利益，区分"劳动""资本""才能"之三者。劳动者，占其十二分之五。资本者，占其十二分之四。才能者，占其十二分之三。若有富于才能而技俩拔群者，与以名誉之标证，以区别于他人，并许可其有世袭权。

共同家屋之内部，其组织如斯。择其四方之一哩半之地，建一家屋。若现时之都会与村落之制，全然废之，改为此共同家屋。以一方之人口过多者，与一方之人口稀少者，互相均平，以过而补不及。全社会皆设立此等之家屋，以世界之都府设置于君士但丁府。其一家屋之长，为乌耶陆科。其支配二三之家屋者，为特乌阿陆科。选其上者，为托利阿陆科、特托利阿陆科、卫托利阿陆科等。其最上之统御者，为渥摩意阿陆科。此渥摩意阿陆科者，以君士但丁府为首府，而统御全世界。然世界之广，此种之家屋者甚多。于是又设相互交际法，于此一家屋之内，以其选出之议员，而组织议会。别家屋之人而来相访者，必郑重待遇之，以谋交谊友情之亲厚。

于不毛未开之原野，则征集联合组合之劳动军，派遣而开凿之。及其开垦之业既完全，又以新规而建设共同家屋，以加入共同组合之中。

以上皆列厘陆终生所计画者，是为社会改良之方策。其述此制度之利益，曰：现社会之组织，徒使役无用之劳动，生产饶多之物品，而为无益之竞争，以占有夥多之利益。其资本与人力，因之而浪费者益多，而谋社会之公益者则甚少。共同家屋之制度者，所以去此无益竞争之弊，而以土地资本之功力，全然而求其有用。其日常之生活，若三千二千之家族者，个个分立，而营生计。以其浪费之薪炭品具，集于一处。而定同一之时，则可节无益之费用。且此共同家屋之下，凡人类之结合，各选择其适合之情性。相互之间，自相亲睦，自泯无益之竞争，而公谋其利益。于各家屋需要之物品，豫测其所用之多寡，而后制之。则于必要之外，无弃于市场之忧。故此社会之生计，人人皆满其欲。终生劳动之期，自十八岁至二十八岁为止，各勉励其事务，其余生皆为安隐无事度日之时。

于劳动之方法，更有无数之考案，而尽愉快之策。盖凡有职业者，每多不愉快之感，而厌其劳苦。乃现社会组织不完全之故。而强劳动者，以从事于反其情性之职业，此其困苦之由。故改革社会者，必以各自之情性而适合其劳动，则人皆不嫌恶，而有欣慰之情。且更为劳动者而谋愉快，又特短缩劳动之时间。每于劳动之间，又奏音乐以助其精神，而增劳动者之愉快。

彼又分劳动之种类为三类，依其种类而付报酬之等差。其从事于困难必要之劳动者，始受多额之报酬。其余从事于有用之劳动者次之。服愉快之劳动者，则受少额之报酬。若限时而受劳动之报酬者，则由其资本主而给与以充分之额。

列厘陆改造社会之法则，亦认许其资本家。与希贺之议论，大异其趣。希贺曰：贮蓄资本者，所以诱起社会之不平均。因社会之不平均，遂酿劳民之不幸。故财产偏集之害，如相续制者，则必废止之。而私人之私产，其死后必纳于政府。故希贺派之学理，纯集主权于中央政府。凡事业皆由中央政府之经营，以制限私人之权利。而列厘陆之共同家屋制，大概之权利，悉委任于此一个之团体。其所谓中央政府者，不过监督支配相互之国际的关系。质而言之，前者之说，为中央集权之理仪与基础。后者之说，为唱导地方分权之嚆矢。

列厘陆为社会最用力而计划者，则为劳动者之教育法。其教育详细观察之，而命严密之监督以行之。自幼年之时，从事于学业，而谋完全体育之发达。从儿童之所好，而施其教授。且发疑问以诱其儿童，习练各机械之业务之实用，与实物之方法。又凡幼稚之童，令其共入制造所，以诱其注意职业之趣味，为后来自选职业之机。凡幼童之年龄，达五岁者，授以各自应分之配当，与共同家屋之生产物。

凡所述者，皆列厘陆社会改良之方案。其所著书，皆详载之，兹仅录其大致。然欲实行若此之计画，至拉野仅得暂时之结果。而其失败，在于俄项。

吾人则试研究其失败之原因，与计画之误。然此种之议论，已成过去之历史，非今日所宜研究者。然其一二紧要之地，可为后人之鉴者，则试述其大略，以为来者之前车。

列厘陆之理想，而不合于实行者。其失败之原因，必要之点，盖人智发达之程度，未能充分是也。彼因现社会之人类，额限其私利私欲，而经营共产的生活。然而现时之社会，未适合如此高尚之组织。小之则个人之竞争，大之则国家之竞争，日剧日甚。四海同胞之议论，终不过一种之空想。而彼欲国家之别，人种之差，而施其共同家产之制，岂非至难之事乎？盖世界之进步，尚未能人人皆了解社会共同的生活之利益。一旦而以同一之目的，而营公同之生活，势必不能。而其共产的组织之通弊，则在知识道德未至完全，而欲强行此高尚组织之实行。此其成功之途，所以迟迟不能竟达也。

吾人且于列厘陆之理想，如共同家屋之制，信其终无成立之期。盖世界之事物，逐日变迁，其摇动不定，不可豫测。如列厘陆之企图，共同家屋制之事业，如彼之计划，以一定之法则，与一定之事情，而毫无移动。此又必阻于势而不能行者也。

更就经济上而观察之，而欲若此理想的社会之成立，必不得充分之成功。今试举其例，若列厘陆与拉野，同居各个之社会。凡自己社会之物品，毫不供给于他人。此则井蛙之见，不能行者。盖已集合多艺多能之人类，而成立团体，则社会所需要万般之必要品（如奢侈品不在此列），一局一部之社会，必不能供给之。又或有人为人力所不能制造者，其一部必藉天然力之援助，若气候，若地味，若天然之地形。不但于人体发育之上，而有至大之关系，而欲造美丽之货物，制巧妙之物品，凡原料所仰给者，亦不能不需于他人。如列厘陆一派之见解，不独外国贸易输运交通等格别紧要之事业，概行绝之。即国内之商业，亦必趋绝灭之势。况当经济学者由分业之原则，奖励贸易事业之发达，世界商运之隆盛，而热中于贸易竞争之时。而以若是之僻说，欲以改造社会、改革国家，而欲达其目的，不其误欤？

盖当时社会主义之通弊，其思想陷于儿戏的不稽。不独列厘陆之学说，其余诸说，莫不皆然。其理想亦不合于真正之理想，而无实行之期。谓之不痴钝迂远，亦非为过，绝鲜适当者。然列厘陆之论锋，虽为全部之议论所排斥。徒述儿戏的空理，无异痴人说梦。然驳杂之中，则独尝解说真理。后世心服其议论者，亦决不少。即如彼所观察现时之资本的制度，颇能中其肯綮。议论明快，严正之点不少。当时合资会社之利益，尚未充分发达。彼喋喋而诱导，实称千古之卓见。至其教育上之议论，尤为明快秀拔。垂一种之教则于后世，且念劳动者而谋幸福，以发达道德之思想，又大施其手段，而增劳动者之功果。盖当时之舆论，视劳动者为最卑下。其劳动之力，与机械的动力，等而视之。甚且以贵重之人类，与动物而混视。与人力与马力而相比较，以其力量之多寡，判定人间之高下。而才能智识者，措诸不问。下等之人类，不知道德教育为必要。劳力之外，不觉人间之价值。且不知劳动者之教育，与劳力之功果，有至大之关系。故其教育之发达与否，漠然不问。列厘陆乃独发明关于劳动者之自身，与其雇主而有间接莫大之利，独认贵重之真理。乃更进一步，以改革雇者与被雇者之关系，而去主从的关系之弊。两者之间，以德义之念相规。不独恃其契约与赁银，或抚育之，或教训之，宛然如亲子，而有相互亲睦和合之意。于伦理公道之上，论定其紧要之要件以冀图其改革。凡此之类，皆其所精到者。盖彼之著述，虽荒唐不稽之说，充满其中。而黄茅白苇之中，而有金科玉律之宏议。人毋徒眩其异样之光彩而忽之也。

第五章　第二革命时代法国之社会主义

　　法国之第一革命，既不能达其目的而失败。其反动之力，遂变为复古主义。一时欧洲全土，气焰极高。诸国之制度，一事一务，皆归复革命以前之旧制。欧洲诸国，貌为安宁，干戈兵乱，一时暂免。乃皆注意于生产事业，于殖产社会诸般之事业，渐就其绪，生气日增。工业社会之面目，渐渐一变。"资本家""劳动者""小制造家"，次第皆失其业。资本主与劳动者之间，徐徐判然而生区别。于是资本的殖产制度之发达，乃渐次而诱起。

　　先是，资本家与劳动者区别未判之时，此二者之结合，甚为巩固。而贵族僧侣之上流社会，别为一团，把持多数之特权。其于此二阶级（指资本家与劳动者），属以专横压抑为事。故彼等自相团结，以抵制上流社会，而互相睦。自千八百三十年之改革，中级社会亦得政权之分与，其权力乃日增加。殖产工业，同时亦伴其发达。彼等乃得积贮其财产，以增倍其资本。与劳动者遂不同其休戚，而其利害之关系，亦因之而异焉。于是中级社会之人，皆隐然以资本主而以一种之阶级作为，以望劳民，其劳民大失其势。加以赁银亦愈低廉，且难安执其职。因之社会贫富之悬隔，由此而盛。而资本家之势力，一面日亟其旺盛。劳动者之境遇，一面日沉沦于悲境。

　　大势如斯。于是下层之贫民，不平不满之状态，愈形满足。相依相会，而遂组织社会党，乃广播其教义于巴黎劳动者之间，以大纠合同志。当时社会党之多数，皆集于列厘陆之麾下。乃更组织一大团体，树立一新社会党，以颠覆政府、设立共和政体为纲领。凡军队之统御，租税之征集，立法之权能等，一切政权，皆归其掌握。而成一全国民共产制度，以成一新社会。前者之社会主义派，未尝注意唯一之利器。今之新社会党，鉴其前弊，断行改革诸般之利器，以演振天动地之大话剧于舞台，以养成其势力。所谓利器者何也？即政治上之权力是也。盖前者之社会主义，概视政权于度外，仅依赖区区私人之经营，以求达其目的。今日彼等则视此政权为实行改革社会之唯一之利器。始知欲求社会组织之改良，必先企政治之改革，而收政权于自党之手中，然后实施其所欲计划。且以当时民心，渐厌王政。

陆列亚王朝之权力，日即于衰。希望变更政体者，次第其数亦日增加。改革社会之目的，与社会党之意气，自相投合，遂养成革命之举。自是法兰西之社会，乃再紊乱，互相争夺政权。秩序既紊，王政亦微。千八百四十八年二月，巴黎又复骚动，颠覆王朝，布告再建共和之政治，再入纷纷扰扰之革命时代。史家所称为第二革命者，即指是时也。

第一节　路易布拉及其主义

第二革命之爆发，社会党派又增一度生机。政界之势力，渐次扶植，政权亦归其掌握。当时建设社会主义的政府者，其首领果何人乎？则路易布拉其人是矣。

社会主义者，自英法二国而发生，以讲社会改革之方法。虽注目于经济社会之改善，而未留心于政治之局面。依赖国家之机关，以企图贯彻其目的。如卫布者，处身于革命时代之混乱社会，目击政权争夺之事。而其社会主义，徒以空漠之理想为基础，不过企图经济的组织之变更。及至额倍希贺囗，其学理渐趋密致，其计画亦渐精巧。至列厘陆继出，计画多数之考案，以企图解释社会之问题。而其方法，于变更生产社会之组织，以平贫富悬隔之外，别无异常之奇策，亦不过分人间之性情。或勉博爱仁心之普及，说宗教之本义，唱四海同胞之主义。所归著者，驱社会之人类，各自条出，而纳于模型的组织之下，以企图社会之无事太平而已。彼等以经济社会与政治社会而分离，故不能达此远大之目的。故前者之社会主义，虽得劳民多数之赞助，惹社会之同情。然其全局之势，未能大振。此即一大深因。布拉深鉴前者之覆辙，故欲解释经济问题，必先解释政治问题。依国家之权力，以欲改良而成就。于是一面向劳动者养成政治之思想，一面又对当时之社会，要求解释社会问题。以故拉布与前此社会主义者相比，而有一种之特色。于是社会主义之声名，与活泼之政治家结合，而革命时代之大业遂成。

路易布拉者，以千八百十三年，生于西班牙之首府马度利度。其又[①]当

[①] 应为"父"。

拿破仑一世之时，蒙其任用。适拿破仑之弟幼西列拿破卫陆托登西班牙王位之时，为其大藏总裁，而赴西班牙。时布拉方幼，遂随而赴。既而拿破仑失败，其父亦罢职。其家族复归巴黎，暂止于可陆希加。布拉乃游学于洛持及巴黎等之诸学校，积学有年。适革命之骚乱，遂失其家产，流离漂泊，备历艰苦。然天性长于文笔，渐以能文显，为杂志之记者。每以流丽之笔，以吐露其意见。千八百四十年，乃著《进步评论》题于自己之杂志，以公论劳动组织之改良。后又著《劳动组织》，出版后大惹世人之注意。

布拉欲混和政治与经济，依两者之力，举行社会组织之改革。故先变更政体，以启劳民救济之途，以试解释社会之问题。其言曰：依个人主义而成立现时之政体者，必先变更之，以谋增倍国家之权力。今日社会与政治之方法不特秩序混乱，工业社会亦无宁日。生存竞争之剧，民不能堪，不能安枕。加以自由竞争之主义，又支配于社会，而投于竞争之涡中。平和之战争，吾人相战于不觉，处世之秘诀，大抵排抵他人，而谋自己之利益。人皆汲汲于私利，而不救恤他人之苦难。相互救济之美性，渐失渐离。刻薄残忍之人，愈跋扈于社会。虽政府亦无如之何。其秩序与治安，所以保全国家之职务者，亦极狭隘。而陷于消极的之行为，以干涉私人之事业。而政府亦不能保护其劳民，资本家亦不能以无用之行为而抗政府，以法律而救穷民，立法者亦不能采其救济之策。布拉以为政府之职务，在于未来之机关，以保护人民之生命与财产。又从而扩张之，以求其发达。生产社会之竞争者，自然放弃之。一任其优胜劣败，以俟自然淘汰之期。所谓真正之自然淘汰者。富者拥生产社会无二之利器与资本，以向不幸赤手之劳民，则劳民之败衄，自居自然之数。今不急救之，必至再沈沦于奴隶之域。故必改革现时之制度，以畅伸国家之权能。以政府之力，而改善此混乱之生产社会，而后谋改革劳动之组织。是以欲改革生产社会者，必先要求变更政体为必要也。

布拉之说如此，故欲改革社会先以变更政体为第一着手。然则如何改革此政体，以统御此社会。其言曰：必纯然设立共和政体，以平分政权与一般人民，各任其责，以转运政治之机关。依政府之力，而配与劳动者之职业。且曰：其必设立共和政府者，为全人民之利益，以谋其幸福之进步。

然今之人民，穷乏者已占其多数。彼等自己之职业，不能谋其生活，其资本亦不能从事于生产。故政府必供此等人以职业与资本也。夫人之出世，为谋一己之生计，必服适宜之劳役。故日常相应之劳动者，乃人间本来之义务，不能以嫌恶而不从事于此。然必于彼等所好之劳动，以谋日常生计之资。自其一面而视之，不啻彼等之权利。质而言之，人于社会，必有劳动之义务，又有适宜之职业与权利。所谓"劳动之权利"是也。故政府者，第一之职务，必先确立此劳动权。凡社会一切之人民，必讲与以职业之方法。而于政府监督之下，设立公立之一大工场，吸收天下之劳民，渐以扑灭私人之工场。与天下之人，以服适宜劳役之机会。于是为改革劳动之组织，乃唱导设立"社会的工场"之方法。

"社会的工场"果以若何之方法而设立之？彼之"社会经营策"之骨子，其最苦心焦虑者，曰社会的工场者。于政府建设之，整理其秩序，监督其职业，以统御其劳动者，皆任政府之支配。于最初之一年间，为其劳动者，选择其职业，亦以政府任命之官吏为之。何以故？盖劳动者之初入此工场，以何种之职业，为各自之恰适，不能自择之。然执业及至一年，及职工得以各自之自由，而选择其职业。且于相互交际之间，得知人己之知识才能。则各自之间，自组长及管理者而选出，其工场则工场自管理之，渐次而离政府之支配。政府唯立于监督者之地位，以监督之而止。此建设大工场者，必需莫大之资金，则由政府征集国民之租税。或经营矿山、保险、银行业等，谋其利益，以供建设工场之资本。工场之建筑既完成，则诸般之组织，亦能整理其工场。每年所生之利益，为充分之给料，而给与各种之职工。其余私设之工场，则必不能成立，而来集合于此大工场之下。则富者供其资本，劳民出其劳力。此工场之职工，贫富各应其分，而受各自之报酬。然此等多数之利益，仍不许其滥费。于各自应分之报酬，则为预备金以贮积之，以供他日之用。而其使用之割合者，以其中之二割五分，以备他日事业失败之时之用。其余之二割五分者，则充老人与病者及不幸者之扶养料。又其余之二割五分，则借用于国库或中央银行，以供资本返济之用。其残余之二割五分，则为劳动者及其余之赏与金，以为巩固工场之基础之策。

"社会的工场"既得设立。然其分配职业与多数之职工，其依如何之方法，以配当其报酬，以保相互之权衡，亦为至难之问题。而彼分配职业之方法，则立一定之定则，曰："各人以其能力之多寡，比例其负担义务之大小。"即吾人有多数之能力，与多数之才能者，则从事于多数之职务，以勉多数之职业。此吾人之职务。天之生人，亦不外于此理。质而言之，吾人有职业之权利者，即有职业之义务，而更设其利益分配之方法，曰："人各应其必要，而公分配之货物。"吾人既从事应分之职业，则必负担应分之义务，且必应受其必要之分配，是为人类社会之权利。然其必要者，并非绝对程度之问题。既名之必为要，则人间充分之欲望，皆为吾人之必要。然此理吾人自能明之，但于社会之财产，而有要求之权。若害他人之生存安乐者，非天赋与吾人正当之范围，不能分配而与之。

　　以上所述，为布拉所著《劳动组织》之大要。彼所图社会改良之方案，亦如此书之所论"社会的工场"设立之实行。当千八百四十八年二月第二革命之期，拉陆列亚之王朝既倒，专制政府既颠覆。于是变更政体，一时设立豫备政府，举布拉为豫备政府之一员，乃与同志而实行社会主义之政策，于政府提出多数之方案，以求其赞同。然政府员之多数，不喜布拉之主义。于彼所提出之方案，概行排斥之。不能实行其所说，心窃不乐，遂有辞职之意。政府知之，百方慰藉，强留其职。盖豫备政府之委员，虽不附和其主义，然亦不欲其辞职，而暗中其心服之职工，有多数人，群起而推戴布拉，为其首领。布拉乃二十余万之职工以示欲举其为主宰之势，其势力甚炽。政府颇忧虑之，急切劝诱，而留其任。政府不得已，乃迎其意，效其议论，而设立国民的工场，采其分配劳动者职业之策。然新设国民的劳动工场者，而与布拉之设计社会的工场，大异其旨。徒吸引无赖之徒，而与之赁银。且此工场之监督，舍布拉而委之于意米陆。且曰采用法律家以管理其放肆粗暴之制度等，一反布拉之意。而职工所使用之器具器械，亦不整顿。监督既失其当，又不能统御职工。以故分配之职工，咸抛业务而擅谈政治。实务不能举，而工人则日加多。设立之后，未经许久。十余万人之职工，自国之各部而来集，皆愿备此工场之采用。然此工场，依当初设立之规则，不能毅然拒斥之。于是浮浪之徒，充满其内，日费日加，劳动者所得之赁银，得一周八法之割合。故政府之财政，欠乏不能支持。乃征集人民四割八分之直税，以应一时之急。其费用尚不能支，终至闭锁。于是职工反归罪于布拉，恶之如仇敌。其名望渐次失坠，遂至退出于政府。

千八百四十八年五月，巴黎之暴徒，再举而袭政府。政府以布拉及其徒与其事。是年八月，遂下逮捕之令。布拉觉而逃之英国，以免缧绁之苦。遂居英国，观察本国之政变。时寄书于陆他新闻，通报英国之国情。既而革命政府灭亡，拿破仑三世之威，压于国内。遂称帝号，建设法兰西帝国。布拉乃归故国，委身文事。居英国二十年，著《法国革命史》及《千八百四十八年之革命》二书，刊行于世。

千八百七十年，普法构衅，干戈扰攘。法军一败涂地，拿破仑三世降于敌军。普军乘全胜之锋锐，遂围巴黎。国内动摇，人心激昂。帝国之组织，又复坏灭。再建共和政体，举兹野陆为大统领，以整秩序，渐欲挽回国务。布拉乃于千八百七十三年，又归故国，为巴黎之代议士。至千八百八十二年十二月，及其卒去。极左党之一员，终始列于议场。

布拉者，盖政治家之持重者也。其当革命时代，又为社会主义者案出多数之社会主义的方案。欲施社会改良之计画，以乘革命时代之好机。其理想虽难实施，然彼一代之考案，如社会的工场，不能自由管理，以应用其自说。而滥用他人，以误其目的，竟至毫无经验。而彼一身之名望，反因而失坠。则固施行之不当，非其咎也。他邦流寓，至二十年。终世之经纶，无由而施。彼博爱仁义之宗旨，激昂之热血，雄大之议论，郁而不施，而世人弃之而不顾。呜呼！不其戚欤？

第二节　布露度及其主义

卑意陆·幼希列·布露度者，父为桶匠，以千八百〇九年生于列利陆之古乡卫沙耶。家计赤贫，幼时励于学事。年十六，入其乡之大学，欲购教科书，而苦无资。借之于学友，腾写以便其用。终学考试，得优等之赏而归，乃备食物云。至十九岁，为某社之编辑员，后改校正职。因校正宗教上之书物，大扩神学上之智识。更习海布利语，由希腊罗甸及佛语比较而研究之。至千八百三十五年，居卫河耶之中学者三年，每年得千五百法郎之学业奖励金之赠与。后又移于巴黎，贫困日甚。乃勉励而营逃世的生活。于此际乃大研究社会问题，修养社会主义之思想。

千八百四十年，研究经济学，颇有所得。乃著一书，题曰《财产者何也》，公刊于世，为彼著述中之最有名者。其书盖述财产之事之疑问而自答之，以"财产者掠夺之品"（Apropriatecleddlevol）之一语，开陈自家抱负之宿论，以惊一世。卫沙那之中学，大喜其说，将赠与以多数之奖励金。既而因事中止，遂罢其议。

千八百四十六年，又著一书。题为《经济的冲突论，即贫困者之哲理》，以述社会及经济上之组织，以试痛快之批评。其后又于卫沙耶，设立一小印刷所，将近成功。至千八百四十七年而止，再移于巴黎。遂为社会革新派之首领，大著其名。千八百四十二年二月之革命，覆王朝。布露度立身局外，虽痛憾当时之革命党派计划未熟，轻举暴动以误事。然关于国家改革之事业，甘心投身于扰乱动摇社会之涡中，以求社会革命之策，声名大起。其年四月，乃为《人民之代表》杂志之主笔。于六月，以希伊耶州选举区多数之人民，选出为代议士，终占代议院之席。其间之唱社会主义者，一兴一废，不知其纪。为社会之改革，尽无数之方策。然此等党派之相对立者，终始注意于贫民，以徐俟时机。虽革命之事业，忽兴忽败。而社会党派所企图经营之事业，始终不惭，以图其成。七月三十一日，为实行自己之计划，依信用组合之组织，与劳动者以保护奖励而给与以各人之机械，乃提出此法案而议之。然此法案者不但不能得议员之赞同，且遇六百九十一之大反对。然彼尚不屈之，欲借政府之力，企其事业之成功。乃欲设立一银行，以五百法之资本，以充其用。然其应募之金额，不过一万七千法。数周之后，其事业之失败，已公白于天下。又因其谈论所说之过激，不合出版条例，受禁锢于巴黎者三年，其时当千八百五十一年。更著一书题为《十二月二日科特他社会之革命》，以期社会之欢迎。出版方六月，已至六版。至五十二年六月四日，刑满而解放。乃纯然而营私人之生活，以静养其思想。千八百五十八年，又著《革命及教会之正义论》。其书出版，以论耶稣旧教之外之真上帝宗教、神学及信仰等，以与旧教信徒及保守的宗教说相反对。又列举旧教寺院与正理正道所以相冲突之故。对宗教上之现制，加以苛刻之驳击论难。出版后仅八日，押收其书。著者定以禁锢三年，且罚四千法之罚金。布露度闻之，乃逃至白耳义。千八百六十年，遇赦而免，乃归法兰西，健康渐衰。于千八百六十五年，遂逝于卫希。

布露度以法兰西以前之社会主义相比，其所说之极端，流于过激。盖近于破坏党与无政府党，而彼所常服膺唯一之格言曰："余以为凡百事物非破坏不能改造之。"（Nastmametararinroaloo）然彼之行为，究非破坏，到底为建设的之人。吾人今由其学说，可以说明其主义思想。

布露度三个论点，其主义之所说，第一财产，第二政府，第三积极的改革是也。

"财产者掠夺之品"所列布露度之所说，其企图理想的社会与作为，始终以破坏现制组织为目的。世人往往依土地先占之学理，确认为其所有之权利。毕竟其土地之所有权者，只人口之数及土地之面积，可以比例之。至各自之做定与偶尔事情之外，若彼等出世之期稍迟，则土地所有之额，必因之而大灭。然则土地者，本非属于个人之私有，悉皆社会共同之所有。彼之主张一人私有之权者，不过吾人偶尔开辟一段之土，即为吾人之所造。然此土地者果属谁之土地乎？夫土地者，上帝之土地。吾人仅可受耕作土地之报酬，以奉献于上帝，而代上帝奉纳之。故吾人之对土地，岂有自由之权利，谁得私其自由之权利者。彼之主张占有土地所有权者之学理者，亦如共同财产之制，不可豫期。更自劳力上之原则而观之，世之财产制，亦无永存之理。故吾人劳力之生产，是即吾人之所有。吾人耕作于其间，其土地即为吾人之所有。然异日他人来耕耘之，则其所有权，亦可移归于他人之手。然则劳力上之原则，私有财产者，终无存立之理。则土地与物品，绝无主张为一人一个之私有物之权。不过土地及劳力之机械等，各人皆有自由之使役而已。则所谓私有财产者，必然消灭而无疑。

更有论曰：世所称为财产者，其实则盗财品而已。自其所造而言之，则不过收其劳力之报酬。而彼资本家及地主辈与吾人生产品之中，分取其一割。若于物品价格之外，而高一割之价格者，是即资本家及地主于其货物之价格中，多掠夺一割而已。故曰：财产者掠夺品也，财产家者盗贼也。

然则改造社会之法何如？亦归复社会的原始之状态，仍行共产的制度乎？曰：是亦未可也。盖私有财产者，原为不正悖理之事。欲改社会组织而为共产的，而亦不能绝灭财产制度也。则必曰改善、曰改良，果可期乎？彼现时之私有财产者，皆强者掠夺于弱者之掠夺品耳。而共产制度之下之财产，则又弱者掠夺于强者之掠夺品。强弱虽异其地位，而量正之财产制，终不能成立。要之，现时之财产制度者，皆由其体力智力及其余偶尔之事情，与不平等之状态，而发达为不公平。苟存以上之财产制度于共产的制度，则必因其才干力量之多少，而显多数财产的不平均之现象。若欲以平医匡正（即补救之意）而望于强力者，更增其不平不满之声而已。然则果以如何之组织方法而改良乎？夫财产之存在，全然而为非理不正之社会，非灭坏而改造之不可。盖吾人享有绝对的自由之权利，岂能别受束缚压制之权。所谓政府何者，以人制人而已，固为吾人所不愿。若共和政，若代议政，毕竟属吾人之理想。专制政治之下，与共和政治之下，又将有立宪政治之下者。而谓吾人能享有绝对的自由，以发达天赋之权能，吾人不信其然也。然则吾人所期望社会之组织者，果何在乎？曰：无政府的组织，即是也。则此组织之下，所谓君主与王者，岂能一日而隶于吾人之社会。盖君主之等级，推而言之，有天下一人之君主，又有隶属之臣下，而国际间遂生各种之问题。试即统计的论基而决定之，各人有立法者，又有服从者，皆所以妨害吾人之自由。则于吾人之社会伦理道义之发达，其进步甚阻而惨杀强夺等不正之行为，终不能敛迹。且必设律以拘束之，而政府遂生各种之葛藤盖政府之组织，终不外以人制人。无论其政体如何，究不免压抑专制之弊。故欲求社会之完全，国家之完美，非求之于无政府的制度。整然状态之下，势必不能。

然则无政府的制度之主义，而欲举行积极的改革，其方案何如？曰：设立一大国银行。而依此银行之力如货币及其余之媒介物，以交换物品为主。而废现时之组织，以物品而交换物品。以绝彼等以所有之金钱，及私有之货币。而交易利用之物品，与妨害生产等之弊。又以纸币一切流用，以充补其过与不及之法。然其所谓纸币者，不过仅记明劳动时间，别为一种之手形，与其余同时之劳动者，以交换其物品。且依其所得，而与以相等之价格，以全灭财产之资本家及地主辈。而掠夺其不义之利润，以防货物价格腾贵之弊。故彼当为议员之时，曾提出国民议会，以谋国立银行设立案之事。

布露度又臆断现时经济的之趋势。对资本的利息，必至终无付与之时。故此"国立银行"之设立，亦不能永远烦累国家。乃推论信用制度之扩张，曰所以设立此银行者，以财产家所得三分之一，即课三割三分三厘余之租税。且用累进法，以官吏给俸之课税，而造银行之资金。更设立支店于法兰西之各地。此等银行之事业，于既往数世之间，其经济上之趋向，则资本之利息，徐徐递灭，以至于全无此等利息。一朝既至于无，则其结果，则地代及其余之利润，亦同归于无。而劳动者，单依赖其信用物，以求劳动之器械器具。则地代之利息，地主及资本家皆不得而侵占之。于是劳力之全额，悉归于自己之所有。其生产品，亦不能有腾贵之价格。社会组织之状态，果至于此。则素饕坐食之徒，悉驱逐之。于是私有之财产，遂至于全灭。则暴富与困难之悬隔，及不公平之现象，再无发生之忧。则各人皆平等，上无统御之人，下亦无服从之义务。最高最美之社会的组织，于是乃告其完成。

是即布露度之怀抱，其主义之大要，大抵如此。试研究而察之，彼欲维持国家之现制，而欲渐次变形改良之社会主义者。不过独反对于资本主义，以驳击土地财产之私有制。而举政府之组织与国家之机关，悉破坏而全灭之。由无政府的制度，以谋社会之幸福安宁，纯然为政府党。又如其骂财产家为盗贼，目财产为掠夺品，如希贺、如列厘陆，亦未尝抱如此极端社选粗笨之思想，以计画社会之改革。至于布露度，乃更至最甚之极端。然此粗暴过激之议论，究不能动当世之人心。不过一时挑动民心，以博一辈粗暴之徒无理之赞赏。故彼当时助其计画实行者，大都此辈之人。而欲国立银行之设立，以杜绝私立之银行。故亦不能达其目的，徒发空想的极端之议论，以耸动一世之人心。而无一人赞其实行的计画，采用其企图经营之方案，以奏社会改革之功者。盖其绝灭行政之机关，单依伦理道德之力，以维持社会之团结。而经营国家之事业，要皆一片架空之理想而已。

布露度之所说，其过激大抵如此。其势力又微弱，自后仅保其命脉，以存一派之学说。然大集同志，以期其实行。伏于社会之里面，以试秘密之运动。其无政府主义之议论,其死后,自其子弟,盛唱导于一时。而其首领为俄罗斯之名士美加意陆卫科意。千八百四十七年,卫科意游巴黎,与布露度面接,而受其教化。信奉无政府主义之说,传于各国民之间。名望隆隆,一时甚盛。于是集欧洲诸国之同志,以组织无政府党。以试粗暴过激之运动于社会,屡加危害于高贵者之身。遂招社会之嫌恶,其基因实本于布露度之所说。别分章而叙其无政府党之行动,并记其现状,与其党与如何感化其说。且怀抱如何之思想,而讲求研究之（参照第三篇第一章）。

法兰西六月革命之举,忽呈腥风血雨之惨状,祸纷乱扰,人民空毙于暴徒之毒手,战战栗栗,而现不秩序的社会之状态,渐增社会之嫌厌。于是感悟财产之平等,生产社会之变革等,皆不过社会主义者,徒抱一种之空想。于是民政之组织渐弛,政治机关之转运,时或又生支障,一时旺盛之极。又为拿破仑治下之法兰西,且欲伸势权于他国,唱霸功于中外。昔日虚空之理想,恍然如梦。外事日多,内讧渐息。国民皆厌民政,而戒轻举妄动,以尽力于国家之能事。革命反动之余势,又变为旧时之专制君主。崇拜英雄之感念,风靡一世。拿破仑之旧勋,追思敬慕达其极点。误认其甥路易以为再世之拿破仑,奉戴拥护,而再建帝国。于是所建设第二之法兰西帝国者,再隶于拿破仑三世之名下。国家之民心,皆倾向于拿破仑。皆以发扬国威,为施政之方针。而社会主义,竟有偃息之状。其余波所及,移于邻邦德意志之联邦。反为首唱社会主义之国际的运动,渐有转机。其余诸国之相关连者,亦复组织各种之党派。其势援虽大,而法兰西则独处专制之下,旧有社会主义之势力,则全萎靡。虽欲借其盛大之势援而不能。不过于他国指导之下,列名于运动之间。而不能占有绝大之势力,再试活泼之运动。至千八百七十年,普法战争之开始,帝国再当倾覆。法国之社会主义,又发生焉。

自社会主义发达之时期,从其所区划,其属第一期者。社会主义之发达及其运动,不过英法两国之间。而其学说,多流于空理,弛于空想。与事物自然之理相矛盾者亦不鲜。故其企图实行计画社会组织改革之业,遂不能成。同轨一辙,皆归失败。其空议仅存于简策之间。古代之布拉托贺亚一派之辈,共唱导空想的学理,以成世界一种之幻影的哲学,而注意之者甚少。希贺列厘陆拉野等之名，世人殆不复记忆。不过以一种之空理空想目之，无深讲究其学说。一时以耸动天下之耳目者，社会主义之运动，几乎与世相忘。然下等社会之穷状，依然如旧。劳动者之困难，日加无已。改革之目的，终无由达。社会贫富之悬隔，益更加剧。经济社会之大势，竟为社会主义发达之趋势之前驱。反动之力，激荡所生。于是乃企其改革，谋其改善，乃别唱导一新说。而社会主义之运动，更由别途而现其机。遂造社会主义发达第二之时期，又复热中于社会改革之事业。而其发生之地，实以德意志为原始。故欲知第二期社会主义之发达长成何如，必先研究德意志之社会主义焉。

第二编　第二期之社会主义

——德意志之社会主义

绪言

英法二国之社会主义者，为"空想的学理"与"儿戏的企图"，故全然失败。社会主义之第一期全时代，全为空理空想之一夕话而已。于是社会主义之气焰，渐即于衰，有不可挽回之势。德意志中之忧国者，深知社会改革之不能已。相应相呼，而唱导社会主义于第十九世纪之后半纪。卑斯马克尽力剿灭其窃盗强贼之德意志社会党，受无数之击打窘促，勃然开运动之始。

千八百四十二年，斯他伊以社会主义发生之患，公言于德意志。其后无几，而社会主义之发生果起，其势力亦极其旺盛。盖与英法二国之事情，其趋相异。前二国之社会主义者，以社会组织之不平均，贫富悬隔之大趋势大异，感动激刺，欲起而救济平医之。而德意志当时之生产社会，发生多数之贫民。下级劳动者之数，既日增加，乃仿英国设保护此等职工之"工场条例""职工组合"等。加之生产事业，日渐隆盛。资本之功力，亦大增加。独劳动者之劳银上腾，仅得仅少之赁银，不能自给。衣食困穷之状，目不忍睹。肉食者流，酣歌于高楼大厦之上。下属之贱民，营营旦夕，而无糊口之资。其惨状不忍目击，有力者乃起而救之。故其社会主义发生，与英法二国之不同如此。

惟其然也，故德意志之新社会主义，与英法二国之旧社会主义相比，其讲论徒驰于空理，而唱荒唐无稽之说，以其儿戏的计画，而为克成之目的者，全然大异其趣也。以深远之学理，精密而研究之，以讲究经济上之原则，而认信真理与正理。故于多数之劳民，容易实行其社会主义，得多数雷同之赞助，而其事易底于成。故学者与经世家，咸以德意志之社会主义，多为可采。其所说富于深远巧妙之学理。虽嫌恶社会主义者，于其学理，亦苦无反驳之余地。其议论固不免或有失者。若以为彻头彻尾，完全而无缺点，津津而赞扬之，以为社会主义之极点，虽尚未能。而其一派之学问，可研究而实行，实不能不归功于德意志之社会主义。其学理之论据，最为坚固。故其势力，至今日而不衰。其与英法二国之社会主义相较，而大有别者，非偶然也。

加之德意志之新社会主义者，与第一期之社会主义相比，其目的更为广大。第一期之社会主义，其计画往往局限于一地方，或国之一部，或数部，促促于一小天地之间。社会主义之实行，空属梦想。而德意志之社会主义者，其初实行之范围，虽亦限局于一地方，其性质则实注重于世界，故可成广大之场所，而集多数之人，勉强而实行。视彼等以一国之结合为满足，而不企列国之结合。甘居一政府之下，或二三政府之间。以扩其运动，而不企图国际的劳动者之联合，以匡合多数之劳民。故与第一期之社会主义相比，其理想之悬隔，其画计之大小，诚不可同日而论。如马克斯、如拉沙列周游欧洲之各国，以传播其思想教化，薰陶最为广至。其运动之活泼，与前者大异其点。吾人今特唱导此新社会主义，其抱如何之思想，如何之运动，如何之方面，其势力如何之发达，而述第二期之社会主义。

第一章　加陆马克斯[①]及其主义

第一节　其履历

既述第一期之社会主义，而入于第二期之社会主义。吾人脱理想而入现实，离空中楼阁的之议论，确然而究所说定则之基础。所谓真个之社会主义，其怀抱如何，始得而研究之也。

第一期之社会主义，所唱道议论之中，固与德意志社会主义者之所主

---

① 底本目录与底本正文不一致，为"加陆马科斯及其主义"。

张，其归著之点，大抵相同。然法兰西其从来所唱道之社会主义，不过即自家一人之假定。其立论之根底，说明其原理原则者甚少。希贺派曰：资本家之所得者，大抵收没劳动者之所得也。布拉和之，布露度赞之。马克斯虽论资本家为无用之徒，而收没其余之劳力。然彼从来之社会主义者，仅假定与猜疑，非能断定此重大之议论也。其于制度资本之改革，则必先考察德义正道之许否。稽资本发达之历史，与现时之资本制度相比较。而究经济上之学理，与历史上之事实，以驳击他家之诸说，而造自家学理之前提。以结论资本为强夺之结果，以表发其学说。

德意志之社会主义，既已如斯。其学识之深远，其思想之精致，与从来之社会主义者，大异其趣。非如前者之徒驰无稽之理想，以筑空中之楼阁。费用有用之时间，而为儿戏的事业，以招世人之嫌忌，识者之唤笑。熟虑专攻，以考究其深远之学理，以观察其精致之事物。恰适社会之现制，以探寻其主义方策。是为彼等之特色，所以与其余相异之点也。其学理上之基础，以论理及心理上之原理，以谋确实。其唱导之首领等，百折不挠，而以忍耐勉强之力维持之。

盖殖产社会之弊病，以残忍、刻薄、非理、非道等不伦之行为，充满于其间。雇者与被雇者，时现相反嫉妬之状态。资本家之暴富，与劳动者之困穷，视为社会之原则。彼等以不正之手段，逞其伎俩，使之不敢乞社会之怜悯。且以劳银之铁则，为千古不磨之真理。贫富之悬隔，为人类社会之通则。于是彼等以非理之要求，以逼豪富。其所论非理者，皆未尝于历史、法律、经济、统计及哲理、心理、论理等，万般之学理，为研究之材料，广探深稽，以确定其主义方针。然后计画改革社会之方策，宜其所说，招世人之攻击。然其运命，竟能持续至今日，随处有其党与。迭经变迁，迭经改良。其势力之所及，不独柏林及巴黎，若纽育、若芝加卑、若维也纳、若列拉科列渥陆托，苟有唱道社会主义者，其统系皆自德意志之学派而发，岂偶然哉！

德意志社会主义之创立者，为列野陆兹拿度拉沙列及加陆马克斯。前者为社会主义运动之发起者，其名最显。后者则确立其议论之根底，出无二之经典，以闻于世。而两者皆生于德意志，而为犹太人。

加陆马克斯者，以千八百十八年生于托利乌斯。父占普鲁西政府枢要之地位，长于名家，入贺龙大学，修法律。后再入柏林大学，委身以研究哲学，尤倾心于海科陆派，大悟人间之本性。后为急进自由派之机关，列意希野额西特新闻之主笔记者。大振笔锋，以攻击政府。且非难当时之社会制度，以唱道革命煽动之说。柏林政府特派检察官以察之，而文意婉曲，不能得其证据。然政府终恶之。千八百四十三年，乃严命禁止新闻之发刊。克加斯益与政府对抗，欲继续其攻击，愈讲究于经济上之议论。乃再移于巴黎，以研究斯学之余闲，辄执笔为文，以攻击本国之政府，公表自己之意见。其自柏林而移居于巴黎者，盖以当时德意志斯学之发达，甚为幼稚。而法兰西之研究斯学者多，以便讲求。当时内阁大臣有契耶者，欲得普鲁西政府之欢心，命放逐其政教于国外。马陆克既不容于法兰西，不得已又移居于布拉西渥斯。益从事于经济上之研究，以讲究社会主义，以自己之新说，发表公论，以达劳动者之事情。乃批评布露度"关于贫困之哲理"，发刊于世，题为《自哲理上所见之贫困》。又论贸易上之政策，题为《自由贸易论》，二书最有名于时。千八百四十三年，假寓于法兰西之间，始与唱道德意志社会主义者恩格尔斯相见，互相交亲，共订生死，共试其运动。又自巴黎而移于列拉西陆斯，又至伦敦，而开共产的同盟会，以组织一团体。千八百四十七年，乃草其宣言书，公刊之。为国际的劳动者结合同盟之端绪，以待他日社会雄飞之机，养成劳动者之势力。

马克斯既得恩格尔斯为有力之同志者，各等之运动，借其帮助者不少。恩格尔斯亦与马克斯相亲善，终始同其难苦。千八百四十五年，又著一书，题为《英国劳动社会之状态》，以扩张马克斯派之意见。千八百四十九年，又为普鲁西政府所放逐。马克斯等共去本国而移于英国之伦敦。仍与马克斯往来，共其运动。至马克斯之死，四十年无异趣焉。

千八百四十八年之革命既兴，马克斯再归德意志。恩格尔斯初与其友乌拉陆列及诗人列拉伊利科拉等相谋，兴一杂志，题为《意希野额西特》，盛唱民主主义，与劳动者之味方，以倡一世之舆论。而其所说，与日耳曼联邦之共和组织相反对。与当时支配社会复旧的运动，大示攻击之旨，为劳动者而吐万丈之气焰，保护其利益而怜其不幸。于劳动以外之阶级，其利害休戚，与劳动相反背者，则必痛论之。以故政府又禁其续刊。其设立后，仅一年，至四十九年，忽遭废止。同时共其创立者，咸被放逐，流寓于他方。马克斯再至伦敦，至千八百八十二①年乃卒。

新意希野额西特唱社会民主主义，喷满腔之热血，刊行于时。其创立者为一诗人列拉伊利科拉托。尝为一诗，刊于其上，乃其告终之绝命词。革命之精神，跃跃于纸上。以助马克斯之指挥焉。

马克斯既逐于本国，而移伦敦。以余生之运动，以集注于国际的劳动者同盟之结合。千八百六十四年，于伦敦结其盟约，发表宣言书，以集同志者，开第一之总会于希渥卫。自后欧洲各部，咸注其总会。此同盟会之势力，震动欧洲之全土，一时极其旺盛。马克斯之名，轰于全欧，大受劳动者之尊敬。千八百七十二年九月，哈伊科之大会，同志忽生分裂。卫科野之一派，引率无政府党而脱会，其党势次第衰微。一时本部又移于纽育，以谋恢复其势力，然亦未见其成功。千八百七十三年，最后希渥卫之会合，其同盟愈分散解体。然其影响所及，于欧洲诸国者亦已不少。其主义纲领，至今尚为诸国所认识。各团体之精神与作为，各种之运动与助成，皆基于此。若此国际的劳动者同盟之运动，更分章而详记之（与本篇第二章参照）。

国际的劳动者之同盟，既已消灭。自后马克斯退隐公共的生涯，而从事著作。千八百五十年，出其著述，题为《经济学之评论》者，博采群书，窗下研炼，费十余年而成。探学理之蕴奥，以讲究资本之原理，依其研究之结果，成彼一代之大著述，题为《资本论》。其著述初成，未出版之先，以千八百八十二年②三月十四日，以永逝，行年六十六。

马克斯之于家庭，常保和乐，其幸福颇胜于人。闲居伦敦时，营静稳之生活，以从事于著作。或寄书于纽育之《托利卑》之新闻纸，或以论说出版。而向同志之士，曾娶普鲁西政府大臣列鸣野斯托列亚列之女，生二男二女。其女名路契野者，及详《资本论》者拉列陆契，同有时名。二人皆嫁法兰西之社会党员。一男幼卒。妻亦于千八百八十一年，先彼一年而死。

---

① 此处有误，应为"千八百八十三年"。

② 此处有误，应为"千八百八十三年"。

马克斯者，一代之伟人。长于文笔。其议论之精致，为天下所认识。以故教授拉契者，称彼为一大经济学者。又如教授科意斯者，乃有保守的思想之人，亦称扬其才能而不错。彼之死也，可洛额西持进纪其事绩曰：彼于文明社界之内政，独具感化之功力。无论其同时代之如何人，无出彼右者。其经济学感化一般人民之程度，德意志之学者，亦无其比。彼于经济学上，最精细之观察，且为确实推论家之一人。故其著《资本论》，实为社会经济上之学者之良师。亦可窥见彼之一代之性行，及其思想云。

彼于社会之势力，绝鲜其比。其死后，讣报远于欧美各地。吊者随处开会，以慰其英魂。纽育又集合其多数之人民，开大会而决议曰：天下自由之真友，与吾人以劳动者之自由。而除其重大之损害者，惟加陆马克斯君。今其永逝，追悼不已。吾人以君之芳名与遗稿，传于万世。且扩布其思想，以垂示于世界。须尽其全力，以记忆君之永逝。遵君所开拓之行路，抛吾人之生命，以发挥彼之高尚之经典。吾人敬诵于君曰：将结合全世界之劳动者以奠君，永世无忘。而此类之决议，不独纽育，卫陆兹贺亚希加可他利布拉度等之各市，亦采用以遥表追悼之意。马克斯之英名，隆于一世。故劳动者感化之力甚深。一则由其性行使然，一则其思想之激刺于人脑者亦多。兹吾人特记其履历，并其学说，以见一斑云。

第二节　其学说

加陆马克斯创设社会主义之实行，与国际的劳动者同盟以期社会之雄飞，其学理皆具于其《资本论》，大耸动于学界，为社会主义定立确固不拔之学说，为一代之伟人。其学理与主义，吾人不能不进而采之也。

马陆克之《资本论》，为一代之大著述。为新社会主义者，发明无二之真理，为研服膺之经典。彼从来之社会主义者，大都架空之妄说，不过耸动社会之耳目，以博取其虚名。其立论之前提，稽其资本之变迁与历史，述其起源与来历，以明经济界之现组织，全然为资本之支配。生产社会之原则上，随资本旺盛之现时代而一转，则社会之趋势，与社会主义，终不能达其目的。故欲反抗资本万能主义之潮流，以保劳动者之味方，则虽主张反对资本的生产制度而不辞。

彼述殖产界之变迁，为三种之时期：其第一期，为手工劳动者以自己之资本，从事于各自生产之时期。是为资本势力未盛之时。至其第二期，为资本者与劳动者之间，生多少之分离。资本家依其利益，劳动者依其自己之劳银，而为生活之端。是为资本将盛之时。其至第三期，大工场之大资本家，于工业界，有无限之势力。于土地，则资本与劳动者，名为保其自由，实则系留于劳银之桎梏。其利益之全额，悉归资本主之所有，自己仅得仅少之奉给，而有满足之状态。是为资本极盛之时，殖产界之现状，以是三者而分之。

依此殖产界之变迁，而考资本制度发达之结果。凡欲企图事业从事生产者，必借资本家之力，得其用意，而后可以经营。以故资本家之势力，日赴旺盛，全然与劳动者隔离。社会遂组织一特种之阶级，劳动者尽其全身之劳力，以讲一生自活之计。贫①本家贮蓄其所得之利润，培增自家之财产。贫者愈贫，富者益富。然资本家所以蓄积其利润，增加其财产者，则以生产社会余剩价格之故，即为殖产界资度资本发达之历史，专占此剩余价格，蓄贮之以为增殖之途。欲知今日之资本主义，须知余剩价格之性质如何。马克斯乃分离其价格与本质，而著《价格论》。

马克斯之"价格论"以价格之分离为始，彼论价格分离之道，分"使用价格"及"交换价格"二种。以供给人类之必要满足人间欲望之价格，即为使用之价格。吾人非空气不能生活，非水不能生存。又如日光、如食物、如金银衣服，皆为吾人之必要，吾人之所望者。故有此等为总使用之价格。然此等之总使用价格，不得误为交接之价格，如日光空气，为吾人日常生活之必要，在于衣食之上。然吾人不得以他物而交换之。而此二物，又为地上随处而有。此等为有使用之价格，而无交换之价格。而为吾人必要之物品，而又无从交换之。然又有有交换之价格，而无使用之价格者。盖有交换之价格者，必有使用之价格。而有使用之价格，不必有交换之价格。人皆欲充自己之欲望，不能以其必要之供给，而交换无用之物品。夫交换使用者，盖以天下无数之物品，为人生之必要，而后交换使用之。故

---

① 当作"资"。

此二种之价格，为人类实用之点。虽共相等，而交换之价格者，乃以无用之物品，变形为必要之物品。有一种共通之素要，存乎其间。即吾人有若干交换之价格，得几多物品。比较而发见之，必有共通之要素。比较交换而后能行。譬之吾人以一之物品，与其余之物品，比较而交换，何以得其均平？设有砂糖一斤，而交换其余之物品，谁能得其平均者，非比较之而不可。其间必有一种共通之要素，其要素者，即人间之劳动力是也。以劳动力与劳动力相比较，因社会之平均的劳力，制造砂糖一斤，为费几何，劳力几何。以比较而判定其价格之高下。社会以一定之时间，计算普通一日之平均劳力，及关于机械及技艺等之劳力。其功力之多寡，以平均之劳力换算之，以规定社会的平均劳力之功果。且以复杂混合之劳力，与单纯平易之劳力相比，而二倍之。又以"熟练""注意"之劳力，与普通之劳力相比，以规定其适宜之割合。凡劳力尺量标准，单纯之劳力为单位，以与其余之劳力而比较计算，则一切之价格，量其劳力之原则，而案出之。为价格算定法之大要。

价格之分类，即以使用交换之二种。此两价格之区别，判然而不能淆。彼资本家，但求自己之富。但利用劳动者，而不知其难。质而言之，劳动者，资本家之牺牲。以其劳力之过半，而食其力。而资本家之使役劳动者，不过以交换之价格，给与彼等之生活。而此等最低之生活费之标准，自生产物之全价格，而扣除其剩余，以收入自己之私囊。譬之劳动者，日常之生计，不过二十钱之物品。以彼等自治自营而计之，岂止于每日二十钱之物品与生产。彼等每日以六时间之劳动，则已足充分而自给之。而此时之资本主义，强彼等每日执十二时间之劳动。则每日应得四十钱之物品与生产，彼等即应得四十钱之报酬，乃割其一半而为己有。是资本家强割六时间之劳动于劳动者，而诈取其所得之二十钱。故资本家之利润之所得者，不出此诈取的价格之外。然劳动者，以其从事于生产之原料与机械，为其所把持，不能不应资本主义之雇聘。若反之，则资本家随意于其市场。彼等购求其余之物品，不依定额之交换价格，以与劳动者之购求使用，而从事于生产，而其使用驱役劳动之度。资本家又于市场，以定多额之交换价格，以倍拾其使役之度。资本主以一分之交换价格，而得二分之使用价格。

其使用、交换两价格之差，以是而比，其余剩之价格，又为资本家之资本，更以维持扩张其事业，以蓄积增集其财产。是彼资本制度之发达，其余剩之价格，而所以专归资本家之占有。

马克斯以此等之见解而解释资本制度。且谓此资本制度之下，其经济的组织，而无旧时之专制压抑，无丝毫之异，其言曰：昔者地主使役奴隶以供生产之用，王侯强制其领内之臣下，以奉献其劳动之力。今之资本制度之下之劳动者，其契约虽有自由之形体，而其强迫劳动者之事情，以从事其生产事业。其于生产品之全部所要求之权，不过仅得一少部分之分配，而劳动者以为满足。故虽有自由之契约，仍不出自然压制之外也。

马克斯以劳动之生产，为唯一之要素。其价格必依劳动之量而定之。其一切之生产品，必属之于劳动者。若以资本而节约为贮蓄之结果，是即资本家强夺行为之表证。所谓资本者，终不免悖理之贮蓄。其资本既为背理之贮蓄，则生产社会资本家之权利，亦必有消灭之理。于是更以关于资本之事情，而立一新说。以社会的关系，而定一种之名称。其为说曰：黑奴者初非定其为黑奴，以关系上而自沦为奴隶。其于关系上资本之一部，不过因其资本与生产的方法，而成立社会的关系。而其生产机关与直接生产者，皆不问之。运用其资本，而营生产之事业，以使用劳动者。或自为农夫，则自荷锹锄及种子以从事其生产。手工劳动者，以自己之器械与原料，以制造其物品。盖此等之制造原料，与其种子器械等，以供给他人，自己仅从事于劳动之事业。则此等之物品，即可称为彼等之资本。质而言之，资本之成立，则资本家与劳动者为分立之时。然今各人无共有土地及其余之特权，大抵皆归个人之私有。而无资无产之劳动者，苟欲从事于生产事业，则必以其资本供给于此等之阶级，而仰其鼻息。于是生产社会，自资本发生以来，其发达之极，即造现时之资本制度与作为，而为资本万能之素因，而为资本上一大必要。此不可不知者也。

马克斯对资本而下若此之定义，彼即以资本而于生产社会以定劳动者与资本主适用之时。与其余之经济学者，以解释其狭义的。彼于生产社会，以资本家之职务之甚重要。如现时殖产社会之状态，劳动者不能支办器械与原料及生品与物产。又如现时非生产社会，其生产的要素，惟天下唯一之劳动者。而资本主分取其利益，皆由于强夺诈略之非行。故资本的生产组织，实为悖理不法之组织。然则以器械与原料，欲从事于生产之劳动者。其藉资本家之力，果如何而为生产之必要，乃得此等之物品。若供给原料给与器械之资本家，而分预其利益之一部，以从事于生产事业，则资本家与劳动者势必不能，而劳动者亦不能以其原料器械而附之，必如何而后可。故今之所谓资本者，实为生产社会必要之一要素。故彼虽反对现今之资本制度，而解释资本无用之说，以唱导社会主义。而于国有财产制，彼不能拾而不采之，以为国家的之生产事业。且曰：吾人之社会，皆处于共同生产的组织之下，以定自由劳动之制，各人以劳动而成劳动社会之一部。于其劳动之出产，割其全生产数中之一部，以供他日生产之用。贮藏社会之财产，分其余剩，以与各人，以供其日常生活之费。而其分配之多寡，又依各自劳动时间之短长为等差，以价格算定法而定其标准。

马克斯计画殖产社会之改革的组织。同时又复主张反对资本制度，以唱财产国有主义。虽其计画实行之方策，而如何变更经济社会之现制度与国有制度之手段，尚未说明。只就社会之趋势，自然绝灭其资本制度，而缩私有财产之区域，以归着于国有制度。故其所画剿灭私有财产之方策，亦唯随其社会进步之趋势云。然不过考察变迁之事情，以豫想未来之运命而就历史而论之耳。

彼之观察历史之眼，先描画其原始之状态，次述进步之阶梯，以稽察过去与现时，以进未来之社会，而待变革一新之期，断言之曰：社会原始之状态，生产之业未开。人人皆汲汲于自求其衣食。上下贵贱，皆粉身碎骨，而不暇他图。当此时也，社会无甚贫富之差，又无资本主与劳动者之别。自后社会稍稍进步，饱食暖衣之乐，渐普及于人民。或生游乐之情，或以其余暇而注心于文学、美术之嗜好。于是多数之人民，日日从事于劳动，以从事于生产。故上古希腊罗马之盛时，其生产事业，悉使役其奴隶，乃确立奴隶制度。而奴隶乃为生产社会之一要件，其奴隶自为人间之一阶级。私有私产，皆属于各人之所有，得转而卖买之，毫不为怪。恰如现时土地资本，公许其为私有，而许各人之自由。降及中世，以农业为生产社会，渐次而发达。乃唱道人权之贵重。生产社会之奴隶渐灭，以至于奴隶制度，亦全废。而创立资本的生产制度。于是资本主义以巨大之器械，宏大之工场，以使役多数之劳动者。不识不知。秩序整然于组织之下，其利益之多分，则分取而少与之。自今日而溯上古，考察其殖产社会变迁之事迹，则资本的生产制度，现时实为旺盛之时。然而彼奴隶的组织，卖买人身。古代之制度，亦似无怪其然者。何以故？当生产事业未进步之时，各般之艺术工艺，皆颇幼稚。衣食器具生产之道，亦甚困难，其所制造必需多数之日子。社会多数之人民，从事于劳动生产者，不能不应社会之要需。故当时之生产社会，与现时之生产社会，与代器械之原动力者，各人皆用奴隶以服劳役。其用乃延及于各种之生产事业。其生产社会奴隶之劳动者，为货物生产上必要之要件，皆此制度自然之必要者。故当时亦无怪之者。亦如今土地资本，据为私有。于现时之制度，不过经济社会进步之一阶梯。今日奴隶制度，皆已消灭。而私有人身财产之习惯亦既废止，则生产社会私有财产之区域，亦灭其大半。至社会发达之度，更进一步。则私有财产之区域，更缩一层。此资本及土地与私有财产，为过去社会进步之定则。自其实事而证明。既而社会之状态，渐渐发达。货物生产之方法，亦渐改良。借机械之动力，其生产力亦大增加。断无二六时中，长服劳动者。社会必要之货物，其余力而制出之，绰有余裕。故社会者不过使役一部人民之劳动，改革现时之资本的生产制度，为国家的生产制度与作为。故现时社会之进步，渐促此私有资本制度于灭绝。如以蒸气、电气之力而代人力，以制出饶多之物品。而二六时中，不必时服其劳动。而社会之需要，必无缺乏之感。外界之事情，既已如此。其内情则必扰乱。故反抗资本制度之声，日高日溢，而不可止。盖封建时代之农工业，受贵族之保护。既而发达，而"市民"乃勃兴，顿搜世界之富，以使役多数之劳动者。以故现时之生产社会之作为，与社会组织之次第，渐失其平。百般之弊害簇出，而人民大苦。虽助一时生产之发达进步，为资本制之良法。而一部少数之人民，其利愈厚。则其余多数之劳民，嫉妒愈深。生产社会上不平不满之声，亦日甚。渐将纠合此等之劳动企图运动而反对资本家，谋略既成，待时而举。至劳动者一旦运动之开始，资本制度之外部既破，其内部亦从而陷落，而资本制度遂至告终。再以贫民而主宰生产社会，则生产组织之面目一新。

社会之进步，至此而告其完全矣。

马克斯既说殖产社会发达之结果，依其自然之变迁，资本私有制，必归全灭，而让步于国有制度。乃更进一步，推论社会组织之未来。今之所谓政府所谓国家者，皆为治者抑制被治者一种之机关。然社会进步之极，资本制度之颠覆，共政权而归人民之手。此国家必然之结果，其告终之例如此。盖国家一部之人民，即以治者为代表。而真正为人民全体之代表者，于生产社会，必为国家的生产，而绝生存竞争苦斗之迹。以制其阶级，以御其人民。国家成立之要，必支配其人民，代政府而设生产的方法之监督。现时行政的组织，必灭共迹而自然消灭。

以上马露克之主义，虽欲设立无政府的组织，而其归著与无政府党之希望，颇有异者。盖无政府党之目的，以暴力而打破国家之组织。马克斯则由自然之趋势，以俟国家绝灭之期。即前者欲谋其强行，后者一任自然以达其目的。而其志愿，两者皆以人类之自由结合为基础，为其社会之组织。其余则欲以强制的势力而制驭之。

马克斯经济上之主义，其概略如右所述。彼于从来之经济学者，以土地、资本、劳力三者，论定为生产上之三要件相反。而生产上之要件，限于唯一之劳动。排斥资本家之利益，为分取不正之行为。土地虽为生产之必要件，其性质上，不许私人之专有。故对土地之报酬，无论何人，皆得分配生产之利润。而生产富利之全部，应归劳动者之所有。故马克斯自其毕生之研学，虽特发此大议论，于经济学上树立一新说。然向之而表反对之意者亦不少。故余辈欲研究彼之学理，亦必即其驳论者，而反复研究之。

马克斯关于资本之议论，对之而表反对之意者曰：马克斯以劳动为生产社会唯一之要素，而斥资本万能之说等，不免为狭义之解释。不知昔者生产事业之发达，甚为幼稚，各自可求机械与原料而制造之。且自从事于贸易，以自己劳力之量，而得自己之利益。今则工业社会之发达，市场之范围亦扩张。对全世界之制造品，与贸易贩卖，皆有甚大之竞争，其事业必费经营，则物品与制造，除劳力之外，皆投于剧甚竞争之涡中，非大备机械与原料，不能与他人而竞争。而投机心，又必具经营之才智才能等，与劳力之必要，皆为生产社会最大之一要件。故于劳动者，必有保护监督，而后不蹉跌其事业,始能雄飞于世界之市场,增进物品需要之额,亦为今日生产社会之一要件,而不可缺者。而能任此者果谁欤？则资本家其人之任务也。

　　资本家之任务,既已如斯。彼又主张对生产事业,而受若干之报酬,即分配若干之利益,决不为悖理之要求。且又如生产事业,必要固定之财本,不能万世保存其原形,则机械之磨灭,亦必与土地生产力之渐灭等。必时时修复补理之,始可永久使用其功力。若此等之物品,不为资本主所有。彼等不复修复补理之,而更要求若干之利益。分配劳动者,仅六时间之劳动。其生产价格之量,日定二十钱。彼等所产出此二十钱之物品,决不能使用机械与原料。而机械原料,既非劳动者之所有。而徒要求生产部全部之权。若应供给其人者,其供给者更出机械及原料之使用费,其对生产物而要求一部之分配,决非不正之要求。质而言之,此时之劳动,仅以六时间之劳动,而出廿钱之物品与生产。而其生产又不能补助其机械与原料,则补助者,自当与劳动者而分配其权利。是即资本家正当分配之利益,所以得要求其权利也。

　　资本家所分取自己之利益,马克斯所谓剩余价格,收没劳动者之劳动是也。然资本家既有享当然利益分配之权,则此余剩价格者,亦为生产社会必要之价格。劳动者以其赁银以上之劳动,乃仰原料及机械之供给于资本家。若中止其供给,则其事业亦必中绝。劳动者之劳力,亦无任用之途。则劳动虽为产出富利之一要件,而劳动之生产事业,必有经营持续之者,必推定为生产社会唯一之要件。其说不免谬误。盖殖产社会之现状,其生产必要之二要素：惟土地及资本。必搜集于比较的少数者之掌握,以驱役多数之劳动者,而与以仅少之赁银。其分配虽不均一,而劳动苟为过重,则必忘却资本家之职务。其分预富者之配当,仍为不均平。马克斯所称余剩价格,是即对资本家报酬之量。其生产事业之所以能继续者,终由此劳动者余产价格之所产出。故其算定之权利,必收于资本家一人之掌握,不容劳动者置喙云。然资本家专断之弊渐生,独谋增进其利益。于是悲惨之劳动者,仅得最低之赁银,乃为殖产社会之通弊。资本家之暴富,既日增盛。则劳动之境遇,日益穷乏。其利益分配之方法,一任资本家之专断。

劳动者定额之赁银，不能满足。是固背于正理，固为经济学者专心熟虑之问题。而欲资本家全然分与其利益，则终非正当之议论云。

以上对马克斯之驳说，其大要如此。然单就彼之学说而驳之。然社会主义者，非仅欲分取资本家之利益，且企图灭绝其资本。故资本家于生产社会之权利，唱社会主义者，断无不攻击之。乃其怀抱议论之根据，故社会主义之唱剿灭资本家，皆如马克斯之议论。彼等共马克斯之唱道此议论者，其计画生产组织之改革，皆认识资本家无用之物，而企图绝灭之。盖资本之功用，于生产社会者，虽时代未至，或不能免。而劳动为生产之必要，必不以资本为要件云。此等之思想，仅出于社会主义者。其余之经济学者，所不附和。且决不吐露资本无用之暴说。然而资本与资本家，二者各别。以资本为生产社会必要件者，不必认定资本家为必要。则唱道社会主义者，以资本家为无用之议则可，直推定资本为无用之说亦非。然议者往往不能区别此两者，辄混视之。以攻击社会主义，互鸣其非。此吾人不能不为社会主义而诉其冤也。如对马克斯资本说之驳论，为此谬见所误，则哆口而妄道之。故凡讲究社会主义者，必须区别此等，而后下以明了之判断。吾人兹以一言，敢告读者之注意。

马克斯其著《资本论》，于解释资本之性质，果断定其正当之资本，为掠夺之结果与否，尚未定之问题。彼非但举排斥之议论，以攻击现时之社会制度者，亦鉴于前者社会主义之通弊徒唱荒唐无稽之暴说，驰于空理，流于空论。不顾社会之大势何如，单诉人间之感情。而计画社会组织之改革者可比。若资本家之专横压抑，大背正理正道者，亦未尝企图社会制度之改革。此前者之通弊也。马克斯之所以绝叫社会之改革，企图劳民之改善者。以认识夫正道与正理，以公平之权利，为正当之要求，以分与一切之人民，非如彼狂奔于社会问题，徒激发人心以鼓舞社会，而博一时之虚名，其事业倏忽而可解散者。故彼所采社会改革者，非仅就其面目，必以学理为社会主义之根据，以攻击现社会，以反对现制度。而创立新社会主义，以唱道于天下。舍加陆马克斯其人者，其谁与归？

第二章　国际的劳动者同盟

社会文明之进步，共诸国之交通，益赴频繁。近时世界之趋势，万国共同，而向于一目的。诸般之计画，亦多采于国际主义者。于是诸国之劳动者，亦以共同之目的而相结合。以设立国际的同盟，亦社会之趋势，无足深怪者。

国际的劳动者同盟，成于马克斯之设立，又依其指导而发达。因之马克斯，乃受本国政府之嫌疑，共同志而逐于国外。千八百三十六年，集于巴黎，而称"正义同盟"，结合秘密结社。千八百三十九年，巴黎骚动之际，移于伦敦。使用日耳曼语，集合北欧诸国之劳动者，乃启国际的劳动者同盟之端。自后"正义同盟"之会员，为欲达其目的，而避革命的暴动之举，以谋扩张自党之主义。又其同盟之精神，尤在"各人皆同胞"之一语。且服膺共同的教义之箴言。又本马克斯之学说，欲举劳动社会，以脱资本家之束缚。以学理之指导，而观察其成立之状态，历史之变迁。然现时之劳动社会，终不能免革命的运动之开始。然此等劳动者之革命，与社会进化之趋势，必相出于一致。彼等深信马克斯之学说，欲以经济的方法，而支配社会之组织。故其所谓革命者，只此改革经济的方法而已。

千八百四十七年，"正义同盟"于伦敦，变更其组织，改名为"共产的同盟"。新表其宣言书，以开陈同盟之意见。先述其目的，曰："同盟之目的，以平民（即劳动者）之束缚者，与市民（即资本主）而平夷，全灭阶级之争阅，与旧社会之基础。撤去阶级制与私有财产制，以组织一新社会。"且大攻击经济社会之现组织，绝叫社会制度之改革，为劳动者吐万丈之气焰。更结论之曰："同盟者望无隐蔽其意见及目的，宣布吾人之公言，以贯彻吾人之目的。惟向现社会之组织，而加一大改革，去治者之阶级。因此共产的革命而自警。然吾人之劳动者，于脱其束缚之外，不敢别有他望。不过结合全世界之劳动者，而成一新社会耳。"此宣言书之执笔者，即加陆马克斯。以其共产的意见，发为公论，以布于天下，而为一大雄篇。

自后社会之大势，劳动者益非，而资本家暴富之势，则日盛。于是其同盟乃再改其组织，大集注其势力，以激各国之同志，而助其运动。千八百六十三年，于伦敦开设万国博览会，同盟之气运乃日高。既而国际的劳动者，同盟之结合乃成就。当时法国之劳动者，亦派遣委员于博览会以察视。且此委员者，受皇帝之指命，而支办其用费。然其委员遣派之本旨，不过以博览会察视之名，欲于两国之间，一扫猜疑之邪念，与劳动共相互之休戚，而作一大联盟。该委员于六十三年，再至伦敦，结交英国之劳动者。千八百六十四年九月二十八日，于伦敦之西度马陆兹贺陆，创立国际的劳动者同盟。会合各国民之代表者，开设一大联合会。此联合会者，以教授卑斯麦为议长，马克斯为监督。为委托国际的新同盟之设立，选定委员五十名，造规约之草案，草宣言书。规约既成，宣言书亦脱稿。开其第一回之集会于列陆西陆斯，为白耳义政府所拒斥。千八百六十六年九月，集六十名之代表员于西渥卫，开其集会，以决议宣言书，开陈同盟之意见。以设立国际的劳动者同盟，公表于天下。其宣言书曰：

　　我党以解除劳动者之束缚，须自劳动者自身之运动。劳动者为解除其束缚，所以有奋斗之举，以谋分与其特权及专有权，与万人共负担平等之权利与义务，以全灭阶级之组织。我党专有之生产机关，为生命之源泉。而劳动者隶属于资本主之一事，是即屈从之所由生，即社会之贫困所由生。是为招精神上之耻辱，致政治上之服从之原因。

　　以故解除劳动者之经济的束缚，为我党毕生之目的。其余政治的运动，只为附属此之目的，不过为运动补助之一切。

　　然至今日为企图运动此目的，以致招致失败之不幸。以各国之劳动者，乏巩固之团体。且万国之劳动社会，不足以相提携，而欠乏同胞的亲情之缘因。夫劳动解放者之问题，决非一地方一国民之问题，关于近世之社会的组织之成立与成在，必先于此种之问题，而解释之。与开明进步之诸邦国，与实行的及学理的互相合同，而谋扩张其基础。

　　故我党尽其忠告，搅破欧洲劳动者之昏睡，向未来之好望而运动，协力同心，以鉴前年。

以上之理由，敢告第一回国际的劳动者同盟。凡属于此同盟之团体及个人，此同盟会员者，必以正理公道及德义为标准，必遵守之。不以国民信仰及人种之异，而差异于其间。义务者权利之随伴，尽义务者必保其权利，保权利者必尽其义务。

即此可以知其同盟之精神。

希渥卫之开会，为第一回之集会。以上宣言书议决之后，劳动者规定劳动之时间，议决八时间劳动之问题，其意盖欲施行八时间之劳动制。于现在则短缩其劳动时间，渐次灭少，以至八时。而其余之智育及技艺上之教育，皆普及于劳动者之间。并议决上中级之人士，相并行之条项。

千八百六十七年，国际的同盟，开第二回之会议于洛沙。以讲究一层进步社会上之诸问题，为通信运输之诸机关，以绝私立社会之垄断其利益。且励行合资的组织，以图国家之事业。次则讲究劳银腾贵之策，且更思虑其将来。一朝此种合资的组织之发达，与现时之生产机关相对立。则劳动者之状态，又增一层之困难。与现今第四阶级者（即劳动者）之下，为其五阶级之人民发生。其于社会，有增进不幸之虑与否。乃以合资的生产组织之奖励法，为此会议之一大问题。

千八百六十八年，第三回之会议，又开会于布陆西陆斯。初则英德法三国，既而白耳义、意大利、瑞西及西班牙等之诸国，列席者共九十八名之代表员。专论运输交通诸机关，举土地矿山山林等，皆为民主的国家所有。自其国家而贷与劳动者之组合，决定为社会之基础。依其正当之分配法，以经营生产事业。而讲究其方策，以图进步。其信奉布露度之学说之代表员，为此生产组织之完成。关于生产之机关，以立共同社会。且依信用组合之组织，以保其不信之弊。采用布露度之计画，加之此会议者。关于同盟罢工之事，更研究之。更议关于教育上之问题，以完成学理的实用教育之组织。又议定劳动者之劳动时间，必求短缩，乃闭会云。

生产物之全额，亦定为劳动者所有。此为社会主义之根本的理想，亦为同盟会所公认。同盟会乃以关于此件之意旨。而议决曰：各个之社会，其设立为共和主义之基础者，其地代利润及地息，以如何之名称与手段，而分与之。其充分之权利，全额之报酬，皆独为劳动者之保有。自是国际的同盟，每年于欧洲之各都府，以催其会合，以讲究各种之问题，其势力遂日旺盛，会员之数亦日多。千八百六十九年九月，于卫沙陆会合之时，同盟之势力，正达其极点。诸般之议案皆已了结，其余所议之问题，如废止相续之议，再现于议场，遂能占其多数。

国际的同盟之精神，既为各国劳动者所识认，而表赞同。其数年年而增加，其势力波及于欧洲诸国之社会者不少。先是，巴黎之青铜职工一揆起，遂致同盟罢工，与资本主而讨战，国际的同盟援之，以供与罢工中之需要品，职工遂得胜而归。同盟会又援英国之国业组合，以防欧洲大陆而输入廉价之职工，又奏大功。千八百六十八年之初，于北日耳曼百二十二个之职工之团体会合于耶列卫陆科。与国际的同盟，遥表赞同之意。千八百七十年，美人加那洛为美国八十万之劳动者之代表，又赞成此同盟之旨趣，而定布其公言。

犹不止此。此同盟之势，更远及于波兰、匈牙利等之诸国，且及于东欧诸州。以杂志及其余之机关，而谋各团体之亲睦和合，以贯撒①同盟之精神。千八百七十年，同盟又自其革命的运动之发生地，开其例会于法兰西之巴黎。时际普法战争之爆发，乃于弹烟炮雨之间，以扩布其旨趣，论述战争之弊害，以防兵乱之未然，而救民生堕落之苦。然其举国之民心，热狂于敌忾。又不能倾心于生产事业，以谋劳民之改善。加之英国同业组合者，亦渐变其意向，而日远于同盟。德意志社会党内，又生内讧。资金亦大缺乏，政府又以苛法加困之，而同盟又无余暇以致其力。自后同盟之势力，乃渐衰微。

以是等之事情，同盟之例会，因之而休止者二年。至千八百七十二年九月，又集六十五名之代表员于哈伊科，以开其会议。然哈伊科之会合，不幸同盟之运命，终不能隆盛。党内异说之士，又生内讧，同盟遂终分裂。当时马克斯采中央集权政治之主义，欲把持重大之势力，以指挥其同盟，而达其目的。然无政府党派之领袖卫科伊，不喜其策，乃提出联合组织之

---

① 应为"彻"。

说。依地方分权之主义，而分与其权力于各团体。两者之议，不能相合。加以卫科意又唱道极端之破坏主义，绝叫全灭国家及政府，以覆灭社会之组织与根底。然后再出改革之举。与马克斯之民主主义派之议论，相互竞争。卫科意乃引率其同志而脱其盟，别组织无政府党。企图自说之实行，而弄狂乱疏暴之手段，以招社会之嫌恶。终世而为社会党之敌手，暴动乃达其极点。（与第三篇第一章参照）

无政府派既脱党。同盟之势，一大顿挫。自是党员之结合渐弛，前途之形势日非。千八百七十二年之会合，纷扰之后，乃会于亚摩斯拉路他摩，为其结局同盟之本部，乃移于纽约，谋藉美国而扶植其势力。其会于亚摩斯拉路他摩也，马克斯大试勇壮活泼之演说，以鼓舞同志曰："在前世纪之专制时代，于各国之君主特权者等，讲究各自之利害，乃会于哈伊科。今日吾人又会于此处，与诸君而讲究。吾人所讲究之问题，全为自己一身之问题。未尝为天下之劳动者分其休戚，而为全社会之问题。"乃就历史的进步之状态，与时势之变迁，而论定其所以。乃更说曰："吾人但知英美及和兰，其国之劳动者，以平和之手段，遂得行其目的。然不知欧洲诸国之大半，皆自革命之力，而后贯彻其目的焉。故吾人待时机之熟，蓄此力而待应用。"又于演说之结尾，以自己之决意而公言之曰："吾人之过去，既已如此。而未来之实行，不奏社会问题最后之凯歌而不已。"马克斯虽素希望平和的改革，而不知其腕力，于经济上，自有一种之势力。至事情不得已之时，虽至举行非常的手段而不辞。

马克斯一场之演说，以活泼之运动，而刺激同志，以谋回复其势力。然大厦颠覆，非一木所能支持。既而国际的同盟，其本部自伦敦而移于纽约，同盟瓦解之端绪，自是渐显。谨保其一缕之命脉。千八百七十□年，再开会于希渥卫。同盟之形体，竟全解散。然亦不过事实上表示同盟之解散，其精神自存于社会之间。既而再历年岁，其气焰日高，各团体之主义纲领与作为，又自一国一部之结合，以谋其事，竟至列国协商。凡处理万事，必至采用劳动者之方针而后止。各国之政府，亦协同而企诸般之计画。如"邮便同盟""版权同盟""国际讲和会""赤十字同盟"等，皆依国际主义，而设万国合用之规约。千八百八十九年，瑞西政府提出设国际的工场条例，规定万国劳动者之保护法。德意志今帝，亦以此种之议论，谘问各国之可否。于是国际主义之势力，极旺盛于朝野之间。是时国际的同盟之感化，渐显于各国劳动者之间，其团体皆为此同盟之系统。其矍铄之精神，活泼之运动，普及于现时之社会。欲知社会党之基础之主义之状态，与欧美诸国社会党之现状（与第四篇参照），则于他编而记述之。

第三章　洛度卫陆他斯及其主义

主义学说，与马克斯既同，其对社会之地位亦相等，而其研究学理，以求社会组织之人为的改革，尤在马克斯之上者。虽其避轻举，慎疏暴，与其余之社会主义者比，全然异其趣，而深讲究社会主义之学理，为学理的社会主义之鼻祖。崭然显其头角于学者之社界，为研究社会主义之人。讲究学理之必要者，吾人仅于洛度卫陆他斯见之。

加路幼哈洛度卫陆他斯者，以千八百零五年八月十一日，生于普鲁西之额拉伊列斯拉陆度。父为其地之大学教授。幼时尝游卑兹契及柏林等，修法律之学，访一时之法律家，历游各所。后又为农夫于贺那拉意耶与耶契兹，以购求土地，故世人又称彼为洛度卫陆他斯耶契兹云。千八百三十六年，乃辞其社会的生活，退隐于耶契兹。讲究经济及其余之学理，更尽力于其他地方商业。

千八百四十八年之革命既终，乃选洛度卫陆他斯为普鲁西国民议会之议员，继升文部大臣之位，在职仅十四日，辞之。其后四十八年之革命虽平，而欧洲各地又再扰乱。普鲁西之民心，又大摇动。乃辞迹于社界，绝意浮世之荣华。功名利达之念，胸中淡然。遂稳①于其乡里。适北日曼议会之第一总选举之际，既现失败。自后独营闲静幽雅之生活，于寂寞萧条之地，学窗之下，讲究学理，别无余念云。曾与拉沙列相识，共谋组织一党派。与保守的社会主义家之陆度陆列耶幼陆，及拉沙列之同志哈西科列陆

---

① 应为"隐"。

助之，欲实行其计画，然终不能成功。彼对社会企图之事业，至是遂止。自后虽有计画，不过讲究其方案而已。彼以为社会党派中之一人，有为其运动者，又必为其指导者。乃于静中研究学理，以解释社会问题。观破社会之病原，而说明其本性。奖励社会自然之进步，以为毕生之目的。静养素修者，前后凡三十余年。费毕生之岁月，以研究其学。于千八百七十五年十二月八日以逝。

彼为解释现今之混乱错杂之社会问题，为社会主义之学理的讲究之开始。且其学理之根据，亦甚巩固。实为洛度卫陆他斯之功。彼之性质，素好静稳①之生活。非如马克斯及拉沙列立于社会之表面，以试活泼之运动，广传其名于世间。又其著书，意味深远，富于高尚之理论。虽非劳动者之所能解，而不能得其欢迎，然于学者之社界，彼之令名，今犹啧啧，为识者称道弗衰，群推之为博识精通之学者。柏林大学之教授哇他涯陆尝称扬之，与社会主义之利加度同称为稀世之大才，可想知其为人矣。

洛度卫陆他斯对社会之观念，设立纯正之经济的组织之点。与德意志之社会民主党，其说虽同。然如拉沙列直欲依赖国家之权力，而出改造社会之举，洛度卫陆他斯，则一任社会自然之进步。其目的以为社会共和政，早晚必有设立之期。试观后日德意志皇帝宸断画策，建设社会主义之国家，以君临一国。于是一辈之真正爱国者，终奉戴皇室，徐图社会变迁之气运。固由彼之社会主义之唱道者。虽对社会民主党之运动，而置身局外，而其关系如此。

洛度卫陆他斯之意见，一任社会自然之改革，抑制劳动者之政治运动，而希望其静隐。然其观察社会之巨眼，深察病毒之深因，心窃以为其毒害之由来，如斯其深。人世德义之欠乏，亦如是其甚。而欲未来社会之改革完成，以成圆满完全之组织与作为，必需二百年之日月，与一亿万之经费。然其病毒之深因，果如何而去之，则彼讲究社会主义者所宜考察也。

洛度卫陆他斯之社会主义，与马克斯，殆同其趣。如马克斯以富者之生产之要件，限于唯一之劳动，必与以正理之价格而后可。夫以生产品之

---

① 应为"隐"。

利益对土地，以地代对资本，以利子对劳力，分配赁银于三者，为必要之件。盖以富者之生产，乃得之于社会共同之利，必归于国家生产之一部。而劳力之赁银，必自资本而支办之。劳动者于社会既无功劳，则必支给于国家所得之中。今之资本家，其于劳动者之赁银，乃支办于资本中。于是国家所得生产之全部，皆收归而为自己之私有。地主又要求地代，以造个人之富，于现社会又生二种之病毒焉。

现社会二种之病毒者何也？曰：其一则贫困，其二则商业上及财政上之恐慌是也。盖现社会于生产上之组织，以劳动者、资本者及地主，三者而成。就中之劳动者，自己之消费且不足。且夺其生产之利与富者。其余之二者，或取地代之利子，或取劳动之余胜者。而彼等果有何道亦分取之？质而言之，资本家与地主等，滥收劳力之一部，而为己有。是果何等之理由乎？是即不外乎社会上之土地及资本而为私有财产制之弊。夫土地及资本，固为生产必要之要素。故欲从事于生产事业，劳动之外，必借此两者之力而后可。而两者共为国家之有，而现时则为一人一个之私有。若地主、若资本家，一部之辈，其使用料，必不分配其利益。而由彼等而把握之，劳动者空具劳力，而逼于饥寒之悲境。于是割其生产之内，以供地代，或充利子。而劳动者之所得，仅得其最低额，存其生命而止。其余之物品，又不得以廉价而卖买之。劳动之价格，大抵如斯。今更以永久之劳动，而不能分与其余。即彼等劳动者，一己之外，不足养妻子而造后嗣。及至劳力不能满足其程度之时，则劳动者之赁银，且不能自给。故劳动之价格，不过依最低生活费之标准而计算之。劳动者所得雇主之赁银，不过彼等生产之余胜，地代与利子而分配之。故虽以经济机关之发达，其货殖之术，共大进步。而劳动者生活之标准，毫无进步改良。对劳动者分配之生产品，亦渐次而递减。十九世纪之文明，既征蒸蒸之进步。全世界之局面，为之一新。殖产工业之术，亦日进而无已。而其利益，独为资本家一派所垄断，劳动者毫不与其恩惠。试以文明之殖产社会，与利益之程度而计算。自机械之发明，英国之工业社会应用之劳动者，节约至五千五百万人。英国之一国，机械应用之利益，既已如斯。则全世界之工业界，其利益之程度，可想而知。而劳动者之赁银，依然如旧。而购买力实际之赁银，则日增加。

故社会之富者倍增，生产物之额亦倍增。而劳动者衣食之状态，则倍极其粗恶。岂非社会之日文明，而吾人人类赋与利益之大部，纯为资本家一派所垄断之事实乎？此固富者、贫者于经济社会一种关系的事实，所以指示绝对的状态。故于过去五十年前之社会，日得五十钱赁银之劳动者。于现时之社会，日得不过六十钱。其余之经济的状态，尚有一层进步之实。其赁银所腾贵者，不过数字之上，则购买力则未减少，其结果则赁银愈至下落。今日一切社会生活之程度，则日昂进。生产力之发达，亦极其盛。劳银腾贵之割合，常不能得其平衡。而劳动者之配当额，渐次减少，其困乏则日愈甚。于是社会之万事万物，无不进步发达，而不存其旧形。而劳力独不得其高价，劳民之贫困穷乏，岂非必然之数乎？故社会下层贫民之发生，毕竟由私有财产制之结果，富者之分配不得其宜之所致。此社会的毒病贫困发生之原因。

更有社会的毒病，则恐慌之发生是也。其原因因生产额之增加，而劳民之分配，而日渐于减少。试即吾人之社会而征之，假使于其一定生产之物品之量，有千万圆之价格者。其中以三百万圆丈与地主，以三百万圆丈与资本家，以三百万圆丈与劳动者，其残余之万圆，以充租税，而供国家之用。各自依其所得之富，以供给其必要品及奢侈品。国家亦依其机关之运动，而免支障。他日此生产额之变化，或有增减，而各自之分配额，亦必准此割合而增减。则生产社会，必能保其平衡。而需用与供给者，以相过而补不及。则商业及财政上之悲慌，决不发生。则于社会生产事业之发达，则世界一切之人民，皆得增进其福祉，普浴文明之恩泽。然今日生产品之增加，独地主与资本家专其利。而劳民赁银腾贵之割合，常不能相平衡。彼等因此生产品之增加，欲购求使用而不得其资金。而资本家与地主，又以滥费而购求无用之物品，以堆积于工场及店头。于是市场之状态，因之牵动。是即商业上恐慌发生之端绪，而经济社会上之发生，由之起。若采前者因生产力之增加，以以前社会产出千万圆之物品。假使更加一倍，其额则为二千万圆。以各阶级之配当，依以前之比例。则资本家与地主二者，自占其多，而劳动者已占其少。资本家与地主，各得七百万圆。国家之费用，亦增加至二百万圆。而劳动者之分配，仅百万圆。全额亦仅四百万圆。于全生产，不过得五分之一。则从来之权衡，又复全破。而全生产仅仅高三分一弱，为劳动者之消费，今仅得五分之一，而为消费之资。而其余二百万圆者，又归于资本家与地主之掌握。彼等之所消费，不过如此。而生产品多过于生产，又必溢出于市场，遂造恐慌发生之素因。至于此时，其救治之策。资本家与地主，必出其余剩配当额于市场，以供购求过多生产品之资，而开生产品消费之途，则市场始能复旧，而恐慌庶可保全。而劳动者仍依全生产高之三分一弱，以营日常之生计。且持续其事业。以就资本家与地主等，得其余剩之配当，以备日用之资。其将彼等使用之方法，不出二途：一则坐计日高，以供其奢侈。一则更欲扩张事业，以发达其生产力。而其余裕之财，以资本家者，一面则极其奢侈，以进物品消费之度。其一面则扩张事业，以大使用劳动者。故一时恐慌之状态，又复平静。生产社会，再振生机，市场亦再荣光，生产力亦复再进，生产品亦复增加。独劳民之赁银，不能进而比例。历之未久，而前者恐慌之状态，又复发生，市场又复沈滞。经济社会之状态，大抵如斯。而救治之策，不出于资产家浪费及扩张事业之二途。而绝无迥顾劳动者之状态者。经济社会愈恐慌，而救助之策，其事业愈扩张，展转相循，劳动者愈益穷乏，益失购买之力。上流社会，独恣浪费。则恐慌之境，时时袭之。而欲生产社会之太平无事，势愈不能。故曰：对劳动者之配当愈递减，愈为恐慌发生之原因。此配当不得其平衡，则经济社会恐慌发生之时代，虽万世防之而无止期。

洛度卫陆他斯以二种之社会的毒病，为贫困及恐慌之二者。其发生之原因，生于劳动者配当额之减少。而彼所计画之社会改良策，必增加此配当额与其余之配当额等。而其方法，则依国家之干涉，以求生产额配当之平衡，而保其互相之平均。然国家之干涉，仅行之绝无实际之制度之下。则欲变更现时之经济组织，以规定劳动之平均时间，其策殊不易行。今试即吾人之社会，想像一年间之生产与劳动之时间，以人间普通之劳力为标准。凡四百万之时间，一年间之生产费，得四百万时之价格。假令劳动者于其中要求四分之一之权，则一时间应附纸币百万个与劳动者。而国家之生产，以交换其纸币。以同样之劳动时间，而赋与其物品与劳动者。则生产制度之组织，不至混乱，而移于国家之手。则生产力之增加，而劳动者之分当，亦与增加。何以故？生产力之增加者，则劳力之价值，亦必随之。故劳动时间，即以纸币之价值为代表。生产力增加一倍之时，则纸币之价值，亦必增加一倍。劳动者与以前相比，亦得其一倍之分与。社会之组织，果至如斯，则贫困与恐慌，必绝迹矣。

以上所记述，皆洛度卫陆他斯之经济的议论，最有名于时者。其余论述社会变迁之顺序，以证明社会所以自然改革之理由，与马克斯之论，大抵相似，其言曰：社会之变迁，必经过三段之阶梯。其第一期，为私有财产与奴隶制度之时期。奴隶与家臣，全然隶属于一个人之时代。第二期，为废止私有财产之时期。生产机关与资本及土地而为一人一个所有之时代。进入第三期，不独禁其私有财产，且生产上之要件，资本及土地，皆为公有。各人悉从其劳动之度，而享有其利益之时期。今日仅经过第一期之时代，仅能废止奴隶制度，未能撤去土地资本之私有制度。而此资本的生产制度之现时代，决非进步之极度。故社会必有自然之改革。而入于第三期之时代以前例征之，社会能改奴隶的劳动制度，而确立现时之劳动制。则他日资本与资本主而分离，以废除资本制度，必有可豫期者也。

要之，洛度卫陆他斯之社会主义，与马克斯，大同小异。皆反对现时之资本制度，要求国家之干涉其事业生产，以造富于劳动者，为唯一之要素。变更资本的生产制度，以匡正其分配之不均一，以土地及资本，皆为国有，以企未来社会之作为。然马克斯，则用强力以企社会组织之改革，而欲组成党派，掀翻社会之波乱。依赖人为的手段，以行急剧之改革。二者之说，虽若相等。至其行动，两者大异其趣。马克斯为稍急进的，彼则为渐进的。若就学理学术而研究之，无他异也。

第四章　列陆橄耶度拉沙列及其主义

第一节　其履历

千八百五十二年，英法二国社会党派之运动，未克成功。希贺及布拉等之计画，皆其失败之明证。社会党之气焰，乃顿衰颓，有落日孤城之状。不过于寂寞萧条之里，招集余党，婴残垒而自守。然而社会主义，虽衰于英法二国，而超入于德意志，再为社会的大运动之开始。

千八百四十八年之革命，扰乱及于欧洲全土。德意志诸州，亦为其气运所驱使，极其骚扰。德意志社会主义之各派，其气焰日高。然而社会的势力，尚未为当时之社会所持。至加陆马克斯之新社会主义，渐次开发劳动者之思想。同时又推列陆檄耶度拉沙列为其首领，以试活泼泼地之运动，以大震动于社会。于是德意志之社会主义，乃勃然而再兴。

列陆檄耶度拉沙列，与马克斯，同为犹太人。千八百二十五年，生于普鲁西之布陆斯洛市。父为其市之巨商。其父欲拉沙列袭其业，乃修养商业之教育，送于拉伊布兹可之商业学校。然不欲执牙筹以争锱铢，别有绝大之志望。复去商业学校，移于布陆斯洛之大学，复游柏林大学，修哲学及原语学等，专攻哈契陆派之哲学，更留心以研究政治学。千八百四十五年，遂终其业。其学生之成绩，每出于侪辈之上，鸟陆海陆摩哈贺陆托称之为神童。自后彼更研究哈契陆派之哲学思想，其哲学的著述，题为《海拉科利他斯》。因伯爵夫人之诉讼事件，乃迟其出版之期。至千八百五十八年，乃公刊之，大为世人所赞赏。后千八百六十一年，更以法律上之著作，题为《既得权论》，亦为世人所赞赏。当时之法学者皁意，尤心折之，以为十六世纪以降，无此著作云。自是著述家之名望渐盛，其学说亦渐广，大为社会所欢迎。

先是，拉沙列与哈斯赴野陆度伯爵夫人，极相得，共结终世之亲交，时千八百四十六年。盖夫人之夫伯爵，放姿淫逸，素行不修，遇夫人极形酷薄，毫无伉俪之情。夫人不耐其苛酷，决意而请离婚，诉于法庭，且要求离婚金。然诉讼迁延，胜败未定，夫人生计之资日穷。胜诉之后，请于拉沙列，每年与以六百镑，担当其诉讼，而救助其生计。拉沙列义不能援之。适当社会又不幸之期，其父送金为救济之资，乃割其生计费之一部，以与夫人。自担任其诉讼事务，备极辛惨。出入法庭间者，前后凡八年共三十七次。夫人终胜而归，乃践其前约。夫人以其收入之所得，每年受六百镑之报酬。拉沙列之生计，因之颇裕。然自彼与夫人结交而担任其诉讼，世之议论之者，贬为败德不义之污行，臆测两者之关系，乃流布一种之请说而诋之。然其时夫人年已四十，余香将散，芳颜渐凋。昔日之风姿，已伤憔悴。然天成丽质，风韵犹存，娇娜婵妍，余霞炫烂。拉沙列亦容貌秀众，举止温文，体贴温存，沁人心骨。痴儿骏女，困难相助者八阅年。两者缠绵之情，谁能遣此。则世人之议之者，亦不容疑。然而拉沙列固富于义侠之奇男子，志趣远大前途修伟之青年，岂无故而眷恋一妇人，等于薄志弱行之人哉？况其放弃先人之产业，退隐于社会，与夫人而寄同情，费八年之日月，以谋夫人之胜诉。其义侠之念，岂庸夫俗子所能测者。彼日后运动贫民，绝叫劳动者之改善，亦不外抑强扶弱义侠之一念所鼓舞诱导耳。

然而拉沙列以此诉讼之事，苦无证据物件。乃嗾使共同者二人，窃取男爵夫人所持之手函于可罗旅馆，此举最为世人所非难。吾亦不能不为彼惜，而吾乃愈敬其热情。盖伯爵夫人，得自其夫年金赋与之约束证书，藏于函中。此约束证书，并宝石数枚，同为窃取者所携出。乃拟共谋者与以窃盗之罪，禁锢六月。幸以法律上之罪科，未及构成，得免处刑。用此诡谋密计，一意以谋夫人之利益，甘受世谤而不辞。盖两情之亲密，一至于此。此其所以受世谤者，然而谅之矣。

千八百四十八年，拉沙列乃结合马克斯、恩格尔斯等之团体，发刊《新列希兹野额希兹特》，以唱道极端之社会共和说。然当时之运动者，只马克斯等之配下，仅受其指挥。然兹希陆度陆列之地方官吏抵抗之，为其所捕，而受禁锢之刑，处囹圄者六阅月。当时引致法庭，辩明自己之意见，公然自陈曰："余之志望，惟喜共和的社会民主主义而已。"是明以己之怀抱，与社会及政治上之主义说明。以此演说，大惹世人之注意，为后来运动开始之一进路。

其后至千八百五十八年，拉沙列移居来因州。因伯爵夫人诉讼之事件，事务鞅掌，而仍不废著述。且于千八百四十八年，一揆暴动之际，欲干预其运动，将入柏林市内而不能。然至千八百五十九年，伪为驭者，而入首府，请于国王，得其赦免。遂定居柏林。是年又出其著述，题为《伊大利战争与普鲁西之使命》，以论伊大利战争与普鲁西国民之意向，而断定其去就曰：普国援墺而败伊大利，是愚之甚也。其故何也？墺为日耳曼联邦之盟主。吾人虽不能望其积年之余威，以统御四邻。今乘其国内乱，或以伸吾国权。吾人须杀墺的权势，而谋普鲁西的勃兴，以求自立之策。墺今与伊构乱，法国又不善之。普民方常利用此好机，以亲善法国。借此强大国之力，放逐墺国人与伊太①利人于国外，而脱乌科托陆野马意野陆之手下，以建伊太利统一之事业与自由。北则连衡于法以当墺，逐之于日耳曼联邦之外，谋置普鲁西于现墺之地位。目下为普鲁西之谋，莫愚于助墺，莫善于亲法云。是为后年麦斯马克采用其策，以大发扬国威，而为排墺政策之骨子。然其当时之发此议论，无一人愿之者。即以一事，已足见其识见之明透，议论之雄大，非寻常之比，为卓越一世希有之大才可察而知也。

拉沙列于诉讼事件既结之后，出其著述，其名渐播于社会。伟才卓识，往往受世之欢迎。然其痛念劳动者之味方，为救济贫民，乃翻社会主义之旗帜，为此社会的大战斗之主动者。千八百四十八年之一拨暴动，其所运动，虽于其全生涯之事业，不过仅见一部，而非其新案奇说，则不足以耸动一时之耳目。其谓社会改良之目的，必自劳民之改善。而劳民之改善，必保政权分配之平衡。普通自由之选举制者，为我党之最大主眼。以如斯之平温单纯之议论，以结劳动者而表其同情。故他日万丈之气焰逼天，震动社会，而演惊天动地之大话剧，非当世人士所豫测。而不知其此等平易之议论，而暗运动与其间，以试其第一著的事业，威名渐显于世间，其后次第渐进。数年后，普鲁西之政府与反对党，互相争斗。彼劳动者自成中级社会，组织自由党派以惹政府之注意与同情。随伴时势之变迁，徐企前途之计画。凡一举一动，皆纠合同志，以静待时机之熟。自后社会之风潮，益益变动。日耳曼之羁绊渐弛，普鲁西之国势渐兴。社会改革之期，日逼日近。岁月循环，乃有千八百六十二年之举。

千八百六十二年，拉沙列初公表自己之社会主义于天下，公然为其运动之开始，建设未来之德意志帝国，以展宏大之志望，是为德意志史上最重要之时期。

---

① 本文底本中"伊太利"与"伊大利"混用，皆指"意大利"，整理文中保留原貌，不作校订，特此说明。

昔者仅驰哲理之空想，研智于书册之上，究幽玄微明之理，以为毕生之能事，是为德意志学者之风潮。今则渐变其旨，以收实地应用之利，以讲富国强兵之策。变哈契陆之德意志，而为卑斯马克之德意志。于是普鲁西乘墺大利之衰运，夺其霸权于掌握，以成新德意志联邦，而为其盟主。驱逐墺国于联邦之外，以期他日之霸业与作为。志气勃兴，臻臻日上。他日新德意志帝国之建设，其第一之皇帝维廉第一者，以六十一年，即普鲁西国王之位。其铁血宰相卑斯马克，亦于六十二年，而为维廉第一陛下之总理大臣。国势勃兴，普鲁西之气运大炽。

普鲁西势既勃兴，而能称霸于其联邦内，以奏新帝国组织之功者，其策如何？曰：自扩张兵备始。于是新王乃与卑斯马克谋，提出军备扩张之议案于议会。自由派之议员斥之，不从内阁之意。两者之确执甚强，事局颇困难。拉沙列调处其间，说明宪法之本性，全然与自由党相异之意见。盖宪法之成文的律令，与法理普通之解释，乃相反对者，曰："宪法者乃其时代之政治界，最大势力之表号。王者贵族及劳动者等，皆于普鲁西之现政界，不能与其势力相达。就中最有势力者，无加于王者。何以故？彼有整然之武备军队于其手下，操纵如意，不难排异论而贯彻其意见。彼虚空之辩论抗议，岂能敌之？今日普鲁西宪法之基础，其势力不出此军队之外，徒为无用之辩，以争是非，多见其不知量也。"乃更进一步，豫想其议会与王者冲突之意见，而演其最后之手段，曰："议会与国王之意相反，不欲贯彻其意见。议员不过退席于议场，解散议会之策。议会既不能成立，则内阁议案之可否，不能谘于国民。代议政体，必失其机关。政治之转运，必生支障。而政府之组织，必有摇动之势云。"

拉沙列此等之议论，盖以调和其党与与自由党，而孰知为后日对自由党相反对之进路，自由党乃渐疏外之。两者之关系，至后日而始明。然其事实，彼之议论，不过证明议会之否决其军备扩张案，为当局之计画。而政府持续前来之考案，乃大扩张军备，大反议会之意见，着着而实行之。于是国民之非难攻击，痛骂毒詈，兴于四方。舆论或以政府为逆贼，或目卑斯马克为乱宪者，非难攻击，万口沸腾。至千八百六十六年，乃承认此违宪的行为，而颂扬于卑斯马克。故拉沙列以其卓识巨力，断言于其事之前，以推论当时之国状，群推之为名说焉。

　　既而拉沙列之意向，渐与自由党相反背。彼更大试其演说，以绝其断然之关系。自后乃逐分离，时千八百六十二年，乃著一书，题为"劳动者之宣言及劳动社会之观念与现时代特别之关系"是也。此演说之要题，为社会进步之结果之一新阶梯，与劳动社会之支配者与代表者之事（与第二项学论之条下参照）。而彼之演说，竟为与自由党之绝缘。而于社会的运动之进路，别开生面，又为其生涯历史之新时期。然政府以其对富者而煽动贫者，乃拟其罪，以禁锢四月。彼不服，更控诉，请其再审，出十五镑之罚金，始免刑体之辱。

　　不独此也。其劳动社会之政治的思想，亦次第与自由党相反离。自千八百四十八年之革命，养成政治上之共和主义，唱道者渐多。其一派之人，欲确立普通选举制，以举行政治的改革。当时之政界，最怀抱进步的思想之进步党，于采用普通举选制之事，党议尚待踌躇。于是彼等与其余之劳动者，团结而成一团体，树立一新党派，以抱贯彻其希望之感念。拉沙列当时，本离自由党，而思别造自己之党派。乃出其新思想，传说于劳动者之间，冀得其赞同，以俟时机。于是劳动社会之各团体，皆大欢迎，而倾听其意见。自由进步之两党派，不满之辈，亦相结合，而集于拉沙列之麾下。当此时，进步党则归依于希由路野特利兹野之指挥。采用信用组合法，以企改革社会之组织。其党与虽炽，而其方策，固不能与拉沙列之计画者比。故其趣旨，全然相异（希田陆野之信用组合法，于本章拉沙列之学所说解说者详述之），故两者不能一致。千八百六十三年，进步党乃向拉沙列而要求明示其运动之方针。拉沙列于是乃作公开之文书以答之，以述劳动社会之状态，与改良之必要。劳动者于政治社界，以把持其独立的势力。且论断社会改革紧切之要件，曰："与劳动以同一之货物，为赁银上之定则，支配于生产社会之间，必改善劳动者之状态而后可。且其生产物之多额，常归于他阶级者之专有，劳动者不过仅得其一小部分之分配。如现时社会改革之实，必以劳动之生产，与生产物之全额，而为劳动者所有。国家以其权能，而组织一生产的共同团体。且依普通选举之制，实举真正之代议政治（委细与本章第二项参照）。"乃问于拉伊列兹可之劳动会议之委员等，于此议论，可否表其同情。乃达之总议会，其会议乃请求出席，而开陈其意见。拉沙列容其请求，乃演说于会场。拉伊列兹可劳动者之会议，得三千百多数之容认。

拉伊列兹可劳动者，议会深赞拉沙列之说。彼更赴列拉科贺陆托拉那，自述其说，亦谋得其赞成。盖列拉科贺陆托拉那者，亦日耳曼州内之一大都会，其赞成彼之议论者颇少，不能得多数之赞成，而难助其一大事业。其第一次之演说，多为反对者所厌，喧嚣难复，不能尽其词。费二时间之辩舌，仍未合众人之意见。越二日，乃试第二次之演说，听者乃渐表其同情。希野路野派退会席者四十名，而有四百名之多数，同表赞成之意，乃占最大之胜利。翌日，又于耶拉斯，再试其演说，得赞成者凡八百人。

拉沙列之说，既为日耳曼州所欢迎，其党员亦渐次第增加。劳动的之多数，渐信奉其说，有依赖其指导之意。彼家贯彻其多年之志望，计画为一大同盟之团结。千八百六十三年五月二十三日，会合劳动者于拉伊列兹可，组织日耳曼劳动者同盟之团体。虽为他日德意志之政界，雄飞于世界，以耸动天下之耳目，卓卓而为德意志社会民主党之种子。然当时深隐匿其锋芒，以避危险之革命，导行社会之风潮，而为平稳无害之说。而其所期，一意以政权分配与平衡，而赋与普通平等之权利，曰："同盟之目的，乃欲得普通选举之权。苟非和其伏在各阶级间仇敌之情，以调和日耳曼之劳动者。又为全社会之利益，而出真正之代表人。必依公平之直接普通选举法，以变当时普鲁西之选举法焉。盖当时之选举法者，依财产而分三阶级。初以普通之选举，既而由选举者而选举议员。更由此选举而选举代议士，为间接选举之制。故欲变更之，而达此目的。故于同盟，欲以正当之平和的手段，而冀全国舆论之赞同。"日耳曼劳动同盟者既成，推选拉沙列为其首领，以五年之任期，各联邦之劳动者，皆加入此同盟，助拉沙列运动之势，援以唤起全国民之舆论，而惹其同情。拉沙列又赴伊大利，再张同盟之势力。时春光渐谢，炎威渐振，酷暑日逼，势不可耐，乃避暑于他所，其运动乃暂休止。同盟之势力，竟因之而不能伸张。至六十三年秋，再至拉伊之地，大纠合同志，以为运动之开始。自是年之冬，至六十四年之初春，乃评论其敌手希野路野拉利兹野之济经主义，更著一书，题曰《卫斯兹阿希野陆野》，为劳动者吐万丈之气焰。是为拉沙列公表经济的议论之唯一之大著述，笔阵纵横，以攻击旧派之经济学。虽昌言反驳希野陆野派之方策，然议解往往流于偏僻，加之文字粗野，议论不确。出问于世，未足赞扬。乃自发愤，修饰其著作。励精刻苦，日以继夜者三阅月，乃得完成。文笔拔群，深刻显达。其绝大之忍耐力，可察而知。彼尝自述其当时苦学之状况曰："余以刻苦勉励之极，劳殆将死，其感觉乃觉非常之敏锐。而精神耗散，夜不能眠，终夜辗转床上。翌朝五时，抑头疼而出床，精力消耗殆尽。而勉强执笔，著录不休。又复勉励其余之事务，且终从事职业之傍。又从事于卫斯兹阿希野陆野之著作，凡三月间，卤莽以成功，其不恰意者不少。且身体之康健，又以过劳而损。质而言之，盖文界之劳动者欤。"

拉沙列既以过劳成疾，身体之康健渐损，暂避于闲静之地，谋其回复，再准备社会之雄飞。千八百六十四年五月，身体复旧。更为运动之开始，而游历诸州。于那利契卫陆耶珈洛及乌野陆那陆斯契路兹等，皆大试其演说，以开陈其意见。彼之游历诸方，随处皆有盛大之仪式，与多数之人民而送迎。如国王之警跸，老幼云集其路傍，目击其盛观。数千之劳动者，以得拉沙列之一顾为荣，咸围绕其身边而欢迎之。五月二十二日，为劳动者同盟第一回之祝典，举行于落计度陆列。劳民执诚之情，达其极点。老少男女，闻拉沙列至，自四方而来集者，相互而称万岁。拉沙列所经过之地，女工等辄投以花饰，布满其地。全市之劳民，咸狂奔而迎彼，欢呼之声，震动天地，以表祝贺之意。拉沙列身受此盛典，曾至书于哈斯列野陆度夫人曰："余之所经历，人心之倾向，实有出入之意外者。即欲设立一新宗教，谅亦非难。"可收见当时之盛云。拉沙列之势力，一时极其旺盛。劳动之信仰，亦极其至。立于社会之地步，亦渐巩固。初志殆将彻贯。然物盛则忌，事与愿违。自后数月，竟以非命而死。毕生壮图，遂嗟嗟跌。然彼前者之成绩，后者之事业，皆关系于一身。加以当时同盟之结合，运动之机关，渐有成势。其社会的运动之行路，亦大进步。旷世而忽失此伟人，此所以不能不为社会主义而痛惜也。至其死时，异变悲惨之事件，尤可痛惜者。千八百六十四年，拉沙列出席于柏林之文学会。席中有一妙龄之少女，容姿艳丽，婀娜轻盈，姑射神人，殆相仿佛。与拉沙列共谈，意气相投。拉沙列遂寄深思，深情嬺婉，花容月貌，仿佛时现于目前，寤寐转侧，终不能忘。无何，再相邂逅于利檄，两心之秘密，暗泄春光。遂订结婚之约，以俟日期。盖少女名列拉度意额，自卫利耶派遣于希渥卫一外交官之女。时年二十，豆蔻春浓，遂与多情多恨之拉沙列，订终生之约，白头共誓，指水盟心。而其父顽固迂拘，闻而大怒，监禁其女于一室，严其出入，断然而绝拉沙列之音闻。盖其女已许伯爵列拉特可乌沙，已承诺其结婚，故百方设策，以绝其心。或甘言抚慰，或加鞭挞之刑。鸳鸯好梦，未卜其成。玉惨花愁，幽闺深锁。拉沙列知之，愤怒不能自禁。裁书与其父，及许嫁之伯爵，要求决斗。许嫁者乃承诺，于千八百六十四年八月二十八日，禁于希渥卫近郊之加洛苛，炮声一发，中丸而死。浓情义侠之伟男子，竟以身殉。时为是月三十一日，行年三十九。

新社会主义的运动之发起拉沙列既死，然其为社会改革之先驱，于劳动者之味方，振其滔滔悬河之快辩。振新思想，注入下层之劳民，演说社会主义之本义，而求其赞同。劳力之势渐盛，与民之多数，乃相团结，而兴一大同盟，以欲贯澈其目的。彼生前所计画之大事业，谋达社会改革之大目的，仅启端绪，而未见成功。遽赴幽冥之域，而其精神，则常鼓吹劳动者，以学社会之迷梦，结合同志，以扩充其势力。千八百七十八年，卑斯马克发布镇压社会党之令。始知社会党之势力，非政治界所能止，皆彼之精神所继续培养之所至。其生前所布书画，死后乃显于社会焉。吾人既记述其经历，故略述其精神与议论之纲领如此，而知其思想之何如。

第二节　其学说

列路兹耶度拉沙列者，旷世之战士。德意志之社会党，为彼而生，为彼而动，为彼而增进其势力。今日社会民主党，所以把持政界之势力，而有多数之党与者，彼之力居多。然彼所唱道之社会主义，不立前人未发之奇说，以耸动世人。不过袭用马克斯、洛度卫陆他斯等之学说，润色而敷衍之。故拉沙列之社会主义，其半皆自马克斯与洛度陆卫他斯之学转化而来。马克斯之解资本，分价格之类为二种，余剩价格之贮积者，为资本发生之基因，断定资本为强夺之结果。拉沙列亦效其说，论定资本之性质曰"收入与共有之财产与土地，而归于少数人民之私有，自由而使用其余之人民。故现时之财产制，窃取全人类之权利，而私之于少数者。是为不条不论之制度。其掠夺的资本之存在者，遂起悖理之制度与作为，以酿成多数人类之不幸"云。其对资本而发如斯之根本的理想，于马克斯分二种之类相同。故拉沙列之经济的议论，往往与马克斯同其轨，以攻击经济社会之现制度，而庇荫劳动者。然彼能自逞其辩，以述自己之思想。或执笔而说明其学理，则秩序整然，毫不纷乱。无论如何至难之问题，皆能阐明其原理，毫无余蕴。无论枯窘艰涩之议论，一经彼口，则津津而乐道之，必令听者忘倦而后已。故无论知与不知，莫不信奉其说，而其快辩更得雄文以佐之。彼风行我天下者，读其社会主义之三种著作，可测而知。其三种者：一为《劳动者之宣言》，千八百六十二年之演说笔记。二为《公开文书》，六十三年答进步党质问之书简。三为《卫斯兹阿希野陆野》，六十四年春之所出版。是三种者，其平生之唯一著述也。

千八百六十二年，《劳动者之宣言》之所演说者，为拉沙列最初发表此社会主义之持论。其首章论述历史的进步之状态，曰：近世于历史之进化，区分之而为三段：其第一者，为千八百七十九年以前，即法国革命以前时代。当时之社会，凡土地之所有者，其全权皆掌握于国家王侯贵族之徒，依赖其门阀，以总御其下民。既而法国革命之风潮，横溢弥漫于世界。于是社会主义组织一变，政权渐移于中级社会，殖产于工业之术，亦自此等人之计画。其富产则从其次第增加，资本之势力，亦极旺盛。立法与行政，两者支配于社会。贫富之悬隔，因之愈剧。是即近时为第二之时代。自是半世纪之后，至千八百四十八年，第二之革命之爆发。政权之分配，乃稍得其平。万人之权利，一概平等。多数之劳动者，乃得参与国政，普行诸般之改革。于是中等社会之权利，移植于劳动者。自少数之政治，改为多数之政治。是为劳动者建设确固基础之时期。然旧日之因袭，未能尽去。于保护市民之利益，各种之法律，未能销除。而中级社会，隐于此法律之下，逞其骄横。然今日彼等之根底既破，彼等之命数，亦不能久保。世界之权利，将移于劳动者之时代。故当今日则必改此诸般之规则，变此各种之法律，以成四民平等之社会与作为。劳动者乃握社会之主权，以经营万事，以其所享一种之权利，而尽其正当之义务。

以拉沙列之说，则劳动者之新时期，乃发现于千八百四十八年二月二十四日第二革命爆发之时，劳动者乃设立豫备政府。自是遂伴社会之进化，施行普通平等之选举制。二十一岁以上之男子，不拘财产之有无，悉得把持为政者之政权。一变其阶级政治，而支配于劳动社会。全灭各种阶级特有之特权，豫期四民平等之新制与作为。盖人间之生存与此世，苟欲以自己之力，增进社会之公益。无论从事如何种类之职业，皆有劳动者之天职。所谓劳动社会者，是即人类之全体。劳动社会之目的，即为人类全体之目的。劳动者之自由，即为人类全体之自由。劳动社会之支配，即为人类全体之支配。相须相成，无有异者。故劳动社会之势力既增进，而人类全体之势力，亦随之而增进。

然则欲全劳动者之天职，其统御权确立之策如何？曰：普通选举制之实行是也。普通选举制者，不开财产之多寡，以分配政权平等之制。以普通选举，而成立真正之代议政府，而为人民舆论之代表，打破少数为政者之专横，注意于多数人民之利害休戚，终始即劳动者之味力，渐求社会改良之功。盖社会进步之目的，非增进一人之利益，乃增殖全人类之福祉。而增殖全人类之福祉，必自社会共同之力。而普通选举制，与政治的之社会共同制，与此种之目的，乃相一致。故谋人类之进步，全图社会之改良者。舍此制度之外，别无良制。此拉沙列所划之社会改良策。其要求之第一要件，所以必以确立普通选举制为急务也。

普通选选①制者，为社会改良之起点，又为增进劳动者势力之起点，诚为完全无缺之良制。然识者往往非难此制度之施行，其言曰：移政权而委于多数民之手数。彼等妄用其权利，以压伏富豪，覆灭社会组织之根底，暴加于少数资本家之上，遂造扰乱社会之素因，实为多数专制之最显者。则普通选举制，非社会改良唯一之良策，乃扰乱社会无二之恶制。此等之议论，为反对普通选举制中之人士所唱道。彼等盖以少数者之权利，为多

---

① 应为"举"。

数人民所侵占。以一部分少数之人民，行持过大之特权，以压多数之人民，乃国家最良之组织。加之社会全体之分离，阴发于一部之阶级与作为，以害其中级人士之地位，及其利益，且及全社会之公利公益。盖社会之进步，而欲增进全阶级之利益者，恐终不能。则彼等之多数，个个分立，汲汲于其私利，而不愿虑社会之公益。假令政权归于劳动者之掌握，必不能充其希望。盖普通选举制之效用者，必得天下全体之协力而发挥之，多数劳民之结合，岂能服膺此等之真理，以充成此制度之运用，而图社会全般之进步发达。若国家采用此劳动，分与政权于一般之人民，包容多数之人民于劳动社会。其对社会，一变其主宰者与被治者现在之状态，一跃而皆登于治者之位。岂非社会组织之一大变革乎？拉沙列对劳动者之宣言，警告人民天赋人权之意，毕竟不出此意旨。故彼之演说，于普通选举制之真理，缕缕说明其效用。更于其结尾，大为劳民诉讼曰："吾人论述前者之论旨，凡属于劳动社会之人民，必负担其一新大职务。以高尚之议论，与适切之举动，以期登于治者之地位。其主义为全时代之主义，其思想为支配全社会之思想。改铸社会之形模，以负天职。故吾人于此历史的一大名誉之职分，必先锻炼其思想，以觉悟一般之人民，必求一定不动之地，确然立其基础，以建设未来之伽蓝。"

以上所述，皆彼《劳动者宣言》之演说。拉沙列绝叫社会经纶之第一策，与政治上之改革，及所唱道普通选举制之设立者。彼于答进步党之质问，其《公开文书》，开陈经济上之宿论。自生产的方面而论述之，社会改良的方策，彼更解释利加度之"赁银论"，而说明其本质，乃提其书而加以残忍之名词，名之曰"赁银上之铁则"，即此文书之要旨。

拉沙列所著"赁银上之铁则"之议论，与马克斯之"余剩价格论"，同为经济学上最有名之立论。马克斯于历史之分配，而观察资本家之状态。拉沙列则于劳动者之侧，以观察生产物分配之方法，推论使役劳动者之残忍。其结果也，驱吾人之同胞而伍牛马云。

《公开文书》说明赁银之原理曰："劳动者之赁银，定限需要供给之法则。其平均额，无论如何之时，于劳动者生活持续之必要，不得以最低之生计费当之"。是即利加度之"赁银论"，反覆克说之本义。彼论生产之分配，对劳动者之定额（即赁银），先及劳力"自然之价格"与"市场之价格"，而区别之。且曰：此二种之价格，一昂一低者，变动劳动者之赁银，其结果或进劳动社会之幸福与繁荣，或活生计之困难。其需要供给之大则，于"自然价格"与"市场价遂"，复同位赁银之分量。随劳动者之人员，而增减其阶级，与生活持续之必要，依其程度而定限之。于劳动社会如何繁荣之时，与如何衰微之时，以谋调和回复之道。此固利加度所唱道赁银之本旨，即拉沙列所目为残忍非道之铁则，而著为宏大议论之骨子。

利加度所著名之赁银论，以劳动者之劳力，与货物一视平等。依其需要供给之大则，以定其价格之低昂。或如其分量而增减与劳力之价格，及劳动者之人员，亦依此大则支配之下随其分而低昂增减。故拉沙列之议论，凡物品者，依其于社会之需要何如，以定其价格。或腾贵于生产入费以上，与或低落者，必复其两者同样之价格。盖劳力之真价，其对自然价格与劳力者于市场价格，其结局有同位之性质。而其所谓自然价格者，则必与劳动者，生产入费相准。劳动者之赁银，与此自然价格相一致之时，则劳动者普通之状态，必能持续。彼等既得享有此自然价格与相同之赁银，其额或上或下，无定额者，则称之为市场价格云。质而言之，市场价格者，以需要供给之关系，自劳动者供给于其资本之赁银之额是也（此时劳动者之生活费用，其日用之常费，以最低之生计为标准，依劳动者之人员而增减之，仅足持续其生活）。至劳动结婚之数日增，则人口亦从而增加。然人口之增加者，即劳力亦因之而增加。即超过其需要之供给，则赁银自必减少。其极则市场价格，必下落于自然价格之内。劳动者之生计，渐至困难。则彼等之死亡，又必超过其出产，而再减其数。故赁银之一价一昂，乃生产社会之状态，自然之理。其赁银之平均额，以劳力之生产入费为标准，不得超过最低生活费之期。而生产物对劳动者之分配高者，终不能脱此范围之外。劳力之价格，必依此法则所规定，则生产事业之发达，共资本之利益而增进，则彼等而欲享多分之配当，终无其期。

生产物对劳动者之配当高者，以如斯之限定，则彼等终生欲高其生计，势必不能。终必浮沈于一昂一低之里，而与牛马伍。是即利加度所唱道赁银论之本旨。拉沙列所说明赁银之原理，乃无二之真理。且此赁银规定之法则，于劳动者详说其残忍刻薄之理，以开陈自己之宿论。赁银规定之原则，既已如斯。故彼遂断定劳动社会，为拘束无慈非道之铁则。于是乃欲变更此法则，破碎此铁锁，以求生产组织之改良，策画社会的主义方案，以为应用之举。

《公开文书》者，乃彼说明社会主义的方案。然彼之所讲究者，先向其余之方面，以计画社会之改良，而反驳希野陆野特利兹野之方案。当时希野陆野特利兹野，为进步党之领袖，主持政界，注意社会问题，以画贫民救济之策。则以信用组合之组织，彼之信用组合者，集贫民零细之资本，造一个之团体。以会员相互之融通，以供资本之制度。而其组织，不免于偏屈狭隘。彼等所常服膺之语"合组员之外皆勿贷之"云，即此可察而知。乃于全国之各处，织成此种之小结合。以集劳动者之资金，颇为姑息之改良策。与拉沙列之计画根本的改革策相比，两者大异其趣。此则与劳民之权利，付诸等闲。加以希野陆野派欲扩张其信用制度，给各劳动者生产品之原料，使劳动者各营其生产事业。其计画如此，不过变现今之资本制度，改手工劳动之制，以期信用制度之扩张，而拉沙列则反对之。然手工劳动者颇喜其策，以为救济劳动社会之妙策，趋时势者则赞同之。

更为计画劳动社会之救济策，欲设立共同店铺。共同店铺者，以消费者之同盟而成。以廉价之物品，而给其供给者，以改善一时劳动者之状态。彼等割其少许之生活费，余剩以为资本。然其结果，劳动者之利益，终不敌资本者之利益。何以故？彼等共同店铺之制，以供其廉价之物品，而以其生活费之减少者为资本。彼生活费之减少者，即劳银之减少，是即最低生活费之标准，即为劳银之率。则此等生活费之减少，是为低落之由，名为救济劳动者，实则与以资本者之利。

其策如斯，则果如何而后改良，非改革生产社会现组织之根底，变更富者之分配法，终不可。彼赁银之铁则，羁束劳动者终生之运命，终无救护之期。而此法则者，终不恰适人间本来之天性，适应天赋之权能。劳动者一种之阶级，终不能除去之。则文明之进步发达，独为少数资本家之利益，而不顾多数之劳动者。岂改革之必要乎？拉沙列素以改革全社会之负担以自任。今观此劳动者之状态，沈沦于悲惨之域，必先就其速改善而改善之，则必先改善其现时之生产组织。而欲改革现时之生产组织，则必打破利加度所发明赁银之法则，以变更富者之分配法，而排除与劳动者以货物同一等视之经济的观念。

普通选举制者，为社会改良之必要。拉沙列之议论，吾人既已述之。彼为劳民传檄，大唱选举制度之改革，以唤起天下之舆论者，岂贪政界一时之虚荣。盖欲于殖产界，抱持无限之势力，以左右劳动者。与资本家之一派，占有政治界同等之权势。故拉沙列之所唱导者，欲依普通平等之选举制，先夺政治上之权利，于彼等之掌握，企图收之于公众之手。以组织众多平等之政治，为改革社会之起点，为彼实行其计划第一之阶梯。

选举改正法之计划，既达其目的。政权既移于公众之手，则国家者，初为少数人民之专有物，今为全体社会之共有物。于是其计画生产社会改革之方策，始得实施。然彼所谓社会改革之方策者，袭踏前人之计画，而行姑且之改良。故彼于消费者同盟之店铺，信用组合之设置，其初亦有采用之意，继而一变其组织，全废资本主与劳动者之关系。直以劳动者为资本家，驱除资本劳动两阶级之区别于社会。然则以如何之计画，如何之改良，乃足以救之。其决行之法又何如？曰：第一著之事业，先组织国家保护之生产团体。即自此团体，以融和资本家与劳动者，置之于休戚利害相共之地位。而此生产团体者，又设多种类之分业，以使役多数之劳动者，并以利用之器械，以助其经营生产，设立大制造所。然此大制造所者，非区区之劳动者所能设立，是必对国家而要求其保护。

彼如斯之计划，为社会改良之第一策。依国家之保护，以产革其生改组织①。然国家果能不干涉其生产事业，但尽其保护助势之权与否，不能不先虑之。拉沙列乃以关于国家之议论，说明"国家之原理"，可以窥其论定。彼与自由主义派相反对，以解释国家保护个人之自由及财产，导诱社会之进步，为最高机关。如彼自由主义派之说，以为借国家之职务，而保护个人之自由与财产。则国家者，不过守鸣鸡狗盗之番人，贵重国家之职务者，岂独限于此等二三之事业，不顾社会进步之事赜。盖人类社会者，

---

① 应为"以改革其生产组织"。

其对天然之苦斗，不胜其扰。或天灾、地震、饥馑、恶疫、贫困、暴戾等，遭无限之困难，或启愚鲁，或制蛮行。社会之事实，不知几经变迁。忍此等多数之困厄，排除多数之障害，而后人类社会所以进于今日之域者，决非偶然。若放弃于一私人之手而不顾，举此等万般之障害，一切一任个人之排除，则社会之进步，何日可望？吾人之幸福，何时可期？而所以除之排之者，以谋社会之进步发达，是皆国家之力。故助自由之发达，谋权利之伸畅，以增进人类社会之福祉，使国家尽社会之义务，则一人一个之力，终不能举万般之事业，以成完全之社会，而导诱自由幸福教化等。故国家之于社会，乃当然之职务也。拉沙列解释国家之职务，既已如斯。苟合社会之不调和，匡社会之不均一，以谋社会全般之改良进步，乃国家当然之职务，必当其任者，毫不容疑。若资本制度之发达，而及减缩劳动者之自由，生产品之增加，而反减少劳动之价格，如现时者。则调和匡正之责任，亦国家应尽紧切义务之一。故谋改革生产之组织，必借国家之助援，可确信而无异义者。

　　以上所论，即拉沙列《公开文书》之论述，为社会经纶策之大要。然彼所言此国家保护之生产团体，以完成社会改良之目的，充分以解释此社会问题，固可信者。然而此社会问题者，乃至难之问题，岂一朝一夕能豫期其完美乎？彼之计画此等之团体者，不过欲变更此不和调之生产组织，而进调和整顿之域。案出过度之一方策，实行于工业之中心点，渐波及于各部之地方，以除无益竞争之弊害，厚其相互之信用，以助共同一致之念，庶几一新殖产社会之面目。彼之所希望最后之社会组织者，皆以马克斯及洛度卫陆他斯以公有主义为基础，即共和的社会是也。彼其所著《卫斯兹阿希野劳野》所论述，其言曰："于生产社会劳动之分业，以寻其实际。结合生产社会的之共同劳力。此共同劳力，以物品与生产为真正之要素。故社会者，于全生产中，必先除去私人之资本，以役使社会共同之劳力。即以社会共同之资本，于从事生产事业之人，应其功果之割舍，而分配以生产物。"

　　卫斯兹阿希野陆野之所论者，已说明拉沙列之公有主义，而讲究经济上之诸原理。彼所采用马克斯等之学说，多于其书发见之。就中之议论，其彼此相等之要点，以解释资本者。马克斯之解释资本，以狭义，其理想在希望绝灭生产社会之资本。而拉沙列则依社会变迁之状况，以现出历史的之现象。于其"卫斯兹阿希野陆野"而解其理由曰：资本者，自生产社会之状况，而发现一种之现象。质而言之，资本者，历史的发达之径路，以现出一结束，于法律经济及社会的组织之下，别成一种之名称。与大工业之发达，必生分业之方法。其产出之物品，贩卖于市场者，亦从而扩张。自自由竞争之盛行，劳动之器械，归于一阶级者之特有。于是自由劳动者之阶级，利用赁银之铁则，强夺余剩之利润，次第收贮其财产。所谓资本者，其所有者，非自自身之勤勉，乃收没他人之功果，以为资本之作为。其势力乃愈强大，愈自由，遂成过大之繁殖力。故资本之势力者，乃压倒其余之生产业，而富者愈富。财产者愈生财产，以强夺其贮蓄。于是过去之劳动力，全然变形为资本，以压现在之劳动者。故今日者，乃过去而压现在，以死器械而擒生劳动。器械与劳动者，乃转换其命运。而器械则日月而发达，劳动者仅为运动器械之机关，非运之迫，日见其盛，而器械又变为资本矣。

玩味以上之议论，马克斯及拉沙列使用资本之意义，与其余经济学者之说相比，无所大异。此两者于生产事业，皆唱道资本之无用者。不过于使用上之措语，微有差异。其解释资本，以为"富者造富，非生产事业之名称"，与其余之经济学者同。彼等则认定此种资本为必要，盖就时代而立言，以为生产社会之事业。而社会主义者，则匡正富者之分配，以抑压资本家之专横。故于资本家之功力，皆视之为无用者。今虽资本在于个人之掌握，而不能逞其跋扈于殖产社会，故社会主义者，全收之于社会全体之手里，以扩张其一层之功力，而谋生产事业之发达。其所以反对殖产社会之现制者，盖不欲归于一人一个之私有，而搜集未来之富与少数之资本家。彼等所欲改革现组织者，变个人的而为社会的。以绝灭资本之功力，移之于一私人之手，而收于社会共同之手。是吾人记述马克斯之资本论，所不可不知者也。

拉沙列所计画社会主义的改革案，即已如斯。然彼之抱负，未曾实演而先逝。虽其计画，不能充分而实行。而其党与，续其衣钵，乃祖述其说，以造日耳曼社会党之基础。自后社会民主主义之议论，渐为世所注意，而唤起其同情。日后于日耳曼之政治社界，试活泼泼地之运动，以耸动天下之耳目者，拉沙其列功首也。

近世社會主義

432985

近世社會主義

日本福井準造原著

上海時代書店印行

近世社會主義序

政友福井直吉君之哲嗣準造君好學修文研究社會主義博採泰西諸家之說頃者著書題爲社會主義公之於世夫社會問題之講究爲近世之最急要者而發明社會主義眞相之著作吾國尙闕而不詳以致研究社會主義者每每誤解今此書出關係於吾國者不淺因贅一言以爲叙。

明治三十二年六月栗原亮一序

近世社會主義自序

社會主義者何也所以稱社會黨之行動也然或因孟浪過激之兇徒爲安寧秩序之仇敵以招世界之嫌惡然而文明所到之處則社會問題必隨伴之而社會黨亦隨而興余素暗於實事迂於時勢而豈敢以慷慨自任每以國家之大事爲憂乎而敢以能文達識之士自命而衒其博覽多才乎然當此滔滔社會之潮流靜觀事物變態之蹟徐徐視察其趨向我日本今日之形勢社會問題亦隱約胚胎於其中貧富懸隔之弊亦將漸顯於社會是經世憂國之士所不能漠然置之者也此所以稽察歐美諸國之事例以講究近世之社會主義其微意之所在即注於茲矣世界識者披閱一過當亦恍然於社會問題之不可輕忽是著者之所厚望也後之讀者其不以爲覆瓿之具歟

明治三十二年三月福井準造識於相陽豐田寓居

近世社会主义

近世社會主義凡例

一本書描 法蘭西革命以後歐美諸國之社會主義爲主。於革命以前雖間探社會主義者之議論。然社會之勢未大其足以當講究之價値者甚少故省略之。

一社會主義者以經濟學上之一學說與政治學上之一議論以判定此主義之是非善惡。爲本書之目的。然自信爲講究社會主義者之必要著者特蒐集多種之社會主義的議論以供社會問題解釋者之資。

一本書之目的說明社會主義之本質然於其黨派之運動。亦爲講究社會主義者所不容忽不可附諸等閒然本書先記述歐美諸國社會黨之狀態至其運動於他編再述之。

一本書所揭載之人名地名等。於固有之名詞大抵隨其原者而附記以片假名然於從來一切所慣用者則不別改之。

(1)

一本書所參攷之著述。於其最重要之書典。揭載於附錄第二。以供讀者參攷之用。

著者識

近世社會主義目錄

緒論

第一編 第一期之社會主義

英法二國之社會主義

緒言

第一章 英法二國之社會的狀態

第二章 第一期革命時代法國之社會主義

第三章 英國之社會主義 洛衛托拉野

第四章 復古時代之社會主義

第五章 第二革命時代法國之社會主義

第二編　第二期之社會主義

德意志之社會主義

緒言

第一章　加陸馬科斯及其主義

第二章　國際的勞働者同盟

第三章　洛度衞陸他斯及其主義

第四章　列陸檄耶度拉沙列及其主義

第三編　近時之社會主義

緒言

第一章　無政府主義及其黨與

第二章　社會民主主義
第三章　國家社會主義
第四章　比西馬克之社會政策
第五章　基督教的社會主義

第四編　歐美諸國社會黨之現狀

緒言
第一章　英國社會黨之現狀
第二章　法國社會黨之現狀
第三章　德意志社會黨之現狀
第四章　中歐諸州社會黨之現狀
第五章　東歐諸州社會黨之現狀

第六章　亞美利加社會黨之現狀

近世社會主義

緒論

百年以前。法蘭西之革命實爲改革社會之一大原因。剗除君主之尊嚴。打破貴族之階級。絕滅僧侶之特權。各國效之。而求改革社會之策於專制之君主。則強請而布其憲法。或分離或聯合。或扱劍而抗世之壓制。自由者苦楚辛慘。國家改造之大業乃漸完成。於是全社會之形勢一變。於是『不公平』『不平等』『專制』『壓抑』等皆諱言之。一洗舊來之面目。而高唱民權。其所主張者凡平民與其餘之人民皆得享有自由平等之權利。擺脫舊來專制之習慣。而求政治上自由平等之眞理。以求自附於文明之諸國。所謂王者無上之權力。一切裁制之法。皆不得加之政治的自由之聲。普及於天下。四民平等。無有階級。所謂普通選

(1)

舉等無數之政治的難問題、亦因之而解釋、乃遂確認人民上之參政權確立法律上之平等權、而向日呻吟于君主之壓抑貴族之專橫僧侶之干涉者芸芸蒼生擾擾黔首皆大歡喜齊聲而謳自由平等之歡聲、是爲政治的之革命達其目的之時期、政治的之革命其成就雖已如斯然而社會之混亂仍未平愈也、政治上之自由平等雖已如斯然而無形之權利仍然伸暢也、試一觀察有形的社會之狀態然而不平不滿之聲仍未易除也、物質的文明之發達而不平不滿之聲亦隨伴之而愈高、試一觀察殖產社會之現狀與勞働者之狀態所謂政治上之自由平等者其對此等多數之勞働者果能恩惠普及乎、果能認其爲人類之一人許以人間之自由乎、非亟撤去階級間之深溝而欲成上下平等之社會、可望其成就乎、彼熱中於擴張民權者水火尙不足辭、何爲而不改良社會之狀態而使萬民享有福利乎、於政治上旣暢增無形之權利雖敢參與公政之權、恐不足以敵之、試觀當世文明之現狀所謂無形之自由平等者、僅虛形乎僅空名乎、權虛形等空名而輾轉於溝壑、果何爲乎、所謂社會旣奏改良之功者、不過自政治上之改革以來得理論上之平等於勞働者之地位於其生活之必要免其無情之冷酷而已。雖有契約之自由雖有平等之權利而社會經濟上之大勢仍為彼等資本家隸屬之一種奴隸而已。雖云公政之參與雖享法律之保護然亦不過虛榮而已。夜以繼日營營勞働所得之勞銀不足以供一身自活之費病妻饑兒耳側交訴薄運亦至此極也。社會革命之大勢雖除僧侶貴族之專橫而著殖產社會之顯象然而資本家之壓抑專制以驅此等不幸之勞民。為其貨銀所繫留而桎梏而生產社會產出之富額日益減少其事業亦日漸衰微於是多數之勞働者亦日陷於非運而公平之自由不能助之平等之法律不能救之世界之富者既日增世界之貧民亦日益貧富懸隔之現象亦復大顯是豈十九世紀文明之特兆歟。

交通運輸之便利器械之發明亦大進步工業社會之大變革亦由此而呈。手工與勞働者皆失其業小資本家遂獨立而經營事業於是資本主與勞働者之間遂築一大藩籬殖產界之面目全然一新富者益富貧者日貧其懸隔亦共製造事業之發達而高其程度僱者與被僱者之關係宛然而似主從更下而至勞民之地位竟與昔時之奴隸等天賦人間之本性

（3）

亦幾不能享有之多數之勞働者。遂不能保其資格若牛若馬若器械力因其力量之多寡而評定其價格焉勞働社會之狀態竟至如斯彼等陷落於無底之地獄而受此有名無實之自由平等於彼等究何所益也

政治的之革命以政治上之不平均而起於是遂勦滅其壓制此政治社會者今也財產上之不平均更現異樣之壓制若此壓制者俄然逞其勢力以極專橫亦必如政治社會之革命而起則殖產社會及其餘之革命踵之而生何以禦之哉

一切之革命必先自文字始其由來非一日矣如彼宗教之革命開發迷信者之頭腦覺醒積年之迷夢如彼法國之革命遍灑壓制者之鮮血終奏自由之凱歌如彼亞美利加之革命開放奴隷者之沈冤得證正義之勝利腥風慘憺招國家之擾亂者不少然今日歐洲諸國概得憲法得沐代議政治之恩惠然而此等諸國雖脫專制之羈絆確立立憲之基礎而多數革命的之非常手段屢次舉行而不已則殖產社會之革命其如何之手段其如何之運動其如何之進步實社會將來之一大問題不易解釋者今日社會黨之題目自數十年前已開其

端則將來顯然之事業可拭目而視也。

然而社會黨之組織果自何人而成也。或謂無賴無謀之徒所教使以絕滅資本家者也。是爲破壞黨或謂欲打破現制社會之秩序而現出無秩序的社會是爲過激黨嗚呼社會黨者果國家之賊歟秩序之敵歟抑亦不過孟浪過激之兇者歟。

吾人試論而斷定之社會黨之懷抱之主義之綱領不難揣測而知也彼等畫種種之方策。布種種之計算或主張共產主義或唱導無政府主義或望施行極端之共和政治或冀設立強盛之專制政府或冀希望絕滅資本家顛覆政府等以試其運動此所謂過激派是也其最後之目的而勢力所集注者則曰均一之分配夫惟希望均一之分配其極端則流於無政府黨其強盛則變爲專制政體常爲一致之結合然抱改革社會之大望而欲與起社會於經濟上之主義亦同一致也悲賤民之窮狀而表同情憐社會之弊害而欲和其不平不滿之念憫流離困憊之人民而欲脫其人生悲慘之痛苦此固社會黨之素願也然此等之念慮不獨爲社會黨專有之感情凡富於慈善之懷深於同情之念者何人亦不同此感念也而如

(5)

何改良之如何匡正之是卽社會黨派之主義綱領彼等所以或相結合或相分離者未嘗不由於此也彼等之主義不過二端一則改良現時勞働者之狀態以一層少量之勞力而收多額之結果二則平均富者之均配取其收穫正當之權利而對勞作之人民以平其財產之不平均而除諸般之弊害、

惟其然也於是社會黨突然而起矣乃悍然曰奪地主之土地奪資本家之資本廢遺產相續之制全滅其私有之財產而握國家生產機關之全權以其所得之利益均一而分配於各勞働者之間以止不法之競爭而改悖理之簡人的制度杜絕資本家地主等營不義之富貴之途以救濟可憐之勞働者悲慘之狀態此其宗旨也殖產界自然之趨勢逐年而增則事業亦必逐年而發達則大資本之集中者惟國家獨能之決非一私人之所能而勞働者亦非一私人之所使用則生產機關之全部、全由國家而握其主權此社會黨中共產主義之一派也。

更有唱過激之論者全然反抗社會之現制舉社會上之『法律』『警察』『議會』

「政府」等之諸機關而絕滅之其論專制政體與代議政體也不問其爲君主政與共和政悉欲驅逐之於社會之外一掃現社會之制度無論何物槪勸滅之」是也彼等之欲組織國家爲無拘束之社會故彼等輒謂警察之保護法律之支配政府議會等皆爲無用以及私有財產及遺產相續之制皆彼等所最反對者也且彼等所謂眞平等者服制如一男女如一無宗敎無政治此社會黨中無政府主義之一派也

以財產之絕對的平等爲目的以公有主義派之議論爲主張。視彼等全然破壞顚覆現制度之絲激社會黨較爲溫和然於私有土地制及遺產相續制之兩者亦彼等之所反對也彼等旣欲行其目的於現社會黨之組織所欲擧行非常之改革者卽先收私有之土地而爲國家所有禁資本家蒐集簡人之資本而役使勞働者以從事其生產事業其於財產之種類雖不許其私有而行均一之分配然必自其分量而度之一視其勞力之功果何如居高職者受多額之給俸其下者量其報酬而遞減以幾分之等差而分配之則人皆視其勤勞之多寡

(7)

與才能之良否而無有偏私然於居高職而蓄積資產者則又禁其子孫相傳且於生產之機
關凡爲國家所有者又禁私人之計營雖或貯蓄多額之資產不得以爲殖產事業之資本故
凡爲父母者必數其子於社會地位之高下必視一已之智識才能决不能依賴祖父之地位
財產而自惰焉蓋彼等乃認許一部之財產私有制悉委任於國家而爲生產機關之全部各
以其勞力勤勉之功果而受國家應分之報酬是爲共產制度之稍溫和者此社會黨中共有
主義之一派也

　晚近之所創立諸學者之所唱導又爲一派之社會主義其唱導之者大都大學之教授
及其門下生世所稱講壇社會主義者而其起源自德意志始彼等不願改革社會之秩序與
其根底又不欲舉國家而全然改造之不過維持現制企圖社會漸次之改革一任箇人主義
之發達而行其生存競爭之自然雖貧富之懸隔未有甚於今日者然自然之競爭自有自然
之優勝劣敗不幸而貧民萬不能堪與富有巨萬之資本家亦束手而相抗對則螳臂當車必不
能免而後彼等以政府之力調和於資本家與勞動者之間彼等又爲勞働者組合同業之貯

（8）

蓄銀行保險及製造所條例等而研究種種之勞働問題、及關於婦女兒童之勞働及日曜日勞働等皆一切而研究之彼等借國家之力以制資本家之專橫壓抑而謀一切之改良其依賴於國家者甚大。故稱之爲國家社會主義云此社會黨中講壇社會主義之一派也

要之社會黨之懷抱其議論之根底必置於經濟上之主義而土地資本之兩者其對勞働者之關係必力圖其改良以分配其利益而變更其不平等以採均一之制不達彼等之希望而不止或講究經濟以外之諸問題於政治倫理及科學上之問題以期政體變更制度之全體或欲依賴國家之力以組織勞働者而獨注意於生產上之問題以期政體變更制度改革等因其手段方策之相異而各種之黨派以生一爲共和政體者是爲共和社會黨一爲欲依賴國家之權能以改造社會者是爲國家社會黨一爲喚起人類之慈善心依宗教之力而達其目的者是爲宗教的社會黨一爲豫盡未來遠大之理想而望顯出「烏托邦」的社會者是爲理想的社會黨一爲改革現今之制度依賴人間之公共心與慈善心欲以輿論之力而改革勞働社會者是爲漸進的社會黨又其極端之所至欲以鐵血而改革社

會以一挺而勝百枚之投票抗議會之意譽譽然而奮一臂之力以爭吾人之自由以火藥彈丸雜血肉之軀而薄之是爲革命的社會黨理想既異手段亦異方策亦異而其歸宿終亦無殊憤激之極端同以厭世的觀念捨身而從事於鐵血亦厭世之觀念也而企圖理想之世界徹頭徹尾以破壞現制爲主張純然而同唱破壞主義切望勞働社會之改良而共享平等之福利以行均一之分配社會主義之目的此其大端也。言執武器而

蓋自打破封建的舊制以來中級之社會同時而得參與政權器械之應用與物產之數亦大增加於是社會主義乃發其端緒其對現時之制度而不平不滿之念慮亦逐之而增加不僅得下級賤民之贊同其餘階級之間亦大喚起其同情其地步逐愈鞏固因十九世紀之文明將欲舉行一大改革其勢徧逾趨增高。

則試探十九世紀之經濟的制度而評之除私有資本家之競爭的組織之外凡原料及器械器具等皆爲比較的少數財產家之私有。有彼等役使勞働者而製造有價之品物而勞働者無器械及原料而不能執其業不能不應資本家之僱聘劃與僅少之利益而已滿足焉而

資本家除此僅少之賃銀其利潤之全部悉藏於一人之腰橐。於是一方之富者益富而他方之貧者益貧。兩者既相反則必互相娼嫉而爭鬥之事因之而起加以此等之資本家又各施其善惡之手段以試彼等不幸之勞働者為賃銀上之爭擾遂顯生產社會無政府之慘狀。僱者與被僱者共謀私利而各逞其野心生產社會之狀態既如巴斯而社會主義之論難攻擊以求改良之方法此事理之不容已者。

試代此經濟的現制度而別求理想社會主義之經濟的組織而效究之蓋現制度者凡諸製造事業不如舊時而欲依賴箇人的勞働各自支辦其原料器具以從事焉勢必不可則勞働與資本家萬不能分業以計營生產事業也然則如何而去資本家與勞働者不相分立之弊勞働者得自由之職業且得適當之報酬則必依社會主義之持論者凡類悉皆勞働者而後可則彼無意之徒食者全然而驅逐之凡公私之資本皆為此等勞働者之共有物其資本悉以供給原料器械以製造種種之物產所得之利潤勞働者全體而分潤之以勤勉勞力之多寡而聽各人之分取應為得之乎。

(11)

勞働者果遵如斯之方法則與國家相組織。凡以資本而製造物產及分配之事更於勞働者之中舉其二三人主治管理資本及各種之事業與現時之政府相類似彼等諸般之事業各定其方針但其社會之所產出之財產雖經其配分處理然不過委任以勞働者全體之財產而爲支配人管理者其整理之完不完其處置之善不善皆爲被委任者之責任

依此社會主義而組織之則富者之生產日見其多且得均一之分配此二大目的庶見其成功則彼等合同資本之轉運及合同勞力之組織箇箇分立以圖職業及勞働之效果則冗費日淘汰產出日增加且勞働者亦因均一之分配而得直接配當之利益精銳勤勉以從事其事業則其效果必有非常之隔絕者可佇足而待矣

所謂均一之分配云者與唱共產主義之意見非有絕對的之意也向後投入之事業除資本之全部其餘剩之利潤即以勞働之多寡任其各自而分配之

以如斯之組織其結果究如何乎凡世界之勞働勤勉者大抵爲其衣食田廬仰事俯畜計也遂其願者則逸樂失其望者則悲歎各種類之財產既得貯蓄之自由則又希望箇人之

暴富又或以多額之財產而供簡人的生產之用。則生產社會其惡弊又將自此而生而資本家專橫之惡習復不能絕蹟於社會矣是又唱社會主義者不得不以理想而求生產組織改革案之大要也

惟其然也則貧富懸隔之弊又與而非企圖其平愈而不可。其終極之目的必以均一之分配實行於生產社會為必要也果以如何之手段而實行之則社會主義中亦有數多之議論各就其所見而歧出為然其最後之目的大抵相同其組織社會之方策亦無甚異者凡此各種之黨與概括之以社會黨之總稱亦無不可。惟其極端則必流於過激之手段必以顛覆政府破壞國家為目的而希望絕對之自由平等則所謂社會黨者一併於無政府黨與此又為社會黨之問題而且彼等於破壞秩序顛覆政府之外別無所期其舉動純然為破壞黨之社會黨雖然其目的亦不過欲自由平等之普及而匡正財產之不平均然其極端至於此則社會黨中之一派更不容輕視也吾人今就泰西諸學者所定社會主義之定義察其二三而論定之

「社會主義」之名詞。其使用之者實自英國始千八百三十五年當時英國之創立社會黨者洛威托拿夷組織各種族之團體。其談論之際始用「社會主義」或「社會黨」等之名詞於文字之中其後法人列布題其所著「近世之改革」書中泛論沙希賀卜蟄陸等之學說每採用此語遂傳播於歐洲諸國于是各國皆沿用之。

社會主義之定義諸學者之論定亦有數種據亞度列海陸度之定義曰。「爲社會而要求服從箇人之志意」洛西路曰「注意於人間本來之性質以要求一般之幸福」拉烏列希耶尼曰「社會主義者匡正人間貧富之不平等而與不充分者以保其均平。不如饑饉災禍之時國家權能所不及者」而列希路則以爲專指「貧困社會之經濟的哲學」要之社會主義之目的決不依賴政府之力惟恃勞民自身之力以改革社會組織以打破貧富之縣隔余輩則以爲「要求貧富之平均以改革社會之組織」爲定論焉

社會主義最後之目的切望財產上之自由平等與勞働者悲慘之狀態而表同情。以計

畫社會之改善彼等非甘爲社會之敵者其方法之不善至其極端則用非常之手段而有紊亂秩序妨害治安等之非行竟陷於社會之罪人且妨害其目的之成功世人竟目彼等爲國家之賊社會之敵欲排斥而去之職是之由雖由彼等之過激然亦不諒其心矣今也有深遠學識之諸學者參與國家之樞機爲大政治家以左右天下之商政而大資產家等又皆傾意於下層賤民之狀態感悟貧富懸隔之顯著而爲文明特色之累欲餂意而補救之於是社會之問題彼不平不滿之兇徒而思紊亂秩序者漸滅其數經濟社會之現象出以眞摯之意而研究之則後日之社會主義善爲用之或不至妨害治安而待自由平等之眞境也歟

(15)

第一編　第二期之社會主義

英法二國之社會主義

緒言

社會主義者其發生於現世紀(十九世紀)之初至本世紀之中葉英法兩國之外乃波及於他國。於英國則洛威托拿夷於法國則沙希和布拿等之徒共為運動之發創者兩國之社會的問題所以率先他國而興起者實彼等之力居多當時兩國社會之狀態實甚不振其時人智則漸發達人人皆於社會制度而生不滿之念資本主與勞働者之間分配不能均一各人遇其私利私慾而不顧他人之不幸於是公理漸起咸欲享受社會之幸福抱不平之觀念者漸多世人亦大注意於社會的問題是為社會主義之起點然當十九世紀之初。社會問題之聲。尚未震全響於世界而聳動世人之耳目者尚少獨英法二國當時關於社會問題之運動與

近世社会主義

事蹟。其發見爲最早是爲第一期之社會主義而英法二國獨占其先聲也。
社會主義發達之事蹟自其變遷之時期而區別之則爲三期其第一期爲創成之
時期始於法蘭西之革命終於千八百四十年之革命於英則爲拿意於法則爲加威希和等。
空懷改革社會之理想而偶實旋於社會主義運動之進路遂開一生面近時之所謂社會主義者其
馬克斯等之學理的研究於社會主義運動之進路遂開一生面近時之所謂社會主義者其
根蔕多探於彼等之學理以排斥架空之妄說而肆口慢罵之聲其數漸減於是沈思熟慮講
究學理其步由此而漸進而一段之眞理遂由此而首肯其開此派之人遂組織爲同盟會千八
百七十三年因衛額之大會偶生同志之分裂社會黨派與無政府黨派全然又遂分離社會
黨之氣燄一時頗有閉熄之狀旣而再於日耳曼因社會民主黨之運動漸有轉機卽所謂近
時之社會主義之發現而入第三之時期旣而學者之主張與經世家之考案相俟而爲國政
之應用於各國社會政策實施之事蹟乃歷歷而可尋硏究社會問題之聲反響振於世界終
至聳動一世之耳目然其運動雖由此而漸盛而黨中之異論亦由此而生數派各歧門戶遂

(18)

異同居社會黨之中互相結黨造派其持說與抱負各異其旨時形反對故雖統謂之爲社會黨其黨中之內情紛雜混亂殆難收拾此談近時社會黨之狀況者不容不深考慮者也則就社會主義之發達上稽其隆替之際雖區分之爲三期然所謂社會主義之根本與目的更有非常之變態第一期之社會主義之目的至第二期始達第二期始發達至第三期而養成貧民與勞働者始分配自由與幸福以至今日其當初之目的尙未能貫徹焉於現時之社會把持最大權力者爲上中級之社會或起嫌惡之念或抱仇敵之情吾人今特稽察彼等之事情如何發生其徑路如何運動其極點如何成功其向點如何失敗其境遇如何甘苦以解說第一期之社會主義追序彼等之現狀以爲世之研究社會學者效焉

第一章　英法二國之社會的狀態

英法二國之社會主義果何故先於他國而發生乎果何故先於他國而長成乎而欲解說此問題非於十九世紀之初而稽察此二國之狀態不可也蓋當現世紀之初其弊最多者以下等社會爲最甚當時之社會黨員多爲下層貧困之勞働者於貧困之狀態或目擊之或

(19)

身受之故其社會改良之方策皆由貧民救助的之方法而現出

至於法國其弊害更有甚者中心既傾於腐敗此社會者遂依革命而打破封建之舊制。以壓抑王侯之專橫絕滅社會之階級雖其如此然而腐敗之空氣尙未能除亦其政府之施政而失其宜而亦當時之社會所處之時之不幸其下級人民之慘狀殆出於想像之外者因此等之惡害隨伴改革社會之計畫而並生故社會黨遂以過激疏暴之舉以強迫其豪富紳商。此又當時自然之趨勢而出於不得已者也。

吾人先觀察英國之社會的狀態以略悉其概要蓋英國因斯茲哇陸庚王統之虐政久於爭鬪以千六百八十八年之革命漸脫專政之覊絆破封建之舊制改壓制之惡政布憲法。開國會以出改革弊政之途惜哉其改革之步僅止於此也於政治上之權利仍歸於上級少數者之手然此等少數者皆注目於一己之私利而多數貧民之休戚漠不相關其結果也如勞働者之賃銀其高低之額任管理者之意而定之且以各種之目的而禁勞働者多數之結合凡輸入之物品又課重稅以謀地主輩之便益其課食料亦同以種種苛刻之租稅於是貧民困於衣食流離顛沛日沈爲窮乏之悲況。而殘忍之富者視以爲常。如教育之事決不普及於庶民。蓋欲養成其愚衆以爲爲政之秘訣。故其多數之人民大都無學之文盲。加之刑律甚重。囚人不絕囹圄之中爲惡疫之巢窟凡入獄內一度者則人間之性情一變其獄官絕無勸善懲惡之旨大抵險惡獰獰之人竟爲世人夢想所不及者社會上道義之頽敗一至於斯下層之貧民雲集於街衢無所歸宿社會絕不顧慮之而富豪搢紳高樓大厦高登於雲表

不獨此也更細察其內而貧民困乏之狀更有甚者絕無救濟之良法其所謂貧民救助法者不過徒供惰民坐食之資以八百萬磅之大金而庇陰無賴之聲而貧民絕無被其恩惠者多數之勞働與婦女幼童皆服苦役其婦女幼童等勞働於煤礦腰纏鐵鎖從事於搬運之貨車匍匐於狹隘陰鬱之坑內恰如牛馬幼童之六歲者一日從事於勞働者竟至十四五時之長鞭撻毆打屬於峻嚴苛刻之監督之下因之而夭折者不知其數甚且使役童子以供掃除煙筒之役蓋當時之煙筒更狹非若今之關大者令兒童匍匐於筒內有不入者則鞭笞而促者又不注意每每煙筒未冷卽迫令其掃除兒童每有燒死於筒內者或燒爛未甚而僅

(21)

免者其慘虐之狀大抵如此。彼等所得生活之資仍苦不能自給饑寒交迫民不聊生其教育衞生等之不完全更無待言者據千八百十八年之計算已及學齡之兒童有一半無教育者全國學校之數不過三千三百有餘後五十年其數增加至四萬四千足見當時學校之不足至於關涉衞生之事十九世紀之初倫敦死者之數多於生者之數其人口幸賴他方人士之移住者以補足之今日所稱文化之中心世界之富國者其常時社會之狀態乃如斯也

加之機械應用之術日益進步工業界之面目又一變獨立之小製造家（即以手工而自製造賣物者）亦已全滅途不得不奪勞働者之職業而謀生焉於是以前之製造主而兼勞働者並其家內之職工亦皆俯首衷願於資本的製造家之使役否則饑餓而死大抵不出此二途而資本家但謀其私慾私利其酷待勞働者日亦加甚而工業界自然之趨勢勞民之數同時而非常增加其賃銀遂日低一日即如從事棉布製造之勞働者一週之賃銀不僅六希盧鰲額而勞働之時間其延長無制限且迫於生活上之必要婦女倂幼童悉投於勞働社會之毒渦中而小兒尤甚僅能步行者亦強其而就職業其執務之時間與成人等且其監督嚴密如上者之所述。

(22)

悲慘之狀態凡各處之製造會社視爲普通之事情無怪之者以故當時之諸製造會社發表之報告書宛然一種悲慘之哀曲今日讀之令人酸鼻而慘毒之狀躍躍著繪於紙上云英國之社會的狀態既已如斯則經濟上之發達與機械之發明資本家與勞働者之間晝若深溝而貧民之狀態日增困憊千八百十七年之頃社會慘憺之悲境殆已達其極點自拿破侖連衡歐洲諸國試一大決戰以來戰後之餘響國民之經濟界乃大擾亂而國家之前途日卽於非於是英國社會黨派之巨擘洛威托拿尼乃獻救濟之策盡力斡旋以經營社會組織之改良乃於此時應運而起

於是英國社會黨派之泰斗拿尼唱導社會主義全英國爲之風靡自由民權的運動之勢力視法蘭西更爲豐富社會黨派之勃興日益強盛更喚起法蘭西國民之注意於社會突增一大勢力乃爲社會主義之前鋒

更察法蘭西當時之狀態布路賀王統積年之餘威日漸於弛於社會階級而抱不公平不滿之念者皆與貴族僧侶輩而反對唱導社會之公益者日多千七八百十九年爲救治國

家之積弊召集千六百十四年以後國會之會員，下層社會鬱屈平民等結合爲議會更結合唱導自由平等之聲而爲民權黨派以反抗國王及貴族僧侶等以占國會勢力之地步於是新舊兩派之爭鬪不絕於時跋扈跳梁內訌大起黨派之歧倏分倏合乃有契洛茲托黨雅可賓黨是爲過激黨激之愈甚遂成爲破壞黨遂殺國王路易與王后馬利亞托亞尼托於處刑壇上。〔又稱爲斷頭臺上〕主其事者爲米拉賀達托賀衞斯卑陸等是爲「恐怖時代」法蘭西之紛亂達其極點貴族壓抑之弊雖除而亂民暴逆之政襲之而起自由之奮鬪民權之抗爭紛紛擾擾自由民權之至理用之而失其宜反爲世所詬病國政之改革反無其期其國民又大希望英勇傑士或早一一而降臨庶以調理國政而朝野之間大都豎子舞弄政權強者立於上以苦其在下者而在下者理必起而反抗之互相殺戮以爲畢生之能事檻車相續囚人充獄處刑壇上受絞首之刑者前後踵接日幾盈千天日夢夢陰氣沈鬱民不安枕旦握政權而立廊廟夕受縲絏而泣楚囚友誼交情全然廢絕社會之中純爲恐怖之時期國家之政治紊亂如麻革命之慘劇爲前古之所未有者嗚呼戚矣。

(24)

世運變遷達其極點然而社會主義之實說於此際亦頓發達焉唱導「四民平等說」

與「財產共有說」者亦漸不少當時野心之士欲得國家之勢力必先得多數賤民之同情。

故其唱導學說者極求恰適下等貧民之意然各種之學術雖受其餘弊而自然社會主義之

統系由此而注入焉

先是法國一派之論客咸論「土地私有制」及「財產制度」之不可。其對現社會之

組織全然已漏其不平之念其黨魁盧梭以「社會契約論」而顯其名以論難社會之現制。

而決其「虛偽」「虛飾」「不條理」「不平等」之甚大者以倫理道德而排斥人心腐

敗之結果以文明而戰刺於人間之心意以華美之域而非難狂望之名稱論定「教育不善

之結果」以「流毒害於世界不知學問為何物美術為何物技藝為何物而人心之孱弱已

蕩盡而無所存」更決「不平等之根源」列記現制度之惡害曰「以財產屬於政府者究

為篡奪莫大之甚者其先占領一部之土地據之而為己有子子孫孫相襲而握其私權故曰、

凡私有土地者實無異於奪掠與強奪也歲月者以積歲月而成習慣者以積習慣而成以人

(25)

間天賦之本性而改鑄於人爲的鎔鑪之中或稱貴族平民或分國王人民或類別僕者與被傭者或區分地主與小作人或爲暴君或爲奴隸是皆改造天禀之人間而從於人爲之强制法則人生墜地以來素有平等之權利與幸福是天豈獨私於彼少數之握强權者夫自主自立自由及平等之大義乃社會契約之大原則故人間但營本來之生活以求發達之途無敢或妨礙之者如彼貴族與僧侶以政府而壓抑之則必一一打破以達其終局之目的若因是等之目的而起者雖反亂謀逆尚爲合法之正理况今日現社會之組織者以奪卻人間天賦之幸福而衆反稱之爲政府實爲百弊之源現行之法律制度者實爲不法悖理而妨吾人人類之權利則吾人本其良知良能理必起而反抗之昊天授我以權利贈我以幸榮而彼人爲之法制妄於吾人之手裏而奪卻之則彼之法律制度者實爲人間社會凡百弊害之根源彼財産之私有制實爲人生困厄之根源非打破而滅絶之决心耐力以圖之吾人何以立於天地之間乎」其論如此宛然急進的社會主義之議論以表發於天下於法蘭西未革命之前先發其端故社會主義之萌芽早已胚胎於法蘭西人民之腦裏後來之社會主義皆由彼

之議論而發生彼享受之系統豈尠少哉。而革命之大亂亦由彼之議論之傳播故其迅速如此故轉瞬遂爲其實演之期蓋當時法蘭西論士橫議之時代旣去而兒徒暴動之時代繼來。各本其平日之理想學說議論復藉多數之腕力而直行之但合當時之意旨者無論其說之可與不可遂試於國家之實權其狀態如病狂者時勢如斯故極端社會主義之應用遂排斥他黨以握國家之實權其狀態如病狂者時勢如斯故以試實行其共產主義之議論最惹世人之注意次第必得其贊同而此種之議論遂爲運動之開始之議論於此專制君主之下毫不能舉其氣燄以爭衡以十餘年之日月僅保其屛息之態而蟄居於國境之一隅矣

法蘭西當紛亂爭擾之極而蓋世之英傑拿破倫乃出一時復歸於靜穩而社會主義者

法蘭西社會主義之氣燄雖經一時之頓挫而原質不滅目的終存依然而存其根蒂視國勢之機變再乘機會而公表之以布於天下以勉社會的勢力之作爲而彼等懷抱之目的別之爲三種其第一者曰『自由之普及』各人皆有享有之自由平等與政治上共和的思

（27）

想。其第二曰『同胞主義之實行』各人皆去其藩籬互相親愛而救助所謂理想的策愛主義是也而其第三者曰各人不限於有形無形皆切望絕對的平等之境遇決非難行之事情凡世間一切之人皆得享有同樣之運命與幸福乘機會而復其天賦之人權是爲「平等主義」此最後之目的實爲社會主義之第一著所希望而貫徹者

英法二國當時之社會的狀態惟其如斯故此二國之社會主義率先他國而發生今吾人按其時期之前後先敍第一期革命時代之社會主義以衞布額倍二人爲首其餘之人次之。

第二章　第一期革命時代法國之社會主義

法國革命者實乾坤一擲之大變革也其餘響之所及不獨法蘭西之一國且廣及於歐洲之全土十戈兵亂相續不已政權爭奪之變爲古今之所罕聞以自由平等而代壓抑尊制。然而政治的平等主義雖經實行而治者之施政常失其宜野蠻之自由而陷於疏暴紊亂之平等而流爲急激是其弊也旣而滅皇室逐貴族覆滅現社會組織之根柢以亂民之狂暴交

握國家之主權開國會定憲法改竄更定。一再而不止。社會之秩序因之全顯國家之組織。因之失實。蓋其久懲專政壓虐之苦。反動之餘勢舉國之民心皆心醉於自由之說。神遊共和之政而抱極端平等之理想。以企改良政治苟有資產地位之社會而顯於時者雖為非常之權族必目之為自由之讐敵必欲殺戮平夷而後已。暴逆橫行至於此極政權遂囂囂然歸於羣民之手中。無資無產之徒誤解革命之真相殘虐悖逆愈劇愈慘。道義節操掃地蕩然。官吏居職不能治之軍隊擁兵不能鎮之秩序混亂。天地冥冥舉世滔滔一陷於鐵血奇慘之世界。當此擾擾紛亂革命之時代社會秩序崩壞不堪諸事亦全歸混亂。雖如此而其間有一種之思想漸次發達而占其勢力。遂果占有最後之勝利焉。所謂一種之思想者何也。曰平等之理想是也。蓋平等革命平定之後。初顯其形於政治上大改權利之不公平。以至全國之民皆得參與政權者。既而拿破侖歿之後。歐洲諸國亦皆認定此真理。建設政治的自由之制度。而革命者所狂望政治上之自由至是漸達其目的。

革命者為欲得政治的自由大啟紛爭舉社會極其紛亂每有於其不相關聯之目的而為運動之開始彼革命者企圖社會之改革當此大革命發生之際考察研究以企併得政治的自由經濟的平等如衞布其人者實為革命時代唱社會主義者之一人決不容輕視焉吾人欲敍革命當時社會主義發達之大致則衞布一派之運動與其學說急宜記述者

第一節　衞布及其主義

列拉沙哇諾野陸衞布者以千七百六十四年生於法國野耶州之沙科野他父為墺國軍隊之佐官幼時家計甚豐得受充分之教育十六歲時父卒學業中止為小吏後昇進土地檢查官終推選為沙摩州長偶因得罪處禁錮者二十年自獄逃出遁於巴黎遂投身於革命之運動當時法國之學士論客追想希臘羅馬之盛時心醉其學說者甚多心竊慕之遂取加耶斯額拉加斯所唱『民之保護者』登於自己之新聞以攻擊當時之社會制度大唱共產主義之議論蓋衞布之共產主義者多採於賀列之『自然法』錯綜變化以社會之平等為唯一之目的曰『社會之人假使有一人有多數之財產必破社會之調和』又曰『社會之

目的在全人民之幸福。而欲全人民之幸福先於凡關係社會者企圖一切平等」又曰。「欲得者是社會之平等必先以一切為犧牲」

彼所唱之平等主義如是其專以更舉社會凡百之弊害暢說其不平等之原因凡犯罪暴虐壓制及戰爭等社會的害惡皆歸因於天然之大法而期平等主義之普及更平貧富之懸隔以增進共同之福祉為平等主義實行之第一義以革命為目的而滅現時之不公平而給與各人共同之運命與幸福。

平等之目的以共產主義為根本平等而後自由平等而後平和以調和社會而改良人世皆以一平等之主義為基而如何貫徹此一大目的而謀平等主義之實行是眞欲解釋而不易於解釋者雖贊平等之本旨而欲企圖其實行共產黨及其一派之黨與亦因此問題而焦心已久衞布亦知此主義實行之困難故亦徐圖其計畫以達終局之目的彼卽先以公有及國有之財產造一公同的之一大資產全廢舊行之相續制人民之死亡者凡其私有之財產歸於共有然自今五十年之後凡財產始為共有云。

(11)

財產既不爲私人所有則監督及生產之方法又如何而處理之衞布乃以任命共同的生產監督與官吏而歸人民之投票但此官吏者供給調查國家全體之需要而計其生產額之多寡以勉其過與不及

凡官吏之管理生產者各限其方域監督亦如之彼國家之制分之以郡中央政府統轄其縣而縣卽支配於郡一郡一縣勞力之不足者則需於他郡縣生產物者亦以其過不及而相交換而泯其不公平且於豐年之際則貯藏以待他年之凶歉私人不得貿易外國有犯之者其貨物沒入於官國際間之交通政府所嚴密監督者僅許其舉發共產主義不良之結果則禁止之若書籍之出版凡說明平等主義者必得贊成之許可。

世界勞働之種類不一而足衞布之共產主義則區別其種類爲無用之勞働與有用之勞働二種有用之勞働則許之無用之勞働則例得禁止有用之勞働者如「漁業」「船海業」「機械工業」「手工業」「小賣業」「運送業」等於農業尤特殊而獎勵之文學與美術爲無用之勞働。

平等主義既行更進而支配男女日常之行動如衣服之制則以男女之年齡爲等差。其服制則倡一制食物亦合同量之食品美華高尙之物品皆除之高等教育亦爲無用於社會衞布所唱共產主義之理想既已如斯而其發極端平等之夢想欲致社會於一模型以講無味單調生活之法變化世人之樂事勉爲平坦與味索莫之社會至其極也則必反抗社會之進運而謀其退步舉世而爲曚昧頑愚之徒以陰鬱太平無事爲樂滔滔社會之潮流凡社會組織經一度之破壞則導世界而進一層冥暗之境以此種種計畫大抵不可思議者。而彼等所說之平等主義以受法國社會之歡迎遂惹一時世人之注意其實行之方法。奇怪偏僻衆人汶汶而不知且欲求實演之機以達其目的
彼以自己之新聞而述其所說更集同志以反抗當時之政府恐怖時代之主宰者浴海斯皁陸之一派而攻擊溫和黨政府乃因之而投於獄彼等於獄中復集同志又復出獄更直組織一黨。而稱爲平等派欲代政府而組織共產主義之國家以畫顚覆政府之陰謀祕密而調諸般之準備而善掩其迹徒黨共至一萬七千人將實行其計畫爲政府所探知千七百

（33）

九十六年五月十日。徒黨就縛之六十五人中。有五十六人不能舉其證迹皆得受無罪之宣告。衞布及他陸托等遂處死刑於九十七年五月二十四日法蘭西第一之共產黨員衞布乃就死。

第二節　額海及其主義

衞布組織共產的社會於法蘭西革命之時代旣已失敗而受斷頭臺上最慘之死。其餘之地。唱共產主義欲實行於國外以圖經驗而創立共產黨者。則野兹耶額海是也。額海之出世在衞布死後之二十有四年。其時革命時代之人雖存其半然當布陸賀王朝復古之時法蘭西之革命旣收。唱導共產主義者亦漸少然彼竟唱社會主義。無異於革命時代之際可與衞布而並傳。蓋衞布與額海兩人者皆為法蘭西唱導共產主義之第一人。故倂為一章而繫於革命時代之社會主義之條下以紀其大致焉

額海生於十七百八十八年法蘭西之兹希幼父為桶匠嘗運動額賀那利黨而為一愛國者。額海幼時受充分之教育初修法律遂為辯護士後選為代議士乃出巴黎以運動政治

社會受懷抱極端共和思想之嫌疑爲政府所逮捕遂去倫敦由托馬斯摩亞之『烏託邦』而養成共產主義之思想曾著一書題爲『伊加利耶國渡海』時千八百三十九年書中所記假設一伊加利耶國人口稠密制度整頓勝於英法二國之人民得數千倍愉快之幸福憧憬遊樂以送一生描畫安樂國之狀態卽以此伊加利耶爲實行共產主義理想上之國採用自己之說世界之國皆得爲伊加利耶託於千八百四十八年彼自行於北美之野送數隊之人民於合衆國之特歆沙斯州乃得讓受此廣大之土地不幸移此之住民爲惡疾而失其大半其餘之民皆離散於各所其後額海自率一隊渡合衆國之耶哇其殖民地稱爲伊加利耶遂實行其多年之理想於是伊加利耶之士不數年人口增加達千五百人額海統御失其宜佃園荒蕪耕芸業絕穀果之收穫不能滿足其人民之思想擊壤鼓腹之樂徒記之於夢想同志之間又生聲隙遂至解散其團體於是額海又集其一部之人士而移於西托陸伊斯以千八百五十六年遂死於此而其餘之同志自亞伊拉哇而移於可野之野近又稱此地爲伊加利耶組織共產主義之一團體續額海之素志今猶存在其人員倂男女老幼不滿四十漸已

(35)

不能保其給繩之命脈其勢力之微殆不足數云。

額海欲實行其如斯之理想其局終歸於失敗止存殘蹟於美國之一小地不過僅能實行共產主義一種之事蹟然彼衛布之懷徒盡空中之樓閣而欲件件試於實行猶有最難之事蓋以額海之共產主義與衛布之平等主義相比較兩者之間頗多逕庭先後猶難實行者。

額海所唱之共產主義雖與衛布同以平等主義為本旨然其實行之手段則以友愛之發達為起點而非衛布無策無謀之比蓋彼希望世界之平和與人生之幸福而忽觀如斯之擾亂深歎社會缺乏友愛之真情故欲擴四海同胞之主義以救助此混沌社會故彼實演平等之主義而營共同的之生產亦以此友愛為基礎作親愛和合之人而謀相倚相助社會之改良人人冀悟友愛之真味而抱萬人皆兄弟之思想一掃社會混亂之狀整秩序進道義以期美善共產的生活之方法而達其目的。

額海欲以友愛之真情而作為高尙美善之社會如彼衛布所唱導高等教育之無用則益獎勵之不欲人智之開發何以故蓋友愛之真情不由學問之進步而無俟其發揮故彼之

（36）

時會敬視婦女視結婚如神聖。夫婦之愛情終世而不渝。夫助其妻。妻勵其夫。互相輔翼而營和樂之生活。以盡人生之義務。且勞働之時間女子亦減縮於男子。男子則五十六歲女子則五十歲之後爲閒散無爲之世。日常之勞働男子夏時則七時間冬時間女子則減四時間。且視如何之場合則午後之職業亦禁女子之就職，而大庇蔭於女子。惟其如斯乘衞布以極端平等主義經營社會組織失敗之後額海一意依賴友愛以計盡共產的社會之組織蓋友愛之眞情於人間社會爲高尙之美性開發誘導古來之志士者不一而足額海所欲希望此等眞情之發達而救濟之然滔滔人世執非挾其一片之私念者。旣有私念則於人己之差別極難完全圓滿。而阻礙友愛之發達故人己平等博愛一切之念。庶永刧億萬年之後人皆聖哲愛人如己。撒去胸中之藩籬洞然和合之時則友愛之眞情與共產主義或相併而發達富者散富以與貧者世界各人之資產庶幾平等。然今日社會之風潮方急謀其私利，毫不顧慮他人之不幸。額義滅親。汲汲於利。况欲以友愛之發達而改良其社會乎額海唱導友愛之福音誠爲可敬。然時運未至決不能注意於此好主義而實行之則

(37)

額海之計畫空陷於失敗蓋彼之時勢限之以此熱心救世之人徒從事於勞而無功之業誰之責歟。

當革命時代之法國衛布之社會主義既不能容衛布既去而額海繼興當時已歸寧靜而法國之社會亦有實行之機蓋彼遠遁他邦事業蹉跌終其身於異域然當衛布之死去與額海之遠徙而又唱導社會主義以顯於法國大惹世人之注意者則又沙希賀是也。

第三章　英國之社會主義　洛衛托拉野

當十九世紀之初英國之社會的狀態日淪於悲境富者益富貧者益貧勞民之生活極其窮乏國家之財產紊亂之事實既如吾人所說者當此時而講改良之法以解釋社會之問題如拉野其人者決非偶然也。

洛衛托拉野者以千七百七十一年生於英國之賀托額那利希耶伊亞之意野達烏父為鞍匠拉野幼時極有敏捷之性受規則的之教育方十歲時直為斯他賀陸度吳服商之手代事務執掌然以其餘暇極力讀書專研究宗教上之議論從年後研究神學上之議論以排

(38)

斥當時之耶穌教派千七百八十九年爲縣布之貿易赴馬茲意斯他出其特意之才幹大得利益至十九歲時役使職工五百名爲一紡績會社之一管理人技量漸進名聲益隆其執事務敏捷與巧妙殆壓倒其前輩途爲意野拉那科紡績會社之主者特陸所知而嫁之以女自是奉其大舅紡績會社之事業而日臻發達而彼又一面務其職業於其傍遂大研究貧民的問題舉行慈善的改革之事業於是其名轟於全歐

拉野夙研究人間之本性與理解抱持一定之主義以獨特之見解解釋人性之本能卽彼所謂人性論者分吾人人類之性質爲二種、爲先天的性質其大部在感化社會莭般之境遇而爲習慣的性質蓋人類常欲長成於和喜歡樂之裏而因外圍之狀況以擾亂人間之本性以此境遇之養成者則人間之性質至善至高以除去社會殘虐悖逆壓抑專橫等之喜惡。而成無垢清淨之人世蓋爲此等混濁之社會而考案其改革之設計以企圖其改良則一朝社會萬般之事物各適其度而入於佳境諸事整頓則社會之不幸與弊害庶幾自此而永除

(39)

彼之初入意野拉那科也服幼童之勞役甚多先發念而留意於兒童之教育蓋意野拉那科之地。勞働之數不及二千其中五百爲年齡初達四歲之小兒自古拉斯卑之養育院導之而來就職以謀顧主之利益然而大害小兒之本性與身體之健康精神之修練而陷終生於不幸拉野心大不忍急求改良之方法盡采各種之考案兒童漸得步行又用種種之手段以謀智力之發達撫育之而教訓之終爲今日之所謂幼稚園教育之濫觴當時未爲人所知。至近代大著其果效是爲諸國之教育家研究兒童教育之開始

拉野更進而求改善勞働者之狀態凡酒店及飮食店皆遠於勞働者之居宅以抑制勞働者之酗酒又教婦女家庭之整理料理之方法等謀造家庭和樂之素又設共有之會食黨箇箇分立消費以節減食料之冗費於是勞働者每年得節減至五百磅云。

其餘彼之計畫又開一雜貨店以原價而購善良之貨物而賣與勞働者又爲老人與小兒試無數之遊藝以設置遊藝所以發育身體而謀精神之娛樂於規定課業以外時時試其實演拉野旣於意野拉那科而試種種之計畫爲兒童而謀心身之發達爲勞民而改善其狀

態彼之事業日月而赴於盛運每年而擴張而其改革之方案亦着着而奏其功。旣導意野拉那科之勞働社會而至安寧幸福之樂境漸已成功於是英國之各所漸多採用其方案彼自著之傳記謂其居意野拉那科時凡來訪問者每年在二千八以上自嘗顯紳士政治家商業家等至奴隸賤夫皆集其膝下講究其計畫與實效以供後日之用。俄國之意野拉斯親王亦來訪問云。

至千八百十七年英國貧民之慘狀益甚疲憊困窮之狀殆不可視政府命拉野調查貧民增加之原因拉野卽呈書於貧民法審查委員而詳述之以公自其社會主義之議論於當世。

其所論定確立爲三段其一曰改良人間生活之方法各人皆享有同樣之福利除去社會之害惡其二曰改良之救濟之以盡國家當然之義務其三曰國家以慈善爲基依其同的生活之方法及勞働者之敎育等而謀社會之改良乃大考案此議論經營慘憺以翼達其目的。

(41)

其所謂貧困之原因歸於機械發明之結果必自政府購求機械以供給勞働者而享受一般之利益而為救助貧民之最良法於各州各部之貧民或千野額〔一野額者日本四番零八步有餘〕或千五百野額與之以供千二百人民之生活以耕以收而營一大家屋以謀各自之生活而節冗費附加而設勞働所及商店適從其所好以謀一己之勞働冬時與夏時各有特別之自室毋空過餘裕之時間而怠其事業而此大家屋者勞働之家族亦居之每一家族。事等則數家族相會於一堂而辦之以減節巨大之冗費於小兒則如意野拉那科所設之共同幼稚園且依托學校以謀心身之發育而養成健全之後嗣不但勞働者及貧民享受其利益而國家之利益亦由此而增進之且依其所得之利益又配當於貧民相互之間以組織社會之幸福繁榮國家於貧民乃免一大重荷之負擔而社會上貧民之怨聲由是而漸泯。

拉野之建此方策既為現社會所適用又論人類以分四階級第一為貧民第二為勞働者第三為商工業者及農夫第四為富豪及貴族從其階級各自為隸屬以組織一團體自第三迄三階級全然為獨立團體之形成其勞働亦各自任之不藉其餘之幫助獨第四為富豪

「及貴族之階級勞働者與其餘之階級則不供給之以組織各階級混合之一團體貴族富豪之對勞働者必與以適當之賃銀其賃銀之割合由勞働者之撰出一任委員之認定則各團體所得之利潤分配於各階級之間以免不公平不均一等之弊其組織猶不止此然已爲純然一箇之共產的組織其勞働之功果無有差異其利益之均配因之均一蓋其如斯則人間之慾念必寡且易順從彼蓋深體人間之性情故皆得其滿足蓋當現時之社會而欲施行此共產的方案必先比准勞働者之功果以配當其利潤之等差而採寬容之策其勞力多者則與以多分少者則配以少許以求社會漸次之改良進教育而養德性勵勞役而增福利人人各享安寧和樂之幸福於是共產主義乃眞實行勞働之功果與利益之分配全然均一矣

拉野之計畫一時得國民非常之贊成且其議論亦便於實行如女皇之親父契托侯爵亦表同情深贊許其議論欲共公私而試實行之乃運動此共產的組織之團體與拉野之高弟可布共極力組織且試設立於他所

千八百十八年拉野更撰他種之著述以特發明一新之原理其議論皆關於勞働之生

(43)

產為唯一之要素。各以其出產物品而交換之。以費同等之勞力所得之物品則交換互易。且欲廢貨幣之制而代以勞働之手形。以幾時間之勞働記以記號。而供貨幣之用。相互交換則勞働之多寡一目瞭然。

拉野又以人口之增殖而與馬陸沙斯而抱反對之意見。據彼所說。以機器發暢之結果。產物之增加而相比例。而人口之增殖尤超過之。限制人口之增加以補貨物之不足。不若以正當社會之組織以分配其富於公平。假令世界之一部人口增加已達其極度。而人口雖瀰滿於世界。則世界必更新生物產以濟之。而社會必不為人口超過所苦。彼愛蘭土及其餘之諸國雖受人口夥多之害。蓋彼等棄其未開未墾之地而不知。徒踏蹈於一小天地之中。蓋人口萬無充滿世界之期。繼有其期則社會之事物亦必改良進步。以成完全之組織。若現社會不秩序不整頓之下。雖人口不滿亦足為憂。人口過多亦不足為患云。

拉野至其晚年。述其經濟上之一新原理。以求應用之實地。以勞働所生之生產物而交換其所好之物品。既而悟其終難實行。亦欲廢絕此舉。

其後復組織數面之團體以試企計而實施。乃於額拉斯可之近傍拉陸卑斯托由其高弟亞布拉哈摩可布管理之下以試驗其實行。經無數之困難乃見約略之成功然至千八百二十七年可布死後其團體之組織漸弛秩序壞亂團體之中自生矛盾遂陷於無政府之狀態竟至解散而後已是時拉野方其同志而渡亞米利加時千八百二十四年翌年乃於伊希耶茲州茲幼陸茲拉購得一頃之地名之爲意野哈賀意而組織一團體時八百餘人自美國之各部而來集大講教育以謀共同的生產之方法而求將來之發達以欲實行而期成功然團結之力微弱未振黨內紛擾不絕於時或拉野爲唯一之管理又或選委員以托其管理以展其秩序然而組織愈漸壞亂。千八百二十七年竟無成功乃歸廢滅。

既經多少之挫折失敗然而拉野至千八百五十七年其彌留之際尚確信其自說以翼計畫之施行。其晩年爲社會之改良又復攻擊當時流行教派之信仰者而設立正教黨大展布其布教之熱心一時雖向盛運至千八百四十年之頃漸次衰微於是拉野之學派之社會主義亦漸失其勢力而英國社會之狀態亦未進於改良下層之賤民其困憊窮之狀日益急劇而求各種改革之方策之志士亦尠不過政治社會之改良當時漸發其萌芽或與勞働以共同之利益而得貧民救助之方法如非穀物條例之運動以同業組合之組織相依相俟而奏社會救濟之功然至於今日其效果之遲緩不無遺憾而人工的之改革終托之於夢想其目的之遼遠終無其期成功之美果果待何時而收乎蓋自千八百五十七年拉野未死之前。英國社會黨派之勢燄氣力已顯衰退之色其運動之不振職是之故歟

第四章　復古時代之社會主義

法蘭西之革命經拿破崙鐵蹄所蹂躪自由平等之議論埋沒於兵馬倥傯之裏再經強盛專制君主之統馭法國之國威發揚於此大帝之治下耀耀如旭日中天之勢以臨四境或運隆隆壓倒歐洲之全土旣而歐洲列國同盟軍之抗爭一敗塗地乃刑戮國賊而流拿破崙於荒島以絕路易王之血統再復王位布路賀之王朝又握天下之主權於是制度文物一幕革命以前之舊態凡自由平等之議論斥爲邪說誤國而堅禁之內則舉朝之風儀悉遵古則外之則神聖同盟之武力以抑革命之氣運天長地久永墮於獨裁政體之黑暗世界史家

稱爲復古時代云。

法國革命之目的初因誤於歧途於是革命之結果因之壓抑自由之反動變爲專政民權之拘束。較昔日而倍之社會之組織日即於非王室上獨握其主權以凌視一切而人民抱不平之念者怨嗟之聲亦漸高宮中府中爲人民之怨府滔滔社運之氣運養成此不平之分子以備再次革命之元素當此復古之時愈壓愈激於是圖社會組織之改良經濟社會之進步以圖政治的自由經濟的平等者又漸露頭角於法國之舞臺遂祖述一派之社會主義以大聳動世人之耳目者前後之巨子二人繼出則希賀布薝時也彼等之時代既同其目的亦一但希賀先布薝而出社會唱導相異之論議以張其旗鼓於經濟社會兩者之議論各放特異之光彩兩相共以研究社會主義實得無量之補益云

第一節　沙希賀及其主義

沙希賀之家統其遠裔爲希耶列焉占法蘭西上流之地位有貴族之榮爵至希賀生於一千七百六十年亦長成於貴族的家庭之裏交豪富接貴紳金殿玉樓極其驕侈當幼年之

(47)

質。性質麤野。有奇癖不屑以貴族而終其一生。常抱大望之野心。欲其生涯而特出他人之上。年齡未弱冠頭角穎異已特別於他童。十九歲時與拉布野托及法而援美國之義戰單身而出入虎穴武名漸振。以挫英國之驕心而折其銳氣。幼陸科達烏之役奮鬥最有功然彼功名之心極其淡薄無長留米國之意。旣而義戰勝利米軍奏凱而歸十三州之人民歡呼自由乃飄然而歸故國。時年二十三政府知其武勇任爲科伊特聯隊之大佐蛟龍得勢志望將成然彼之本旨欲投身於軍國終世而與干戈爲友而素志漸達又去職而脫軍籍及後放棄軍人之念慮。以營一私人之生活獨居靜習以研究諸般之學理。就中以『生理』及『物理學』尤爲精緻綜合百般之學以開發一新之原理當時革命之氣運漸興有志之士集壯士而談政治。以黨變更政體而定國家之擾亂。然而舉動疏放多失其宜希賀深以此浮薄之舉動爲監戒而豫期後來之成功以爲高名富貴旣不足恃而徒投合時勢之風潮以泛送一生亦非眞正憂國之能事。乃棄其爵位如敝履輕裘緩帶犖犖走於社會之間而察黎民之疾苦慨然而懷救世之志佶僞勉勵無敢怠惰。每朝離牀輒謂從者曰伯爵閣下後來有成就大業之責任。

伯爵記之日日如之以之自勵又時默念其祖先希耶列馬之偉績以爲自己後來之前途初志企圖開鑿太平洋與大西洋連絡之運河又欲通海洋而至馬度利度府之運河後乎列西卜終成開通蘇彝士運河之大業爲世界交通之一大進步亦由彼工業的之智識之誘導也。

希賀旣抱企圖大業之素願又常與平民而表其同情自棄其世襲之爵位終始盡赤誠於社會當時握法國之政權者爲雅各賓黨以希賀身爲貴族之一部而抱不平之念乃執而囚之而繫於陸契西布陸科之監獄凡十一月雅各賓黨滅亡乃得赦而出楚囚之苦旣已身受一變其從前之目的而以社會改良爲急務當彼未經入獄之前本其天稟之特質未嘗傾注一定之方針旣而呻吟獄中憤慨法蘭西國家之悲況奉身命而講究政治上及社會上之諸問題而立社會經綸之大策以圖社會之改良乃遂案出一定之方法以希望貫徹其目的。

希賀之財產因革命而被收沒日用衣食遂大困難單瓢陋巷且不可得昨居華屋今臥窮簷盛衰榮瘁之感不禁悲從中來矣於是共其友人托列橄共同而試投機事業適政府收

(49)

設寺院所領之士地大博奇利漸裕生計之資安然而勉事於學時年三十八自是退隱世事。委身於學勉勵困苦殆十餘年乃大研究諸般之學理及天然之原理法則等並生物學之範圍。其所學者上自『哲學』『心理學』等形而上之科學者下涉『博物』『生理』等般之學科窮究萬理然後闡明宇宙之一大原理故彼於尋常之經世家嶄然而顯其頭角遇非庸庸者之所比其所說幽玄深奧發明無限之眞理其門下高足頗多如拉額斯托可托兹耶利等皆有名之學者輩出於其門誠非偶然也。

希賀積學如此刻苦勉勵之後其所得之學理爲實地之應用以解釋社會之諸問題旣而年近五十積年苦學之結果乃始大顯鬢髮霜白形容枯槁顏色憔悴當其與託列橄辭其共同事業之時尙餘七萬法郎之財產因歷年從事於研究學術觀察社會盡消費其蓄財途至赤貧如洗依其舊僕橄河陸之救助或乞其家族而得僅少之資金以保其生命又或從事於刀筆之小吏以糊其口其零魂落魄之際一時絕望恒抱自殺之思想亦誠苦矣。

然其不屈之精神與自重心處大難局無一毫之變計自千八百零三年至千八百二十

五年。及其死時二十二年之間其所說之主義所以聳動世人耳目者尙可就其事蹟而稽之。而其注心於哲學及社會學上之諸問題其從事研究之間至千八百二十一年之頃。其所說者徐自一面而漸進轉化於他面純然而爲社會主義派之人遂受世人之所認定。希賀自人稱爲學者理想家與拉野之運動上之稱爲事務家者齊名彼嘗「自謂余之事業者爲社會之文明進步與發達但求如何而開發進暢人智而已」又其所自任者當時法蘭西方實演其無政府的狀態其兇暴之熖戰慄恐怖而爲畏懼之共和政體其時獨於貴族社會之問題以天下萬般之事物苦心積慮而發揮之希賀之經歷旣又如此而其思想則以和合調理時代之精神與人民之狀態以營各自生活之事業爲必要而注意一種之有機體而此有機體者必求完全圓滿發達之方法整理其運動誘導其發育適合其理情而後可蓋當中世時代治者有二種之階級俗界之主宰者其權爲國王及封建的君主之所占有精神上之主權者則在羅馬敎會之手以組織社會而統御人民旣而革命之暴動一時爆發在上者以無限之權力而握政敎兩者之主權於一手。

(51)

毫無分與於人民故因革命之擾亂人民擾攘社會混淆大破社會運動之調和卒究其原因。實因一切不過當之行動所致妨進步而害其發育希賀欲救此弊害而謀社會之調和於宗教界嚴定政教兩者之分劃羅馬教會之監督者必推薦有德之君子以當其任於俗界之權力則廢封建君主及貴族富豪握掌政權之舊制必選學識技量共備而通曉社會萬般之事務者乃委任以統御之權以相互之權力主張其平衡欲以此道而改良社會第一欲變更政體之組織必選擇萬能之治者故希賀於社會經營之一着手此其最先唱導者彼既盡策此方案又深注意多數貧民之慘狀而表同情因伴政治組織之改良。乃併計畫貧民救濟之方法蓋下層之貧民其對社會之義務甚重無比而其享有利益之程度。實爲現時社會之一大痛不得其平以故一度改革貧民加入一層沈淪終生不能脫其困軛事所以救護貧民之事不容一日忽也希賀憂之久矣以爲政治之組織未改革貧民救濟之目的終不達假令智能出衆勉勵執事之士得以政治之全權而委任之當政治之要務則心安理足始能注意於社會多數之貧民而世甚乏其人故欲政治一新以解釋貧民問題雖有

(52)

為之經世家終不可致乃於千八百二十一年自著一書題曰『職業制度』以切論多數人
民蒙無量之害惡必求絕對的緊要之救濟以希望工業制度之改革曰現社會之組織曰怠
日驕日窮以悖逆天理人道故至如斯今後之新社會必求萬人盡職以從事勞逸應其度報
酬適其宜社會之勞者有應得利益之義務逸者不能奪之唯依各人之天才而計勞働果效
之差異而報酬亦有其等差以求絕對的平等而絕今日經濟社會不平等之大害是為社會
調和必要之要件則貧民救濟之功庶幾得之

希賀既著『職業制度』又著『新耶穌教』風行於一時是為其晚年之著作畢業而
遂卒其書就宗教上而立論以論關於宗教最高之義務發明耶穌布教之旨而加以新理。
後其子弟以此致義而開發誘導於世人者不少。

新耶穌教之論曰基督之教義布于四海以四鄰皆兄弟之大義而導社會以厚鄰之交
誼然後來此教義者社會失其實行之功而社會之組織亦因之而壞滅四鄰相犯毫不之怪
交誼既廢友道不存四海同胞主義之福音杳然而沒其影世道益澆薄有以改革社會自任

者必須普衍此根本的敎義以務四鄰親厚之誼蓋結四鄰卽所以顧貧民顧貧民卽所以救濟貧民之端緒。

社會主義者其對『相續制』之意見迥然不同其反對之大致在於保存者但知社會暫時之事情而忽之或用酷法以相遇故相續制之賦課主張其過重者希賀卽爲反對相續制度之一人曰相續制度者是與逸者以過分之財産積巨萬之富以養成遊惰之民高居上位而不事勤勉而滿口腹之慾盡衣食之奢社會之調和亦因之而敗蓋關於相續制反對各種之議論多本於社會主義之唱導者以下各章所記述凡關於此種之議論者可以參考而對照云。

希賀將死之數年前其思想愈豐富其學說愈深遠少年之從其問學者大增勢援其中如法國之有名歷史家茲耶利及實驗哲學派之泰斗可託皆爲其高足以贊助其著作故希賀派之學者其數愈增各種學術技藝名振一時者大抵出其門下本其主義學說擴布唱導於世間。

今舉希賀派之子弟所唱導希賀派之學說而爲社會主義之大綱者條錄於左。

（一）爲欲得才能技術拔羣之人而爲政府則必於社會全體中精選其技藝兼備者立爲學術技藝工業三大部之長官。

（二）全國民組織一大團結之社會其黨員等必宜相互親睦和合各自勵其勞働工作之業。

（三）而欲新睦和合必以諸般之事業與作爲本源人與人旣相和合則社會自相親睦且於宗教上其第一之義務則謀增進人間完全之智識其第二義則研究智力以求應用之法。

（四）凡人爲之區別及不平等皆廢除之但較其效力之多寡而計其報酬。

（五）凡人以其才能而事勞働則應得勞働之報酬彼世襲財產者斷然必廢蹈之蓋相續制度者畢竟爲破壞社會發生不平等之原因故於其人死去之時其餘剩之財產納付於政府政府之報酬者代計畫其父母之義務責任與養育保護兒童之事。

（六）政府必營國家的教育利導各具智慧之兒童教其所好之職業而考究其效果於兒童

（55）

成人各求職業之際分與其資本若干之資金而視其成業如何其天才與勤勉何如故
人皆重職責而無遊惰淫佚。

以上卽希賀懷抱社會主義之大要至若關於『資本主義』及『競爭』等之問題雖
未專發明其議論然其宿論亦有可採者曰、古代封建君主之間私門爭閱無絕期近代之社
會私人間政權境土之爭資本主間經濟的之爭今爲最旺盛之期然文明進步之極政權境
士之爭必歸宿於中央政府經濟的之爭必歸宿於國際的故私有資本主之競爭必歸於政
府之管下要之唱導希賀派之學說者以『平和』『親睦』『本義』別稱一種之宗敎彼
等於實際之應用徐徐而圖發達進步不欲頗覆破壞其政府而爲暴擧且凡一事一物皆有
一種之模型必與之適合而後可以作爲故不主唱偏僻之社會主義唯期漸以進步依賴社
會之氣運而徐徐而圖其改良其學說與主義必求適用爲主此外別無他事。

再考希賀派發達之歷史頗富於奇態之事蹟今不能誑其精細但記其概要以見一斑。
蓋其子弟各箇結合一小團體而後漸成爲一大團體其學說固足惹世人之注意而其唱導

之諸學者其學力技能之拔羣亦其一原因而助成其發達之勢力。

試就衞梭之所講述衞洛之所演說而考其學派發達之原因因此學派既發明其子弟遂日增加千八百三十年革命之際彼等暢其所欲而弘布其數更得卑意陸列洛助其運動以自己之新聞名『世界』者爲其機關以大唱導其學說希賀派之勢力一時擴布歐洲之全土。

希賀派之勢力旣日增加彼等於其本部陸賀希額意而設一大會館爲其運動之首部其首部自法蘭西白耳義爲始而及其餘之諸國以派遣其布敎師並於各國之子弟設置支部及敎會。

希賀派之首領其二高弟爲衞梭及野列茲初則講演其著述爲斯學之强固確實有力之議論家其後復得多數支配陶冶之天才又爲一種之務事家因彼等子弟團結之鞏固其勢乃日増進旣而衞梭與野列茲性質相異又生波瀾實野列茲以一種奇癖之性情多麤暴放肆之舉漸失子弟之輿望其勢力遂漸衰頽萎靡。

野列茲之事蹟與行爲旣多奇異其言論亦其一種之異趣。彼能集各種各色之人而團結抱合鼓舞獎勵之出其赤誠以演說其主義故於同志之上而具魔力的之勢力其間有特異之二種性情一則堅固自信而確守其所說一則凡對他人無不厚其同情之念慮。

衞梭野列茲兩者之交情其始甚密旣而相反加以各出其見解以異其趣旣而野列茲以關於結婚之件而發奇異之見解衞梭抗爭遂共同志而解其團體。

於是野列茲遂爲希賀派之總首領其子弟視其勢權殆如神聖且對希賀之學說而參以自已之見解且行子弟禮拜之式漸開默從神秘的教則之端緒其同志者別成一種之服制著靑色之禮服而長其鬚髯以與人民示異儼然而欲組織一宗派。

野列茲組織希賀學派之基礎而爲一種之宗派自後漸傳於世上益求擴布之方策以擴其布敎之手爲改革社會的之應用於巴黎之貧民而試演之然而希賀之學說當實際之局其細條每多不完全者終不能見其成功。

千八百三十二年野列茲所唱導魔術的學說其中婚姻之事及關於其餘男女兩性之

件。其於本部陸賀希科意之會館而閉鎖之政府以為紊亂風儀與教義乃召喚野列玆及其子弟於法庭其時方共其子弟五十八共團繞一大庭園退盤於那意陸賀他而營禁慾制的僧侶之生活至千八百三十三年處禁錮者巳及一載其宗派漸次潰亂而廢絕。

希賀之學派其始則見非常之成功其結果又遭不幸之潰滅實由野列玆一派採用奇異之手段而壞之彼等若注心於其學派之要點而謀其發達進營依賴學理的基礎之實際而舉行慈善的改革也於歷史之局面而必有一變而臻於上境固不足道也。

希賀之宗派其死後亦未全滅其子弟又探其師說於是法國之文學教育及工業界又現一時之光榮野列玆之失敗而希賀派於法國之社會終不能銷滅其影而其影響所被於天下後世者彼等運動之事業感化於第十九世紀之世界者不少研究者可推測而知也。

第二節　列糵陸及其主義

洛列希列斯他伊曰法國社會主義者之中沙希賀獨於巴黎精勵刻苦而試社會改良之法於茫茫漠漠之間而定一絕大之目的竭力而圖達之其一派對中外之敵辯難抗論頗

為勤敏當時法國無不知希賀者而更有宗旨本同但徑路頗異而目的計畫以達其同一之目的者希耶路列鼇陸卽其人也蓋二人者旣復同時同爲歷史上必要之人其偉傑之異質。誠未見其比例矣。

列鼇陸富於創始之才事務之見解旣精又有經營精密事業之才能遠出於拉野希賀等之上但其偏守學理不好實地之應用以獨學遠大之理想創立自家之學說以大啓發智識然其學說至希賀派衰微之時深惹世人之注意蓋亦深得其同情也。

希耶路列鼇陸者爲吳服商之子以千七百七十二年生於倍沙那五歲而父沒遺有十萬法之財產其後復受普通之教育或爲絹布貿易商於里昂奉職頗勤受其主人之知遇又因病而脫軍籍再投身於商業界雖漂泊流離仍注心而研究學理如物理學尤其所營執軍務者二年其勇氣與機敏大爲軍隊所稱舉前途昇進之希望甚多漸次將得長官之暴動里昂市亦蒙其害其財產之全部盡失之且嘗繰綫之苦未幾遇救而出獄乃投身於軍法蘭西之各部及和蘭日耳曼等諸國。至丁年乃以父之遺產營獨立之商業當恐怖時代之最好云。

列鼇陸亦欲創社會主義以謀社會之改良遂感時勢而起豈彼天性富於博愛而宅心仁慈與下層之賤民深寄同情廉潔剛直惡奸邪如仇讐如昧己欺人而謀利者最為其所卑下故世之商人體對貴客而炫商品之善良貪價格高下之暴利或弄不正之手段以博奇利則必切賣其不可然當時之社會其商賈多用奸計以貪暴利者富者則積多數之財產以虐勞民乘生產之分配不得其平天下之富皆集於一部之少數者陷於窮乏之狀態以為常事滔滔社會遂為一世之習慣無怪乎列鼇陸獨以博愛仁慈之慧眼照此困窮之現象雖欲放棄之而不能偶值法國之饑饉又起民皆菜色馬路西可米價暴騰窮民無食饑餓之狀不忍目觀米商等則貯多數之米以為奇貨乘機而博暴利若此腐敗殘忍不法之行為列鼇陸憤怒不堪而當時倍沙那有售林擒者一錢八枚運之巴黎騰貴而至一錢一枚一切之事情其缺德義者類此即此足為社會不備不完之證列鼇陸心大不忍乃棄其一己之職業而投身於社會之渦中以冀圖其改革而欲償其大願。

於是棄其一己之業務而變身爲仲買人。即中人也僅受薄給以自滿足且以其餘裕之時間而從事於學問專志力學以爲將來自立之基大欲變革社會之組織苦無助者乃全然獨樹一學派云

列鰲陸性寡言而愼重當其二年從事於兵役之時直接應答絕無支離其無事時則守三緘之戒沈思默考有阻障其目的者則憂鬱之念不能自抑且有一種之奇癖每日必以數時爲散步之時期必高聲獨語以爲常終身不娶一身之事業以社會人類之改良爲唯一之大目的。

千八百零八年以其歷年苦學之所得而著一書題爲『四種運動之原則』公刊於世是書爲彼三種著述中最有名者之一。以觀察『動物』『社會』『無機』『物質』四者之者點以示支配社會同一之法則之理以改造社會啓發人智而除人生貧困貪慾殘忍刻薄不倫不義不幸等之弊害。而謀救助之然以此高尙之著作初不爲世人所知及至希賀派之衰彼之行爲始爲世間所識認。漸惹世人之注意凡讀其書者無不贊其主義云。

千八百十二年。列盞陸之母死。其遺產每年收入六十磅衣食漸裕日常乃有餘暇乃退於衞薐。以遠世俗而益勤勉遂乘機委身而研究學理且欲灑熱血以冀社會之改良計畫其考案旣閱數年而世無一人表其贊同之意經綸之志苦無由施壯圖莫展蹉跎自歎頗有人莫己知之悲。熱誠所注僅獲同志一人名美可利拉兹可斯托因讀列盞陸之著書感其思想而表同情犯種種之困難而來相訪幸而相遇兩者之理想無不吻合一見如故交誼日親乃結兄弟師友之義得其贊助於千八百二十二年。更著一書名爲「世界調和之原理」自赴巴黎刊而行之以喚起公衆之注意。其出版之目的雖欲公之於世而人習未聆此種之議論未得社會之歡迎空費經營自嗟遇薄自後生計漸乏再無同志之補助雖欲委身學事而不能千八百二十六年再居巴黎爲刀筆之小吏僅得薄給而勉勵學業以期大成之志不衰。

千八百三十一年。乃得同志者之力助。至於此時希賀派方生內訌衞梭之一派又興意列兹而分離。事詳前節其中三三之有力者去希賀派而依列盞陸主張其學說而謀發達擴張乃

(63)

出一「社會黨」之雜誌為其機關並其餘種種之方法以助其熱心之普及。列瑩所得之同志漸多其勢力乃日增加其學理亦漸為世人所注意千八百三十二年。其子弟一人以其學說而求應用實地之目的乃共計畫於賀特他拉之附近結合共產主義之一團體即於可特沙衞施計陸而因眾議院議員賀特他拉列瑩之地而建公所以為基礎更得二三之贊助者遂倣共同家屋之制度集同志以採用共產的生活之方法然此計畫未幾又經失敗而列瑩之學說又增無數之汚點人皆以為難行而彼則頗自信不以為計畫有缺點而以為彼等資本之不完全以故至於失敗若欲真行其方策以實施其經綸復得百萬法之資金乃可實行其計畫必能設計奏功以貫徹其社會改良之大目的憂國之士果有能助之者則終生之願乃畢乃日日開店以待同志之者而其自信愈堅歷久不變千欷之慽終無日償千八百三十七年溘然而逝然自千八百四十年至四十八年第二次之革命其子弟之數一時至數十之多生前不獲展其事業沒後乃有餘榮風靡一世當此紛亂革命之時代遂為一大勢力之作為其學說擴布於歐洲各國且遠涉於亞美利加更得有力者贊同其意因列薑陸之考案設立共同家屋制以爲適用之實地如馬額列託列陸列野那陸薹及衛額等。一時之名士皆贊助之其各等之計畫一則組織其不完全經濟上之事情一則熟達習練其事業以防其失敗廢絕。與第四編第三章參照 於是英法二國之唱社會主義者。發現無數社會改良之希望以啓運動之開始爲十九世紀之一新時期至千八百四十八年。第二革命更得扶植社會之一大勢力列薑陸之學說大惹世人之注意其勢力頓加而其氣餒亦甚熾第二革命擾亂之結局社會之局面又歸於黑暗於是列薑陸之主義並其餘之社會主義亦皆匿跡銷聲研究社會主義發達之歷史者稱爲一時中絕之時期

吾人欲進而稽其餘社會主義之學說而研究其歷史則必先於列薑陸唱導之學說而序其綱領。

列薑陸之學說其哲學的之著述散見於各書中其性質富於理想於考案以應用數理以測度社會之森羅萬象事事物物雖未能組織新規而其計畫巧妙始託於空想而欲臻寶行。其所說多以假設之想像敷衍眞理之議論於茫漠之中而能理解其本義其所著書自

(65)

信以為能闡明世界之真理。每出一書世人輒以為荒唐無稽之議論。一笑付之。或且冷嘲熱罵。不為社會之歡迎。其原稿每有旋印刷而旋棄去者。

千八百○八年。自發刊『四種運動之原則』以來。前後共有三部之著述以行於世。『四種運動之原則』者觀察社會四種之方面說明『動物』『社會』『無機』『物質』四世界而支配以同一之法則有意野託者獨悟引力之理於物質界以發見一般運動之原則彼則獨於物質界而究運動之原則焉其餘三種之世界亦以原則而支配而論明之且曰欲改良現時社會的狀態而調和之者則必適順此運動之原則而採用其方法然此解說概出於臆測而未考於實理其議論之本旨未能徵實而發明故世人輒以空理輕之而不能滿其意及後再版行世人智漸開始得同志之贊同。

其著作之第二種則為一世界調和之原理』較之前書其茫漠之議論更富一層不徒以想像的推理斷定世界之運命且集天下之森羅萬象而論其調和整頓之理其論曰永劫世界雖不可以數理之指示而窮其到底終局之期而其運命偶然而繁榮偶然而衰頹可推

(66)

而測今之世界爲曚昧之時期混沌之時代質而言之乃未進步之時代決非退步之時期也。故能整社會之秩序以誘導其發達自增一層之繁榮而達文明之域而人間愚昧者不知所以進步發明之理徒齷齪於紛亂混濁之裏而不知開拓平和之樂土故余欲瀝終生之心血以發見其方法蓋人類生存於此間凡八萬年前四萬年爲進步之時代後四萬年爲退步之時代就中以最初之五千年爲幼稚之時代後之三萬五千年爲人間最繁榮之時代而移入於退步之時代最初之三萬五千年者尚能維持其繁榮至最後之五千年世遂衰老以至告終然現時之社會者尚爲幼稚之時期故進步發達之活氣充滿於內必能誘導之以期發達以採用余之方案而實行於社會以期繁榮時代焉其描寫繁榮時代之社會則曰依余之計畫以進繁榮社會者以脫卻萬民之痛苦困難而享無事太平之樂以轉禍爲福而入天國如以猛惡之獅子而挽吾人之車自法國始以推及其餘又如鯨鯢之運船而助其運勤吾人與以至大之便利日光遍照寒煖無等差雖南北兩極之寒地亦必變爲人間生活適當之樂土凡事之先苦者實爲後樂之媒介舉世和氣陽陽而社會之改善乃得其結果焉

(67)

彼二種之著述殆如荒渺無稽之空想其所記等於兒戲殊無足採千八百二十九年彼更出其第三種之著述議論稍近於正以盡現實社會接近之策名爲『工業及社會上之新世界』與其前著『四種運動之原則』中論述應用引力之理以行於人間社會一種之引力爲基以區分人間之性質卽以其引力而支配人間社會一般之行爲以分出人間本來之性情名之爲性情引力而此性情引力者自人間固有而發生以情慾爲基社會萬般之事物皆自其情慾基因而發動以生多數之變化以此複雜之引力以至組織一切之作爲故欲窺知人間社會之本質必先知此性質引力如何而作用其說則曰一曰娛樂之情性二曰對羣聚之情性三曰社會對種族之情性卽彼所稱 Passloiszecliee 者是也而此三種之情性更生十二種之異第一種娛樂之情性而生『視慾』『聽慾』『感慾』『味慾』『嗅慾』第二種對羣聚之情性而生『戀愛之情』『親族之情』『名譽之情』『交友之情』第三種社會對種族之情性而生『好變之性』『競爭之性』『集會之性』是也而尙有一層最細別者其種類又分八百十箇之多故社會之組織必適應此八百十箇之

情性以充分而求發達同處於完全圓滿制度之下人人而享和樂之生活然社會之現制度者皆於此發達之情性孰視而無覩而矯人間本來之特性以妨害其伸暢或設反背之規則以束縛而壓抑之以故殘虐暴戾譎詐奸謀等種種社會的弊害隨處而發生而秩序因之而不整頓社會之狀態愈沈淪而不堪而人心之和合與調和愈不可望故欲謀社會之講和必先整頓其秩序以改造社會之根底而求適合此情性而覔如何組織此社會者以冀圖其改良而案出共同家屋制之計畫。

共同家屋制 Phalalin 者自彼一代之考案而成其社會主義實施之計畫與此制度必求適用即社會之單位而定組織之團體以建築其宏大壯嚴之共同家屋其住此家屋者營共同之生活服共同之業務其人員自四千名乃至千八百名之間以適宜而限定其中以二十二名乃至二十四名而爲「一羣」其中自七名而至九名而爲一「體」此一體者有同一之嗜好與情性從事於一致之事務或耕耘土地以其各自情性之所好而求充分發達之機整然而保其秩序合此多數之「體」及「羣」以其生產而營各種之物品採用其方

(69)

法以備需要之用。凡一箇之共同家屋者。不須別藉其餘之團體之力。全然自立自治之規模。

共同之家屋其組織如此其利益之分配及對勞働之報酬亦依共同之方法以一定之規則而分配於各自之間因此等之分配而求一切平等採用絕對的平衡之制而知勞働功果之多寡以別人間之智識與賢愚則利益之分配而附以正當之多少等差故其規定配當之割合曰一共同家屋以其總收入共同之財產並其共同之財產以最低額之標準扣除其生活費其次則供不時之費用。凡貯蓄之財產以極少許之部分而保存共有之財產然後以餘剩之利益區分「勞働」「資本」「才能」之三者勞働者占其十二分之五。資本者占其十二分之四。才能者占其十二分之三若有富於才能而技倆拔羣者與以名譽之證以區別於他人並許可其有世襲權

共同家屋之內部其組織如斯擇其四方一哩半之地建一家屋若現時之都會與村落之制。全然廢之改爲此共同家屋以一方之人口過多者與一方之人口稀少者互相均平以過而補不及全社會皆設立此等之家屋以世界之都府設置於君士但丁府其一家屋之長。

為烏耶陸科其支配二三之家屋者爲特烏阿陸科選其上者爲托利阿陸科特托利阿陸科衛托利阿陸科等其最上之統御者爲渥摩意阿陸科此渥摩意阿陸科者以君士但丁府爲首府而統御全世界然此種之家屋甚多於是又設相互交際法於此一家屋之內以其選出之議員而組織會別家屋之人而來相訪者必鄭重待遇之以謀交誼友情之親厚於不毛未開之原野則徵集聯合組合之勞働軍派遣而開墾之及其開墾之業既完全又以新規而建設共同家屋以加入共同組合之中

以上皆列薹陸終生所計畫者是爲社會改良之方策其述此制度之利益曰、現社會之組織徒使役無用之勞働生產饒多之物品而爲無益之競爭以占有夥多之利益其資本與人力因之而浪費者益多而謀社會之公益者則甚少共同家屋之制度者所以去此無益競爭之弊而以土地資本之功力全然而求其有用其日常之生活若三千二千之家族者箇箇分立而營生計以其浪費之薪炭品具集於一處而定同一之時則可節無益之費用且此共同家屋之下凡人類之結合各選擇其適合之情性相互之間自相親睦自泯無益之競爭而公謀其利益於各家屋需要之物品豫測其所用之多寡而後製之則於必要之外無棄於市塲之憂、故此社會之生計人人皆滿其欲終生勞働之期自十八歳至二十八歳爲止各勉勵其事務、其餘生皆爲安隱無事度日之時、

於勞働之方法更有無數之考案而盡愉快之策、蓋凡有職業者每多不愉快之感而厭其勞苦、乃現社會組織不完全之故而強勞働者以從事於反其情性之職業、此其困苦之由故改革社會者必以各自之情性而適合其勞働、則人皆不嫌惡而有欣慰之情、且更爲勞働者而謀愉快又特短縮勞働之時間、每於勞働之間又奏音樂以助其精神而增働勞者之愉快、

彼又分勞働之種類爲三類、依其種類而付報酬之等差、其從事於困難必要之勞働者始受多額之報酬、其餘從事於有用之勞働者次之、服愉快之勞働者則受少額之報酬、若限時而受勞働之報酬者、則由其資本主而給與以充分之額、

列蘆陸改造社會之法則、亦認許其資本家與希賀之議論大異其趣、希賀曰貯蓄資本

者所以誘起社會之不平均。因社會之不平均遂醸成勞民之不幸。故財產偏集之害。如相續制者則必廢止之。而私產其死後必納於政府。故希賀派之學理純集主權於中央政府。凡事業皆由中央政府之經營。以制限私人之權利。而列鼇陸之共同家屋制大概之權利悉委任於此一箇之團體。其所謂中央政府者不過監督支配相互之國際的關係質而言之前者之說爲中央集權之理儀與基礎。後者之說爲唱導地方分權之嚆矢。

列鼇陸爲社會最用力而計劃者。則爲勞働者之教育法。其教育詳細觀察之而命嚴密之監督以行之。自幼年之時從事於學業。而謀完全體育之發達。從兒童之所好而施其教授。且發疑問以誘其兒童習練各機械之業務之實用與實務之方法。又凡幼稚之童。令其共入製造所以誘其注意職業之趣味。爲後來自選職業之機。凡幼童之年齡達五歳者授以各自應分之配當與共同家屋之生產物。

凡所述者皆列鼇陸社會改良之方案。其所著書皆詳載之。茲僅錄其大致。然欲實行若此之計畫。至拉野僅得暫時之結果。而其失敗在於俄項。

吾人則試研究其失敗之原因與計畫之誤然此種之議論已成過去之歷史非今日所宜研究者然其一二緊要之地可為後人之鑒者則試述其大略以為來者之前車列蘯陸之理想而不合於實行者其失敗之原因必要之點蓋人智發達之程度未能充分是也彼因現社會之人類額限其私利私慾而經營共產的生活然而現時之社會未適合如此高尚之組織小之則簡人之競爭大之則國家之競爭日劇日甚四海同胞之議論終不過一種之空想而彼欲國家之別人種之差而施其共同家產之制豈非至難之事乎蓋世界之進步尚未能人人皆了解社會共同的生活之利益一旦而以同一之目的而營公同之生活勢必不能而其共產的組織之通弊則在知識道德未至完全而欲強行此高尚組織之實行此其成功之途所以遲遲而不能竟達也

吾人且於列蘯陸之理想如共同家屋之制信其終無成立之期蓋世界之事物逐日變遷其搖動不定不可豫測如列蘯陸之企圖共同家屋制之事業如彼之計畫以一定之法則與一定之事情而毫無移動此又必阻於勢而不能行者也

(74)

更就經濟上而觀察之而欲若此理想的社會之成立必不待充分之成功今試舉其例
若列薴陸與拉野同居各箇之社會凡自己社會之物品毫不供給於他人此則井蛙之見不
能行者蓋已集合多藝多能之人類而成立團體則社會所需要萬般之必要品 如奢侈品不在此例一
局一部之社會必不能供給之又或有人爲人力所不能製造者其一部必藉天然力之援助
若氣候若地味若天然之地形不但於人體發育之上而有至大之關係而欲造美麗之貨物
製巧妙之物品凡原料所仰給者亦不能不需於他人如列薴陸一派之見解不獨外國貿易
輸運交通等格別緊要之事業概行絕之卽國內之商業亦必趨絕滅之勢況當經濟學者由
分業之原則慾關貿易事業之發達世界商運之隆盛而熱中於貿易競爭之時而以若是之
僻說欲以改造社會改革國家而欲達其目的不其誤歟
　　蓋當時社會主義之通弊其思想陷於兒戲的不穩不獨列薴陸之學說其餘諸說莫不
皆然其理想亦不合於眞正之理想而無實行之期謂之凝鈍迂遠亦非爲過絕鮮適當者然
列薴陸之論鋒雖爲全部之議論所排斥徒過兒戲的空理無異痴人說夢然駁雜之中則獨

嘗解說眞理後世心服其議論者亦決不少即如彼所觀察現時之資本的制度。頗能中其肯綮議論明快嚴正之點不少當時合資會社之利益尙未充分發達彼喋喋而誘導實稱千古之卓見至其教育上之議論尤爲明快秀拔垂一種之教則於後世且念勞働者而謀幸福以發達道德之思想又大施其手段而增勞働者之功果蓋當時之輿論視勞働者爲最卑下其勞働之力與機械的動力等而視之甚且以貴重之人類與動物而混視與人力與馬力而相比較以其力量之多寡判定人間之高下而才能智識者措諸不問下等之人類不知道德教育爲必要勞力之外不覺人間之價値且不知勞働者之教育與勞力之功果有至大之關係。故其教育之發達與否漠然不問列壟陸乃獨發明關於勞働者與其顧主而有間接莫大之利獨認貴重之眞理乃更進一步以改革顧者與被顧者之關係而去主從的關係之弊兩者之間以德義之念相規不獨恃其契約與賃銀或撫育之或教訓之宛然如親子而有相互親睦和合之意於倫理公道之上論定其緊要之要件以冀圖其改革凡此之類皆其所精到者蓋彼之著述雖荒唐不稽之說充滿其中而黃茅白葦之中而有金科玉律之宏議人

(76)

毋徒眩其異樣之光彩而忽之也。

第五章　第二革命時代法國之社會主義

法國之第一革命旣不能達其目的而失敗其反動之力逐變爲復古主義一時歐洲全士氣欲極高諸國之制度一事一物皆歸復革命以前之舊制歐洲諸國貌爲安寧干戈兵亂。一時暫免乃皆注意於生產事業於殖產社會諸般之事業漸就其緒生氣日增工業社會之面目漸漸一變。『資本家』『勞働者』『小製造家』次第皆失其業資本主與勞働者之間徐徐判然而生區別於是資本的殖產制度之發達乃漸次而誘起。

先是資本家與勞働者區別未判之時此二者之結合甚爲鞏固而貴族僧侶之上流社會別爲一團把持多數之特權其於此二階級（指資本家與勞働者）屬以專橫壓抑爲事故彼等自相團結以抵制上流社會而互相睦自千八百三十年之改革中級社會亦得政權之分與其權力乃日增加殖產工業同時亦伴其發達彼等乃得積貯其財產以增倍其資本與勞働者遂不同其休戚而其利害之關係亦因之而異焉於是中級社會之人皆隱然以資本主而以一種之

(77)

階級作爲以望勞民其勞民大失其勢加以貨銀亦愈低廉且難安執其職因之社會貧富之懸隔由此而盛而資本家之勢力一面日頭其旺盛勞働者之境遇一面日沈淪於悲境大勢如斯於是下層之貧民不平不滿之狀態愈形滿足相依相會而遂組織社會黨乃廣播其敎義於巴黎勞働者之間以大糾合同志當時社會黨之多數皆集於列籍陸之麾下乃更組織一大團體樹立一新社會黨以顛覆政府設立共和政體爲綱領凡軍隊之統御租稅之徵集立法之權能等一切政權皆歸其掌握而成一全國民共產制度以成一新社會前者之社會主義派未嘗注意唯一之利器今之新社會黨鑒其前弊斷行改革諸般之利器以演振天動地之大活劇於舞臺以養成其勢力所謂利器者何也卽政治上之權力是也蓋前者之社會主義概視政權於度外僅依賴區區私人之經營以求達其目的今日彼等則視此政權爲實行改革社會之唯一之利器始知欲求社會組織之改良必先企政治之改革而收政權於自黨之手中然後實施其所欲計畫且以當時民心漸厭王政陸列亞王朝之權力日卽於衰希望變更政體者次第其數亦日增加改革社會之目的與社會黨之意氣自相投合

（78）

遂釀成革命之舉自是法蘭西之社會乃再蒙亂互相爭奪政權秩序旣紊主政亦微千八百四十八年二月。巴黎又復騷動顛覆王朝布告再建共和之政治再入紛紛擾擾之革命時代。史家所稱爲第二革命者卽指是時也

第一節　路易布拉及其主義

第二革命之爆發。社會黨派又增一度生機政界之勢力漸次扶植政權亦歸其掌握當時建設社會主義的政府者其首領果何人乎則路易布拉其人是矣。社會主義者自英法二國而發生以講社會改革之方法雖注目於經濟社會之改善而未留心於政治之局面依賴國家之機關以企圖貫徹其目的如衞布庭身於革命時代之混亂社會目擊政權爭奪之事而其社會主義徒以空漠之理想爲基礎不過企圖經濟的組織之變更及至額倍希賀等其學理漸赴密緻其計畫亦漸精巧至列盧陸繼出計畫多數之考案以企圖解釋社會之問題而其方法於變更生產社會之組織以平貧富懸隔之外別無異常之奇策亦不過分入間之性情或勉博愛仁心之普及說宗敎之本義冒四海同胞之主

(79)

義所歸著者驅社會之人類各自條出而納於模型的組織之下以企圖社會之無事太平而已彼等以經濟社會與政治社會而分離故不能達此遠大之目的故前者之社會主義雖得勞民多數之贊助惹社會之同情然其全局之勢未能大振此卽一大深因布拉深鑒前者之覆轍故欲解釋經濟問題必先解釋政治問題依國家之權力以欲改良而成就於是一面向勞働者養成政治之思想一面又對當時之社會要求解釋社會之問題以故拉布與前此社會主義者相比而有一種之特色於是社會主義之聲名與活潑之政治家結合而革命時代之大業遂成

路易布拉者以千八百十三年生於西班牙之首府馬度利度其又當拿破侖一世之時蒙其任用適拿破侖之弟幼西列拿破衞陸托登西班牙王位之時爲其大藏總裁而赴西班牙時布拉方幼遂隨而赴旣而拿破侖失敗其父亦罷職其家族復歸巴黎暫此於可陸希加布拉乃遊學於洛持及巴黎等之諸學校積學有年適革命之騷亂遂失其家產流離漂泊備歷艱苦然天性長於文筆漸以能文題爲雜誌之記者每以流麗之筆以吐露其意見千八百

四十年乃著『進步評論』題於自己之雜誌以公論勞働組織之改良後又著『勞働組織』出版後大惹世人之注意

布拉欲混和政治與經濟依兩者之力舉行社會組織之改革故先變更政體以啟勞民救濟之途以試解釋社會之問題其言曰依箇人主義而成立現時之政體者必先變更之以謀增倍國家之權力今日社會與政治之方法不特秩序混亂工業社會亦無寧日生存競爭之劇民不能堪不能安枕加以自由競爭之主義又支配於社會而投於競爭之渦中平和之戰爭吾人相戰於不覺處世之秘訣大抵排抵他人而謀自己之利益人皆汲汲於私利而不救恤他人之苦難相互救濟之美性漸失漸離刻薄殘忍之人愈跋扈於社會雖政府亦無如之何其秩序與治安所以保全國家之職務者亦極狹隘而陷於消極的之行為以干涉私人之事業而政府亦不能保護其勞民資本家亦不能以無用之行為而抗政府以法律而救窮民立法者亦不能探其救濟之策布拉以為政府之職務在於未來之機關以保護人民之生命與財產又從而擴張之以求其發達生產社會之競爭者自然放棄之一任其優勝劣敗以

(81)

俟自然淘汰之期所謂眞正之自然陶汰者富者擁生產社會無二之利器與資本以向不幸赤手之勞民則勞民之敗衄自居自然之數今不亟救之必至再沈淪於奴隸之域故必改革現時之制度以㢮伸國家之權能以政府之力而改善此混亂之生產社會而後謀改革勞働之組織是以欲改革生產社會者必先要求變更政體為必要也

布拉之說如此故欲改革社會先以變更政體為第一着手然則如何謀革此政體以統御此社會其言曰必純然設立共和政體以平分政權與一般人民各任其責以轉運政治之機關依政府之力而配與勞働者之職業且曰其必設立共和政府者為全人民之利益以謀其幸福之進步然今之人民窮乏者已占其多數彼等自己之職業不能謀其生活其資本亦不能從事於生產故政府必供此等人以職業與資本也夫人之出世為謀一己之生計必服適宜之勞役故日常相應之勞働者乃人間本來之義務不能以嫌惡而不從事於此然必於彼等所好之勞働以謀日常生計之資自其一面而視之不奪彼等之權利質而言之人於社會必有勞働之義務又有適宜之職業與權利所謂「勞働之權利」是也故政府者第一之

職務必先確立此勞働權凡社會一切之人民必講與以職業之方法而於政府監督之下設立公立之一大工場。吸收天下之勞民漸以撲滅私人之工場與天下之人以服適宜勞役之機會於是爲改革勞働之組織乃唱導設立『社會的工塲』之方法。

『社會的工塲』果以若何之方法而設立彼之『社會經營策』之骨子其最苦心焦慮者曰社會的工塲者於政府建設之整理其秩序監督其勞働者皆任政府之支配於最初之一年間爲其勞働者選擇其職業亦以政府任命之官吏爲之何以故蓋勞働者之初入此工塲以何種之職業爲各自之恰適不能自擇之然執業及至一年及職工得以各自之自由而選擇其職業且於相互交際之間得知人已之知識才能則各自之間自組長及管理者而選出其工塲則工塲自管理之漸次而離政府之支配政府唯立於監督者之地位以監督之而止此工塲則由政府徵集國民之租稅或經營礦山保險銀行業等謀其利益以供建設工塲之建築旣完成則諸般之組織亦能整理其工塲每年所生之利益爲充分之給料而給與各種之職工其餘私設之工塲則

(83)

必不能成立而來集合於此大工塲之下。則富者供其資本勞民出其勞力。此工塲之職工貧富各應其分而受各自之報酬。然此等多數之利益仍不許其濫費於各自應分之報酬、則爲豫備金以貯積之以供他日之用。而其使用之割合者以其中之二割五分以備他日事業失敗之時之用。其餘之二割五分者則充老人與病者及不幸者之扶養料又其餘之二割五分則借用於國庫或中央銀行以供資本返濟之用。其殘餘之二割五分則爲勞働者及其餘之賞與金以爲鞏固工塲之基礎之策。

『社會的工塲』旣得設立然其分配職業與多數之職工。其依如何之方法以配當其報酬以保相互之權衡亦爲至難之問題。而彼分配職業之方法則立一定之定則曰『各人以其能力之多寡比例其負擔義務之大小』卽吾人有多數之能力與多數之才能者則從事於多數之職務以勉多數之職業。此吾人之職務天之生人亦不外於此理實而言之吾人有職業之權利者卽有職業之義務而更設其利益分配之方法曰『人各應其必要而公分配之貨物』吾人旣從事應分之職業則必負擔應分之義務且必應受其必要之分配、是爲人類社會之權利然其必要並非絕對程度之問題既名之必為要則人間充分之欲望皆為吾人之必要然此理吾人自能明之但於社會之財產而有要求之權若害他人之生存安樂者非天賦與吾人正當之範圍不能分配而與之。

以上所述為布拉所著『勞働組織』之大要彼所圖社會改良之方案亦如此書之所論。『社會的工場』設立之實行當千八百四十八年二月第二革命之期拉陸列亞之王朝既倒專制政府既顛覆於是變更政體一時設立豫備政府布拉為豫備政府之一員乃與同志而實行社會主義之政策於政府員之多數不同意而實行社會主義之政策於政府員之多數不同意布拉之主義於彼所提出之方案概行排斥之不能實行其所說心竊不樂遂有辭職之意政府知之百方慰藉強留其職蓋豫備政府之委員雖不附和其主義然亦不欲其辭職而暗中其心服之職工有多數人羣起而推戴布拉為其首領布拉乃二十餘萬之職工以示欲舉其為主宰之勢其勢力甚熾政府頗憂慮之急切勸誘而置其任政府不得已乃迎其意效其議論而設立國民的工場採其分配勞働者職業之策然新設國民的勞働工場者而與布拉之

（85）

設計社會的工場、大異其旨徒吸引無賴之徒而與之工場之監督舍布拉而委之於意米陸且日採用法律家以管理其放肆麤暴之制度等一反布拉之意而職工所使用之器具器械亦不整頓監督既失其當又不能統御職工以故分配之職工咸拋業務而擅談政治實務不能舉而工人則日加多設立之後未經許久十餘萬人之職工自國之各部而來集皆願備此工場之採用然此工場依當初設立之規則不能毅然拒斥之於是浮浪之徒充滿其內日費日加勞働者所得之賃銀得一週八法之割合故政府之財政欠乏不能支持乃徵集人民四割八分之直稅以應一時之急其費用尙不能支終至閉鎖於是職工反歸罪於布拉惡之如仇敵其名望漸次失墜遂至退出於政府

千八百四十八年五月巴黎之暴徒再舉而襲政府政府以布拉及其徒與其事是年八月遂下逮捕之令布拉覺而逃之英國以免縲絏之苦遂居英國觀察本國之政變時寄書於陸他新聞通報英國之國情既而革命政府滅亡拿破侖三世之威壓於國内遂稱帝號建設法蘭西帝國布拉乃歸故國委身文事居英國二十年著『法國革命史』及『千八百四十

八年之革命」二書刊行於世。

千八百七十年普法搆釁卞乞擾擾法軍一敗塗地拿破侖三世降於敵軍普軍乘全勝之鋒銳途圍巴黎國內搖動人心激昂帝國之組織又復壞滅再建共和政體舉茲野陸為大統領以整秩序漸欲挽回國務布拉乃於千八百七十三年又歸故國為巴黎之代議士至千八百八十二年十二月及其卒去極左黨之一員終始列於議場。

布拉者蓋政治家之持重者也其常革命時代又為社會主義者案出多數之社會主義的方案欲施社會改良之計畫以乘革命時代之好機其理想雖難實施然彼一代之考案如社會的工場不能自由管理以應用其自說而濫用他人以說其目的竟至毫無經驗而彼一身之名望反因之而失墜則因施行之不當非其咎也他邦流寓至二十年終世之經綸無由而陶彼博愛仁義之宗旨激昂之熱血雄大之議論鬱而不施而世人棄之而不顧嗚呼不其戚歟。

第二節　布露度及其主義

卑意陸幼希列布露度者父爲桶匠以千八百〇九年生於列利陸之古鄕衞沙耶家計赤貧，幼時勵於學事年十六入其鄕之大學欲購敎科書而苦無資借之於學友謄寫以便其用。終學考試得優等之賞而歸乃備食物云至十九歲爲某社之編輯員後改校正職因校正宗敎上之書物大擴神學上之智識更習海布利語由希臘羅甸及佛語比較而硏究之至千八百三十五年居衞河耶之中學者三年每年得千五百法郞之學業獎勵金之贈與後又移於巴黎貧因日甚乃勉勵而營逃世的生活於此際乃大硏究社會問題修養社會主義之思想
　千八百四十年硏究經濟學頗有所得乃著一書題曰『財產者何也』公刊於世爲彼著述中之最有名者其書蓋述財產之事之疑問而自答之以『財產者掠奪之品』A pro priate cled dle vol.之一語開陳自家抱負之宿論以驚一世衞沙那之中學大喜其說將贈與以多數之獎勵金旣而因事中止遂罷其議
　千八百四十六年又著一書題爲『經濟的衝突論卽貧困者之哲理』以述社會及經濟上之組織以試痛快之批評其後又於衞沙耶。設立一小印刷所將近成功至千八百四十

七年而止再移於巴黎途爲社會革新派之首領大著其名千八百四十二年二月之革命覆王朝布露度立身局外雖痛慨當時之革命黨派計劃未熟輕擧暴動以誤事然關於國家改革之事業甘心投身於擾亂動搖社會之渦中以求社會革命之策聲名大起其年四月乃爲黨派之相對立者終始注意於貧民以徐俟時機雖革命之事業忽興忽敗而社會黨派所企圖經營之事業終始不懈以圖其成七月三十一日爲實行自己之計畫依信用組合之組織與勞働者以保護奬勵而給與以各人之機械乃提出此法案而議之然此法案者不但不能得議員之贊同且過六百九十一之大反對然彼尙不屈之欲藉政府之力企其事業之成功乃欲設立一銀行以五百法之資本以充其用然其應募之金額不過一萬七千法數週之後其事業之失敗已公白於天下又因其談論所說之過激不合出版條例受禁錮於巴黎者三年其時當千八百五十一年更著一書題爲『十二月二日科特他社會之革命』以期社會

『人民之代表』雜誌之主筆於六月以希伊耶州選擧區多數之人民選出爲代議士終古代議院之席其間之唱社會主義者一興一廢不知其紀爲社會之改革盡無數之方策然此等

之歡迎出版方六月巳至六版至五十二年六月四日刑滿而解放。乃純然而營私人之生活。以靜養其思想千八百五十八年又著『革命及教會之正義論』其書出版以論耶穌舊教之外之眞上帝宗教神學及信仰等以與舊教信徒及保守的宗教說相反列舉舊教寺院與正理正道所以相衝突之故對宗教上之現制加以苛刻之駁擊論難出版後僅八日押收其書著者定以禁錮三年且罰四千法之罰金布露度聞之乃逃至白耳義千八百六十年遇赦而免乃歸法蘭西健康漸衰於千八百六十五年遂逝於衢希。

布露度以法蘭西以前之社會主義相比其所說之極端流於過激蓋近於破壞黨與無政府黨而彼所常服膺唯一之格言曰『余以爲凡百事物非破壞不能改造之』Nastmame faranjmoeloo 然彼之行爲究非破壞。到底爲建設的之人吾人今由其學說可以說明其主義思想

『財產者掠奪之品』所列布露度之所說其企圖理想的社會與作爲終始以破壞現制組布露度三箇之論點其主義之所說第一財產第二政府第三積極的改革是也。

織為目的。世人往往依土地先占之學理確認為其所有之權利畢竟其土地之所有權者只人口之數及土地之面積可以比例之至各自之做定與偶爾事情之外若彼等出世之期稍遲則土地所有之額必因之而大減然則土地者本非屬於箇人之私有。然皆社會共同之所有。彼之主張一人偶爾開闢一段之土即為吾人之所造然則此土地者果屬誰之土地乎夫土地吾人僅可受耕作土地之報酬以奉獻於上帝而上帝奉納之故吾人之對土地豈有自由之權利誰得私其自由之權利者彼之主張地所有權者亦如共同財產之制不可豫期更自勞力上之原則而觀之世之財產制亦無永存之理故吾人勞力之生產是卽吾人之所有吾人耕作於其間其土地卽為吾人之所有然異日他人來耕耘之則其所有權亦可移歸於他人之手然則勞力上之原則私有財產者終無成立之理則土地與物品絕無主張為一人一箇之私有物之權不過土地及勞力之機械等各人皆有自由之使役而已則所謂私有財產者必然消滅而無疑更有論曰世所稱為財産者其實則盜財品而已自其所造而言之則不過收其勞力之報酬。

(91)

而彼資本家及地主藉於吾人生產品之中分取其一割若於物品價格之外而高一割之價格者是卽資本家及地主於其貨物之價格中多掠奪一割而已故曰財產者掠奪品也財產家者盜賊也。

然則改造社會之法何如亦歸復社會之原始之狀態仍行共產的制度乎曰是亦未可也蓋私有財產者原爲不正悖理之事欲改社會組織而爲共產的而亦不能絕滅財產制度也則必曰改善曰改良果可期乎彼現時之私有財產者皆強者掠奪於弱者之掠奪品耳而共產制度之下之財產則又弱者掠奪於強者之掠奪品強弱雖異其地位而量正之財產制終不能成立要之現時之財產制度者皆由其體力智力及其餘偶爾之事情與不平等之狀態而發達爲不公平苟存以上之財產制度則必因其才幹力量之多少而顯多數財產的不平均之現象若欲以平醫匡正 卽編救之意 而望於強力者更增其不平不滿之聲而已。

然則果以如何之組織方法而改良乎夫財產之存在全然而爲非理不正之社會非滅壞而改造之不可蓋吾人享有絕對的自由之權利豈能別受束縛壓制之權所謂政府何者以人

制人而已。固爲吾人所不願若共和政治代議政畢竟屬吾人之理想。專制政治之下與共和政治之下又將有立憲政治之下者而謂吾人能享有絕對的自由以發達天賦之權能吾人不信其然也。然則吾人所期望社會之組織者果何在乎日無政府的組織卽是也則此組織之下。所謂若主與王者豈能一日而隸於吾人之等級推而言之有天下一人之君主義又有隸屬之臣下而國際間遂生各種之問題試卽統計的論基而決定之各人有立法者又有服從者皆所以妨害吾人之自由則於吾人之社會倫理道義之發達其進步甚阻而慘殺強奪等不正之行爲終不能歛跡且必設律以拘束之。而政府遂生各種之葛藤蓋政府之組織終不外以人制人無論其政體如何究不免壓抑專制之弊故欲求社會之完全國家之完美非求之於無政府的制度斷然狀態之下勢必不能。

然則無政府的制度之主義而欲舉行積極的改革其方案何如曰設立一大國銀行而依此銀行之力如貨幣及其餘之媒介物以交換物品爲主而廢現時之組織以物品而交換物品以絕彼等以所有之金錢及私有之貨幣而交易利用之物品與妨害生產等之弊又以

(93)

紙幣一切流用以充補其過與不及之決然其所謂紙幣者不過僅記明勞働時間別爲一種之手形與其餘同時之勞働者以交換其物品且依其所得而與以相等之價格以全滅財產之資本家及地主輩而掠奪其不義之利潤以防貨物價格騰貴之弊故彼當爲議員之時曾提出國民議會以謀國立銀行設立案之事。

布露度又臆斷現時經濟的之趨勢對資本的利息必至終無仕與之時故此「國立銀行」之設立亦不能永遠煩累國家乃據論信用制度之擴張日厭以設立此銀行者以財產家所得三分之一卽課三割三釐餘之租稅且用累進法以官吏給俸之課稅而造銀行之資金更設立支店於法蘭西之各地此等銀行之事業於旣往數世之間其經濟上之趨向則資本之利息亦不能不頓徐徐遞減以至於全無此等利息一朝旣至於無則地代及其餘之利鬲亦同歸於錄而勞働者單依賴其信用物以求勞働之器機器具則地代之利息地主及資本家皆不得而侵占之。於是勞力之全額悉歸於自己之所有其生產品亦不能有騰貴之價格社會組織之狀態果至於此則素變坐食之徒悉騙逐之於是私有之財產遂至於全滅。

(94)

則暴富與困難之懸隔及不公平之現象再無發生之憂則各人皆平等上無統御之人下亦無服從之義務最高最美之社會的組織於是乃告其完成是即布露度之懷抱其主義之大要大抵如此試研究而察之彼欲維持國家之現制而欲漸次變形改良之社會主義者不過獨反對於資本主義以駁擊土地財產之私有制而舉政府之組織與國家之機關悉被壞而全滅之由無政府的制度以謀社會之幸福安寧純然為政府黨又如此罵財產家為盜賊目財產為掠奪品如斯鼈陸亦未嘗抱如此極端之社選蠡萃之思想以計畫社會之改革至於布露度之贊贊故彼常時助臨光不能動當世之人心不過一時挑動民心以博一聲蠡棄之徒無理之議其計畫實行者大都此輩之人而欲國立銀行之設立以杜絕私立之銀行故亦不能達其目的徒彼空想之極端之議論以煽動一世之人心而無一人贊其寶行的計畫採用其企圖經營之方案以奏社會改革之功者蓋其絕滅行政之機關單依倫理道德之力以維持社會之團結而經營國家之事業要皆一片架空之理想而已。

（95）

布露度之所說其過激大抵如此其勢力又微弱自後僅保其命脈以存一派之學說然大集同志以期其實行伏於社會之裏面以試秘密之運動其死後自其子產盛唱導於一時而其首領爲俄羅斯之名士美加意陸衞科意千八百四十七年衞科意遊巴黎與布露度面接而受其教化信奉無政府主義之說傳於各國民之間名譽隆隆一時甚盛於是集歐洲諸國之同志以組織無政府黨以試懾暴激之運動於社會屢加危害於高貴者之身遂招社會之嫌惡其基因實本於布露度之所說別分章而敘其無政府黨之行動幷記其現狀與其黨與如何感化其說且懷抱如何之思想而講求研究之（參照第三篇第一章）

法蘭西六月革命之舉忽呈腥風血雨之慘狀禍亂紛擾人民空斃於暴徒之毒手戰戰慄慄而現不秩序的社會之狀態漸增社會之嫌厭於是感悟財產之平等生產社會之變革等皆不過社會主義者徒抱一種之空想於是民政之組織漸弛政治機關之轉運時或又生支障一時旺盛之極又爲拿破侖治下之法蘭西且欲伸勢權於他國唱霸功於中外昔日虛空之理想恍然如夢外事日多內訌漸息國民皆厭民政而戒輕舉妄動以盡力於國家之能

事革命反動之餘勢又變為舊時之專制君主崇拜英雄之感念風靡一世拿破侖之舊勳追思敬慕達其極點誤認其趨路易以為再世之拿破侖奉戴擁護而再建帝國於是所建設第二之法蘭西帝國者再隸於拿破侖三世之名下國家之民心皆傾向於拿破侖皆以發揚國威為施政之方針而社會主義竟有假息之狀其餘波所及移於鄰邦德意志之聯邦反為首唱社會主義之國際的運動漸有轉機其餘組織各種之黨派其勢援雖大而法蘭西則獨處專制之下舊有社會主義之勢力則全萎靡雖欲藉其虛大之勢援而不能不過於他國指導之下列名於運動之間而不能占有絕大之勢力再試活潑之運動至千八百七十年普法戰爭之開始帝國再當傾覆法國之社會主義又發生焉

自社會主義發達之時期從其所區劃其屬第一期者社會主義之發達及其運動不過英法兩國之間而其學說多流於空理馳於空想與事物自然之理相矛盾者亦不尠故其企圖實行計畫社會組織改革之業遂不能成同軌一轍皆歸失敗其空議僅存於簡策之間古代之布拉托賀亞一派之聲共唱導空想的學理以成世界一種之幻影的哲學而注意之者

(97)

甚少希賀列鼇陸拉野等之名世人殆不復記憶不過以一種之空理空想目之無深講究其學說一時以聳動天下之耳目者社會主義之運動幾乎與世相忘然下等社會之窮狀依然如舊勞働者之困難日加無已改革之目的終無由達社會貧富之懸隔益加劇經濟社會之大勢竟爲社會主義發達之趨勢之前驅反動之力激蕩所生於是乃企其改革謀其改善乃別唱邊一新說而社會主義之運動更由別途而現其機遂造社會主義發達第二之時期又復熱中於社會改革之事業而其發生之地實以德意志爲原始故欲知第二期社會主義之發達長成何如必先研究德意志之社會主義焉。

第二編　第二期之社會主義

德意志之社會主義

緒言

英法二國之社會主義者為「空想的學理」與「兒戲的企圖」故全然失敗社會主義之第一期全時代全為空想空理空想之一夕話而已於是社會主義之氣燄漸即於衰有不可挽回之勢德意志中之愛國者深知社會改革之不能已相應相呼而唱導社會主義於第十九世紀之後半紀卑斯馬克竭力勦滅其竊盜強賊之德意志社會黨受無數之擊打窘促勃然開運動之始。

千八百四十二年斯他伊以社會主義發生之患公言於德意志其後無幾而社會主義之發生果起其勢力亦極其旺盛蓋與英法二國之事情其趨相異前二國之社會主義者以

社會組織之不平均貧富懸隔之趨勢大異感動激剌欲起而救濟平醫之而德意志當時之生產社會發生多數之貧民下級勞働者之數既日增加乃傚英國設保護此等職工之『工塲條例』『職工組合』等加之生產事業日漸隆盛資本之功力亦大增加獨勞働者之勞銀上騰僅得僅少之賃銀不能自給衣食困窮之狀目不忍視肉食者流酣歌於高樓大廈之上下層之賤民營營旦夕而無糊口之資其慘狀不忍目擊有力者乃起而救之故其社會主義發生與英法二國之不同如此

惟其然也故德意志之新社會主義與英法二國之舊社會主義相比其議論徒馳於空理而唱荒唐無稽之說以其兒戲的計畫而爲克成之目的者全然大異其趣也以深遠之學理精密而研究之以講究經濟上之原則而認信眞理與正理故於多數之勞民容易實行其社會主義得多數雷同之贊助而其事易底於成故學者與經世家咸以德意志之社會主義多爲可採其所說富於深遠巧妙之學理雖嫌惡社會主義者於其學理亦苦無反駁之餘地。

其議論固不免或有失者若以爲徹頭徹尾完全而無缺點津津而贊揚之以爲社會主義之

極點雖尚未能而其一派之學問可研究而實行實不能不歸功於德意志之社會主義其學理之論據最爲堅固故其勢力至今日而不衰其與英法二國之社會主義相較而大有別者非偶然也

加之德意志之新社會主義者與第一期之社會主義相比其目的更爲廣大第一期之社會主義其計畫往往局限於一地方或國之一部或數部。促促於一小天地之間社會主義之實行空屬夢想而德意志之社會主義者其初實行之範圍雖亦限局於一地方其性質則實注重於世界故可成廣大之塢所而集多數之人勉強而實行視彼等以一國之結合爲滿足而不企列國之結合甘居一政府之下或二三政府之間以擴其運動而不企圖國際的勞働者之聯合以匡合多數之勞民故與第一期之社會主義相比其理想之懸隔其畫計之大小誠不可同日而論如馬克斯如拉沙列周遊歐洲之各國以傳播其思想敎化薰陶最爲廣至其運動之活潑與前者大異其點吾人今特唱導此新社會主義其抱如何之思想如何之運動如何之方面其勢力如何之發達而述第二期之社會主義。

第一章　加陸馬克斯及其主義

第一節　其履歷

既述第一期之社會主義而入於第二期之社會主義吾人脫理想而入現實離空中樓閣的之議論確然而究所說定則之基礎所謂眞箇之社會主義其懷抱如何始得而研究之也。

第一期之社會主義所唱道議論之中固與德意志社會主義者之所主張其歸著之點大抵相同然法蘭西其從來所唱道之社會主義不過即自家一人之假定其立論之根底說明其原理原則者甚尟希賀派曰資本家之所得也布拉和之布露度贊之馬克斯雖論資本家為無用之徒而收沒其餘之勞力然彼從來之社會主義者僅露度贊之馬克斯雖論資本家為無用之徒而收沒其餘之勞力然彼從來之社會主義者僅假定與猶疑非能斷定此重大之議論也其於制度資本之改革則必先效察德義正道之許否稽資本發達之歷史與現時之資本制度相比較而究經濟上之學理與歷史上之事實以駁擊他家之諸說而造自家學理之前提以結論資本為强奪之結果以表發其學說。

德意志之社會主義旣已如斯其學識之深遠其思想之精緻與從來之社會主義者大異其趣非如前者之徒馳無稽之理想以築空中之樓閣費用有用之時間而爲兒戲的事業以招世人之嫌忌識者之喚笑熟慮專攻以考究其深遠之學理以觀察其精緻之事物恰適社會之現制以探尋其主義方策是爲彼等之特色所以與其餘相異之點也其學理上之基礎以論理及心理上之原理以謀確實其唱導之首領等百折不撓而以忍耐勉強之力維持之。

蓋殖產社會之弊病以殘忍刻薄非理非道等不倫之行爲充滿於其間雇者與被雇者時現相反嫉妬之狀態資本家之暴富與勞働者之困窮視爲社會之原則彼等以不正之手段逞其伎倆使之不敢乞社會之憐愍且以勞銀之鐵則爲千古不磨之眞理貧富之懸隔爲人類社會之通則於是彼等以非理之要求以逼豪富其所論非理者皆未嘗於歷史法律經濟統計及哲理心理論理等萬般之學理爲研究之材料廣探深稽以確定其主義方針然彼計畫改革社會之方策宜其所說招世人之攻擊然其運命竟能持續至今日隨處有其黨與

迭經變遷迭經改良其勢力之所及不獨柏林及巴黎若紐育若芝加卑若維也納若列拉科列渥陸托苟有唱道社會主義者其統系皆自德意志之學派而發豈偶然哉

德意志社會主義之創立者爲列野陸茲拿度拉沙列及加陸馬克斯前者爲社會主義運動之發起者其名最顯後者則確立其議論之根底出無二之經典以開於世而兩者皆生於德意志而爲猶太人

加陸馬克斯者以千八百十八年生於托利烏斯父占普魯西政府樞要之地位長於名家人賀龍大學修法律後再入柏林大學委身以研究哲學尤傾心於海科陸派大悟人間之本性後爲急進自由派之機關列意希野額西特新聞之主筆記者大振筆鋒以攻擊政府且非難當時之社會制度以唱道革命煽動之說柏林政府特派檢察官以察之而文意婉曲不能得其證據然政府終惡之千八百四十三年乃嚴命禁止新聞之發刊克加斯益與政府對抗欲繼續其攻擊愈講究於經濟上之議論乃再移於巴黎以研究斯學之餘閒輒執筆爲文以攻擊本國之政府公表自己之意見其自柏林而移居於巴黎者蓋以當時德意志斯

學之發達甚爲幼稚,而法蘭西之研究斯學者多以便講求當時內閣大臣有契耶者欲得普魯西政府之歡心,命放逐其政教於國外,馬陸克既不容於法蘭西,不得已又寓居於布拉西渥斯益從事於經濟上之研究,以講究社會主義以自己之新說發表公論以達勞働者之事情,乃批評布露度「關於貧困之哲理」發刊於世,題爲「自哲理上所見之貧困」,又論貿易上之政策,題爲「自由貿易論」二書最有名於時,千八百四十三年假寓於法蘭西之間,始與唱道德意志社會主義者恩格爾斯相見互相交親共訂生死共試其運動,又自巴而移於列拉西陸斯又至倫敦而開共產的同盟會以組織一團體,千八百四十七年乃草其宣言書公刊之爲國際的勞働者結合同盟之端緒以待他日社會雄飛之機,養成勞働者之勢力。

馬克斯既得恩格爾斯爲有力之同志者,各等之運動藉其幫助者不少,恩格爾斯亦與馬克斯相親善終始同其難苦,千八百四十五年又著一書題爲「英國勞働社會之狀態」以擴張馬克斯派之意見,千八百四十九年又爲普魯西政府所放逐馬克斯等共去本國而移於英國之倫敦仍與馬克斯往來。共其運動至馬克斯之死。四十年無異趣焉。

千八百四十八年之革命既與馬克斯再歸德意志恩格爾斯初與其友烏拉陸列及詩人列拉伊利科拉等相謀與一雜誌題爲『意希野額西特』盛唱民主主義與勞働者之味方以倡一世之輿論而其所說與日耳曼聯邦之共和組織相反對與當時支配社會復舊的運動大示攻擊之旨爲勞働者而吐萬丈之氣焰保護其利益而憐其不幸於勞働以外之階級其利害休戚與勞働相反背者則必痛論之以故政府又禁其續刊其設立後僅一年至四十九年忽遭廢止同時共其創立者咸被放逐流寓於他方馬克斯再至倫敦至千八百八十二年乃卒

新意希野額西特唱社會民主主義噴滿腔之熱血刊行於時其創立者爲一詩人列拉伊利科拉托嘗爲一詩刊於其上乃其告終之絕命詞革命之精神躍躍於紙上以助馬克斯之指揮焉

馬克斯既逐於本國而移倫敦以餘生之運動以集注於國際的勞働者同盟之結合千

八百六十四年於倫敦結其盟約發表宣言書以集同志者開第一之總會於希渥衞自後歐洲各部咸注其總會此同盟會之勢力震動歐洲之全土一時極其旺盛馬克斯之名轟於全歐大受勞働者之尊敬千八百七十二年九月哈伊科之大會同志忽生分裂衞科野之一派引率無政府黨而脫會其黨勢次第衰微一時本部又移於紐育以謀恢復其勢力然亦未見其成功千八百七十三年最後希渥衞之會合其同盟愈分散解體然其影響所及於歐洲諸國者亦已不少其主義綱領至今尚爲諸國所認識各團體之精神與作爲各種之運動與助成皆基於此若此國際的勞働者同盟之運動更分章而詳記之 與本篇第二章參照

國際的勞働者之同盟既已消滅自後馬克斯退隱公共的生涯而從事著作千八百五十年出其著述題爲『經濟學之評論』者博探羣書舘下研煉數十餘年而成學理之蘊奧以講究資本之原理依其研究之結果成彼一代之大著述題爲『資本論』其著述初成未出版之先以千八百八十二年三月十四日以永逝行年六十六

馬克斯之於家庭 常保和樂 其幸福頗勝於人 閑居倫敦時 營靜穩之生活以從事於

(107)

著作或寄書於紐育之『トリビュー』之新聞紙。或以論説出版。而嚮同志之士。曾娶普魯西政府大臣列嗚野斯トリ亞列之女。生二男二女。其女名路契野者。及詳『資本論』者拉列陸契同有時名。二人皆嫁法蘭西之社會黨員。一男幼卒。妻亦於千八百八十一年先彼一年而死。

馬克斯者。一代之偉人。長於文筆。其議論之精緻。爲天下所識認。以故教授拉契者稱彼爲一大經濟學者。又如教授科意斯者。乃有保守的思想之人。亦稱揚其才能而不錯彼之死也。可洛額西持進紀其事績曰。彼於文明社界之内政。獨具感化之功力。無論其同時代之如何人。無出彼右者。其經濟學感化一般人民之程度。德意志之學者。亦無其比。彼於經濟學上最精細之觀察。且爲確實推論家之一人。故其著『資本論』。實爲社會經濟上之學者之良師。亦可窺見彼之一代之性行。及其思想云

彼於社會之勢力。絶鮮其比。其死後計報達於歐美各地。弔者隨處開會。以慰其英魂。紐育又集合其多數之人民。開大會而決議曰。天下自由之眞友與吾人以勞働者之自由。而除

其重大之損害者惟加陸馬克斯君今其永逝追悼不已吾人以君之芳名與遺稿傳於萬世且擴布其思想以垂示於世界須盡其全力以記憶君之永逝遵君所開拓之行路抛吾人之生命以發揮彼之高尚之經典吾人敬誦於君曰將結合全世界之勞働者以奠君永世無忘之意馬克斯之英名隆於一世故勞働者感化之力甚深。他利布拉度等之市亦採用以遙表追悼之而此類之決議不獨紐育衛陸茲賀亞希一則由其性行使然。一則其思想之激刺於人腦者亦多茲吾人特記其履歷並其學說以見一斑云

第二節　其學說

　　加陸馬克斯創設社會主義之實行與國際的勞働者同盟以期社會之雄飛其學理皆具於其『資本論』大聳勤於學界為社會主義定立確固不拔之學說為一代之偉人其學理與主義吾人不能不進而探之也

　　馬陸克之『資本論』為一代之大著述為新社會主義者發明無二之真理為研服膺之經典彼從來之社會主義者大都架空之妄說不過聳勤社會之耳目以博取其虛名其立

論之前提稽其資本之變遷與歷史述其起源與來歷以明經濟界之現組織全然爲資本之支配生產社會之原則上隨資本旺盛之現時代而一轉則社會之趨勢與社會主義終不能達其目的故欲反抗資本萬能主義之潮流以保勞働者之味方則雖主張反對資本的生產制度而不辭。

彼述殖產界之變遷爲三種之時期其第一期爲手工勞働者以自己之資本從事於各自生產之時期是爲資本勢力未盛之時至其第二期爲資本者與勞働者之間生多少之分離資本家依其利益勞働者依自己之勞銀而爲生活之端是爲資本將盛之時其至第三期大工場之大資本家於工業界有無限之勢力於土地則資本與勞働者名爲保其自由實則繫屬於勞銀之桎梏其利益之全額悉歸資本主之所有自己僅得僅少之奉給而有滿足之狀態是爲資本極盛之時殖產界之現狀以是三者而分之

依此殖產界之變遷而考資本制度發達之結果凡欲企圖事業從事生產者必借資本家之力得其用意而後可以經營以故資本家之勢力日赴旺盛全然與勞働者隔離社會遂

组织一特种之阶级劳働者尽其全身之劳力以讲一生自活之计贫本家所得之利润培增自家之财产贫者愈贫富者益富然资本家所以蓄积其利润增加其财产者则以生产社会余剩价格之故即为殖产界资度资本发达之历史专占此余剩价格蓄贮之以为增殖之途欲知今日之资本主义须知余剩价格之性质如何马克斯乃分离其价格与本质而著「价格论」

马克斯之「价格论」以价格之分离为始彼论价格分离之道分「使用价格」及「交换价格」二种以供给人类之必要满足人间欲望之价格即为使用之价格吾人非空气不能生活又如食物如金银衣服皆为吾人之必要吾人之所望者故有此等为总使用之价格然此等之总使用价格不得误为交接之价格如日光空气为吾人日常生活之必要在于衣食之上然吾人不得以他物而交换之而此二物又为地上随处而有此等为有使用之价格而为吾人必要之物品而又无从交换之。然又有有交换之价格而无使用之价格者盖有交换之价格者必有使用之价格而有使用之价

(311)

格不必有交換之價格人皆欲充自己之慾望不能以其必要之供給而交換無用之物品夫交換使用者蓋以天下無數之物品爲人生之必要故此二種之價格爲人類實用之點雖共相等而交換使用之物品變形爲必要之物品有一種共通之素要存乎其間即吾人交換之價格得幾多物品比較而發見之必要之要素比較交換而後能行譬之吾人以一之物品與其餘之物品比較而交換何以得其均平設有砂糖一斤而交換其餘之物品誰能得其平均者非比較之而不可其間必有一種共通之要素其要素者即人間之勞働力是也以勞働力與勞働力相比較因社會之平均的勞力製造沙糖一斤爲費幾何以勞力幾何以比較而制定其價格之高下社會以一定之時間計算普通一日之平均勞力及關於機械及技藝等之勞力其功力之多寡以平均之勞力換算之以規定社會的平均勞力之功果且以複雜混合之勞力與單純平易之勞力相比而二倍之又以『熟練』『注意』之勞力與普通之勞力相比以規定其適宜之割合凡勞力尺量標準單純之勞力爲單位以與其餘之勞力而比較計算則一切之價格量其勞力之原則而案出之

爲價格算定法之大要。

價格之分類即以使用交換之二種此兩價格之區別判然而不能淆彼資本家但求自己之富但利用勞働者而不知其難質而言之勞働者資本家之犧牲以其勞力之過半而食其力而資本家之使役勞働者不過以交換之價格給與彼等之生活費之標準自生產物之全價格而扣除其剩餘以收入自己之私槖管之勞働者日常之生計不過二十錢之物品以彼等自治自營而計之豈止於每日二十錢之物品與生產彼等卽以則每日應得四十錢之報酬乃割其一半而爲己有是資六時間之勞働則已足充分而自給之而此時之資本主義強彼等每日執十二時間之勞働本家融割六時間之勞働於勞働者而詐取其所得之二十錢故資本家之利潤之所得者不出此詐取的價格之外然勞働者以其從事於生產之原料與機械爲其所把持不能不應資本主之顧聘若反之則資本家隨意其市場彼等購求其餘之物品不依定額之交換價格以與勞働者之購求使用而從事於生產而其使用驅役勞働之度資本家又於市塲以定多

(113)

額之交換價格以倍拾其使役之度資本主以一分之交換價格而得二分之使用價格其使用交接兩價格之差以是而比其餘剩之價格又爲資本家之資本更以維持擴張其事業以蓄積增集其財產是彼資本制度之發達其餘剩之價格而所以專歸資本家之占有

馬克斯以此等之見解而解釋資本制度且謂此資本制度之下其經濟的組織而無舊時之專制壓抑無絲毫之異其言曰昔者地主使役奴隸以供生產之用王侯強制其領內之臣下以奉獻其勞働之力今之資本制度之下之勞働者其契約雖有自由之形體而其強迫勞働者之事情以從事其生產事業其於生產品之全部所要求之權不過僅得一少部分之分配。而勞働者即以爲滿足故雖有自由之契約仍不出自然壓制之外也

馬克斯以勞働之生產爲唯一之要素其價格必依勞働之量而定之其一切之生產品必屬之於勞働者若以資本而節約爲貯蓄之結果是即資本家強奪行爲之表證所謂資本者終不免悖理之貯蓄其資本既爲背理之貯蓄則生產社會資本家之權利亦必有消滅之理於是更以關於資本之事情而立一新說以社會的關係而定一種之名稱其爲說曰黑

(114)

奴者初非定其為黑奴以關係上而自淪為奴隸其於關係上資本之一部不過因其資本與生產的方法而成立社會的關係而其生產機關與直接生產者皆不問之運用其資本而營生產之事業以使用勞働者或自為農夫則自荷鍬鋤及種子以從事其生產手工勞働者以自己之器械與原料以製造其物品蓋此等之製造原料與其種子器械等以供給他人自己僅從事於勞働之事業則此等之物品即可稱為彼等之資本質而言之資本之成立則資家與勞働者為分立之時然今各人無其有土地及其餘之特權大抵皆歸箇人之私有而無資無產之勞働者苟欲從事於生產事業則必以其資本供給於此等之階級而仰其鼻息於是生產社會自資本發生以來其發達之極即造現時之資本制度與作為而為資本萬能之素因而為資本上一大必要此不可不知者也。

馬克斯對資本而下若此之定義彼卽以資本而於生產社會以定勞働者與資本主適用之時與其餘之經濟學者比以解釋其狹義的彼於生產社會以資本家之職務之甚重要如現時殖產社會之狀態勞働者不能支辦器械與原料及生品與物產又如現時非生產

(115)

社會、其生產的要素惟天下唯一之勞働者而資本主分取其利益皆由於強奪詐略之非行。故資本的生產組織實為悖理不法之組織然則以器械與原料欲從事於生產之勞働者其藉資本家之力果如何而為生產之必要乃得此等之物品若供給原料給與器械之資本家。而分預其利益之一部以從事於生產事業則資本家與勞働者勢必不能而勞働者亦不能以其原料器械而附之。必如何而後可。故今之所謂資本者實為生產社會必要之一要素故彼雖反對現今之資本制度而解釋資本無用之說以唱導社會主義而於國有財產制度彼不能捨而不採之以為國家的之生產事業且曰吾人之社會處於共同生產的組織之下以定自由勞働之制各人以勞働而成勞働社會之一部於其勞働之出產割其全生產數中之一部以供他日生產之用貯藏社會之財產分其餘剩以與各人以供其日常生活之費而其分配之多寡又依各自勞働時間之短長為等差以價格算定法而定其標準

馬克斯計畫殖產社會之改革的組織同時又復主張反對資本制度以唱財產國有主義。雖其計畫實行之方策。而如何變更經濟社會之現制度與國有制度之手段尚未說明只

就社會之趨勢。自然絕滅其資本制度而縮私有財產之區域以歸着於國有制度故其所畫勤滅私有財產之方策亦唯隨其社會進步之趨勢云,然不過考察變遷之事情以豫想永來之運命而就歷史而論之耳。

彼之觀察歷史之眼先描畫其原始之狀態次逃進步之階梯以稽察過去與現時以進未來之社會而待續革一新之期斷言之曰社會原始之狀態生產之業未開人人汲汲於自求其衣食上下貴賤皆粉身碎骨而不暇他圖當此時也社會無甚貧富之差又無資本主與勞働者之別自後社會稍稍進步飽食煖衣之樂漸普及於人民或生遊樂之情或以其餘暇而注心於文學美術之嗜好於是多數之人民日日從事於勞働以從事於生產故上古希臘羅馬之盛時其生產事業悉使役其奴隸乃確立奴隸制度而奴隸乃爲生產社會之一要件。其奴隸自爲人間之一階級私有而許各人之所有得轉而賣買之毫不爲怪恰如現時土地資本公許其爲私有而許各人之自由降及中世以農業爲生產社會漸次而發達。乃唱道人權之貴重生產社會之奴隸漸滅以至於奴隸制度亦全廢而創立資本的生產制

(117)

度於是資本主以巨大之器械宏大之工塲以使役多數之勞働者不識不知秩序整然於組織之下其利益之多分則分取而少與之自今日而溯上古考察其殖產社會變遷之事蹟則資本的生產制度現時實爲旺盛之時然而彼奴隸的組織賣買人身古代之制度亦似無怪其然者何以故當生產事業未進步之時各般之藝術工藝皆頗幼稚衣食器具生產之道亦甚困難其所製造必需多數之日子社會多數之人民從事於勞働生產者不能不應社會之要需故當時之生產社會與現時之生產社會與代器械之原動力者各人皆用奴隸以服勞役其用乃延及於各種之生產事業其生產社會奴隸之勞働者爲貨物生產上必要之要件。皆此制度自然之必要者故當時亦無怪之者亦如今日土地資本據爲私有於現時之制度不過經濟社會進步之一階梯今日奴隸制度皆已消滅而私有人身財產之習慣亦旣廢止則生產社會私有財產之區域亦減其大半至社會發達之度更進一步則私有財產之區域更縮一層此資本及土地與私有財產爲過去社會進步之定則自其實事而證明旣而社會之狀態漸漸發達貨物生產之方法亦漸改良藉機械之動力其生產力亦大增加斷無二六時中長服勞働者。社會必要之貨物其餘力而製出之綽有餘裕故社會之進步漸民之勞働改革現時之資本的生產制度與作為故現時社會之進步漸促此私有資本制度於滅絕如以蒸氣電氣之力而代人力，以製出饒多之物品而二六時中不必時服其勞働而社會之需要必無缺乏之感外界之事情既已如此其內情則必擾亂故反抗資本制度之聲日高日溢而不可止蓋封建時代之農工業受貴族之保護既而發達而「市民」乃勃興頓蒐世界之富以使役多數之勞働者以故現時之生產社會之作為與社會組織之次第漸失其平百般之弊害簇出而人民大苦雖助一時生產之發達進步為資本制之良法而一部少數之人民其利愈厚則其餘多數之勞働社會上不不平不滿之聲亦日甚漸將糾合此等之勞働企圖運動而反對資本家謀略既成待時而舉至勞働者一旦運動之開始資本制度之外部既破其內部亦從而陷落而資本制度遂至告終再以貧民而主宰生產社會則生產組織之面目一新社會之進步至此而告其完全矣。

馬克斯既說殖產社會發達之結果依其自然之變遷資本私有制必歸全滅而讓步於

(119)

國有制度乃更進一步推論社會組織之未來今之所謂政府所謂國家者皆爲治者抑制被治者一種之機關然社會進步之極資本制度之顛覆共政權而歸人民之手此國家必然之結果其告終之例如此蓋國家一部之人民卽以治者爲代表而眞正爲人民全體之代表者於生產社會必爲國家的生產而絕生存競爭苦鬬之跡以制其階級以御其人民國家成立之要必支配其人民代政府而設生產的方法之監督現時行政的組織必滅其跡而自然消滅。

以上馬露克之主義雖欲設立無政府的組織而其歸著與無政府黨之希望頗有異者蓋無政府黨之目的以暴力而打破國家之組織馬克斯則由自然之趨勢以俟國家絕滅之期卽前者欲謀其強行後者一任自然以達其目的而其志願兩者皆以人類之自由結合爲基礎爲其社會之組織其餘則欲以強制的勢力而制馭之。

馬克斯經濟上之主義其概略如右所述彼與從來之經濟學者以土地資本勞力三者論定爲生產上之三要件相反而生產上之要件限於唯一之勞働排斥資本家之利益爲分

取不正之行爲土地雖爲生產之必要件其性質上不許私人之專有故對土地之報酬無論何人皆得分配生產之利潤而生產富利之全部應歸勞働者之所有故馬克斯自其畢生之研學雖特發此大議論於經濟學上樹立一新說然向之而表反對之意者亦不少故余輩欲研究彼之學理亦必卽其駁論者而反覆研究之

馬克斯關於資本之議論對之而表反對之意者曰馬克斯以勞働爲生產社會唯一之要素而斥資本萬能之說等不免爲狹義之解釋不知昔者生產事業之發達甚爲幼稚各自可求機械與原料而製造之且自從事於貿易以自己勞力之量而得自己之利益今則工業社會之發達市場之範圍亦擴張對全世界之製造品與貿易販賣皆有甚大之競爭其事業必費經營則物品與製造品之外皆投於劇甚競爭之渦中非大備機械與原料不能與他人而競爭而投機心又必具經營之才智才能等與勞力之必要件故於勞働者必有保護監督而後不蹉跌其事業始能雄飛於世界之市場增進物品需要之額亦爲今日生產社會之一要件而不可缺者而能任此者果誰歟則資本家其人之任

務也。

資本家之任務旣已如斯彼又主張對生產事業而受若干之報酬卽分配若干之利益決不爲悖理之要求且又如生產事業必要固定之財本不能萬世保存其原形則機械之磨滅亦必與土地生產力之漸滅等必時時修復補理之始可永久使用其功力若此等之物品不爲資本主所有彼等不復修復補理之而更要求若干之利益分配勞働者僅六時間之勞働其生產價格之量日定二十錢彼等所產出此二十錢之物品决不能使用機械與原料而機械原料旣非勞働者之所有而徒要求生產部全部之權若應供給其人者其供給者更出機械及原料之使用費其對生產物而要求一部之分配決非不正之要求質而言之此時之勞働僅以六時間之勞働而出甘錢之物品與生產又不能補助其機械與原料則補助者自當與勞働者而分配其權利是卽資本家正當分配之利益所以得要求其權利也。

資本家所分取自已之利益馬克斯所謂剩餘價格收沒勞働者之勞働是也然資本家旣有享當然利益分配之權。則此餘剩價格者。亦爲生產社會必要之價格。勞働者以其賃銀以上之勞働乃仰原料及機械之供給於資本家若中止其供給則其事業亦必中絕勞働者之勞力亦無任用之途則勞働雖爲產出富利之一要件而勞働之生產事業必有經營持續之者必推定爲生產社會唯一之要件其說不免謬誤蓋殖產社會之現狀其生產必要之二要素惟土地及資本必蒐集於比較的少數者之掌握以驅役多數之勞働者而與以僅少之賃銀其分配雖不均一而勞働苟爲過重則必忘卻資本家之職務其分預富者之配當仍爲不均平馬克斯所稱餘剩價格是卽對資本家報酬之量其生產事業之所以能繼續者終由出勞働者餘產價格之所產出故其算定之權利必收於資本家一人之掌握不容勞働者啄喙云然資本家專斷之弊漸生獨謀增進其利益於是悲慘之勞働者僅得最低之賃銀乃爲殖產社會之通弊資本家之暴富既日增盛則勞働之境遇日益窮乏其利益分配之方法一任資本家之專斷勞働者定額之賃銀不能滿足是固背於正理固爲經濟學者專心熟慮之問題而欲資本家全然分與其利益則終非正當之議論云

以上對馬克斯之駁說其大要如此然單就彼之學說而駁之然社會主義者非僅欲分

(123)

取資本家之利益且企圖絕滅其資本家故資本家於生產社會之權利唱社會主義者斷無不攻擊之乃其懷抱議論之根據故社會主義之唱勸滅資本家皆如馬克斯之唱道此議論者其計畫生產組織之改革皆識認資本爲無用之物而企圖絕滅之蓋資本之功用於生產社會主義者雖時代未至或不能免而勞働爲生產之必要件云此等之思想僅出於社會主義者其餘之經濟學者所不附和且決不吐露資本無用之暴說然而資本與資本家二者各別以資本爲生產社會必要件者不必認定資本家爲必要則唱道社會主義者以資本家爲無用之議則可直推定資本爲無用之說亦非然議者往往不能區別此兩者輙混視之以攻擊社會主義互鳴其非此吾人不能不爲社會主義而訴其寃也如對馬克斯資本說之駁論爲此謬見所誤則哆口而妄道之故凡講究社會主義者必須區別此等而後下以明瞭之判斷吾人茲以一言敢告讀者之注意

馬克斯其著『資本論』於解釋資本之性質果斷定其正當之資本爲掠奪之結果與否尙未定之問題彼非但擧排斥之議論以攻擊現時之社會制度者亦鑒於前者社會主義

之通弊徒唱荒唐無稽之暴說。馳於空論流於空論不顧社會之大勢何如單訴人間之感情而計畫社會組織之改革者可比若資本家之專橫壓抑大背正理正道者亦未嘗企圖社會制度之改革此前者之通弊也馬克斯之所以絕叫勞民之改善者以認識夫正道與正理以公平之權利為正當之要求以分與一切之人民。非如彼狂奔於社會問題徒激發人心以鼓舞社會而博一時之虛名其事業倏忽而可解散者故彼所採社會改革者非僅就其面目必以學理為社會主義之根據以攻擊現社會以反對現制度而創立新社會主義以唱道於天下合加陸馬克斯其人者其誰與歸。

第二章 國際的勞働者同盟

社會文明之進步共諸國之交通益赴頻繁。近時世界之趨勢。萬國共同而向於一目的諸般之計畫亦多採於國際主義者於是諸國之勞働者亦以共同之目的而相結合以設立國際的同盟亦社會之趨勢無足深怪者

國際的勞働者同盟成於馬克斯之設立又依其指導而發達。因之馬克斯乃受本國政

(125)

府之嫌疑共同志而逐於國外千八百三十六年集於巴黎而稱『正義同盟』結合秘密結社千八百三十九年巴黎騷動之際移於倫敦使用日耳曼語集合北歐諸國之勞働者乃啟國際的勞働者同盟之端自後『正義同盟』之會員爲欲達其目的而避革命的暴動之舉。以謀擴張自黨之主義又其同盟之精神尤在『各人皆同胞』之一語且服膺共同的敎義之箴言又本馬克斯之學說欲舉勞働社會以學理之指導而觀察其成立之狀態歷史之變遷然現時之勞働社會終不能免革命的運動之開始然此等勞働者之革命與社會進化之趨勢必相出於一致彼等深信馬克斯之學說欲以經濟的方法而支配社會之組織故其所謂革命者只此改革經濟的方法而已

千八百四十七年『正義同盟』於倫敦變更其組織改名爲『共產的同盟』新表其宣言書以開陳同盟之意見先述其目的曰『同盟之目的以平民(即勞働者)之束縛者與市民(即資本)而平夷。全滅階級之爭鬭。與舊社會之基礎。撒去階級制與私有財產制。以組織一新社會。』且大攻擊經濟社會之現組織絕叫社會制度之改革爲勞働者吐萬丈之氣燄更結論

近世社会主義

(126)

之曰：「同盟者望無隱蔽其意見及目的宣布吾人之公言以貫徹吾人之目的惟向現社會之組織而加一大改革去治者之階級因此共產的革命而自警然吾人之勞働者於脫其束縛之外不敢別有他望不過結合全世界之勞働者而成一新社會耳」此宣言書之執筆者即加陸馬克斯以其共產的意見發爲公論以布於天下而爲一大雄篇

自後社會之大勢勞働者益非而資本家暴富之勢則日盛於是其同盟乃再改其組織大集注其勢力以激各國之同志而助其運動千八百六十三年於倫敦開設萬國博覽會同盟之氣運乃日高旣而國際的勞働者同盟之結合乃成就當時法國之勞働者亦派遣委員於博覽會以察視且此委員者受皇帝之指命而支辦其用費然其委員遣派之本旨不過以博覽會察視之名欲於兩國之間一掃猜疑之邪念與勞働共相互之休戚而作一大聯盟該委員於六十三年再至倫敦結交英國之勞働者千八百六十四年九月二十八日於倫敦之西度馬陸茲賀陸創立國際的勞働者同盟會合各國民之代表者開設一大聯合會此聯合會者以教授卑斯麥爲議長馬克斯爲監督爲委託國際的新同盟之設立選定委員五十名

造規約之草案宣言書規約既成宣言書亦脫稿開其第一回之集會於列陸西陸斯為白耳義政府所拒斥千八百六十六年九月集六十名之代表員於西渥衞開其集會以決議宣言書開陳同盟之意見以設立國際的勞働者同盟公表於天下其宣言書曰

我黨以解除勞働者之束縛須自勞働者自身之運動勞働者爲解除其束縛所以有奮鬥之舉以謀分與其特權及專有權與萬人共負擔平等之權利與義務以全滅階級之組織

我黨專有之生產機關爲生命之源泉而勞働者隷屬於資本主之所由生卽社會之貧困所由生是爲招精神上之恥辱致政治上之服從之原因

以故解除勞働者之經濟的束縛爲我黨畢生之目的其餘政治的運動只爲附屬此之目的不過爲運動補助之一切

然至今日爲企圖運動此目的以致招致失敗之不幸以各國之勞働者之鞏固之團體且萬國之勞働社會不足以相提攜而欠乏同胞的親情之緣因夫勞働解放者之問題決非一地方一國民之問題關於近世之社會的組織之成立與成在必先於此種之問題而解

(128)

釋之。與開明進步之諸邦國與實行的及學理的互相合同而謀擴張其基礎。故我黨盡其忠告攪破歐洲勞働者之昏睡向未來之好望而運動協力同心以鑑前年以上之理由敢告第一回國際的勞働者同盟凡屬於此同盟之團體及箇人。此同盟會員者必以正理公道及德義爲標準必遵守之不以國民信仰及人種之異而差異於其間義務者權利之隨伴盡義務者必保其權利保權利者必盡其義務。即此可以知其同盟之精神。

希涅衛之開會爲第一回之集會。以上宣言書議決之後勞働者規定勞働之時間議決八點間勞働之問題其意蓋欲施行八時間之勞働制於現在則短縮其勞働時間漸次減少以至八時而其餘之智育及技藝上之敎育皆普及於勞働者之間並議決上中級之人士相倂行之條項。

千八百六十七年國際的同盟開第二回之會議於洛沙。以講究一層進步社會上之諸問題爲通信運輸之諸機關以絕私立社會之龔斷其利益且勵行合資的組織以圖國家之

(129)

事業次則講究勞銀騰貴之策且更思慮其將來。一朝此種合資的組織之發達與現時之生產機關相對立則勞働者之狀態又增一層之困難與現今第四階級者卽勞働者之下爲其五階級之人民發生其於社會有增進不幸之慮與否乃以合資的生產組織之獎勵法爲此會議之一大問題。

千八百六十八年第三回之會議又開會於布陸西陸斯。初則英德法三國。既而白耳義意大利瑞西及西班牙等之諸國列席者共九十八名之代表員專論運輸交通諸機關舉土地鑛山山林等皆爲民主的國家所有自其國家而貸與勞働者之組合決定爲社會之基礎。依其正當之分配法以經營生產事業而講究其方策以圖進步其信奉布露度之學說之代表員爲此生產組織之完成關於生產之機關以立共同社會且依信用組合之組織以保其不信之弊採用布露度之計畫加之此會議者關於同盟罷工之事更研究之更議關於教育上之問題以完成學理的實用教育之組織又議定勞働者之勞働時間必求短縮乃閉會云生產物之全額亦定爲勞働者所有此爲社會主義之根本的理想亦爲同盟會所公認。

同盟會乃以關於此件之意旨而議決曰各箇之社會其設立為共和主義之基礎者其地代利潤及地息以如何之名稱與手段而分與之其充分之權利全額之報酬皆獨為勞働者之保有自是國際的同盟每年於歐洲之各都府以催其會合以講究各種之問題其勢力遂日旺盛。會員之數亦日多千八百六十九年九月於衞沙陸會合之時同盟之勢力正達其極點。諸般之議案皆已了結其餘所議之問題如廢止相續制之議再現於議場遂能占其多數國際的同盟之精神既為各國勞働者所識認而表贊同其數年年而增加其勢力波及於歐洲諸國之社會者不少先是巴黎之青銅職工一揆起遂致同盟罷工與資本主而討戰國際的同盟援之以供與罷工中之需要品職工遂得勝而歸同盟會又援英國之國業組合以防歐洲大陸而輸入廉價之職工又奏大功千八百六十八年之初於北日耳曼百二十二箇之職工之團體會合於耶列衞陸科與國際的同盟遙表贊同之意千八百七十年美人加那洛為美國八十萬之勞働者之代表又贊成此同盟之旨趣而定布其公言。猶不止此此同盟之勢更遠及於波蘭匈牙利等之諸國且及於東歐諸州以雜誌及其

(131)

餘之機關而謀各團體之親睦和合以買撤同盟之精神千八百七十年同盟又自其革命的
運動之發生地開其例會於法蘭西之巴黎時際普法戰爭之爆發乃於彈煙炮雨之間以擴
布其旨趣論述戰爭之弊害以防兵亂之未然而救民生墮落之苦然其舉國之民心熱狂
於敵愾又不能頃心於生產事業以謀勞民之改善加之英國同業組合者亦漸變其意向而
日遠於同盟德意志社會黨內又生內訌資金亦大缺乏政府又以苛法加困之而同盟又無
餘暇以致其力自後同盟之勢力乃漸衰微
　以是等之事情同盟之例會因之而休止者二年至千八百七十二年九月又集六十五
名之代表員於哈伊科以開其會議然哈伊科之會合不幸同盟之運命終不能隆盛黨內異
說之士又生內訌同盟遂終分裂當時馬克斯採中央集權政治之主義欲把持重大之勢力
以指揮其同盟而達其目的然無政府黨派之領袖衛科伊不喜其策乃提出聯合組織之說。
依地方分權之主義而分與其權力於各團體兩者之議不能相合加以衛科意又唱道極端
之被壞主義絕叫全滅國家及政府以覆滅社會之組織與根底然後再出改革之舉與馬克

斯之民主主義派之議論相互競爭衛科意乃引率其同志而脫同盟別組織無政府黨企圖自說之實行而弄狂亂疏暴之手段以招社會之嫌惡終世而爲社會黨之敵手暴動乃達其極點。與第三篇第一章參照。

無政府派既脫黨同盟之勢一大頓挫自是黨員之結合漸馳前途之形勢日非千八百七十二年之會合紛擾之後乃會於亞摩斯拉路他摩爲其結局同盟之本部乃移於紐約謀藉美國而扶植其勢力其會於亞摩斯拉路他摩也馬克斯大試勇壯活潑之演說以鼓舞同志曰『在前世紀之專制時代於各國之君主特權者等講究各自之利害乃會於哈伊科今日吾人又會於此處與諸君而講究吾人所講究之問題全爲自己一身之問題未嘗爲天下之勞働者分其休戚而爲全社會之問題』乃就歷史的進步之狀態與時勢之變遷而論定其所以爲更說曰『吾人但知英美及和蘭其國之勞働者以平和之手段遂得行其目的然不知歐洲諸國之大半皆自革命之力而後貫徹其目的焉故吾人待時機之熟蓄此力而待應用』又於演說之結尾以自己之決意而公言之曰『吾人之過去者既已如此而未來之

(133)

實行不奏社會上最後之凱歌而不已」馬克斯雖素希望平和的改革而不知其腕力於經濟上自有一種勢力至事情不得已之時雖至舉行非常的手段而不辭。

馬克斯一場之說以活潑之運動而刺激同志以謀回復其勢力。然大廈頻覆非一木所能支持既而國際同盟。其本部自倫敦而移於紐約同盟瓦解之端緒自是漸顯謹保其一縷之命脉千八七十年再開會於希渥衞同盟之形體竟全解散然亦不過事實上表示同盟之解散其精神自存社會之間既而再歷年歲其氣燄日高各團體之主義綱領與作爲。又自一國一部之結合至其事竟至列國協商凡處理萬事必至採用勞働者之方針而後止各國之政府亦協同而今般之計畫如『郵便同盟』『版權同盟』『國際講和會』『赤十字同盟』等皆依國際義而設萬國合用之規約千八百八十九年瑞西政府提出設國際的工場條例規定萬國勞働者之保護法德意志今帝亦以此種之議論諮問各國之可否於是國際主義之勢力極旺盛於朝野之間是時國際的同盟之感化漸顯於各國勞働者之間其團體皆爲此同盟之系統其蟬聯之精神活潑之運動普及於現時之社會欲知社會黨之基礎之主義之狀態與歐美諸國社會黨之現狀。與第四篇參照則於他編而記述之。

第三章　洛度衛陸他斯及其主義

主義學說與馬克斯既同其對社會之地位亦相等而其研究學理以求社會組織之人為的改革尤在馬克斯之上者雖其避輕舉慎疏暴與其餘之社會主義者比全然異其趣而深講究社會主義之學理為學理的社會主義之鼻祖巍然顯其頭角於學者之社界為研究社會主義之人講究學理之必要者吾人僅於洛度衛陸他斯見之。

加路幼哈洛度衛陸他斯者以千八百零五年八月十一日生於普魯西之額拉伊列斯。父為其地之大學教授幼時嘗遊卑茲契及柏林等修法律之學訪一時之法律家歷遊各所後又為農夫於賀那拉意耶與耶契茲以購求土地故世人又稱彼為洛度衛陸他斯耶契茲云千八百三十六年乃辭其社會的生活退隱於耶契茲講究經濟及其餘之學理更盡力於其地方商業。

千八百四十八年之革命既終乃選洛度衛陸他斯為普魯西國民議會之議員繼升文

部大臣之位在職僅十四日辭之其後四十八年之革命雖平而歐洲各地又再擾亂普魯西之民心又大搖動乃辭蹟於社界絕意浮世之榮華功名利達之念胸中淡然遂穩於其鄉里適北曰曼議會之第一總選舉之際既現失敗自後獨營閑幽靜雅之生活於寂莫蕭條之地學窗之下講究學理別無餘念云會與拉沙列相識共謀組織一黨派與保守的社會主義家之陸度陸列耶幼陸及拉沙列之同志哈西科列陸助之欲實行其計畫然終不能成功彼對社會企圖之事業至是遂止自後雖有計畫不過講究其方案而已彼以爲社會黨派中之一人。有爲其運動者又必爲其指導者乃於靜中研究學理以解釋社會問題觀破社會之病原而說明其本性獎勵社會自然之進步以爲畢生之目的靜養素修者前後凡三十餘年費畢生之歲月以研究其學。於千八百七十五年十二月八日以逝

彼爲解釋現今之混亂錯雜之社會問題爲社會主義之學理的講究之開始且其學理之根據亦甚鞏固實爲洛度衛陸他斯之功彼之性質素奸靜穩之生活非如馬克斯及拉沙列立於社會之表面以試活撥之運動廣傳其名於世間又其著書意味深遠富於高尚之理

論雖非勞働者之所能解而不能得其歡迎然於學者之社界彼之令名今猶嘖嘖爲識者稱道弗衰羣推之爲博識精通之學者柏林大學之敎授哇他涯陸嘗稱揚之與社會主義之利加度同稱爲稀世之大才可想知其爲人矣

洛度衞陸他斯對社會之觀念設立純正之經濟的組織與德意志之社會民主黨其說雖同然如拉沙列直欲依賴國家之權力而改造社會之舉洛度衞陸他斯則一任社會自然之進步其目的以爲社會共和政早晚必有設立之期試觀後日德意志皇帝宸斷畫策建設社會主義之國家以對臨一國於是一輩之眞正愛國者終始奉戴皇室徐圖社會變遷之氣運固由彼之社會主義之唱道者雖對社會民主黨之運動而置身局外而其關係如此。

洛度衞陸他斯之意見一任社會自然之改革抑制勞働者之政治運動而希望其靜隱。然非觀察社會之巨眼深察病毒之深因心竊以爲其毒害之由來如斯其深人世德義之欠乏亦如是其甚而欲未來社會之改革完成以成圓滿完全之組織與作爲必需二百年之日

(137)

月與一億萬之經費。然其病毒之深因果如何而去之。則彼講究社會主義者所宜考察也。

洛度衞陸他斯之社會主義與馬克斯殆同其趣。如馬克斯以富者之生產。限於唯一之勞働。必與以正理之價格而後可。夫以生產品之利益對土地以地代對資本以利子對勞力。分配賃銀於三者。爲必要之件。蓋以富者之生產。乃得之於社會共同之利。必歸於國家生產之一部。而勞力之賃銀。必自資本而支辦之勞働者於社會旣盡功勞。則必支給於國家所得之中。今之資本家其於勞働者之賃銀乃支辦於資本中。於是國家所得生產之全部皆收歸而爲自己之私有。地主又要求地代以造筃人之富於現社會又生二種之病毒焉。

現社會二種之病毒者何也曰其一則貧困其二則商業上及財政上之恐慌是也蓋現社會於生產上之組織以勞働者資本者及地主三者而成就中之勞働者自己之消費且不足且奪其生產之利與富者其餘之二者或取地代之利子或取勞働之餘賸者而彼等果有何道以分取之質而言之資本家與地主等濫收勞力之一部而爲己有是果何等之理由乎

是即不外乎社會上之土地及資本固爲生產必要之
要素故欲從事於生產事業勞働之外必借此兩者之力而後可而兩者共爲國家之有而現
時則爲一人一箇之私有若地主若資本家一部之輩其使用料必不分配其利益而由彼等
而把握之勞働者空具勞力而逼於飢寒之悲境於是割其生產之內以供地代或充利子而
勞働者之所得僅得其最低額存其生命而止其餘之物品又不得以廉價而賣買之勞働之
價格大抵如斯今更以永久之勞働而不能分與其餘即彼等勞働者一己之外不足養妻子
而造後嗣及至勞力不能滿足其程度之時則勞働者之賃銀且不能自給故勞働之價格不
過依最低生活費之標準而計算之勞働者所得顧主之賃銀不過彼等生產之餘膽地代與
利子而分配之故雖以經濟機關之發達其貨殖之術共大進步而勞働者生活之標準毫無
進步改良對勞働者分配之生產品亦漸次而遞減十九世紀之文明旣徵蒸蒸之進步全世
界之局面爲之一新殖產工業之術亦日進而無已而其利益獨爲資本家一派所壟斷勞働
者毫不與其恩惠試以文明之殖產社會與利益之程度而計算自機械之發明英國之工業

(139)

社會應用之勞働者節約至五千五百萬人英國之一國機械應用之利益旣已如斯則全世界之工業界其利益之程度可想而知而勞働者之賃銀依然如舊而購買力實際之賃銀則日增加故社會之富者倍增生產物之額亦倍增而勞働者衣食之狀態則倍極其麤惡豈非社會之日文明而吾人人類賦與利益之大部純爲資本家一派所壟斷之實事乎此固富者貧者於經濟社會一種關係的事實所以指示絕對的狀態故於過去五十年前之社會日得五十錢賃銀之勞働者於現時之社會日得不過六十錢其餘之經濟的狀態尙有一層進步之實其賃銀所騰貴者不過數字之上則購買力則未減少其結果則賃銀愈至下落今日一切社會生活之程度則日昂進生產力之發達亦極其盛勞銀騰貴之割合常不能得其平衡而勞働者之配當額漸次減少其困乏則日愈甚於是社會之萬事萬物無不進步發達而不存其舊形而勞力獨不得其高價勞民之貧困窮乏豈非必然之數乎故社會下層貧民之發生畢竟由私有財產制之結果富者之分配不得其宜之所致此社會的毒病貧困發生之原因。

更有社會的毒病則恐慌之發生是也其原因因生產額之增加而勞民之分配而日漸於減少試即吾人之社會而徵之假使於其一定生產之物品之量有千萬圓之價格者其中以三百萬圓丈與地主以三百萬圓丈與資本家以三百萬圓丈與勞働者其殘餘之萬圓以充租稅而免支障他日此生產額之變化或有增減而各自之分配額亦必準此割合而增減則運動而供國家之用各自依其所得之富以供給其必要品及奢侈品國家亦依其機關之生產社會必能保其平衡而需用與供給者以相過而補不及則商業及財政上之悲慌決不發生則於社會生產事業之發達則世界一切之人民皆得增進其福祉普浴文明之恩澤然今日生產品之增加獨地主與資本家專其利而勞民賃銀騰貴之割合常不能相平衡彼等因此生產品之增加欲購求使用而不得其資金而資本家與地主又以濫費而購求無用之物品以堆積於工場及店頭於是市場之狀態因之牽動是即商業上恐慌發生之端緒而經於社會上之發生由之起若採前者因生產力之增加以以前社會產出千萬圓之物品假使更加一倍其額則爲二千萬圓以各階級之配當依以前之比例則資本家與地主二者自占

(141)

其多而勞働者已占其少資本家與地主各得七百萬圓國家之費用亦增加至二百萬圓而勞働者之分配僅百萬圓全額亦僅四百萬圓於全生產不過得五分之一則從來之權衡又復全破而全生產僅僅高三分一弱爲勞働者之消費今僅得五分之一而爲消費之資而其餘二百萬圓者又歸於資本家與地主之掌握彼等之所消費不過如此而生產品多過之生產又必溢出於市場遂造恐慌發生之素因。至於此時其救治之策資本家與地主必出其餘剩配當額於市場以供購求過多生產品之資而開生產品消費之途則市場始能復舊而恐慌庶可保全。而勞働者仍依全生產高之三分一弱以營日常之生計且持續其事業以就資本家與地主等得其餘剩之配當以備日用之資其將彼等使用之方法不出二途一則坐計日高以供其奢侈一則更欲擴張事業以發達其生產力而其餘裕之財以資本家者極其奢侈以進物品消費之度其一面則擴張事業以大使用勞働者故一時恐慌之狀態又復平靜生產社會再振生機市場亦再榮光生產力亦復再進生產品亦復增加獨勞民之賃銀不能進而比例歷之來久。而前者恐慌之狀態又復發生市場又復沈滯經濟社會之狀態。

大抵如斯而救治之策不出於資產家浪費及擴張事業之二途而絕無迴顧勞働者之狀態者。經濟社會愈恐慌而救助之策其事業愈擴展轉相循勞働者愈益窮乏益失購買之力。上流社會獨恣浪費則恐慌之境時時襲之而欲生產社會之太平無事勢愈不能故曰對勞働者之配當愈遞減愈為恐慌發生之原因此配當不得其平衡則經濟社會恐慌發生之時代雖萬世防之而無止期。

洛度黨陸他斯以二種之社會的毒病為貧困及恐慌之二者其發生之原因生於勞働者配當額之減少而彼所計畫之社會改良策必增加此配當額等而其方法則依國家之干涉以求生產額配當之平衡然國家之干涉僅行之絕無實際之制度之下則欲變更現時之經濟組織以規定勞働時間其平均時間其策殊不易行今試即吾八之社會想像一年間之生產與勞働之時間以人間普通之勞力為標準凡四百萬之時間一年間之生產費得四百萬時之價格假令勞働者於其中要求四分之一之權則一時間應附紙幣百萬箇與勞働者而國家之生產以交換其紙幣以同樣之勞働時間而賦

與其物品與勞働者則生產制度之組織不至混亂而移於國家之手則生產力之增加而勞働者之分當亦與增加。何以故生產力之增加者則勞力之價值亦必隨之故勞働時間卽以紙幣之價值爲代表生產力增加一倍之時則紙幣之價値亦必增加一倍勞働者與以前相比亦得其一倍之分與社會之組織果至如斯則貧困與恐慌必絕蹟矣。

以上所記述皆洛度衞陸他斯之經濟的議論最有名於時者其餘論述社會變遷之順序以證明社會所以自然改革之理由與馬克斯之論大抵相似其言曰社會之變遷必經過三段之階梯其第一期爲私有財產與奴隸制度之時期奴隸與家臣全然隷屬於一箇人之時代第二期爲廢止私有財產之時期生產機關與資本及土地而爲一人一箇所有之時代。進入第三期不獨禁其私有財產且生產上之要件資本及土地皆爲公有各人悉從其勞働之度而享有其利益之時期今日僅經過第一期之時代僅能廢止奴隸制度未能撤去土地資本之私有制度而此資本的生產制度之現時代決非進步之極度故社會必有自然之改革而入於第三期之時代以前例徵之社會能改奴隸的勞働制度而確立現時之勞働制則他日資本與資本主而分離以廢除資本制度必有可豫期者也婁之洛度衞陸他斯之社會主義與馬克斯大同小異皆反對現時之資本制度要求國家之干涉其事業生產以造富於勞働者爲唯一之要素變更資本的生產制度以匡止其分配之不均一以土地及資本皆爲國有以企未來社會之作爲然馬克斯則用強力以企社會組織之改革而欲組成黨派掀翻社會之波亂依賴人爲的手段以行急劇之改革二者之說雖若相等至其行動兩者大異其趣馬克斯爲稍急進的彼則爲漸進的若就學理學術而研究之無他異也

第四章 列陸檄耶度拉沙列及其主義

第一節 其履歷

千八百五十二年英法二國社會黨派之運動未克成功希賀及布拉等之計畫皆其失敗之明證社會黨之氣燄乃頓衰頽有落日孤城之狀不過於寂寞蕭條之裏招集餘黨嬰殘疊而自守然而社會主義雖衰於英法二國而超入於德意志再爲社會的大運動之開始

千八百四十八年之革命擾亂及於歐洲全土。德意志諸州亦爲其氣運所驅使。極其騷擾。德意志社會主義之各派其氣燄日高然而社會的勢力尚未爲當時之社會所持至加陸馬克斯之新社會主義漸次開發勞働者之思想同時又推列陸檄耶度拉沙列爲其首領以試活潑地之運動以大震動於社會於是德意志之社會主義乃勃然而再興

列陸檄耶度拉沙列與馬克斯同爲猶太人千八百二十五年生於普魯西之布陸斯洛市。父爲其市之巨商其父欲拉沙列襲其業乃修養商業之敎育送於拉伊布玆可之商業學校然不欲執牙籌以爭錙銖別有絕大之志望復去商業學校移於布陸斯洛之大學復遊柏林大學修**哲學**及原語學等專攻哈契陸派之哲學更留心以硏究政治學千八百四十五年。遂終業其學生之成績每出於儕輩之上烏陸海陸麽哈賀陸托稱之爲神童自後彼更硏究哈契陸派之哲學思想其哲學的著述題爲『海拉科利他斯』因伯爵夫人之訴訟事件乃遲其出版之期至千八百五十八年乃公刊之大爲世人所贊賞後千八百六十一年更以**法律上之著作**題爲『旣得權論』亦爲世人所贊賞當時之法學者皆意尤心折之以爲十

(146)

六世紀以降無此著作云自是著述家之名望漸盛其學說亦漸廣大爲社會所歡迎。

先是拉沙列與哈斯赴野陸度伯爵夫人極相得共結終世之親交時千八百四十六年。蓋夫人之夫伯爵放恣淫逸素行不修遇夫人極形酷薄毫無伉儷之情夫人不耐其奇酷決意而請離婚訴於法庭且要求離婚金然訴訟遷延勝敗未定夫人生計之資日窮勝訴之後請於拉沙列每年與以六百磅擔當其生計拉沙列義不能不援之適當社會有不幸之期其父送金爲救濟之資乃割其生計費之一部以與夫人自擔任其訴訟事務備極辛慘出入法庭間者前後凡八年共三十七次夫人終勝而歸乃踐其前約夫人以其收入之所得每年受六百磅之報酬拉沙列之生計因之頗裕然自彼與夫人結交而擔任其訟訴世之議論之者貶爲敗德不義之污行臆測兩者之關係乃流布一種之情說而詆之然其時夫人年已四十餘香將散芳顏漸凋昔日之風姿已傷憔悴然天成麗質風韻猶存嬌娜嬋妍餘霞炫爛拉沙列亦容貌秀衆舉止溫文體貼溫存沁人心脾癡兒騃女困難相助者八閱年兩者纏綿之情誰能遣此則世人之議之者亦不容疑然而拉沙列固富於義俠之奇男子志

(147)

趣遠大前途修偉之青年豈無故而睦戀一婦人等於薄志弱行之人哉況其放棄先人之產業退隱於社會與夫人而寄同情費八年之日月以謀夫人之勝訴其義俠之念豈庸夫俗子所能測者彼日後運動貧民絕叫勞働者之改善亦不外抑強扶弱義俠之一念所鼓舞誘導耳。

然而拉沙列以此訴訟之事苦無證據物件乃賺使共同者二人竊取男爵夫人所持之手函於可羅旅館此舉最爲世人所非難吾亦不能不爲彼惜而吾乃愈敬其熱情蓋伯爵夫人得自其夫年金賦與之約束證書藏於函中此約束證書並寶石數枚同爲竊取者所攜出乃擬共謀者與以竊盜之罪禁錮六月幸以法律上之罪科未及搆成得免處刑用此詭謀密計一意以謀夫人之利益甘受世謗而不辭蓋兩情之親密一至於此其所以受世謗者然而諒之矣。

千八百四十八年。拉沙列乃結合馬克斯恩格爾斯等之團體發刊『新列希茲野額希茲特』以唱道極端之社會共和說。然當時之運動者只馬克斯等之配下僅受其指揮然兹希陸度陸列之地方官吏抵抗之爲其所捕而受禁錮之刑處囹圄者六閱月。當時引致法庭辯明自己之意見公然自陳曰『余之志望惟喜共和的社會民主主義而已』是明以已之懷抱與社會及政治上之主義說明。以此演說大惹世人之注意爲後來運動開始之一進路。

其後至千八百五十八年拉沙列移居來因州。因伯爵夫人訴訟之事件事務輾轉而仍不廢著述且於千八百四十八年一揆暴動之際欲干預其運動將入柏林市內而不能然至千八百五十九年僞爲敗者而入首府請於國王得其赦免遂定居柏林是年又出其著述題爲『伊大利戰爭與普魯西之使命』以論伊大利戰爭與普魯西國民之意嚮而斷定其去就曰普國援墺而敗伊大利是愚之甚也其故何也墺爲日耳曼聯邦之盟主吾人雖不能望其積年之餘威以統御四鄰今乘其國內亂或以仲吾國權吾人須殺墺的權勢而謀普魯西的勃興以求自立之策墺今與伊攜亂法國又不善之普民方常利用此好機以親善法國借此強大國之力放逐墺國人與伊太利人於國外而脫烏科托陸野馬意野陸之手下以建伊太利統一之事業與自由。北則連衡於法以當墺逐之於日耳曼聯邦之外謀置普魯西於現墺之地位且下爲普魯西之謀莫愚於助墺莫善於親法云是爲後年麥斯馬克採用其策以大發揚國威而爲排墺政策之骨子然其當時之發此議論無一人顧之者卽以一事已足見其識見之明透議論之雄大非尋常之比爲卓越一世希有之大才可察而知也

拉沙列於訴訟事件旣結之後出其著述其名漸播於社會偉才卓識往往受世之歡迎然其痛念勞働者之味方爲救濟貧民乃翻社會主義之旗幟爲此社會的大戰鬪之主動者千八百四十八年之一撥暴動其所運動雖於其全生涯之事業不過僅見一部而非其新案奇說則不足以聳動一時之耳目其所謂社會改良之目的必自勞民之改善而勞民之改善必保政權分配之平衡普通之選舉制者爲我黨之最大主眼以如斯之平溫單純之議論以結勞働者而表其同情故他日萬丈之氣燄逼天震動社會而演驚天動地之大活劇非當世人士之所豫想而不知其此等平易之議論而暗運動於其間以試其第一著的事業威名漸顯於世間其後次第漸進數年後普魯西之政府與反對黨互相爭鬪彼勞働者自成中級

社會組織自由黨派以惹政府之注意與同情隨伴時勢之變遷徐企前途之計畫凡一舉一動皆糾合同志以靜待時機之熟。自後社會之風潮益益變動日耳曼之覊絆漸弛普魯西之國勢漸與社會改革之期日逼日近歲月循環乃有千八百六十二年之舉

千八百六十二年拉沙列初公表自己之社會主義於天下公然爲其運動之開始建設未來之德意志帝國以展宏大之志望是爲德意志史上最重要之時期

昔者僅馳哲理之空想研智於書冊之上究幽玄微明之理以爲畢生之能事是爲德意志學者之風潮今則漸變其旨以收寶地應用之利以講富國強兵之策變哈契陸之德意志而爲卑斯馬克之德意志於是普魯西乘墺大利之衰運奪其霸權以成新德意志邦而爲其盟主驅逐墺國於聯邦之外以期他日之霸業與作爲志氣勃興臻臻日上他日新德意志帝國之建設其第一之皇帝維廉第一者以六十一年卽普魯西國王之位其鐵血宰相卑斯馬克亦於六十二年而爲維廉第一陛下之總理大臣國勢勃興與普魯西之氣運大熾普魯西勢既勃興而能稱霸於其聯邦內以奏新帝國組織之功者其策如何曰自擴張

(151)

兵備始於是新王乃與卑斯馬克謀提出軍備擴張之議案於議會自由派之議員斥之不從內閣之意兩者之確執甚強事局頗困難拉沙列調處其間說明憲法之本性全然與自由黨相異之意見蓋憲法之成文的律令與法理普通之解釋乃相反對者曰『憲法者乃其時代之政治界最大勢力之表號王者貴族及勞働者等皆於普魯西之現政界不能與其勢力相違就中最有勢力者無加於王者何以故彼有整然之武備軍隊於其手下操縱如意不難排異論而貫徹其意彼虛空之辯論抗議豈能敵之今日普魯西憲法之基礎其勢力不出此軍隊之外徒爲無用之辯以爭是非多見其不知量也』乃更進一步豫想其議會與王者衝突之意見而演其最後之手段曰『議會與國王之意相反不欲貫徹其意見議員不過退席於議場解散議會之策議會既不能成立則內閣議案之可否不能諮於國民代議政體必失其機關政治之轉運必生支障而政府之組織必有搖動之勢云』
　拉沙列此等之議論蓋以調和其黨與自由黨而執知爲後日對自由黨相反對之進路。自由黨乃漸疏外之兩者之關係至後日而始明。然其事實彼之議論不過證明議會之否决其军备扩张案为当局者之计画。而政府持续前来之考案乃大扩张军备大反议会之意见，着着而实行之。于是国民之非难攻击痛骂毒骂与于四方舆论或以政府为逆贼或目卑斯马克为乱宪者非难攻击万口沸腾。至千八百六十六年乃承认此违宪的行为而颂扬于卑斯马克故拉沙列以其卓识巨力断言于其事之前以推论当时之国状举推之为名说焉。

既而拉沙列之意响渐与自由党相反背彼更大试其演说以绝其断然之关系自后乃逐分离时千八百六十二年乃著一书题为「劳动者之宣言及劳动社会之观念与现时代特别之关系」是也。此演说之要题为社会进步之结果之一新阶梯与劳动社会之支配者与代表者之事（与第二项学论之条下参照）而彼之演说竟为与自由党之绝缘而于社会的运动之进路别开生面。又为其生涯历史之新时期然政府以其对富者而煽动贫者乃拟其罪以禁锢四月。彼不服更控诉请其再审出十五磅之罚金始免刑体之辱。

不独此也其劳动社会之政治的思想亦次第与自由党相反离。自千八百四十八年之革命养成政治上之共和主义唱道者渐多其一派之人欲确立普通选举制以举行政治的

(153)

改革當時之政界最懷抱進步的思想之進步黨於採用普通擧選制之事黨議尙待躊躇於是彼等與其餘之勞働者團結而成一團體樹立一新黨派以抱貫徹其希望之感念拉沙列當時本離自由黨而思別造自己之黨派乃出其新思想傳說於勞働者之間冀得其贊同以俟時機於是勞働社會之各團體皆大歡迎而傾聽其意見自由進步之兩黨派不滿之聲亦相結合而集於拉沙列之麾下當此時進步黨則歸依於希由路野特利茲野之指揮採用信用組合法以企改革社會之組織其黨與雖熾而其方策固不能與拉沙列之計畫者比故其趣旨全然相異。希田陸野之信用組合法於本章態與改良之必要勞働者於政治社界以把持其獨立的勢力且論斷社會改革緊切之要件。沙列而要求明示其運動之方針拉沙列於是乃作公開之文書以答之以述勞働社會之狀曰「與勞働以同一之貨物爲賃銀上之定則支配於生產社會之間必改善勞働者之狀態而後可且其生產物之多額常歸於他階級者之專有勞働者不過僅得其一小部分之分配如現時社會改革之實必以勞働之生產與生產物之全額而爲勞働者所有國家以其權能而組織一生產的共同團體且依普通選舉之制"選舉眞正之代議政治"第二項參照乃問於拉伊列茲可之勞働會議之委員等於此議論可否表其同情乃達之總議會其會議乃請求出席而開陳其意見拉沙列容其請求乃演說於會塲拉伊列茲可勞働者之會議得三千百多數之容認。

拉伊列茲可勞働者議會深贊拉沙列之說彼更赴列拉科賀陸托拉那自述其說亦謀得其贊成蓋列拉科賀陸托拉那者亦日耳曼州內之一大都會勞働者之數甚多然其多數則欲組織進步黨且奉希野陸野拉利茲野之說其贊成彼之議論者頗少不能得多數之贊成而難助其一大事業其第一次之演說多爲反對者所壓喧器雜複不能盡其詞費二時間之辯否仍未合衆人之意見越二日乃試第二次之演說聽者乃漸表其同情希野路野派退會席者四十名而有四百名之多數同表贊成之意乃占最大之勝利翌日又於耶拉斯再試其演說得贊成者凡八百人。

拉沙列之說旣爲日耳曼州所歡迎其黨員亦漸次第增加勞働的之多數漸信奉其說。

有依賴其指導之意。彼遂貫徹其多年之志望計畫爲一大同盟之團結千八百六十三年五月二十三日會合勞働者於拉伊列茲可組織日耳曼勞働者同盟之團體雖爲他日德意志之政界雄飛於世界以登動天下之耳目卓卓而爲德意志社會民主黨之種子然當時深隱歷其鋒鋩以避危險之革命導行社會之風潮而爲平穩無害之說而其所期一意以政權分配與平衡而賦與普通平等之權利曰『同盟之目的乃欲得普通選舉之權苟非和其伏在各階級間仇敵之情以調和日耳曼之勞働者又爲全社會之利益而出眞正之代表人必依公平之直接普通選舉法以變當時普魯西之選舉法爲蓋當時之選舉法者依財產而分三階級初以普通之選舉法既而由選舉者而選舉議員更由此選舉而選舉代議士爲間接選舉之制故欲變更之而達此目的故於同盟以正當之平和的手段而冀全國輿論之贊同』日耳曼勞働同盟者既成推選拉沙列爲其首領以五年之任期各聯邦之勞働者皆加入此同盟助拉沙列運動之勢援以喚起全國民之輿論而惹其同情拉沙列又赴伊大利再張同盟之勢力時春光漸謝炎威漸振酷暑日逼勢不可耐乃避暑於他所其運動乃暫休止同之勢力竟因之而不能伸張。至六十三年秋、再至拉伊之地大糾合同志、以爲運動之開始自是年之冬。至六十四年之初春乃評論其敵手希野路野拉利茲野之濟經主義更著一書題曰「衛斯茲阿希野陸野」爲勞働者吐萬丈之氣燄是爲拉沙列公表經濟的議論之唯一之大著述筆陣縱橫以攻擊舊派之經濟學雖昌言反駁希野陸野派之方策然議解往往流於偏僻加之文字龎野議論不確出問於世未足贊揚乃自發憤修飾其著作勵精刻苦日以繼夜者三閱月乃得完成文筆拔羣深刻顯達其絕大之忍耐力可察而知彼嘗自述其當時苦學之狀況曰。『余以刻苦勉勵之極勞殆將死其感覺乃覺非常之敏銳而精神耗散夜不能眠終夜輾轉床上翌朝五時抑頭痛而出床精力消耗殆盡而勉強執筆著錄不休又復勉勵其餘之事務且於從事職業之傍又從事於衛斯茲阿希野陸野之著作凡三月間鹵莽以成功其不恰意者不少且身體之康健又以過勞而損質而言之蓋文界之勞働者歟』

拉沙列既以過勞成疾身體之康健漸損暫避於閑靜之地謀其回復再準備社會之雄飛千八百六十四年五月身體復舊更爲運動之開始而遊歷諸州於那利契衛陸耶努洛及

(157)

烏野陸那陸斯契路茲等皆大試其演說以開陳其意見彼之遊歷諸方隨處皆有盛大之儀式。與多數之人民而送迎如國王之警蹕老幼雲集其路傍目擊其盛觀數千之勞働者以得拉沙列之一顧爲榮咸圍繞其身邊而歡迎之五月二十二日爲勞働者同盟第一回之祝典舉行於落計度陸列。勞民執誠之情達其極點老少男女開拉沙列至自四方而來集者相互而稱萬歲拉沙列所經過之地女工等輒投以花飾布滿其地全市之勞民咸狂奔而迎彼歡呼之聲震動天地以表祝賀之意拉沙列身受此盛典曾致書於哈斯列野陸度夫人曰『余之所經歷人心之傾向實有出人之意外者即欲設立一新宗敎諒亦非難』可收見當時之盛云拉沙列之勢力一時極其旺盛勞働之信仰亦極其致立於社會之地步亦漸鞏固初志殆將徹貫然物盛則事與願違自後數月竟以非命而死畢生壯圖遂嗟嗟跌然彼前者之成績後者之事業皆關係於一身加以當時同盟之結合運動之機關漸有成勢其社會的運動之行路亦大進步曠世而忽失此偉人此所以不能不爲社會主義而痛惜也至此死時異變悲慘之事件尤可痛惜者千八百六十四年拉沙列出席於柏林之文學會席中有一妙齡之少女容姿臨眺娜婀輕盈姑射神人殆相彷彿與拉沙列共談意氣相投拉沙列遂寄深思。深情嬝婉花容月貌髣髴時現於目前窈窕轉側終不能忘無何再相邂逅於利橄兩心之秘密暗洩春光遂訂結婚之約以俟日期蓋少女名列拉度意額自衞利耶派遣於希渥衞一外交官之女時年二十荳蔻春濃遂與多情多恨之拉沙列訂終生之約白頭共誓指水盟心而其父頑固迂拘聞而大怒監禁其女於一室嚴其出入斷然而絕拉沙列之音開蓋其女已許伯爵列拉特可烏沙已承諾其結婚故百方設策以絕其心或甘言撫慰或加鞭撻之刑鴛鴦好夢未卜其成玉慘花愁幽閨深鎖拉沙列知之憤怒不能自禁裁書與其父及許嫁之伯爵要求決鬥許嫁者乃承諾於千八百六十四年八月二十八日禁於希渥衞近郊之加洛奇礙聲一發中丸而死濃情義俠之偉男子竟以身殉時爲是月三十一日行年三十九。

　新社會主義的運動之發起拉沙列旣然死爲社會改革之先驅於勞働者之味方振其滔滔懸河之快辯振新思想注入下層之勞民演說社會主義之本義而求其贊同勞力之勢漸盛與民之多數乃相團結而與一大同盟以欲貫澈其目的,彼生前所計畫之大事業謀

(159)

達社會改革之大目的僅啟端緒而未見成功遽赴幽冥之域而其精神則常鼓吹勞働者以學社會之迷夢結合同志以擴充其勢力千八百七十八年卑斯馬克發布鎮壓社會黨之令始知社會黨之勢力非政治界所能止皆彼之精神所繼續培養之所至其生前所布畫死後乃顯於社會焉故略述其經歷故精神與議論之綱領如此而知其思想之何如

第二節　其學說

列陸茲耶度拉沙列者曠世之戰士德意志之社會黨為彼而生為彼而動為彼而增進其勢力今日社會民主黨所以把持政界之勢力而有多數之黨與者彼之力居多然彼所唱道之社會主義不立前人未發之奇說以聳動世人不過襲用馬克斯與洛度陸衞他斯等之學說潤色而敷衍之故拉沙列之社會主義其半皆自馬克斯與洛度陸衞他斯之學轉化而來。

馬克斯之解資本分價格之類為二種餘剩價格之貯積者為資本發生之甚因斷定資本為強奪之結果拉沙列亦倣其說論定資本之性質曰「收入與共有之財產與土地而歸於少數人民之私有自由而使用其餘之人民故現時之財產制奪取全人類之權利而私之於少

數者是爲不條不論之制度其掠奪的資本之存在者逐起悖理之制度與作爲以釀成多數人類之不幸」云其對資本而發如斯之根本的理想與馬克斯分二種之類相同故拉沙列之經濟的議論往往與馬克斯同其軌以攻擊經濟社會之現制度。而庇蔭勞働者然彼能自逞其辯以述自己之思想或執筆而說明其學理則秩序整然毫不紛亂無論如何至難之問題皆能闡明其原理毫無餘蘊無論枯窘艱澁之議論一經彼口則津津而樂道之必令聽者忘倦而後已。故無論知與不知莫不信奉其說而其快辯更得雄文以佐之彼風行我天下者讀其社會主義之三種著作可測而知其三種者一爲『勞働者之宣言』千八百六十二年之演說筆記二爲『公開文書』六十三年答進步黨質問之書簡三爲『衛斯茲阿希野陸野』六十四年春之所出版是三種者其平生之唯一之著述也

千八百六十二年『勞働者之宣言』之所演說者爲拉沙列最初發表此社會主義之持論。其苦心論述歷史的進步之狀態曰『近世於歷史之進化區分之而爲三段其第一者爲千八百七十九年以前卽法國革命以前之時代當時之社會凡土地之所有者其全權皆

掌握於國家王侯貴族之徒依賴其門閥以總御其下民既而法國革命之風潮橫溢瀰漫於世界於是社會之組織一變政權漸移於中級社會殖產工業之術亦自此等人之計畫其富產則從其次第增加資本之勢力亦極旺盛立法與行政兩者支配於社會貧富之懸隔因之愈劇是卽近時爲第二之時代自是半世紀之後至千八百四十八年第二之革命之爆發政權之分配乃稍得其平萬人之權利一概平等多數之勞働者乃得參與國政普行諸般之改革於是中等社會之權利移植於勞働者自少數之政治改爲多數之政治是爲勞働者建設級社會隱然於此法律之下遙其驕橫然今日彼等之命數亦不能久保世確固基礎之時期然舊日之因襲未能盡去於保護市民之利益各種之法律未能銷除而中界之權利將移於勞働者之時代故當今日則必改此諸般之規則變此各種之法律以成四民平等之社會與作爲勞働者乃握社會之主權以經營萬事以其所享一種之權利而盡其正當之義務

以垃沙列之說則勞働者之新時期乃發現於千八百四十八年二月二十四日第二革

命爆發之時勞働者乃設立豫備政府自是遂伴社會之進化施行普通平等之選舉制二十一歲以上之男子不拘財產之有無悉得把持爲政者之政權一變其階級政治而支配於勞働社會全滅各種階級特有之特權豫期四民平等之新制與作爲人間之生存於此世荀欲以自己之力增進社會之公益無論從事如何種類之職業皆有勞働者之天職所謂勞働社會者是即全體勞働社會之目的即爲人類全體之支配即爲人類全體之自由勞働社會之支配相須相成無有異者故勞働社會之勢力旣增進而人類全體之勢力亦隨之而增進

然則欲全勞働者之天職其統御權確立之策如何曰普通選舉制之實行是也普通選舉制者不開財產之多寡以分配政權平等之制以普通選舉而成立眞正之議政府而爲人民與論之代表打破少數爲政者之專橫注意於多數人民之利害休戚終始即勞働者之意味力漸求社會改良之功蓋社會進步之目的非增進一人之利益乃增殖全人類之福祉而增殖全人類之福祉必自社會共同之力而普通選舉制與政治的之社會共同制與此種之

(163)

目的乃相一致故謀人類之進步全圖社會之改良者舍此制度之外別無良制此拉沙列所劃之社會改良策其要求之第一要件所以必以確立普通選舉制爲急務也

普通選選制者爲社會改良之起點又爲增進勞働者勢力之起點誠爲完全無缺之良制然識者往往非難此制度之施行其言曰移政權而委於多數民之手數彼等安用其權利以壓伏富豪覆滅社會組織之根柢暴加於少數資本家之上遂造擾亂社會之素因實爲多數專制之最顯者則普通選舉制非社會改良唯一之良策乃擾亂社會無二之惡制此等之議論爲反對普通選舉中之人士所唱道彼等蓋以少數者之權利爲多數之人民所侵占以一部少數之人民行持過大之特權以壓多數之人民乃國家最良之組織加之社會全體之分離陰發於一部之階級與作爲以害其中級人士之地位及其利益且及全社會之公利公益蓋社會之進步而欲增進全階級之利益者恐終不能則彼等之多數箇箇分立汲汲於其私利而不顧慮社會之公益假令政權歸於勞働者之掌握必不能充其希望蓋普通選舉制之效用者必得天下全體之協力而發揮之多數勞民之結合豈能服膺此等之眞理以充成

此制度之運用而圖社會全般之進步發達若國家採用此勞働分與政權於一般之人民包容多數之人民。於勞働社會其對社會一變其主宰者與被治者現在之狀態一躍而皆登於治者之位豈非社會組織之一大變革乎拉沙列對勞働者之宣言警告人民滅賦人權之意畢竟不出此意旨故彼之演說於普通選舉制之眞理縷縷說明其效用更於其結尾大爲勞民訴訟曰『吾人論述前者之論旨凡屬於勞働社會之人民必負擔其一新大職務以高尙之議論與適切之舉動以期登於治者之地位其主義爲全時代之主義其思想爲支配全社會之思想改鑄社會之形模以負天職故吾人於此歷史的一大名譽之職分必先鍛鍊其思想以覺悟一般之人民必求一定不動之地確然立其基礎以建設未來之伽藍』以上所述皆彼『勞働者宣言』之演說拉沙列絕叫社會經綸之第一策與政治上之改革及所以唱道普通選舉制之設立者彼於答進步黨之質問其『公開文書』開陳經濟上之宿論自生產的方面而論述之社會改良方策彼更解釋利加度之『賃銀論』而說明其本質乃題其書而加以殘忍之名詞名之曰『賃銀上之鐵則』卽此文書之要旨

(16)

拉沙列所著『賃銀上之鐵則』之議論與馬克斯之『餘剰價格論』同爲經濟學上最有名之立論馬克斯於歷史之分配而觀察資本家之狀態拉沙列則於勞働者之側以觀察生產物分配之方法推論使役勞働者之殘忍其結果也驅吾人之同胞而伍牛馬云『公開文書』說明賃銀之原理曰『勞働者之賃銀定限需要供給之法則其平均額無論如何之時於勞働者生活持續之必要不得以最低之生計費當之』是即利加度之『賃銀論』反覆克說之本義彼論生產之分配對勞働者之定額 即賃銀先及勞力『自然之價格』與『市場之價格』而區別之且曰『此二種之價格一昻一低者變動勞働者之賃銀其結果或進勞働社會之幸福與繁榮或活生計之困難其需要供給之大則於『自然價格』與『市場價逐』復同位賃銀之分量隨勞働者之人員而增減其階級與生活持續之必要依其程度而定限之於勞働社會如何繁榮之時與如何衰微之時以謀調和回復之道此固利加度所唱道賃銀之本旨即拉沙列所目爲殘忍非道之鐵則而著爲宏大議論之骨子。

利加度所著名之賃銀論以勞働者之勢力與貨物一視平等依其需要供給之大則以

定其價格之低昂或如其分量而增減於勞力之價格及勞働者之人員亦依此大則支配之

下。隨其分而低昂增減。故拉沙列之議論凡物品者。依其於社會之需要何如以定其價格或騰貴於生產入費以上與或低落者必復其兩者同樣之價格蓋勞力之眞價於自然價格與勞力者於市塲價格其結局有同位之性質而其所謂自然價格者。則必與勞働者生產入費相准勞働者之賃銀。與此自然價格相一致之時則勞働者普通之狀態必能持續彼等旣得享有此自然價格與相同之賃銀其額或下或上無定額者。則稱之爲市塲價格云質而言之市塲價格者以需要供給之關係自勞働者供給於其資本主之賃銀之額是也。此際勞働者之生計爲標準依勞働者之人員而增減。僅足持續其生活至勞働結婚之數日增則人口亦從而增加然人口之增加者即勞力亦因之而增加。即超過其需要之供給則賃銀自必下落於自然價格之內勞働者之生計漸至困難則彼等之死亡又必超過其出產而再減其數故賃銀之一價一昂乃生產社會之狀態自然之理其賃銀之平均額以勞力之生產入費爲標準不得超過最低生活費之期而生產物對勞働者之分配高者終不能脫此範圍之外勞力之

價格必依此法則所規定。則生產事業之發達其資本之利益而增進。則彼等而欲享多分之配當終無其期

生產物對勞働者之配當高者以如斯之限定。則彼等終生欲高其生計勢必不能終必浮沈於一昂一低之裏而與牛馬伍是即利加度所唱道賃銀論之本旨拉沙列所說明賃銀之原理乃無二之眞理且此賃銀規定之法則於勞働者詳說其殘忍刻薄之理以開陳自己之宿論賃銀規定之原則既已如斯故彼遂斷定勞働社會為拘束無慈非道之鐵則於是乃欲變更此法則破碎此鐵鎖以求生產組織之改良策畫社會的主義方案以為應用之舉

「公開文書」者乃彼說明社會主義的方案然彼之所講究者先向其餘之方面以計畫社會之改良而反駁希野陸野特利茲野之方案當時希野陸野特利茲野爲進步黨之領袖主持政界注意社會問題以盡貧民救濟之策而其方策則以信用組合之組織彼之信用組合者集貧民零細之資本造一箇之團體以會員相互之融通以供資本之制度而其組織不免於偏屈狹隘彼等所常服膺之語「合組員之外皆勿貸之」云即此可察而知乃於全

國之各處織成此種之小結合以集勞働者之資金頗爲姑息之改良策與拉沙列之計畫根本的改革策相比兩者大異其趣,此則於勞民之權利付諸等閒加以希野陸野派欲擴張其信用制度給各勞働者生產品之原料使勞働者各營其生產專業其計畫如此不過變現今之資本制度改手工勞働之制以期信用制度之擴張而拉沙列則反對之然手工勞働者頗喜其策以爲救濟勞働社會之妙策趨時勢者則贊同之。

更爲計畫勞働社會之救濟策欲設立共同店舖共同店舖者以消費者之同盟而成以廉價之物品而給其供給者以改善一時勞働者之狀態彼等割其少許之生活費餘剩以爲資本然其結果勞働者之利益終不敵資本主之利益何以故彼等共同店舖之制以供其廉價之物品而以其生活費之減少者爲資本彼生活費之減少者即最低生活費之標準卽爲勞銀之率則此等生活費之減少是爲低落之由名爲救濟勞働者實則與以資本者之利。

其策如斯則果如何而後改良非改革生產社會現組織之根底變更富者之分配法終

(169)

不可彼貸銀之鐵則羈束勞働者終生之運命終無救護之期而此法則者終不恰適人間本來之天性適應天賦之權能勞働者一種之階級終不能除去之則文明之進步發達獨爲少數資本家之利益而不顧多數之勞働者豈改革之必要乎拉沙列素以改革全社會之負擔以自任今覩此勞働者之狀態沈淪於悲慘之域必先就其速改善而改善之則必先改善其現時之生產組織而欲改革現時之生產組織則必打破利加度所發明貸銀之法則以變更富者之分配法而排除與勞働者以貨物同一等視之經濟的觀念。

普通選舉制者爲社會改良之必要乎拉沙列之議論。吾人旣已述之彼爲勞民以傳檄大唱選舉制度之改革以喚起天下之輿論者豈貪政界一時之虛榮蓋欲於殖產界抱持無限之勢力以左右勞働者與資本家之一派占有政治界同等之權勢故拉沙列之所唱導者欲依普通平等之選舉制先奪政治上之權利於彼等之掌握企圖收之於公衆之手以組織衆多平等之政治爲改革社會之起點爲彼實行其計劃第一之階梯。

選舉改正法之計劃旣達其目的政權旣移於公衆之手則國家者初爲少數人民之專

有物。今為社會全體之共有物於是其計畫生產社會改革之方策始得實施然彼所謂社會改革之方策者襲踏前人之計畫而行姑息之改良故彼於消費者同盟之店舖，信用組合之設置其初亦有採用之意既而一變其組織全廢資本主與勞働者之關係直以勞働者為資本家驅除資本勞働兩階級之區別於社會然則以如何之改良乃足以救之其決行之法又何如曰第一著之事業先組織國家保護之生產團體即自此團體以融和資本家與勞働者置之於休戚利害相共之地位而此生產團體者又設多種類之分業以使役多數之勞働者並以利用之器械以助其經營生業設立大製造所然此大製造所者非區區之勞働者所能設立是必對國家而要求其保護。

彼如斯之計劃為社會改良之第一策依國家之保護以產革其生改組織然國家果能不干涉其生產事業但盡其保護助勢之權與否不能不先慮之拉沙列乃以關於國家之議論說明「國家之原理」可以窺其論定彼與自由主義派相反對以解釋國家保護簡人之自由及財產導誘社會之進步為最高機關如彼自由主義派之說以為借國家之職務而保

(171)

護箇人之自由與財產。則國家者不過守鳴雞狗盜之番人。貴重國家之職務者。豈獨限於此等二三之事業。不顧社會進步之事蹟。蓋人類社會者。其對天然之苦鬥。不勝其擾。或天災地震饑饉惡疫貧困暴戾等。遭無限之困難。或啟愚魯或制蠻行社會之事實。不知幾經繼遷忍此等多數之困厄。排除多數之障害。而後人類社會所以進於今日之域者。決非偶然若放棄於一私人之手而不顧舉此等萬般之障害。一切一任箇人之排除。則社會之進步何日可望。吾人之幸福何時可期。而所以除之者。以謀社會之進步發達。是習國家之力。故助自由之發達。謀權利之伸暢。以增進人類社會之福社使國家盡社會之義務。則一人一箇之力終不能舉萬般之事業。以成完全之社會。而導誘自由幸福教化等。故國家之於社會乃當然之職務也。拉沙列解釋國家之職務。旣已如斯。苟和社會之不調和。匡社會之不均一。以謀社會全般之改良進步。乃國家當然之職務。必當其任者。毫不容疑若資本制度之發達。而及減縮勞働者之自由生產品之增加。而反減少勞働之價格。如現時者。則調和匡正之責任。亦國家應盡緊切義務之一。故謀改革生產之組織。必借國家之助援。可確信而無疑義者。

以上所論即拉沙列「公開文書之」論述。爲社會經綸策之大要然彼所言此國家保護之生產團體以完成社會改良之目的。充分以解釋此社會問題者乃至難之問題豈一朝一夕能豫期其完美乎彼之計畫此等之團體者不過欲變更此不和調之生產組織而進調和整頓之域案出過渡之一方策實行於工業之中心點漸波及於各部之地方以除無益競爭之弊害厚其相互之信用以助共同一致之念應幾一新殖產社會之面目彼之所希望最後之社會組織者皆以馬克斯及洛度衞陸他斯以公有主義爲基礎即共和的社會是也彼其所著「衞斯茲阿希野勞野」所論述其言曰「於生產社會勞働之分業以尋其實際結合生產社會的之共同勞力此共同勞力以物品與生產爲眞正之要素故社會者於全生產中必先除去私人之資本以役使社會共同之資本。於從事生產事業之人應其功果之割合而分配以生產物」

衞斯茲阿希野陸野之所論者已說明拉沙列之公有主義而講究經濟上之諸原理。彼所採用馬克斯等之學說多於其書發見之就中之議論其彼此相等之要點以解釋資本者。

(173)

馬克斯之解釋資本以狹義其理想在希望絕滅生產社會之資本而拉沙列則依社會變遷之狀況以現出歷史的之現象於其『衞斯茲阿希野陸野』而解其理由曰資本者自生產社會之狀況而發現一種之現象質而言之資本者歷史的發達之徑路以現出一結果於法律經濟及社會的組織之下別成一種之名稱與大工業之發達必生分業之方法其產出之物品販賣於市場者亦從而擴張自自由競爭之盛行勞働之器械歸於一階級者之特有於是自由勞働者之階級利用賃銀之鐵則強奪餘剩之利潤次第收貯其財產所謂資本者其所有者非自自身之勤勉乃收沒他人之功果以爲其勢力乃愈強大愈自由遂成過大之繁殖力故資本之勢力者乃壓倒其餘之生產業而富者愈富財產者愈生財產。強奪其貯蓄於是過去之勞働力全然變形爲資本以壓現在之勞働者故今日者乃過去而壓現在以死器械而擒生勞働器械與勞働者乃轉換其運命而器械則日月而發達勞働者僅爲運動器械之機關非運之迫日見其甚而器械又變爲資本矣

玩味以上之議論。馬克斯及拉沙列使用資本之意義。與其餘經濟學者之說相比。無

所大異此兩者於生產事業皆唱道資本之無用者不過於使用上之措語微有差異其解釋資本以為『富者造富非生產事業之名稱』與其餘之經濟學者同彼等則認定此種資本為必要蓋就時代而立言以為生產社會之事業而社會主義者則匡正富者之分配以抑壓資本家之專橫故於資本社會之功力皆視之為無用者今雖資本在於簡人之掌握而不能選其跋扈於殖產社會故社會主義者全收之於社會全體之手裏以擴張其一層之功力而謀生產事業之發達其所以反對殖產社會之現制者蓋不欲歸於一人一簡之私有而蒐集未來之富與少數之資本家彼等所欲改革現組織者變簡人的以絕滅資本之功力移之於一私人之手而收於社會共同之手是吾人記述馬克斯之資本論所不可不知者也。

拉沙列所計畫社會主義的改革案即已如斯然彼之抱負未曾實演而先逝雖其計畫不能充分而實行而其黨與續其衣鉢乃祖述其說以造日耳曼社會黨之基礎自後社會民主主義之議論漸為世所注意而喚起其同情日後於日耳曼之政治社界試活潑潑地之運

(175)

動以聳動天下之耳目者拉沙其列功首也。